Inhalt

Das Keltenkreuz von Ballaugh, Isle of Man.
Der Runenmeister von Manx, Gaut Björnsson,
schnitt in diesen Stein die Symbolik der Wintersonnenwende.

Einleitung

Die innere und äußere Landschaft

Die drei hauptsächlichen Bestrebungen eines Barden:
Die erste ist, zu lernen und Wissenschaften zu sammeln;
die zweite ist zu lehren;
und die dritte ist, Frieden zu stiften
und allen Verwundungen ein Ende zu setzen;
denn ein anderes zu tun
ist ungewöhnlich und nicht geziemend für einen Barden.

The Triads of Britain

enn wir die Landschaft mit den Augen eines heutigen Menschen betrachten, kann unsere Sicht nur eine eingeschränkte sein; Menschen anderer Zeiten oder anderen Glaubens sahen die Dinge in einer ganz anderen Weise. Die Eigenheiten einiger Sprachen wie beispielsweise die der alten keltischen Sprachen machen es unmöglich, in abstrakten Begriffen zu sprechen oder zu denken. Vor der Zeit, in der eine Niederschrift möglich war, bewahrten die keltischen Barden ihnen denkwürdig erscheinende Dinge und Ereignisse in Form von Liedern und Gedichten. Wichtige Geschehnisse und die mit ihnen verbundenen Orte in der Landschaft wurden in Form von mündlichen Aphorismen, Balladen, Sagen und Triaden festgehalten. Diese poetische Vision der von Geistern beseelten Landschaft ist eine besonders menschliche und von daher humanistische Weltsicht, die Carl Jungs[1] rätselhaftes "unbekanntes topographisches Gesetz, das eines Menschen Schicksal vorherbestimmt", erkennen läßt. Die Menschen sind eins mit der Natur. Wir sind also ein Teil von ihr, den man nicht von ihr trennen kann. Für die Barden sind die Kräfte der Natur, ebenso wie die Tiere und die menschliche Psyche am besten in anthropomorphischen Formen verkörpert, durch die sie deren jeweilige Eigenheiten beispielhaft deutlich machen können. Diese Naturkräfte sind essentiell; sie sind Archetypen und Abbilder allen Seins und in der materiellen Welt eher in impliziter denn in expliziter Form vertreten. Deshalb sind sie gewissermaßen andersweltlich, d.h. nicht von dieser Welt. Dennoch sind sie von realer Existenz und gerade durch sie und mit ihnen können Ereignisse, Gedanken, Vorstellungen, körperliche Gegenstände und Orte begriffen werden.

Es ist unvermeidlich, daß alles von Menschen Beschriebene durch menschliche Begriffe erklärt werden muß. Somit wird die Wirklichkeit in Anlehnung an die Struktur und die Funktion des menschlichen Bewußtseins beschrieben und interpretiert. Außerdem dürfen wir nicht vergessen, daß eine Beschreibung, die zwar die wahrgenommene Wirklichkeit sehr gut wiedergeben mag, dennoch niemals wörtlich zu nehmen ist, da es vorkommen kann, daß eine Wahrnehmung, wenn sie einmal in Worte gefaßt ist, ein Eigenleben entwickelt, welches oftmals mit der Wirklichkeit, die man anfangs zu beschreiben versuchte, nicht mehr viel zu tun hat. Dieser nicht zu vernachlässigende Grundgedanke ist im alten Bardentum ebenso wie in der modernen Psychologie gleichermaßen anerkannt. Homer bemerkte: "Gestreng sind die Götter mit demjenigen, der sie in ihrer offenkundigen Form sieht". Ein Jahrtausend später erklang die Warnung Alfred Adlers: "Was uns in den Wahnsinn treibt, ist das starre Festhalten am Buchstaben". Wenn ich nun in diesem Buch von dem Körperlichen und dem Übernatürlichen schreibe, behandle ich diese Konzepte als anerkannte Wahrheiten innerhalb der traditionellen keltischen Weltsicht. Natürlich kann im Hinblick auf die eigenen Tendenzen und Vorurteile jeder bestehende Glaube in Frage gestellt und kritisiert werden. Doch ob die diesem Buch zugrunde liegenden Glaubensaspekte nun vom Standpunkt des modernen Materialismus aus rational erscheinen oder nicht, sie gewähren dennoch Einblicke in die wichtigsten Aspekte einer wahrhaft menschlichen Beziehung mit der Erde. Über einen Zeitraum, der den größten Teil der menschlichen Geschichte ausmacht, lagen eben diese Aspekte dem Gefüge der menschlichen Existenz zugrunde.

Die keltische Weltsicht kennt keine strikte Trennlinie zwischen Mythologie und Geschichte. Mythen waren weder die Erfindung archaischer und poetischer Vorstellungskraft, noch sind sie als verstandesmäßige Greifbarmachung unerklärlicher Phänomene durch primitive Kulturen zu verstehen. Sie stehen für uralte Wahrheiten, die so erzählt werden, daß sie für den Menschen leicht verständlich sind. Sie sollten als das verstanden werden was sie sind, frei von jeglicher ideologischen Rückführung. Eine abschließende Exegese kann es ohnehin nicht geben. Für Mythen gibt es eine Reihe verschiedener Deutungsmöglichkeiten, von denen eine jede unter den jeweiligen Umständen gleichermaßen gültig ist, da sie für jeweils ganz persönliche Erfahrungen stehen. "Gerade die Tendenz zum Aberglauben, die so ausgeprägt in der irischen Natur vorhanden ist", so schrieb Lady Wilde in ihren *Ancient Legends of Ireland (Die alten Legenden Irlands)*, "entspringt einer instinktiven Abneigung gegen die engstirnigen Beschränkungen der Vernunft. Sie zeichnet sich durch ein leidenschaftliches Streben nach dem Nebulösen, dem Mystischen, dem Unsichtbaren und der grenzenlosen Unendlichkeit des Reichs der Vorstellungskraft aus".

Da wir menschliche Wesen sind, sind wir in der Erde verwurzelt, doch die moderne Zivilisation verschleiert diese Tatsache in einem derartigen Ausmaß, daß sie den meisten Menschen offensichtlich nicht mehr bewußt ist. Die meisten gegenwärtigen Verhaltensweisen der Menschen sind die Folgen der Verleugnung dieser Tatsache. Altergebrachte Weisheiten erkennen und preisen unsere Beziehung mit den subtilen Elementen der Erde. Dies drückt sich in der Beziehung jedes einzelnen Lebewesens mit der Erde aus. Ihre spirituelle Natur manifestiert sich in den unterschiedlichsten Orten und in Form unterschiedlichster spiritueller Eigenschaften. Es gibt keinen Aspekt der Landschaft, der in der jeweiligen Tradition nicht mit einem Ereignis oder einer Legende in Zusammenhang gebracht wird. Wenn wir uns dieser Möglichkeit öffnen, können wir zu einer persönlichen spirituellen Beziehung mit diesen Eigenschaften gelangen. Einfach gesagt kann man diese Erfahrungen als unsere persönliche Beziehung mit der Gottheit der jeweiligen Landschaft, also mit Mutter Erde in ihrer örtlichen Erscheinungsform, ansehen. Seit dem 18. Jahrhundert wird dies als der *genius loci*, der Geist des Ortes bezeichnet, doch besser noch kann man es als die *anima loci*, die Seele des Ortes bezeichnen. Jeder Mensch kann sie für sich an jedem erdenklichen Ort erleben, und es handelt sich dabei um eine höchst persönliche und unbeschreibliche Erfahrung. Man könnte sie mit dem Bestaunen eines Regenbogens vergleichen: jeder, der ihn wahrnimmt, sieht mehr oder weniger das gleiche Phänomen, und doch "sieht" jeder Mensch seinen eigenen Regenbogen, da dieser in genau der Form nur für diesen einen Betrachter existiert.

Die moderne Zeit läßt keinen wahren spirituellen oder auch nur physischen Unterschied in der Wahrnehmung verschiedener Orte zu. Dieser Standpunkt schließt auch das heute offensichtlich geltende Dogma mit ein, daß alle existierenden Unterschiede durch die Macht der modernen Technik überwunden werden können. Daraus ergibt sich die dem Modernismus eigene Tendenz, die Erde lediglich als eine willkürliche Aneinanderreihung von praktisch unbewohnbaren "Ödländern" zu sehen, die dadurch entstanden sind, daß die Menschen sich untereinander den Platz streitig machten. Die unpersönliche Natur der Industrie bringt außerdem mit sich, daß der Boden der Heimat nicht mehr dafür verehrt wird, daß er uns seine Früchte schenkt. Niemand weiß mehr so genau woher die Dinge kommen, wer sie hergestellt hat oder wie sie gemacht wurden. Das Produkt hat keinen Ursprung, keine Persönlichkeit mehr, und kann bestenfalls durch seine Marke bestimmt werden und eventuell anhand des Landes aus dem es kommt. Und doch hat jedes Ding seinen Ursprung; es hat seine ganz persönliche Geschichte. Es entstand, wurde geerntet, dann von jemandem an einem bestimmten Ort und zu einer bestimmten Zeit verarbeitet und schließlich dorthin transportiert, wo es sich derzeit befindet.

In der traditionellen keltischen Gesellschaft gab es nichts, was ohne Persönlichkeit war. Jedes einzelne Ding wurde für sich gesehen und war nicht nur ein bloßes Objekt. Man sprach von ihm, indem man seinen jeweiligen Namen verwendete. Jedes Ding, jedes Werkzeug, jeder Ort hatte seinen eigenen persönlichen Namen, der den Charakter seiner beseelten Natur widerspiegelte. Jeder Name barg eine persönliche Qualität in sich, dessen Bedeutung sich sowohl auf den jeweiligen Gegenstand als auch auf die Personen, die mit ihm zu tun hatten, bezog. Mit dem Aufkommen der Herstellungsindustrie ging dieser persönliche Kontakt verloren; die meisten Artefakte wurden zu anonymen Produkten. Ihr Wesen spiegelte nun nicht mehr das Wesen dessen wider, der es hergestellt hatte oder deren, die es benutzten ebenso wenig wie seinen eigentlichen Sinn und Zweck. Im Mittelpunkt allen Denkens stand nun der Handel. Die Gewohnheit von einst, der beseelten Welt eigene Namen zu verleihen, kann man jedoch auch heutzutage noch in abgeschwächter Form wiederfinden, und zwar im Zusammenhang mit den Namen öffentlicher oder privater Gebäude, Hotels, Flugzeugen und Schiffen, und vereinzelt auch hinsichtlich der Namen von anderen persönlichen Gegenständen wie beispielsweise Autos, Messer, Waffen, Gitarren u.ä.

Selbst in der Antike waren die Kelten dafür bekannt, das gesprochene Wort in Ehren zu halten: den Barden wurde höchste Ehre erwiesen und die Druiden verewigten ihr Wissen mittels hochentwickelter und kunstvoller Methoden, die dazu dienten, Dinge und Ereignisse nicht in Vergessenheit geraten zu lassen. Im Wissen der Barden spiegelt sich ein sorgsam entwickeltes System wider, in welchem auf Allegorien und Symbolismus zurückgegriffen wird und das so den Zugang zur unsichtbaren inneren Natur der Dinge ermöglicht. Im ersten Jahrhundert vor christlicher Zeitrechnung, als die Kelten im cisalpinen Gallien von Rom erobert wurden, brachten die keltischen Familien viele bedeutende Literaten hervor, unter anderem Cato, Catullus, Varro und Virgil. Im Norden legten irische, britische und bretonische Barden später den Grundstein für die mittelalterliche Literatur des westlichen Europa. Die Themen, die in der spirituellen Literatur jener Kelten festgehalten sind, spiegeln sich in der keltischen Landschaft wieder. Sie erinnern an die beseelte Welt der keltischen Tradition, in der jeder Ort und jedes Artefakt seine eigene Persönlichkeit hat, und spiegeln eine Vielzahl von Bedeutungen in der körperlichen und in der nichtmateriellen Welt wider. Untersucht man in diesem Wissen die wörtlich zu nehmenden Legenden und Geschichten, so findet man in ihnen eine tiefere symbolische Bedeutung. In den Formen der keltischen Kunst kommt die ganze Vielfalt des Seins, die Erfahrung von Leben, Tot und Wiedergeburt zum Ausdruck. Jede Kategorie von Artefakten hat ihre eigenen symbolischen Qualitäten; es handelt sich um mystische Traditionen, die noch immer in der heutigen keltischen Kunst und Spiritualität lebendig sind.

Das alte Celtia konnte niemals als homogen angesehen werden. Von uralten Zeiten an war das Volk der Kelten in unzählige Familien, Sippen und Stämme unterteilt. Im zweiten Jahrhundert unseres Zeitalters führte Ptolemäus allein in Britannien dreiunddreißig einzelne Stämme auf, die man heute als "ethnische Gruppen" bezeichnen würde. Von da an haben unaufhörliche Ströme von Aus- und Einwanderern, Kriege, Eroberungen und die Ausrottung ganzer Stämme das keltische Volk zum Teil zerstört und zum Teil dazu geführt, daß es sich untereinander oder auch mit anderen europäischen ethnischen Gruppen vermischte. Heute gibt es viele verschiedene Aspekte der keltischen Landschaft, die ihre unterschiedliche Geschichte widerspiegeln. In erster Linie geht es in diesem Buch um die heiligen Landschaften in Ländern, in denen die keltische Kultur noch immer vorherrschend ist und ihre Bedeutsamkeit anerkannt wird: Irland, Schottland, die Isle of Man, Wales, Cornwall und die Bretagne. Weitere Länder, in denen die Elemente der keltischen heiligen Landschaften noch erkennbar sind, jedoch in einem größeren Ausmaß von anderen Kulturen überlagert wurden, sind England, Teile von Frankreich, Belgien, Deutschland, die Schweiz, Österreich, Italien und Ungarn.

Ein unaufhörlicher Prozeß des Wandels von Kulturen, die sich in Anlehnung an den gerade gegebenen Glauben oder aus der gegebenen Notwendigkeit heraus entwickelt und verändert haben, läßt sich im Laufe der Geschichte verfolgen. Die keltische Kultur hat viele solcher Phasen durchlaufen, in denen neue Einflüsse mit aufgenommen und in Einklang mit dem keltischen Geist gebracht wurden. In materieller Hinsicht wurde die keltische Kultur durch das Aufkommen der Eisenverarbeitung, durch Kontakte mit der griechischen und etruskischen Kultur, die Vorherrschaft der Römer, den Wandel vom Polytheismus zum Monotheismus und schließlich durch die Entwicklung der modernen technischen Zivilisation verändert. So wurden beispielsweise wesentliche Aspekte des Seins, die unter dem Polytheismus durch unterschiedliche Gottheiten verkörpert wurden, unter dem Monotheismus in die einzelnen Erscheinungsformen der einen Gottheit, wie z.B. Engel, Heilige und Dämonen umbenannt. Die wesentlichen Aspekte blieben jedoch unverändert. Demgemäß verehrten die Menschen weiterhin die den heiligen Orten innewohnenden Qualitäten, jedoch im Lichte einer neuen theologischen Interpretation. Tatsächlich ist der Verfall der keltischen

Heiligtümer nicht unbedingt nur auf die Aufnahme des Polytheismus in das Christentum und seine Veränderung durch die neue Religion zurückzuführen. Sowohl dem Polytheismus als auch dem Monotheismus lag der Gedanke zugrunde, daß das Heilige ewig während ist und daß jeder scheinbar unbedeutende Aspekt des täglichen Lebens eine tiefe religiöse Bedeutung hat. Sowohl unter der keltischen als auch der römisch-katholischen Kirche blühte der Kult um heilige Orte und die Verehrung von Heiligtümern erneut auf. Erst mit der Erfindung der institutionalisierten Kirchen wurden die heiligen Orte verlassen und die Heiligtümer entehrt und ausgeraubt. Heiligen Schriften über den Messias und der gleichzeitig aufkommenden Doktrin über die Bedeutungslosigkeit von Orten wurde mehr Gewicht verliehen; sie verdrängte die viel sanftere Hingabe für die heilige Erde und ebnete so den Weg für die moderne Welt, der nichts mehr heilig ist.

Man kann heute einen großen Unterschied zwischen denjenigen keltischen Landschaften, die eine Reformation durchlaufen haben und denen, die katholisch geblieben sind, feststellen. Von einigen denkwürdigen Ausnahmen abgesehen wurden die heiligen Orte in England, Schottland und Wales ihrer Kraft beraubt und oft sogar vollständig zerstört. Die durch Abstammung oder Tradition eingesetzten Wächter – die Coarbs und Dewars – wurden entmachtet und teilweise ins Gefängnis geworfen. Im Süden von Uist, in Irland und der Bretagne stehen die heiligen keltischen Landschaften aber dennoch in einer noch viel traditionelleren Art weiterhin in voller Blüte. Dort ansässige Menschen ehren ihre Heiligen und die Heiligtümer; sie bringen Blumen und Gaben zu den Rastplätzen, zu Kreuzen, Steinen und heiligen Brunnen. Sie erhalten die Gedenkstätten und Kapellen, die dem Reisenden zur geistigen Erfrischung dienen. Da man die *anima loci* anerkennt, sind die geheiligten Landschaften auch lebendige Landschaften der Menschen. Dies ist die wechselseitig aufeinander einwirkende Eigenschaft, die in den *Heiligen keltischen Landschaften* gewürdigt wird.

1: Anm. der Übersetzerin: trotz intensivster Suche konnte mangels Hinweis im englischen Originaltext das Originalzitat von C. G. Jung nicht gefunden werden; von daher handlelt es sich hierbei um eine möglichst originalgetreue Rückübersetzung.

Verkleinerte Seite aus der Collectio canonum, 7. Jh. n. Chr., Köln, Dombibliothek.

Die symbolische keltische Landschaft

Es scheint mir, daß jene alten Weisen,
die göttliche Wesen durch das Errichten
von Gedenkstellen und Statuen
gegenwärtig werden lassen wollten,
eine tiefe Einsicht in die Natur
des Universums erkennen ließen.
Sie haben verstanden, daß es an sich nicht schwer ist,
die Seele herbeizuholen und noch einfacher,
sie an einem Ort zu halten,
indem man Objekte erbaut,
die von ihr beeinflußt werden können und
einen Teil ihrer selbst in sich aufnehmen

Plotin, Die Seele, *10*

DER KELTISCHE KOSMOS

ie traditionelle Kosmologie der Barden von Britannien, die uns einen unschätzbaren Einblick in den keltischen Glauben gewährt, war nahezu verloren. Glücklicherweise hat sie der walisische Barde Llewellyn Sion, der im sechzehnten Jahrhundert eine in Rhaglan Castle verwahrte, recht chaotische Sammlung von Manuskripten durchforschte, wieder zusammengesetzt. Obwohl Llewellyn Sions Material mit der keltischen Geschichte verglichen eher jung ist, gibt es uns doch die beste Beschreibung des keltischen Weltgefüges. Aus der Sicht des Bardentums ist der Existenzprozeß in drei Stufen untergliedert. Natürlich kann man vereinfacht sagen, daß alle Dinge einen Anfang, eine Mitte und ein Ende haben. Allerdings wird in einem viel weiteren Sinn auf jene dreigliedrige Aufteilung zurückgegriffen, wie auch die poetischen Triaden zeigen. Dieser Kosmologie zufolge gab es drei "Kreise" bzw. drei "Welten". Man betrachtete sie entweder als konzentrische Kreise oder, im Einklang mit anderen traditionellen Kosmologien, als drei, übereinander angebrachte Ebenen auf der Säule des Weltenbaums. Die in verschiedenen Teilen der Welt zu findenden Vorstellungen vom Weltenbaum, bzw. der kosmischen Achse gleichen sich auf verblüffende Art und Weise, da sie ihren gemeinsamen Ursprung in der menschlichen Psyche haben.

13

Die kosmische Achse nach der walisischen Tradition.
Abred (mittlere Welt) befindet sich über der Unterwelt Annwn,
während über ihr Gwynvyd, die himmlische Überwelt und Ceugant,
der unerreichbare Hort von Hên Ddihenydd, des "Uralten Ursprungslosen", liegen.

Sie gehen von einer vertikalen Achse aus, die durch die Ebene über und unter der Erde hindurch geht und uns mit anderen Seinsebenen verbindet. Obwohl die Vorstellung dieses symbolischen, hierarchischen Universums aufgrund der bekannten Tatsachen der materiellen Existenz verworfen wird, ist es doch unter psychologischen Aspekten ein gültiges Modell des Seins. Es beinhaltet vier "Seinsebenen". Die unterste Kreisebene bzw. die Basis des Baumes ist Annwn, der Abgrund. Man kennt sie auch unter dem Namen Anghar (der Ort ohne Liebe) und als Affan (das unsichtbare Land). Es handelt sich hierbei um die unsichtbaren Wurzeln des Weltenbaums unter der Erde. Annwn ist das Reich des Unbewußten, die nicht körperliche Wohnstatt der ungeformten Materie, der Urgewalten, der Geister und Dämonen. Darüber befindet sich Cylch y Abred, die mittlere Welt, auf der wir wandeln. In ihr ist Gut und Böse in gleichem Maße vorhanden und von daher herrscht der freie Wille, denn in Abred entspringt jede Handlung der freien Entscheidung eines jeden Menschen. Über ihr wiederum befindet sich Cylch y Gwynvyd, das himmlische Reich der erleuchteten göttlichen Wesen und derjenigen Menschen, die über ihr irdisches Leben hinausgewachsen sind. Sie ist das Reich des vollkommen bewußten Geistes. Die oberste Ebene, Cylch y Ceugant, ist die unerreichbare, alleinige Wohnstatt des transzendenten Hên Ddihenydd, von dem man annimmt, er sei dem Gott des monotheistischen Systems gleichzusetzen.

Das heilige Land

Die traditionelle Sicht der Welt wird ausschließlich in Symbolen ausgedrückt. Wann immer wir einen Aspekt der Natur wahrnehmen, werden uns Symbole offenbar. "Im Symbol", schrieb Goethe[2], "steht das Einzelne für das Allgemeine, und dies weder wie in einem Traum noch wie in einem Schatten, sondern als lebendige, augenblickliche Enthüllung des Unerforschlichen". Jeder Ort, den wir wahrnehmen hinterläßt einen symbolischen Eindruck in unserem Unterbewußtsein und wir verleihen diesen Symbolen mittels religiöser, dichterischer oder wissenschaftlicher Metaphern Ausdruck. Ein System symbolischer Entsprechungen ist die psychologische Grundlage der keltischen Betrachtungsweise der Landschaft.

Traditionelle Lehren sagen uns, daß die Erde kein toter Körper ist, sondern daß sie vielmehr von einem Geist beseelt ist, der ihr Leben und ihre Seele darstellt. Sie ist ein Ort, an dem das Materielle ein Spiegel des Geistes ist, und an dem sich uns der Geist durch das Materielle offenbart. Keltische Tradition und keltischer Glaube werden auf spiritueller Ebene durch das Land ausgedrückt: die Landschaft ist voll von Orten, an denen der Geist gegenwärtig ist. Jedes Mal, wenn wir ihn erleben ermutigt uns diese Präsenz, unserer Vorstellungskraft Raum zu geben, so daß der Ort für uns einen ganz persönlichen Charakter bekommt. Wir erleben dann seine Eigenheiten als Persönlichkeit. Dies ist die *anima loci*, die Seele des Ortes. Wer dies annimmt und ehrt, läßt beseelte heilige Orte entstehen. Unsere Handlungen sind gleichsam ein Heiligtum für die *anima loci*, die dem Unsichtbaren eine physische Präsenz verleihen. Die *anima loci* ist die einem Ort innewohnende Persönlichkeit. Traditionell wird sie als eine Präsenz oder ein Wesen angesehen, dessen Existenz über das alltägliche Reich der menschlichen Wahrnehmung hinaus geht und vielleicht sogar ein eigenes Bewußtsein und eine eigene Persönlichkeit besitzt. Sie kann auch im Lichte einer modernen, psychologischen Interpretation gesehen werden. Für welche Sichtweise wir uns auch immer entscheiden, die Präsenz läßt sich tatsächlich als Gefühl oder Atmosphäre, die in ganzheitlicher Weise verspürt werden kann, wahrnehmen.

Es kommt zu einem Zustand von Heiligkeit wenn sich die einem Ort innewohnende wesentliche spirituelle Natur in körperlicher Form manifestiert. Eine Beziehung zwischen ihr und unserer menschlichen Welt kommt dann zustande, wenn die *anima loci* wahrgenommen wird. Orte in der Natur sind die grundlegendsten heiligen Orte: Steine, Quellen, Berge, Inseln und Bäume sind Gegenstände und Plätze, an denen man sich der *anima loci* am besten nähern kann. Orte werden dann zu heiligen Orten, wenn sie von den Menschen erkannt und anerkannt werden. Sie sind beseelte Plätze, an denen wir ein höheres Bewußtsein erleben, religiöse Inspiration erhalten und Heilung zulassen können. Denjenigen Menschen, die in ihrer Entwicklung bereits sehr weit sind, bieten sie die Möglichkeit, eins mit der Natur zu werden. An solchen Orten sind wir nicht mehr durch langes Nachdenken von der Natur getrennt. Im Laufe der Zeit können durch wiederholtes Erleben und weitere Entwicklungen die den heiligen Orten innewohnenden Eigenschaften sowohl auf körperlichen als auch auf anderen, subtileren Ebenen verstärkt werden. Der verborgene Geist eines Ortes manifestiert sich auf einer materiellen Ebene. Dies ist der Augenblick, in dem ein wahrhaft heiliger Ort für uns entsteht, wenn nämlich das Unsichtbare sichtbar gemacht wird. Seine Bedeutung wird klar und dient als Indikator metaphysischer Wirklichkeiten, denn es liegt darin die Enthüllung der archetypischen Eigenschaften der ewigen Anderswelt, des Paradieses.

Darüber hinaus ist die Erschaffung eines Heiligtums mehr als die bloße Anerkennung oder Reproduktion einer besonderen Wahrnehmung eines Ortes. Es handelt sich dabei um eine einzigartige Darstellung seiner inneren Eigenschaften, die nicht als dazwischengeschalteter Filter oder als Interpretation oder Repräsentation seiner selbst zu verstehen ist. Vielmehr ist es so, daß dadurch keine Trennwand errichtet wird; es herrscht völlige Durchsichtigkeit. Pilger können den Einfluß der Seelen unmittelbar, ohne intellektuelle Gedankenkomplexe erleben, so daß der heilige Ort als Tor zum Göttlichen dient. Ein wahrhaft kraftvoller heiliger Ort geht über Raum und Zeit hinaus und zeigt sich in seiner zeitlosen Existenz. Dies tritt auf besonders wirkungsvolle Art und Weise in Erscheinung, wenn das Wesen der subtilen Welt in eine greifbare Form gebracht wird und somit die Entfaltung der bislang noch nicht manifestierten Eigenschaften der *anima loci* unterstützt wird. Wenn Menschen an einem dieser heiligen Orte Handlungen vornehmen, die im Einklang mit seinen inneren Eigenschaften stehen, so werden diese dadurch verstärkt. Zu solchen Handlungen zählen beispielsweise Zeremonien oder die Schaffung von schönen und harmonischen Artefakten, kurz gesagt alles was in den Menschen eine entsprechende Resonanz hervorruft.

Indem man die *anima loci* erhöht, ist es so als würde man in spirituellem Sinne "Gartenpflege" betreiben. Es kann dies nicht das Ergebnis eines Versuches, den Ort zu unterwerfen oder zu kontrollieren sein, sondern entspringt daraus, daß man bewußt an den bereits vorhandenen Eigenheiten, die einen noblen Geist ausströmen, Teil hat. Die wichtigste Ausgangsbedingung, die es zu schaffen gilt, ist eine Atmosphäre der Ruhe, des Friedens und der emotionalen Stabilität, in der wir aufnahmefähig werden für das Göttliche. Der Geist sollte nicht ständig zu irgend etwas profanem abschweifen und es sollten keine Handlungen vorgenommen werden, welche die *anima loci* gefährden oder zerstören könnten. Es sollten solche Zeremonien abgehalten werden, die die Eigenheiten des Ortes verstärken und eine Gemeinschaft der Menschen mit der *anima loci* hervorrufen. Rituale zeigen Elemente der *anima loci* in menschlichen Ausdrucksformen und tragen dazu bei, daß eine harmonische

Übereinstimmung der sichtbaren mit der unsichtbaren Welt erzeugt wird. Ein wichtiges Ergebnis solcher auf den Ort bezogener Zeremonien ist, daß sich den Teilnehmern danach neue Bewußtseinsebenen öffnen, die sie mit nach Hause tragen.

Das allgemeine Verständnis der Nordeuropäer für die *anima loci* findet man am besten in Island wieder. Die unbewohnte Insel war zuerst von reisenden irischen Mönchen entdeckt und dann im neunten und zehnten Jahrhundert von Bewohnern Norwegens und den westlichen schottischen Inseln besiedelt worden. Ihre traditionellen Praktiken wurden im *Landnámabók*, dem isländischen "Buch der Siedler", und anderen zeitgenössischen Schriften niedergeschrieben. Den ersten Siedlern war die Persönlichkeit des Ortes sehr bewußt. Bestimmte Gebiete und Landstriche wurden eigens für die *Landvaettir* – "Landwichte" oder Erdgeister bereitgestellt. Ebenso bediente man sich unter der keltischen Kirche drei Jahrhunderte zuvor geomantischer Techniken, um die heiligen Orte Islands, die die *anima loci* berücksichtigten, auszuwählen. Die Gläubigen, die ihre Gebete gen Helgafell, den heiligen Berg Islands, richteten, wuschen als Zeichen ihrer Anbetung zuvor ihr Gesicht. Man respektierte und ehrte die heiligen Orte und es war weder gestattet dort unangenehme Gerüche zu verbreiten noch irgendein lebendes Wesen zu zerstören. Man entfernte die Galionsfiguren der Schiffe bevor Land in Sicht kam, um die *Landvaettir* nicht zu stören. Andere heilige Orte wurden in einer Weise geehrt, die geradezu modern anmutet. Im *Landnámabók* ist niedergeschrieben, wie Thorvald Holbarki "zu Surturs Höhle ging und dort ein Gedicht rezitierte, das er selbst über den Riesen in der Höhle geschrieben hatte".

In nordeuropäischen Legenden und Traditionen erinnert man sich daran, daß die geistige Ordnung ihren Ursprung in der harmonischen Pflege des Landes hat, das somit geheiligt wird. Man sagt, diese uns nährende geistige Bewußtheit brächte uns Frieden und Fülle, erwecke guten Willen in den Menschen und ließe die Herden, Felder und Obstgärten fruchtbar werden. Sämtliche Naturreligionen lehren uns, daß die Gläubigen, die auf dem Pfad des Lebens wandeln, durch diese ihre Wanderschaft mit dem göttlichen Vorbild vereint werden. Auch strebt die Religion danach, diejenigen, die nicht praktizierende Gläubige sind, dazu zu bewegen, unbewußt diesen Pfad zu beschreiten, indem ihnen eine Lebensweise vorgegeben wird, die gänzlich den Gesetzen der Natur folgt.

Die von der Natur oder von Menschenhand geschaffenen Bestandteile einer beseelten Landschaft werden nach Eigenschaften oder Personen benannt, die eine tragende Säule im Leben sind. Die Landschaft ist lebendig und bedeutsam: man hat sie nicht zu bloßen Koordinaten abgewertet oder zu Namen, die ihr von außen durch ortsfremde Topographen übergestülpt wurden. Oftmals bleiben Ortsnamen lange nachdem ihre Bedeutung schon in Vergessenheit geraten ist noch erhalten. Neue, von den ankommenden Siedlern oder den Invasoren mitgebrachte Sprachen, haben die früheren keltischen Sprachen abgelöst, doch die Ortsnamen blieben unverändert, was es uns ermöglicht, die Bedeutung des Ortes wieder zu entdecken. Wichtige, mit einem Ort verbundene Mythen und Sagen, bleiben oft noch lange nach dessen Entweihung oder Zerstörung erhalten. Auch in Irland sind in den Namensgebungsgeschichten, den *Dindsenchas*, ortsbezogene, mystische Erzählungen erhalten geblieben, die von den Eigenschaften gewisser beseelter Orte berichten. Ähnliche solcher Namensgebungsgeschichten findet man in anderen keltisch beeinflußten Landen.

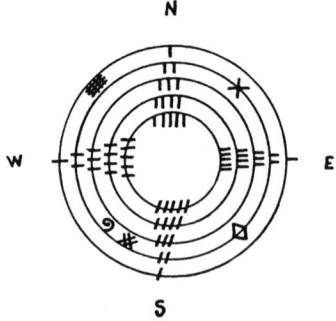

Finn's Shield:
Abbild des Schildes des irischen Helden Finn MacCumhaill,
das die Buchstaben des Alphabets der altirischen Oghamschrift
den acht Himmelsrichtungen zuordnet und
ein Symbol der Ganzheit und der Vollendung ist.

RAUM UND ZEIT

An jedem Ort der Erde ist das aller Wichtigste die Orientierung. Sie ist für die dortige Lebensqualität entscheidend. Von daher verfügen in ihrer Tradition verwurzelte Gesellschaften überall auf der Welt über ein umfassendes Verständnis der Interaktionen zwischen Ort und Richtung; dieses Verständnis wurde oft mittels eines dem Ort und dem jeweiligen Klima angemessenen geomantischen Systems in eine feste Form gebracht. Ein altes irisches Sprichwort besagt, daß die wohltuendsten Eigenschaften, die ein Ort zur Erlangung von Fülle benötigt, folgende sind: "Einen Hauch von der südlichen Wärme; einen Bach, der durch das Feld fließt; Auslese und ein fruchtbares Land, gut für jede Pflanze". Wegen der ihnen innewohnenden Eigenschaften haben die Himmelsrichtungen symbolische Bedeutung. Der Süden steht für Wärme und Licht, während der Norden als das Reich der Kälte und der Dunkelheit betrachtet wird. Der Sonnenaufgang verleiht dem Osten die Eigenschaft der strahlenden Helligkeit, der neuen Anfänge und des Wachstums, während der Sonnenuntergang im Westen für Verfall steht und daran erinnert, daß die Dinge zur Neige gehen. Auf dieser Grundlage wurden gemäß der nordischen Kriegskunst Schlachten ausgetragen; bei ernsten Gefechten standen sich die Gegner auf einer Nord-Süd-Achse gegenüber. Das gleiche war der Fall bei Kämpfen, die einer Urteilsfindung dienten. War ein Kampf als Übung oder Unterhaltung gedacht, wie dies bei Turnieren der Fall war, so kämpften die Krieger in Ost-West Richtung. Wenn der Norden dem Süden gegenübersteht, dann treffen die Gegensätze von Kalt und Heiß, von Licht und Dunkelheit aufeinander. Etwas ähnliches galt für die Scheidung eines Paares: die beiden Partner standen Rücken an Rücken in Nord-Süd-

Richtung und gingen voneinander weg. Wenn aber der Osten dem Westen gegenübersteht, so sind die Dinge im Gleichgewicht.

Die Wetterverhältnisse im Zusammenhang mit der Windrichtung sind ein wichtiger Aspekt, der bei der Entscheidung über den Standort eines Bauernhauses oder eines Tempels beachtet werden muß. Jedes *Airt* (ein Achtel des Horizonts) hat seinen eigenen Wind, der wiederum seine eigenen Vorzüge besitzt. Dies zu begreifen ist außerordentlich wichtig in der Geomantie. Darüber hinaus gehen traditionsverbundene Kulturen überall in der Welt davon aus, daß alles Bestehende von einem kaum merklichen "kosmischen Hauch", der allen Dingen Leben spendet, und der ihre dauerhafte Existenz gewährleistet, durchdrungen ist. Im Westen kennt man diesen Hauch am besten unter der Bezeichnung *pneuma*, das fünfte platonische Element oder die Quintessenz. Die walisischen Traditionen der Barden bezeichnen ihn als *anal* oder *anadyl*. Dieser Hauch oder Atem ist es, der die Körper der Tiere belebt und analog dazu auch den lebendigen Körper der Erde. Das Leben eines Menschen beginnt, wenn er oder sie zum ersten Mal Atem schöpft. Wenngleich das Zählen der einzelnen Atemzüge ein schier unmögliches Unterfangen ist, so besteht das Leben doch aus einer ganz bestimmten und bestimmbaren Anzahl von Atemzügen. In dem Augenblick, in dem der letzte Atemzug getan wird, tritt der Tod ein. Die nordeuropäische Lehre vom Wind besagt, daß die Eigenheit desjenigen Windes, der in dem Augenblick weht, in dem das Neugeborene zum ersten Mal Atem schöpft, den Charakter dieses Kindes bestimme. Da jedes "Airt" seine eigenen besonderen Merkmale hat, ist die erste Inspiration, die ein Kleinkind erfährt diejenige, die von den Vorzügen des gerade herrschenden Windes kommt. Das Schicksal des Kindes wird durch die Winde der vier Haupthimmelsrichtungen bestimmt, deren Natur in dem alten irischen Gedicht, "Die Winde des Schicksals", erklärt wird:

> *Der Knabe, der bei Westwind geboren wird,*
> *wird Kleidung erhalten und Unterhalt erwerben;*
> *sein Herr wird ihn, dies sei gewiß,*
> *außer mit Nahrung und Kleidung mit nichts bedenken.*
>
> *Der Knabe, der bei Nordwind geboren wird,*
> *wird den Sieg erringen, doch auch die Niederlage erleiden,*
> *Er wird verwundet werden und andere verwunden,*
> *bevor er in himmlische Höhen emporsteigt.*
>
> *Der Knabe, der bei Südwind geboren wurde,*
> *wird Honig und Früchte genießen;*
> *Bischöfe und auserwählte Musikanten*
> *werden ihn in seinem Hause erfreuen.*
>
> *Mit Gold beladen ist der Ostwind,*
> *der beste ist er unter allen vier Winden die wehen;*
> *Der Knabe, der geboren wird, wenn dieser Wind weht,*
> *wird Zeit seines Lebens keinen Mangel leiden.*
>
> *Wann immer der Wind nicht weht,*
> *über dem Gras der Ebene oder der Heide,*
> *wer auch immer dann geboren wird,*
> *wird ein Narr sein, sei es Knabe oder Mädchen.*

Wenn kein Wind weht, ist dies eine Zeit der Gefahr, und zwar nicht nur für Seeleute, die in eine Flaute geraten sind. Ein Ort des Landes, an dem kein Wind weht, hat eine schlechte Atmosphäre, die Krankheit mit sich bringt. Deshalb wurde der erste Atemzug eines Neugeborenen in einer solchen "schlechten Luft" als unheilbringend angesehen. Im Nordeuropa der alten Zeiten war das Bewußtsein um den Kosmos nicht nur eine rein spekulative Angelegenheit. Alles und jedes hatte eine praktische Seite, und in der keltischen Literatur finden wir unter anderem Hinweise auf astrologische Techniken und Fähigkeiten. In einem walisischen Gedicht schäumt der Autor schier über vor seinem astrologischen Fähigkeiten:

> *Wer kann schon das Alter des Mondes bestimmen,*
> *wenn nicht ich?*
> *Wer kann den Ort zeigen, an dem sich die Sonne zur Ruhe begibt,*
> *wenn nicht ich?*

In der walisischen Literatur sind Listen von Sterngruppen und -konstellationen aufbewahrt, die sich von den in der modernen Astrologie herangezogenen griechisch-arabischen Systemen grundlegend unterscheiden. Sie gleichen eher der skandinavischen Tradition. Darüber hinaus wird auch in der irischen Sage *The Intoxication of the Ulaid (Der Rausch des Ulaid)* davon berichtet, wie anhand der Sterne in der Nacht die Zeit bestimmt wurde. Der Held Cú Chulainn bittet seinen Kameraden Lóeg, den Sohn des Ríangabur: "geh hinaus und sieh in die Sterne und sage mir dann, wann es Mitternacht sein wird, du, der du schon so oft in fernen Ländern auf mich gewartet und für mich gewacht hast". Lóeg geht hinaus und wartet und wacht bis die Mitternachtsstunde anbricht. Im richtigen Augenblick kehrt er zurück ins Haus und sagt: "Es ist jetzt Mitternacht, mein Cú der Feste". Es gibt nur noch wenige lebende Menschen, die dazu in der Lage wären diese Beobachtungen des Lóeg nachzuvollziehen oder gar zu wiederholen.

Bevor die weniger geeignete mediterrane Methode der Zeitbestimmung durch die Kirche eingeführt wurde, war der nordische Tageszyklus in acht Einheiten eingeteilt, von denen jede aus drei Stunden bestand. Jede der Zeiteinheiten entspricht einem der acht Winde, die offensichtlich den Stand der Sonne zu der jeweiligen Tageszeit anzeigen. In der walisischen Tradition heißen die Einheiten des Tageszyklus: *Dewaint* (Mitternacht); *Pylgeint* (Morgendämmerung); *Bore* (Morgen); *Anterth* (Nebellose Zeit); *Nawn* (Mittag); *Echwydd* (Ruhezeit); *Hwyr* oder *Gwechwydd* (Abend) und *Ucher* (Schatten).

Für die kontinentalen Kelten war das Jahr in zwei Hälften geteilt. Es begann mit dem Samhain, dem wichtigsten Feiertag des Jahres, der dem ersten November in moderner Zeitrechnung entspricht. Er stellte das Ende der Weidesaison dar, die Zeit, in der die Herden auf ihre Winterweiden gebracht wurden und überzählige Tiere geschlachtet wurden. An den Kultstätten versammelten sich Sippen und Stämme, um das Fest des Todes und der Erneuerung zu feiern. Zu diesem Anlaß wurde die symbolische Vereinigung des Stammesgottes mit einer Naturgöttin gefeiert. Das Sommerhalbjahr begann am ersten Mai mit dem Fest Beltane bzw. Cétshamhain, an dem die Herden durch den Rauch eines großen Freudenfeuers getrieben wurden, auf daß sie auf ihren Sommerweiden in magischer Weise geschützt seien.

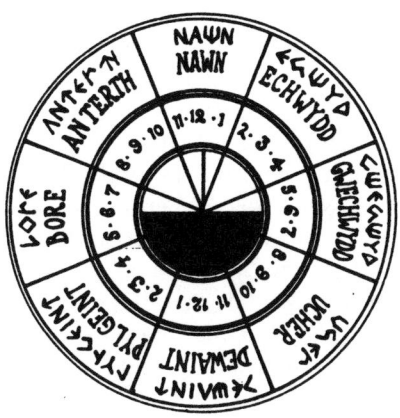

Die nordische traditionelle Kosmologie unterteilt den Tag
in acht Zeiteinheiten, die hier in der walisischen Form dargestellt sind.

Weitere Einschnitte im Jahreslauf des heidnischen Irland waren Imbolc (1. Februar) und Lughnasa (Lammas, 1. August). Zusammen mit den beiden Festen der Sonnwende und der Tagundnachtgleiche bilden sie die Eckpfeiler der Achtteilung des Jahres. Ebenso wie Samhain und Beltane war auch Imbolc ein Weidefest, mit dem die Zeit des Lammens begann und die Mutterschafe zum ersten Mal wieder Milch gaben. Es war der Göttin der Schöpfung und der Fruchtbarkeit, Brigid, geweiht und wurde später von der Kirche in das Fest der St. Brigid umgewandelt, das heute noch am selben Tag gefeiert wird. Das im Herbst gefeierte Fest Lughnasa (Bron Trograin) ist wahrscheinlich zu einem späteren Zeitpunkt nach Irland gebracht worden, höchstwahrscheinlich von kontinentalen Gläubigen, die den Gott der Handwerker, Lugh, verehrten. Das irische Lughnasa unterscheidet sich von den anderen Festen durch seinen agrarischen Charakter; es wird dabei die erste Getreideernte und das Backen des ersten Brotes gefeiert. Durch das Feiern dieser Feste an ihren heiligen Orten verbanden die alten Weisen die Struktur des menschlichen Lebens mit dem ewigen Zyklus der Existenz und drückten so eine integrierte, ganzheitliche Welt aus.

WIE IM HIMMEL, SO AUF ERDEN

Nichts ist starr in der Natur; alles ist ständig in Veränderung und im Fluß. Selbst die beständigsten Dinge sind einer allmählichen Veränderung unterworfen. Die für die als keltisch bezeichnete Kunst typischen Muster und Formen, sind die der Erdschlange Nwyvre bzw. des magischen Drachen, der ungesehen durch die Erde schleicht. Sie basieren außerdem auf geometrischen Kriterien, welche die der Existenz zugrunde liegende Matrix, Manred, widerspiegeln. Sie verändern sich in einem fort, gehen unmerklich von einer Form in

die andere über und drücken doch immer die selbe Essenz aus. Heute noch erhalten geblie-
bene keltische Artefakte drücken verschiedene Aspekte dieser wesentlichen Kontinuität, in
der die Formen dieser und die der nicht-materiellen Welt ineinander übergehen, aus. In der
keltischen Weltsicht ist das Reich der Tiere und das der Menschen, das Reich der Götter und
Göttinnen und das von Leben und Tod untrennbar miteinander verbunden. Sie sind Teile des großen integrierten Kontinuums, in dem jedes einzelne Ding einen Aspekt des Ganzen darstellt, und in dem das Prinzip der inneren Ähnlichkeit die Grundlagen der Struktur der Natur widerspiegelt. Jeder Hals- bzw. Fingerring, jeder Gegenstand aus Metall, wie
klein er auch sein mag, spiegelt in perfekter Weise dieses Prinzip wider. Die geometrische
Matrix, auf der die keltischen Mosaiken, Spiralen und Knotengebilde beruhen ist lücken-
los und in sich geschlossen. In ihrer Vielfalt sind diese Muster untereinander austausch-
bar. Sie gehen unmerklich ineinander über. Sie sind feste künstlerische Darstellungen der
ewig fließenden Partikel des Manred, denn alles ist im Fluß, und die Muster, die wir zu irgend einer gegebenen Zeit sehen, sind die Muster, die eben für diese Zeit stehen; sie sind
nicht ewig und unveränderlich.

Den Barden zufolge kann die Natur von menschlichen Wesen dadurch begriffen werden, daß man die Beziehung zwischen den Elementen, aus denen der Körper und die Seele
bestehen, untersucht. "Der Mensch besteht aus acht Bestandteilen", sagt uns *Das Buch von
Llanrwst (The Book of Llanrwst)*:

> Der erste ist die Erde, die unbeweglich ist und schwer;
>
> den zweiten bilden die Steine und das Material der Knochen, die hart
> sind;
>
> der dritte ist das Wasser, das naß ist und kalt und die Grundlage
> darstellt, aus der das Blut gemacht ist;
>
> der vierte ist das Salz, das solehaltig ist und scharf, aus dem die Ner-
> ven gemacht sind und das die gefühlsmäßige Veranlagung bestimmt,
> da es die körperlichen Sinne und die natürlichen Gaben betrifft;
>
> der fünfte ist der Wind, aus dem die Atmung entspringt;
>
> der sechste ist die Sonne, die hell ist und schön und aus der das Feu-
> er entspringt oder die Körperwärme, das Licht und die Farben;
>
> der siebte ist der heilige Geist, aus dem die Seele und das Leben her-
> vorgehen;
>
> der achte schließlich ist Christus, d.h. der Intellekt, die Weisheit und
> das Licht der Seele und des Lebens.

Diese Interpretation des Ursprungs der Seele und des Lebens, die dem Barden Taliesin zugeschrieben wird, stimmt mit der des klassischen Heidentum des Altertums überein.
Virtruvius schrieb einst: "Die Menschen sind sowohl als Abbild Gottes als auch des Universums geschaffen worden". Auch die Theoretiker des frühen Christentums vertraten eine
ähnliche Sicht. So schrieb Zanchius: "Der menschliche Körper ist ein Abbild der Welt und
wird deshalb *Mikrokosmos* genannt". Seine Worte wurden von Gregory Nazianzene mehr

oder weniger wiederholt: "Jede Kreatur sowohl des Himmels als auch der Erde ist im Menschen enthalten". Von daher sind die Abläufe in Körper und Seele des Menschen ein Abbild des Universums.

In Anlehnung an diese Sichtweise läßt sich folgendes feststellen: da der menschliche Körper aus den verschiedensten Elementen besteht, ist im Vorkommen dieser Elemente im Menschen die gesamte Natur abgebildet; das heißt also umgekehrt, daß die Natur durch die Zusammensetzung des menschlichen Körpers ausgedrückt werden kann. Verschiedentliche Aspekte der Landschaft sind Spiegelbilder der entsprechenden Teile des menschlichen Körpers, und von daher können wir auf die entsprechenden Körperteile Bezug nehmen, wenn wir von jenen Aspekten der Landschaft sprechen. Dies kommt in einer alten Legende zum Ausdruck. Sie handelt von einem Riesen, der erschlagen wurde und aus dessen Körper sodann die Erde entstand. Der selbe Grundgedanke ist auch in den nordeuropäischen Mythen von Ymir und Gargantua erhalten geblieben. Ein gigantischer Riese wird von den Göttern erschlagen. Sein Körper wird zum Weltgefüge: seine Knochen bilden die Felsen, sein Blut die Flüsse und Meere, seine Haare die Pflanzen und sein Schädel das Himmelsgewölbe. Der Riese zeigt die Beziehung zwischen den Teilen unseres Körpers und der Struktur der Welt auf. Er ist ein Gleichnis unseres Einseins mit der Welt.

2: Anm. der Übersetzerin: trotz intensivster Suche konnte mangels Hinweis im englischen Originaltext das Originalzitat von Goethe nicht gefunden werden; von daher handelt es sich hierbei um eine möglichst originalgetreue Rückübersetzung.

Eine gewaltige Darstellung des keulenschwingenden Fruchtbarkeitsgottes.
1 - 4. Jh. n. Chr., Cerne Abbas, England.

2

Heilige Bäume

Laßt keine mörderischen Äxte sie erdulden
noch schändet die Haine durch unbarmherzigen Stahl;
laßt ab von groben Taten und entweihender Gewalt,
denn Wohnstatt rachsüchtiger Götter ist der Wald.

R. Rapin, De Hortorum *(1665)*

Wo auch immer Bäume wachsen können, sind sie wichtige Bestandteile der Landschaft. Sie geben den Menschen Schutz, Baumaterial und Brennstoff, und durch ihren Standort und ihre Form drücken sie den Charakter des Ortes aus. Bäume stehen in einer dynamischen Wechselbeziehung zur Umgebung. Jeder Baum ist ein lebendiger Wasserlauf: seine Wurzeln, sein Stamm, und seine Zweige leiten das Wasser vom Boden in die Blätter, von wo aus es in die Atmosphäre abgegeben wird. Im Laufe seines Wachsens strebt der Baum dem Licht entgegen, während er dennoch fest in der Erde verwurzelt bleibt. Der Baum ist, ebenso wie der Mensch, eine Verbindung zwischen den oberen und den unteren Welten. Mit seinen serpentinenartigen Wasserläufen verbindet er die unter der Oberfläche liegende Welt, d.h. also die Erdoberfläche, auf der wir leben, den Himmel und die Luft miteinander verbindet. Deshalb ist der Baum ein Abbild der kosmischen Achse, eine körperliche Manifestation der Maxime "wie im Himmel so auf Erden". Er ist in sich selbst eine kleine Welt, denn er gewährt den Tieren Unterschlupf und beherbergt epiphytische und parasitäre Pflanzen. Nach seinem Tod dient er als Brennmaterial oder Bauholz. Jede Holzart hat ihre eigenen einzigartigen Merkmale.

Da der Baum ein lebendes Wesen ist, hat er eine begrenzte, wenn auch unbestimmbare Lebenszeit. Er entspringt einem Samen, reift heran, vermehrt sich, erreicht ein hohes Alter und stirbt schließlich. Im Unterschied zu einem Menschen kann ein Baum, dadurch daß man ihn beschneidet, erhalten werden und sich erneuern, oder, wenn er gefällt wird, kann er neue Schößlinge aus seinem lebenden Wurzelstock hervorbringen. Um soviel Licht als möglich einfangen zu können, sind die Blätter gemäß genauer geometrischer Gesetze, die die allen Dingen zugrunde liegende universelle Ordnung widerspiegeln, angeordnet. Die jeweilige Form des Baumes hängt in erster Linie von genetischen Gesetzmäßigkeiten ab, doch im Verlauf seines Wachsens unterliegt er ständig den gerade vorherrschenden Einflüssen seines Standortes. Von daher kann man anhand der Art und Form eines Baumes genaue Rückschlüsse hinsichtlich der physikalischen Eigenschaften eines Ortes ziehen. Die Form eines jeden einzelnen Baumes hängt von vielen Faktoren ab. Die Grundform ist die für die jeweilige Art "typische" Form, doch wie das bei den meisten Dingen der Fall ist, ist die "ideale" oder "typische" Form relativ selten anzutreffen. Günstige oder ungünstige Bodenbedingungen, der Überlebenskampf mit anderen Bäumen, abschüssiger oder ebener Boden, Wind und Blitzschlag sind alles Faktoren, die die Art seines Wachstums beeinflussen. Bäume werden auch durch Menschen verändert, die sie entweder zufällig oder absichtlich verstümmeln. Auch dies gibt Hinweise über die Art des Baumes und seiner Umgebung. In früheren Zeiten war es üblich, daß Wahrsager Bäume untersuchten, um die verborgenen Eigenschaften und die Beschaffenheit eines Ortes zu ergründen. Wünschelrutengänger haben herausgefunden, daß die Formen der Bäume auf unterirdische Quellen hinweisen können. Dort wo Bäume gedrehte Stämme, doppelte Formen haben und Äste, die in sich verschlungen wieder in den Stamm hinein wachsen, können sie als Indikatoren für einen aktiven Ort dienen. In sich gedrehte Bäume werden traditionell als heilig verehrt; daran erinnern auch die spiralförmigen Zauberstäbe, die heute noch von Hexen und Druiden benutzt werden.

Die Tatsache, daß Bäume elektrisch aufgeladen sein können führt dazu, daß in sie häufig der Blitz einschlägt. Vom Blitz getroffene Bäume sind leicht an der charakteristischen Furche entlang eines oder mehrere der oberen Äste, die bis in den unteren Stamm verläuft, zu erkennen. Oft zieht sich diese Furche in einer Spiralform durch die Mitte des Baumes nach unten und höhlt ihn aus. Obwohl theoretisch jeder Baum vom Blitz getroffen werden kann, gibt es üblicherweise bestimmte Arten von Bäumen, die den Blitz anziehen und daher vom Donnergott bevorzugt werden. Es handelt sich dabei um Bäume, deren Struktur und Physiologie starke Kraftfelder um sie herum erzeugen. Besonders blitzgefährdet sind beispielsweise die Eichen, da sie tiefe Wurzeln haben und oft einzeln stehen. Aufgrund ihrer rauhen Rinde leiten sie den Blitz durch die holzigen Teile. Bäume mit glatter Rinde leiten, besonders wenn sie naß sind, den Blitz gut an der Oberfläche entlang ab, doch bei Eichen ist dies nicht möglich; der Strom geht den Weg des geringsten Widerstandes. Während der Strom durch das Holz hindurch fließt, verdampft er explosionsartig das darin befindliche Wasser und reißt dadurch den Stamm auf und manchmal auch einige Äste ab. Oft nehmen Bäume, die sich von einem Blitzschlag erholt haben, die Form eines Hirschgeweihs an, und Bäume, die man künstlich auf diese Form hin trimmt, erschaffen die gottgewollte Form aufs Neue. Wegen ihrer Blitzanfälligkeit waren die Eichen besonders dem Himmelsgott geweiht. Von der Mistel, einer Pflanze, die unter den Druiden sehr geschätzt war, sagt man, daß sie in der Nähe vom Blitz getroffener Bäume wächst.

Die Form eines jeden Baumes zeigt die vorherrschenden Eigenschaften des jeweiligen Ortes an. Alleinstehende Haine sind oft zu einem einzigen großen Blätterdach zusammengewachsen, wodurch der Anschein entsteht, es handle sich um einen einzigen, riesengroßen Baum. Solche Wäldchen stechen am meisten in einer weiten, hügeligen Landschaft hervor, in der sie Hügelkuppen, oder alte Hügelgräber bedecken. Bäume, die in sehr windigen Gegenden, wie beispielsweise am Meer wachsen, haben längere, ausladendere Äste auf der windgeschützten Seite. Solche vom Wind "zurecht geschnittenen" Bäume schauen aus, als würden sie wie eine erstarrte Fahne im Wind wehen. Auch zeigen sie die vorherrschende Windrichtung an und lassen eine Einschätzung der Windstärke zu.

DER BAUMGEIST

Der Baum des Lebens ist ein Symbol, das in jeder menschlichen Gesellschaft zu finden ist. Er symbolisiert die "große Mutter", die Wachstum und Leben spendet und es erhält. Am augenfälligsten wird dies durch das "Ausbluten" von Eiben, aus denen Harz, des Baumes "Lebensblut", unaufhörlich herausströmt und an die weibliche Menstruation erinnert. In der europäischen Mythologie finden wir unzählige Versionen der Legende, daß die ersten menschlichen Wesen Bäume waren, die von den Göttern in Menschen verwandelt wurden. In *The Aeneid* berichtet Virgil, daß die Wälder früher "der Hort von Waldgöttern, Nymphen und Faunen und von weisen Männern waren, die aus den Stämmen der Bäume und den unbeugsamen Eichen entstanden waren". Die keltische Sage berichtet, die erste Frau sei eine Eberesche gewesen und der erste Mann eine Erle. In Anlehnung an diese Mythen handelt es sich um ein Zurückkehren zum Ursprung, wenn ein menschliches Wesen bei seinem Tod in einem Baum aufgenommen wird: ein Teil der Seele des Verstorbenen dringt in den Baum ein, der auf seinem Grab gepflanzt wird. In Wales, Schottland und Irland gibt es zahlreiche denkwürdige alte Bäume, die die Gräber von Barden und Helden erkennen lassen. Im Einklang dazu steht die Tradition, Menschen in Holzsärgen zu bestatten, die ihren Ursprung darin hat, daß die Bestattungen früher in ausgehöhlten Bäumen vorgenommen wurden. In Süddeutschland waren in die Baumstammsärge aus der Zeit der Alemannen Drachenköpfe geschnitzt, die Nwyvre, die leichenverschlingende Erdschlange, darstellten. Beisetzungen in Bäumen waren in Deutschland bis ins späte Mittelalter gang und gäbe.

Der keltische Baumgeist findet sich an Gebäuden als Abwehrzauber,
bekannt als der "Grüne Mann", wieder.
Clare, Suffolk, England.

Im keltischen Glauben herrscht die Ansicht, daß ein Baum sowohl als eigene Gottheit als auch als Sitz einer Gottheit betrachtet werden kann. Ein Baum kann als Aufenthaltsort eines externen Geistes , als "Hamadryad", wie Apollonios von Rhodos es bezeichnet, dienen. Er kann also von einzelnen Geistern, Feen oder Dämonen bewohnt werden. Überdies kann er auch von den Seelen Verstorbener, die in den Baum eingedrungen sind, bewohnt sein ebenso wie von Landgeistern, die von ihrer rechtmäßigen Behausung vertrieben worden sind und nun in der wohltuenden Umgebung eines Baumes Zuflucht gefunden haben. Ebenso wie Menschen haben Bäume ganz persönliche Seelen, die sich in besonderen Eigenschaften, etwa magischen Kräften oder heilenden Wirkungen, ausdrücken. In früheren Zeiten war es Sitte, sich zur Niederkunft unter bestimmte Bäume zu begeben, die geistige Unterstützung gewährten und die Schmerzen der Wehen linderten. Auch erleichterte dies einer zwischen mehreren Leben in dem Baum wohnenden menschlichen Seele die Wiedergeburt. Ein Baum kann außerdem auch Geister in sich aufnehmen, die andernfalls den Menschen Schaden zufügen würden und auf diese Weise schädliche Einflüsse aus seiner Umgebung ausgleichen. Manchmal erreicht ein einzelner Baum einen solchen Bekanntheitsgrad, daß sein Ruf weithin bekannt wird und er als Touristenattraktion gilt. Die Nannau Eiche, die in der Nähe von Dolgellau stand und 1813 umgerissen wurde, war weit und breit als der von Kobolden heimgesuchte Baum bekannt. Sein Ruf verbreitete sich in ganz England, als Sir Walter Scott ihn in seinem *Marmion* als den "von den Geistern geschüttelten Baum" beschrieb.

DER WILDE WALD UND DIE HEILIGEN HAINE

Der wild gewachsene Wald steht für den ungezähmten wilden Teil der menschlichen Seele: er ist ein Archetyp der Wildheit. Wildheit bedeutet jedoch nicht einen Zustand in dem alles außer Kontrolle geraten ist; es bedeutet vielmehr die angeborene Natürlichkeit, in der eine Ausgewogenheit mit den Naturgesetzen liegt. Im Wald herrschen ewige, elementare Kräfte und diejenigen, die nach ihnen suchen, werden ihnen möglicherweise begegnen. Wenn die Menschen in regelmäßigen Abständen zum "Ungezähmten" zurückkehren, so kann ihnen der wilde Wald die Möglichkeit einer tiefgehenden psychischen Heilung geben. Der wild gewachsene Wald ist der Ort an dem wir eine bewußte Verbindung mit unseren inneren Instinkten wiederherstellen können, indem wir mit dem "Wilden" in uns wieder Kontakt aufnehmen. Wenn wir von den elementaren Kräften des Waldes unterstützt werden, können wir Vergessenes wiederentdecken. Dies kann durch Frühlings- und Fruchtbarkeitszeremonien geschehen, allerdings nur dort, wo der unberührte wilde Wald noch besteht. Wenn er einmal zerstört ist, haben wir keinen Zugang mehr zu dem wilden Anteil in der menschlichen Seele. Reintegration ist nicht mehr möglich und wir befinden uns im Ödland.

Gleich den alten Griechen verehrten auch die heidnischen Kelten die heiligen Haine, die *Nemetoi* genannt wurden. Sie waren die Lichtungen hin zum Himmel, fromme Enklaven, die eigens abgegrenzt waren in den Wäldern und die von den Menschen streng behütet wurden; nur Priester und Priesterinnen durften sie betreten. Lucan schrieb in seinem *Pharsalia* von gallischen Druiden, die in dichten Hainen und abgeschiedenen, unbewohnten Wäldern lebten. Der Scholiast bemerkte, daß sie "die Götter des Waldes verehren, ohne dazu Tempel zu benutzen". Es scheint so, als wären Haine ebenso wie Tempel für bestimmte Gottheiten angelegt bzw. ihnen geweiht worden. Dio Cassius schrieb, daß die Britannier die Göttin des Sieges, Andraste, in Heiligtümern verehrten und ihr Opfer darbrachten. Eine in Vaison, Vaucluse, entdeckte gallisch-römische Inschrift beschreibt, wie zu Ehren von Belesama ein Nemeton errichtet wurde. Allgemeiner gesprochen waren die Göttinnen Arnemetia und Nemetona die Gottheiten des Nemetons. Erst später folgte man der römischen Praxis und erbaute Tempel.

Obwohl die meisten Nemetoi lange schon verlassen wurden, sind einige von ihnen noch immer bekannt. In Frankreich zum Beispiel erinnert der Name Nanterre an das keltische Nemetodunum. In England finden wir Vernemeton, der "besonders heilige Hain", und in Schottland ist Medionemeton, "das mittlere Heiligtum", anzutreffen. Ein alter irischer Name für einen heiligen Wald ist *Fidnemet*. Da die Nemetoi von den ursprünglichen Einwohnern des jeweiligen Landes in treuer Ergebenheit bewahrt wurden, waren sie das Ziel von Zerstörungen durch die Eroberer. Lucan beschreibt, wie Julius Caesar ein Nemeton in der Nähe von Marseilles zerstörte, in dem Bäume standen, die so bearbeitet waren, daß sie Gottheiten darstellten. Im Zuge der Vernichtung der britischen Druiden entweihte Suetonius Paulinus die Haine von Anglesey und in späteren Zeiten erhoben St. Martin von Tours und St. Patrick ihre Äxte im Namen ihres Glaubens. Im elften Jahrhundert brachte der irische König Brian Boru einen Monat mit der Zerstörung des heiligen Hains Thor in der Nähe von Dublin zu. Paradoxerweise waren andere keltische Christen Pflanzer. Das *Liber Landavensis* berichtet, daß im sechsten Jahrhundert die britischen Mönche Teilo und Samson einen riesigen Hain von Obstbäumen anpflanzten, der sich über drei Meilen von Dôl bis Cai erstreckte. Bis zum heutigen Tage ist St. Teilo der Patron der Apfelbäume geblieben. In Wales wurden einst alle Bäume, die auf St. Beuno geweihtem Boden wuchsen, für heilig erachtet und durften weder gefällt noch in irgendeiner Weise beschädigt werden.

Einige der großen keltischen Wälder, wie beispielsweise der Wald von Brocéliande und Morrois oder das Gehölz von Caledon wurden als im ganzen heilig angesehen. Die wenigen spärlichen Überbleibsel von Brocéliande sind der Forêt de Huelgoat, der Forêt de Paimpont und die beiden heiligen Zwillingswälder Coat-an-Hay und Coat-an-Noz, der "Tag Wald" und der "Nacht Wald", in der Nähe des heiligen bretonischen Hügels Menez-Bré. Der Wald von Caledon in Schottland erstreckte sich einst von Glencoe bis Braemar und von Glen Lyon bis Glen Affric. Legenden zufolge wurde er von einem Monster namens Muime zerstört, das von Skandinavien herbeigeholt worden war, und brennende Fackeln auf ihn herab warf. Geschichtlich gesehen fiel er aber den Äxten der Menschen zum Opfer. Zwischen dem neunten und dem zwölften Jahrhundert wurden die Wälder erbarmungslos abgeholzt und niedergebrannt. Verfeindete Sippen steckten die Wälder in Brand, um entweder ihre Feinde oder die Wölfe dadurch zu vernichten. Später wurden noch mehr Bäume für den Schiffsbau gefällt, und zwischen dem fünfzehnten und dem achtzehnten Jahrhundert benötigten die Gießereien der Eisenfabrikanten große Mengen Holz. Noch mehr Zerstörung wurde durch die beiden Weltkriege angerichtet, so daß von dem einst so riesigen Wald außer dem Black Wood von Rannoch bei Loch Tulla nichts von Bedeutung übriggeblieben ist.

Das Ergebnis der Gleichgültigkeit der Menschen war eine ökologische Katastrophe, die von den Barden festgehalten wurde in Äußerungen wie: "Was sollen wir fortan tun, ohne Holz? Der letzte Wald ist gefallen", oder in dem Klagelied von Aodhagen O Rathaille, "O weh, unsere Wälder sterben dahin". Von den zerstörerischen Konsequenzen des Rodens der Wälder ist auch in der Ballade "Siebenhundert Elfen" die Rede, die von einem Bauernjungen erzählt, der einen Wald zerstört und dafür von den in ihm wohnenden Geistern bestraft wird:

Er fällte die Eiche, er fällte die Birke,
weder die Buche noch die Pappel verschonte er;
und voller Gram und Verdruß waren die Elfen,
über die Dreistigkeit des Fremden.
Er machte sich Balken und Pfeiler,
mit emsigem Fleiß und mit Hast.
Drauf sprachen die Elfen des Waldes:
"Wer kam, unseren Wald zu schänden?"

Die Geister des Waldes vergaben dem, der sie vertrieben hatte nicht, denn was letztendlich nach einer solchen ökologischen Katastrophe zurückbleibt ist das Ödland, das ebenso ein geistiger wie auch ein physischer Zustand ist.

BAUMGRUPPEN

In Teilen Großbritanniens bezeichnet man eine Gruppe Kiefern oder einen Kiefernhain als "Folly", was so viel heißt wie Narretei. Diese Art von Bäumen ist sehr windanfällig. Die Griechen schenkten dem Rauschen des Windes in der prophetischen Eiche des Zeus in Dodona große Beachtung; in den Zweigen der Weide erzeugt der Wind ein Geräusch wie das der Flöte des Gottes Pan. Wenn wir uns in einem Wäldchen, daß auf einer Hügelkuppe gelegen ist befinden, kann das Geräusch des Windes in den Zweigen in uns Bilder von rauschenden Wellen, von einem prasselnden Feuer oder von übernatürlichen Stimmen hervorrufen. In *The Old Straight Track (Der alte gerade Pfad)* spricht Alfred Watkins von Hügeln, auf deren Kuppen nur jeweils ein Baum oder eine Baumgruppe stand, wie sie im Grenzland von Herefordshire häufig anzutreffen sind. Sie dienten einst als Orientierungspunkte für die Wanderer auf den alten Pfaden.

Weitere Überbleibsel der heiligen keltischen Haine sind die uralten Apfelplantagen. Ihre Unverletzlichkeit ist im englischen Allgemeinrecht (Common Law) unter den Privilegien der freien britischen Bergarbeiter niedergelegt. Konzessionierte Verbindungen unabhängiger Grubenarbeiter hatten die Erlaubnis, in Gegenden, in denen Kohle und Mineralien reichhaltig vorhanden waren, nach diesen zu graben. In Cornwall und dem Forest of Dean sind bis zum heutigen Tag noch Schürf- und Bergbauarbeiten im Gange. Die ihnen gewährte königliche Konzession, die ihren Ursprung im alten walisischen Recht hat, gab ihnen das Recht, überall zu graben, mit drei Ausnahmen: die hoch und heilig gehaltenen königlichen Straßen, Friedhöfe, und Obstgärten. Auch heute noch betrachten viele Menschen die Zerstörung eines Obstgartens als ein Sakrileg, und das nicht nur weil dadurch eine wertvolle, lebendige Nahrungsquelle ausgelöscht wird. Die Tradition, mitten im Winter in den Obstgärten einen Umtrunk abzuhalten und Schüsse abzufeuern, um die für das kommende Jahr zu erwartenden bösen Geister zu vertreiben, ist noch immer erhalten geblieben.

Einzelne Bäume

Die keltische Verehrung der Bäume entspringt zwei Quellen: zum einen geht sie unmittelbar aus dem archaischen animistischen Glauben hervor, zum anderen ist sie bedingt durch die griechisch-etruskischen Einflüsse auf Mitteleuropa in der Hallstattzeit und der La-Tène-Zeit. Überall in der nördlichen Hemisphäre standen einzelne Bäume im Mittelpunkt schamanischer Rituale, aus denen dann in formellerer und, subtilerer Form Religionen entstanden. Für die Griechen und die Kelten hatte jede alte Gottheit ihre eigene Art von heiligem Baum. Die Eiche war Zeus und Taranis geweiht, die Myrte der Aphrodite und der Dornstrauch der Maienkönigin. Die Gelehrten des Aristophanes stellten fest, daß der Olivenbaum der Tempel der Athene war und, daß er in der Zeit, in der es noch keine Tempel und Götterbilder gab, als Abbild der Götter angesehen wurde.

In heutiger Zeit sind bestimmte Rosenarten und Dornsträucher der Jungfrau Maria geweiht. Die großen Ähnlichkeiten zwischen den keltischen und den griechischen Traditionen bestätigen die Gemeinsamkeit des Polytheismus in Europa. Ein einzelner verehrter Baum, der als *Bile* (Gallbaum) bekannt war, durfte an heiligen Orten, an denen keltische Könige gekrönt wurden, nicht fehlen. Der französische Name Billom erinnert an die keltische Biliomagus, die "Ebene der heiligen Bäume". Im alten Irland waren fünf solcher heiligen Bäume bekannt, von denen der *Rennes Dindsenchas* sagt, daß sie bereits in seiner Zeit nicht mehr existierten. Ein jeder dieser Bäume stand für eine Provinz; so gab es die Bäume von Ross und Mugna, von Tortu und Datha, und den verästelten Aschenbaum von Uisnech, der am Grenzstein, am Mittelpunkt des Landes, stand. Der Baum von Mugna war eine immergrüne Eiche, die drei verschiedene Früchte trug: zusätzlich zu den Eicheln brachte sie Äpfel und Nüsse hervor, möglicherweise aufgrund von veredelten Ästen. Gallbäume behängte man mit Opfergaben und Überbleibseln aus Zeremonien. Auch beließ man manche heiligen Bäume nicht in ihrer natürlichen Form, sondern veränderte sie in etwa auf die Weise, auf die später auf dem europäischen Festland die Linden in ihrem Wachstum verändert wurden.

Das mittelalterliche irische Gedicht "Druim Suithe" von der Eibe, dem Baum von Ross, verrät viel über den Symbolcharakter des Baumes im keltischen Empfinden. Es beschreibt voller Andeutungen und Umschreibungen den berühmten Orakelbaum von Leinster:

Baum von Ross:
Zepter eines Königs,
Vorrecht eines Prinzen,
Geräusch einer Welle,
erlesenste aller Kreaturen:
starker, standhafter Baum,
sicherer, starker Gott,
Tür zum Himmel,
Stärke einer Festung
Bester der Gruppe,
der reine Mann des Waldes,
große Mildtätigkeit,
mächtige Dreieinigkeit,

Ehre der Schönheit,
Herr des Geistes,
Diadem eines Engels,
Geschrei der Welt,
Ruhm des Banba,
Macht des Sieges,
Abstammungsgericht,
verhängnisvolles Urteil,
Bündel aus Salbei,
edelster aller Bäume,
Herrlichkeit von Leinster,
liebster der Büsche,
Streitkraft eines Bären,

Maß einer Stunde,	*Kraft des Lebens,*
Gott der Mutter,	*Zauber des Wissens,*
Sohn Mariens,	*Baum von Ross.*
fruchtbares Meer,	

ORTS- UND FAMILIENBÄUME

Obwohl Bäume, verglichen mit einem Menschen, verhältnismäßig lange leben, ist doch auch ihre Lebenszeit, ebenso wie die eines jeden lebenden Wesens, begrenzt. Wenn ein wichtiger Baum stirbt, ist es nach keltischer Tradition Pflicht, einen neuen an seiner Stelle zu pflanzen. Wenn möglich sollte der neue Baum aus dem Zweig des alten oder aus den Samen seiner Früchte gezogen werden. Auf diese Weise kann man eine Kontinuität über tausende von Jahren garantieren. Wenn dieses Verständnis verloren geht, kann es sein, daß ein toter Baum erhalten wird, nur um ihn zur Schau stellen zu können. Ein trauriges Beispiel hierfür ist der am meisten gefeierte keltische Baum, die Eiche Merlins in Carmarthen.

Als stärkstes Symbol für Stabilität und lebendige Kontinuität galt bei den Kelten die Eiche. In einem irischen Gedicht, *Die Schlacht von Moyragh*, heißt es:

> *In O'Loughlins Lager war weithin sichtbar ein edles Banner aus Seide,*
> *das in jeder Schlacht als Schutz im Kampf vorangetragen wurde.*
> *Darauf eine alte früchtetragende Eiche,*
> *die vom Anführer rechtschaffen verteidigt wurde.*

Walisische Bogenschützen, die mit der englischen Armee in der Schlacht von Acincourt kämpften, trugen Abbilder von Merlins Eiche. Im neunzehnten Jahrhundert wurde der ehrwürdige Baum von Carmarthen jedoch von Nonkonformisten, die etwas gegen die Scharen von Menschen hatten, die sich Tag und Nacht um die Eiche versammelten, zerstört. Nichtsdestotrotz stand ihr toter, mit Zement und Eisen versiegelter Stamm noch Jahre danach an der Straße. Niemand unternahm den Versuch einen neuen Baum zu pflanzen. Es kam zu dem unvermeidbaren Ende, daß der tote Stamm letztendlich in ein Museum gebracht wurde und somit die Tradition, nach der Merlins Baum den Geist der Stadt verkörperte, zur Farce wurde:

> *An dem Tag, an dem Merlins Eiche nicht mehr steht*
> *auch die Stadt Carmarthen untergeht.*

Welchen geistigen Halt der Baum der Stadt auch immer gegeben haben mag, er ist verloren. Eine erfreulichere Geschichte kann von der Midland Oak, einer altehrwürdigen Eiche, in Lillington bei Leamington Spa, einem der Orte, von denen man sagt, er sei der Mittelpunkt Englands, erzählt werden. Als sie starb wurde 1982 ein neuer Baum an ihrer Stelle gepflanzt. Ein ähnliches Schicksal ereilte die Murtenlinde, die Ortslinde von Freiburg in der Schweiz. Sie war 1476 gepflanzt worden und stand in einer dreieckigen Einfriedung in der Mitte der Straße in der Nähe des Georgsbrunnens und des Rathauses. Der Straßenverkehr brachte sie 1983 zu Fall, als ein Auto gegen sie fuhr und sie sehr schwer beschädigte. Im nächsten Jahr sprossen an den beiden verbliebenen Ästen zwar noch Blätter, doch erklärte man die Murtenlinde zwei Jahre nach dem Unfall für tot und fällte sie. Ein neuer Baum, der aus einem abgeschnittenen Zweig des alten gezogen worden war, wurde gepflanzt und wächst nun auf dem Platz in der Nähe des Brunnens und des Rathauses.

Die Murtenlinde von Freiburg in der Schweiz, wie man sie
in den letzten Jahren sah. Sie wuchs in der Mitte der Straße
gegenüber dem Rathaus und dem Georgsbrunnen.
Mittlerweile wurde sie entfernt, weil sie einem Autounfall zum Opfer fiel.
Glücklicherweise wächst nicht weit entfernt einer ihrer Ableger.

DER BAUM DER EINGEBUNG

Die keltische Tradition der Barden steht in einer sehr engen Beziehung mit den Bäumen. Das irische Bardenalphabet, das Oghamalphabet, ist ausdrücklich mit ihnen verbunden. Jedem Buchstaben ist ein Baum zugeordnet; zum Beispiel steht B für Birke, D für Eiche, S für Weide, usw. Von daher verkörpert jeder Baum eine der Eigenschaften, die durch die Oghambuchstaben ausgedrückt werden. In der walisischen Sprache sind viele Wörter, die mit Bewußtsein, Wissen und Schrift zu tun haben, mit dem Wort *wydd*, das Wald bedeutet, verwandt. So finden wir Wörter wie *cywydd*, "Enthüllung"; *gwyddon*, "weiser Mann"; und *derwydd*, "Druide". Wenigstens seit der Zeit von Taliesin (520-70) bedienten sich die Bar-

34

den der britischen Insel der Metapher des Waldes für ihre Dichtung und bezeichneten sich selbst als die "Zimmerleute der Lieder". Taliesin schrieb:

> *Ich bin der Quell der Lieder,*
> *ich bin belesen,*
> *ich liebe die Zweige und das dichte Flechtwerk.*

Ähnlich dazu schrieb Iolo Goch (1315-1402):

> *Ich werde Owain dienen, immerfort,*
> *mit sanftem und ruhigem metrischem Wort,*
> *doch niemals wird der Erlenwald geschlagen,*
> *vom obersten Zimmermann der Lieder.*

Die beseelte Natur der Bäume macht sie zum perfekten Medium für unsere Inspiration; in der Geschichte finden wir etliche Beispiele dafür, wie bestimmte Bäume mit Orten des Lernens in Verbindung standen. Der bardischen Überlieferung zufolge gründete William von Waynefleet das Magdalenen College in Oxford bewußt in der Nähe der großen Eiche, die dort bis 1788 Jahr für Jahr frische Blätter hervorbrachte. Ein seltenes Überbleibsel der bardischen Bäume ist der Bergahorn von Caerwys im Norden von Wales, der in der Mitte des zwanzigsten Jahrhunderts als Ersatz für den Baum der Eingebung gepflanzt wurde. Von 1568 an, als Königin Elisabeth I. das erste offizielle Eisteddfod (walisisches Sänger- und Dichterfest) genehmigte, saßen wettstreitende Barden um den Stamm des Baumes herum, um ihre Gedichte zu verfassen und gingen danach über die Straße in die Eisteddfod Hall, um sie zu verlesen.

Das Gedicht *Afallentau* erzählt die Geschichte von Merlin, der in Todesangst vor einer Schlacht davonlief und im Wald von Caledon zu einem Wilden wurde, der sich vor den ihm nachjagenden Männern in einem Apfelbaum versteckte. 1615 in Boscobel traf Mystik und Realität zusammen, als König Charles II. sich nach seiner Niederlage in der Schlacht von Worcester in der Eiche von Boscobel versteckte. Nach Charles Wiedereinsetzung verehrten die Königstreuen die Eiche als den "königlichen Baum". Sie fiel 1704 den Verwüstungen von Reliquiensammlern zum Opfer, doch ist die "königliche Eiche (The Royal Oak)" noch heute ein beliebter Name für Wirtshäuser in ganz England, wo man den Kopf des Königs auf die gleiche Art wie den "Grünen Mann" inmitten des Laubes darstellt. Reliquiensammler besiegelten auch das Schicksal des St. Craebhnat Baumes von Killura; irische Seefahrer und Auswanderer nahmen Stücke des Baumes mit, da sie glaubten, daß jeder der solch ein Stück bei sich trug, nicht ertrinken könne. Während der großen Auswanderungswelle in der Mitte des neunzehnten Jahrhunderts wurde der Baum in tausend kleine Stücke zerlegt, so daß nichts von ihm übrig blieb.

Das Bardentum ist eine vererbliche Tradition, deren wichtigste Funktion unter anderem Geschichtserzählungen und Ahnenforschung war. Deshalb pflanzen Barden gelegentlich Bäume, um dadurch ein Denkmal für wichtige Ereignisse zu setzen. 1745 beispielsweise pflanzte der Jakobit und Barde Alasdair Macdonald beim Dalilea Haus in Moidart, Schottland eine Eiche, um die Rückkehr von Bonnie Prince Charlie zu feiern. Manchmal pflanzen Menschen ganze Wälder an, deren Form als Symbol und Erinnerung für denkwürdige Ereignisse stehen. Einst gehörten zu Landbesitzen in ganz Schottland Wälder, deren Form und räumliche Aufteilung die Einteilung der Militäreinheiten in der Schlacht von Waterloo darstellten. Bemerkenswerte Beispiele hierfür befinden sich im Vorgebirge am westlichen Eingang der schottischen Meerenge von Bute am Loch Striven und in den Wäldern von Glenearn bei der Earn-Brücke in Tayside.

Diese Tradition hat sich bis in heutige Zeiten fortgesetzt. In Rothesay, auf der Isle of Bute, befindet sich ein Wald, der die Form einer Krone aufweist, und der 1948 zum Gedenken an die Geburt von Prinz Charles gepflanzt wurde. In Schottland werden einzeln stehende, sehr dicht gepflanzte Baumreihen – "Glockenbäume" – als heilig angesehen, da sie an die Vorfahren der Familien und Sippen erinnern. Manchmal ist das Glück einer Familie sehr eng mit dem Schicksal eines einzelnen Baumes verknüpft. So stand zum Beispiel bei Schloß Dalhousie in der Nähe von Edinburgh der Edgewell Baum, über den man sagte, daß von ihm das Schicksal der gleichnamigen Familie abhinge. Auch war es Brauch, im Angedenken an Zauberer und Barden auf deren Gräbern Geister-Bäume zu pflanzen. Eines der bekanntesten Gräber ist das Merlins in der Nähe von Paimpont in der Bretagne, auf dem ein australischer Eibisch steht. Eine ehrwürdige alte Eibe wächst in den Ruinen der Abtei Strata Florida in Dyfed auf dem Grab des Barden Dafydd ap Gwilyn des fünfzehnten Jahrhunderts. Sie stammt aus der selben Zeit wie auch das Grab. Die Bäume der Barden sind sozusagen lebendige Gedenkstätten.

MÄRCHENHAFTE DORNBÜSCHE UND HEILIGE ORTE

Ein bemerkenswerter Baum dient oftmals der Greifbarmachung der sonst unsichtbaren geistigen Eigenheiten eines Ortes. Der irischen Sage zufolge wird ein einziger Dornenstrauch, der inmitten eines steinigen Feldes oder am Hang eines Hügels wächst, von Elfen geschützt oder bewohnt. Er gilt als besonders heilig, wenn er in der Nähe eines Findlings oder eines heiligen Brunnens steht. Auch Dornensträucher, die auf einem Wall stehen, insbesondere wenn drei oder mehrere von ihnen L- oder V-förmig zuammengewachsen sind, weisen auf einen besonderen Ort hin. Bestimmte Arten von übernatürlichen Wesen sind in gewissen Bäumen gegenwärtig. Man sagt, wenn die Einwohner Cornwalls einen Schatz vergruben, pflanzten sie darüber immer einen Weißdorn an, um ihn vor den Piskies, den in Schottland und Cornwall unter diesem Namen bekannten Elfen, zu schützen. Möglicherweise steht dies im Zusammenhang mit der Tradition, neben heiligen Büschen Opfergaben niederzulegen. In Irland wachen die Lunantishees über die Schwarzdornbüsche. Ein Loblied über den märchenhaften Dornbusch von Killeaden, Lis Ard, finden wir zum Beispiel auch in den Werken des irischen Barden Raftery.

Im keltischen Glauben der Alten spielen "freundliche Büsche", heilige Dornsträucher also, eine große Rolle. Märchenhafte Dornsträucher werden so sehr in Ehren gehalten, daß man noch nicht einmal seine heruntergefallenen Zweige entfernen sollte. Manchmal werden versehentlich abgebrochene Äste lieber wieder an ihrem alten Platz festgebunden, ehe man sie entfernt. Natürlich ging man davon aus, daß die Zerstörung eines heiligen Baumes großes Unglück bringen würde. Ein Gebot besagt: "Vergreife dich nicht an einem einzeln dastehenden Busch". In früheren Zeiten war der tiefe Respekt für diese Bäume das höchste Gebot (ein *geis*), das, wenn es übertreten wurde, mit Gewißheit Unglück nicht nur über den Übeltäter, sondern auch über den unter dem Schutz des Baumes stehenden Ort hereinbrachte. Das Fällen eines heiligen Baumes konnte dazu führen, daß böse Geister, die zuvor in ihm gewissermaßen in Schach gehalten worden waren, nunmehr befreit waren, und es dadurch zu einer Störung des natürlichen Gleichgewichtes kam, was zu schlechten Ernten, Krankheit und allgemeinem Unglück führte. Das Gleichgewicht konnte nur durch das Anpflanzen eines neuen Baumes der gleichen Art am gleichen Ort wiederhergestellt werden.

Obwohl es sich gewisse christliche Missionare zu ihrer speziellen Aufgabe gemacht hatten, heidnische, heilige Bäume zu fällen, wurden doch gelegentlich bestimmte Bäume verschont und sogar geschützt. Im alten Griechenland wurden die heiligen Bäume oftmals als noch verehrungswürdiger angesehen, als die mit ihnen in Verbindung stehenden Altare und es ist durchaus nicht abwegig, daß dies auch bei den Kelten so war. Über den heiligen Martin von Tours, der im späten vierten Jahrhundert durch das nördliche Gallien zog und heidnische Heiligtümer zerstörte, erzählt man sich folgende humoristische Geschichte: Einmal schlugen die Leute eines Ortes ihm einen Handel vor; er dürfe ihren heiligen Baum nur fällen, wenn er unter ihm stehen bliebe, während er umfiele. Vernünftigerweise stellte sich Martin ihrer Herausforderung nicht, und zog weiter. Wahrscheinlich ist es kein Zufall, daß manche dem heiligen Martin geweihte Kirchen, wie beispielsweise "St. Martin vom Dornbusch" in Norwich, ihre Baum-Beinamen bis heute behalten haben. Die irische Stadt Killarney ist nach der "Kirche des Schwarzdorns", Cill Airne, benannt, während der Dornbusch der Madonna von Ballyhaunis im County (Grafschaft) Roscommon Ziel von Pilgerfahrten ist. In den meisten Fällen ist davon auszugehen, daß die heiligen Bäume blieben, als die Tempelstätten durch die jeweils vorherrschende Religion angeglichen wurden, denn heutzutage findet man in Friedhöfen noch viele der verehrten und ehrwürdigen alten Eiben.

Vor noch nicht allzu langer Zeit erzählte Dermot MacManus die Geschichte eines Dornstrauches, der geschlagen wurde um einem neuen Krankenhaus in Kiltimagh Platz zu machen. Obwohl man die Arbeiter gewarnt hatte, zerstörte einer von ihnen den Strauch, woraufhin er einen Schlaganfall erlitt, an dessen Folgen er schließlich verstarb. Der Ort, an dem dies geschah, wurde wegen des Sakrilegs verflucht und das Gebäude wurde nicht als Krankenhaus genutzt. Viele Jahre später fällte man einen heiligen Dornbusch in Ulster, weil er dem Bau einer Fabrik im Wege stand, die der DeLorean Automobilherstellung dienen sollte. Das schreckliche Geschick des Unternehmens ist hinlänglich bekannt. Auf eine andere Art und Weise manifestierte sich auch hier die Aussage von "Siebenhundert Elfen".

Die Bedeutung der Heiligkeit von märchenhaften Bäumen ist nicht exakt festgelegt. Wie bei allen heiligen Orten hängt sie in gewisser Weise von unserem religiösen Standpunkt ab. Auf dem Wearyall Hügel in Glastonbury steht ein einzelner Dornstrauch, der weithin sichtbar ist. Obgleich er ein klassischer "Märchenbaum" ist, wird er mit der Legende, daß Josef von Arimathea seinen Wanderstab dort in die Erde rammte und dieser sodann Blätter hervorgebracht hatte, in Verbindung gebracht. Der heute dort stehende Dornstrauch ist ein erfreuliches Beispiel für den Brauch, anstelle eines alten, sterbenden Strauches einen neuen anzupflanzen. Ein Vorgänger von ihm, von dem man behauptet, er sei der Ursprüngliche, war von einem Protestanten zerstört worden, der sich darüber erregte, daß er ein Instrument des Aberglaubens sei. Man sagt, er sei prompt dafür bestraft worden. Ein ähnlicher Dornbusch, der noch immer im Friedhof der St. John Kirche in der Hauptstraße von Glastonbury steht, blüht mitten im Winter und von ihm abgeschnittene Zweige werden dem regierenden Monarchen geschickt.

Manchmal ergibt sich auf wundersame Weise eine Enthüllung der göttlichen Weiblichkeit durch einen Baum. In der Bretagne, im Osten von Morbihan, stehen zwei der bedeutendsten Bittwallfahrten im Zusammenhang mit Bäumen. Zum Beispiel befindet sich in Notre-Dame-de-la-Tronchaye in Rochefort-en-Terre, einem Wallfahrtsort, das Bildnis einer schwarzen Madonna, das im zwölften Jahrhundert in einem hohlen Baum gefunden worden war. In Josselin finden wir das Gnadenbild von Notre-Dame-du-Roncier, das sich auf "unsere liebe Frau vom Dornbusch" bezieht. Einer Legende zufolge entdeckte ein Bauer beim Pflügen seines Feldes ein Marienbild in einem Rosenbusch. Er nahm es mit sich nach Hause, doch wie durch ein Wunder war es am nächsten Morgen wieder an der alten Stelle. Letztendlich baute man bei dem Rosenbusch eine Gedenkstätte, die im Laufe der Zeit den Ruf erwarb, daß bei ihr Menschen, die unter Epilepsie leiden, geheilt werden könnten. Ebenso wie viele andere Relikte wurde auch das Bild unserer lieben Frau 1793 von Aufständischen verbrannt. Ein kleines Überbleibsel konnte jedoch aus der Asche gerettet werden und wird noch in der heutigen Zeiten entstammenden Kapelle, die das Markenzeichen des Ortes ist, aufbewahrt.

Die Basilika von Le Folgoët, "Der Narr im Wald", verdankt ihre Existenz einer ähnlich wundersamen Begebenheit; man kann sagen, sie sei das Ergebnis heiligen Irrsinns. Im vierzehnten Jahrhundert lebte ein Hirte namens Salalün ar Foll in einem Wald in der Nähe von Lesneven bei einer Quelle, über der ein Baum wuchs. Er stapfte in der Gegend herum, wobei er ständig die Worte "O Itroun Gwerhez Mari" (O Jungfrau Maria) wiederholte und von allen als Dummkopf angesehen wurde. Manchmal kletterte er auf den Baum, der über dem Brunnen wuchs, um zu beten. Dann wieder saß er zum Gebet bis zu den Achseln im Wasser des Brunnens. 1358 wurde er tot aufgefunden und bei seinem Brunnen begraben. Auf seinem Grab wuchs eine Lilie, und die Leute bemerkten plötzlich, das auf ihren Blättern auf wundersame Weise die Worte "Ave Maria" geschrieben standen. Dies betrachtete man als Zeichen des Himmels und so ließ Herzog John IV. im Jahre 1365 eine Wallfahrtskirche über dem Brunnen errichten. Jedes Jahr, am ersten Sonntag nach dem 8. September wird dort eines der größten Marienfeste der Bretagne gefeiert.

Ein ähnlich wundersamer Busch ist der Ursprung für die Marienverehrung an dem Wallfahrtsort Deggingen in Süddeutschland. Im vierzehnten Jahrhundert sollte einmal ein Rosenbusch, der von je her verehrt worden war, abgeschnitten werden, bis man entdeckte, daß auf jedem Blatt die Worte "Ave Maria" zu lesen waren. Von da an wurde der Busch in Ehren gehalten und später erbaute man an dieser Stelle eine Wallfahrtskirche, die heute Alt-Ave heißt. Es war dies die Zeit, in der sich mit der Einführung des Rosenkranzes der weibliche Aspekt in der christlichen Kirche durchsetzte.

BAUMGEBILDE UND VEREDELTE BÄUME

Manchmal stoßen wir auf Bäume, deren Form mittels spezieller Techniken verändert worden ist. Bei diesem alten nordeuropäischen Brauch handelt es sich nicht etwa um eine fortschrittliche Kunst des Bäumeschneidens, sondern um die Fortführung ihres alten symbolischen Vorläufers. Da sie im wesentlichen transitorischer Natur ist, gibt es heute nur noch wenige Beispiele davon. Man kennt zwei grundlegende Formen dieser Kunst, Bäume zu verändern: zum einen das Beschneiden, so daß der Baum dann die Form eines kosmischen Vorbildes annimmt, und zum anderen das Baumhaus, das durch Veränderungen am Stamm und an den Ästen entsteht. Letzteres scheint auf die alte Verehrung der Bäume zurückzugehen, bei der man mit den Bäumen eine Art Bauwerk schuf, um so ihren Schutz zu erlangen. Die *Volsungasaga* erzählt von König Volsung, der ein Haus um eine Eiche herum erbauen ließ. "Die Äste und Zweige des Baumes ragten über das Dach hinaus, und wuchsen und gediehen dort, während der Stamm im Inneren des Hauses stand und von den Leuten den Namen *Branstock* bekam". In England erzählt man sich, daß der Saal von Huntingfield in Suffolk sowie das Old Manor House von Knaresborough in Yorkshire um lebende heilige Bäume herum gebaut worden war, ebenso wie die holzumrahmte Gaststätte "Cross Keys" in Saffron Walden in Essex.

Im Westen Englands, besonders in Devon, gab es in früheren Zeiten eine Art von "Ortsbaum", der von den Bewohnern des Ortes fortwährend in seinem Wachstum verändert wurde. Insbesondere Eichen und Ulmen wurden so verändert, daß ihre Äste horizontal wuchsen und auf diese Weise eine Plattform bildeten. Am Festabend errichteten die Dorfbewohner einen hölzernen Boden auf diesen Ästen, auf dem dann das Fest und der Tanz stattfanden. Andere Bäume veränderte man so, daß eine Reihe übereinander befindlicher kreisrunder Ebenen entstanden, die ihnen die Form der kosmischen Achse verliehen, in der die verschiedenen Seinsebenen übereinander angeordnet sind. In Wolfram von Eschenbachs *Parzival* aus dem Jahre 1200 finden wir zum ersten Mal eine Beschreibung von ihnen, nämlich in der Geschichte von Sigune, die mit dem Körper ihres verstorbenen Geliebten weinend im Wipfel einer Linde sitzt. Des weiteren existiert in dem "Book of Hours" der Königin Anna von Bretagne (Bibliothèque Nationale, Paris) eine Illustration aus dem Jahre 1501 von Jean Bourdichon. Sie zeigt die Szene eines Maifestes: zwei Jugendliche kommen mit blühenden "Maizweigen" aus dem Wald heraus; in der Nähe wächst ein Baum mit drei Zweigebenen, der mit Eiern und Äpfeln behängt ist. Die Ebenen des Baumes werden von drei Ringen gestützt, die für die drei Seinsebenen stehen. Speeds Stadtplan von Flint aus dem Jahr 1610 zeigt einen solchen Baum als Maibaum mit Wurzelstock auf dem Hauptplatz vor der Kirche. Lebende Beispiele solcher zurechtgeschnittener Bäume gibt es heute noch in den Niederlanden und in Deutschland, obgleich die meisten modernen Menschen keinen rechten Sinn mehr dafür haben, so daß sie ihnen häufig gar nicht auffallen. Wenn die Bäume nicht ständig neu zurechtgeschnitten werden, verwächst sich ihre eigentümliche Form sehr bald. Nur selten werden die Alten in Stand gehalten und noch seltener, wenn überhaupt, werden Neue geschaffen.

OPFERGABEN FÜR BÄUME

Die am meisten verbreitetste Art, einen besonderen Baum zu ehren war die, Wollfäden, Schnüre, Bänder oder Stoffetzen an ihn zu binden. Meistens waren diejenigen, die so etwas taten, Menschen, die nach Heilung oder nach einem heiligen Brunnen suchten. Oft war es vorgeschrieben, die Opfergaben mit Rohwollefäden, einem Material, von dem man annahm, daß es schädliche Stoffe der Umwelt absorbieren würde, zu befestigen. Manchmal aber nagelte man die Bänder oder Stoffetzen auch an den Baum. Die Eiche von Maelrubha auf der heiligen Insel in Loch Maree war zum Beispiel mit Nägeln, an denen Bänder befestigt waren, beschlagen. Auch nagelte man Münzen, Knöpfe, Schnallen und Hufeisen an Bäume. In der Nähe von Angers in Anjou stand eine Eiche in die jeder vorüberziehenden Handwerker, sei es Geselle, Zimmermann, Tischler, Schmied oder Steinmetz, einen Nagel hinein schlug. Ein ähnlicher Baum, Stock-im-Eisen, der heute noch voller Nägel ist, wird in einer Glasvitrine in Wien aufbewahrt. Als er noch in der Erde verwurzelt war, gehörte er zu den letzten Überbleibseln des Nemeton von Vindobona, das sich einst an der Stelle befand, an der heute der Stephansdom steht. Kein Handwerker, der durch Wien kam, versäumte es, einen Nagel in den Baum zu schlagen, auf daß er ihm Glück bringen möge.

Der heilige Brunnen von St. Fintan in Clonemagh im County Laois befand sich auf halber Höhe in einem Baum. Es mag seltsam erscheinen, daß etwas, was man als Brunnen bezeichnen kann, in einem Baum enthalten sein soll, da aus ihm kein Wasser herausfließen kann. Doch in dem Brunnenbaum von St. Fintan lebt der Glaube fort, daß ein heiliger Brunnen, der entehrt worden ist, kein Wasser mehr hervorbringt. Der Geist des Brunnens begibt sich in einen in der Nähe stehenden Baum, wo ihm durch Opfergaben, die dort aufgehängt werden, Ehre erwiesen werden soll. Der Brauch, Relikte und Opfergaben in Bäume zu hängen, der an sich heidnischen Ursprungs ist, hat sich bei den keltischen Christen fortgesetzt. In vielen Heiligenlegenden wird davon berichtet, daß Gegenstände in Bäume gehängt wurden, die an Orten standen, an denen Heilige verweilten. Keltische Priester, die auf der Wanderschaft waren, verbrachten die Nacht in oder unter Bäumen, an denen sie jeweils ihre Habseligkeiten aufhängten. Der Heilige Senan zum Beispiel verstarb unter einem Dornbusch in Kileochaille in der Nähe von Rossbay.

Machmal wurden in den Baum gehängte Habseligkeiten versehentlich dort vergessen. Diese Zerstreutheit bat sich geradezu an, von den Barden in ihre Heiligenerzählungen mit eingebaut zu werden. So erinnert man sich beispielsweise besonders an den irischen Priester St. Muinis genau aus diesem Grund. Eines Morgens vergaß er seinen Krummstab bei einem Baum. Als er den Verlust beklagte, fand man den Stab wundergleich in einem anderen Baum in der Nähe wieder. Später sandte man St. Muinis nach Rom, von wo er Relikte mit nach Hause bringen sollte. Auch diese vergaß er in einem Baum, doch diesmal wurden sie nicht wieder aufgefunden.

Flodoard zufolge überquerte St. Moderan, ein keltischer Bischof aus dem Distrikt von Rennes, den Monte Bardone im italienischen Apennin in der Nähe von Parma. Genau wie Muinis vergaß auch er seine Relikte in den Zweigen einer Eiche. Als er sich seiner Unachtsamkeit bewußt wurde, schickte er seinen Adjutanten zurück, doch dieser konnte die Relikte nicht erreichen. Auch Moderan selbst versuchte sein Glück, doch auch er kam nicht ans Ziel. Mit typischer keltischer Begabung verstand er es, sein Mißgeschick so umzuinterpretieren, daß er den schrecklichen Verlust seiner Relikte als Gutes Omen ansehen konnte. Er legte daher ein Gelübde ab, daß er einen Teil seiner Reliquien dort, in einer dem heiligen Abundius geweihten Kapelle zurücklassen würde und erbaute nicht weit von dem Ort, bei Berzetto, ein neues Kloster.

Festtagsbäume

Da im alten Glauben Bäume eine so große Rolle spielten, hielt man auch christliche Zeremonien, besonders Hochzeiten, in ihrer Nähe ab. Bis ins vergangene Jahrhundert wurden bei einer Eiche in Brampton, Cumbria, noch Hochzeitsfeste gefeiert. Zu bestimmten Zeiten im Jahr feiert man noch immer in der Nähe von besonderen Bäumen Messen im Freien. Eine dieser Messen wird jährlich in Suffolk bei der Old Polstead Gospel Eiche gehalten, und auch anderswo wird dieser Brauch weitergeführt, zum Beispiel in Süddeutschland, wo die Pfingstsonntagsmesse in der Nähe von besonderen Eichen abgehalten wird. Wenngleich heutzutage der Brauch des Maibaums besonders stark in Deutschland vertreten ist, war er doch auch in von Kelten besiedelten Ländern einst sehr verbreitet. Man fällte oft am Vorabend des ersten Mai eine ganze Birke, wie auch heute noch in Westfalen, und stellte sie dann an dem dafür vorgesehenen Platz im Dorf oder in der Stadt auf, auf daß sie Fruchtbarkeit für das kommende Jahr bringen möge. Der keltische Brauch, Festtagsbäume aufzustellen, ist am meisten in Wales und der walisischen Grenze zu England bekannt. Einen der frühesten Hinweise darauf finden wir in dem Gedicht des Barden Gruffydd ap Adda ap Dafydd aus dem vierzehnten Jahrhundert. Er beklagt das Schicksal einer Birke, die gefällt

Tanz um den Maibaum, Ickwell, England.

wurde, um in Llanidloes als Maibaum zu dienen und verglich ihren angemessenen Platz im Wald mit ihrem neuen Standort beim Pranger der Stadt. Der dem Brauch des Maibaumaufstellens zugrunde liegende Gedanke ist der, für eine kurze Zeit den Wald in der Stadt wieder entstehen zu lassen und so den wilden Geist des Wachstums zurückzuholen.

Zu Beginn des zwanzigsten Jahrhunderts, vor dem ersten Weltkrieg, war es in Hereford-shire noch immer Brauch, am ersten Mai eine Birke zu fällen, sie mit Bändern zu schmücken und gegenüber der Stalltüren aufzustellen, auf daß sie für das kommende Jahr Glück bringen möge. (Dieser Brauch ist heute in Deutschland noch immer lebendig.) Bis hin zur Mitte des letzten Jahrhunderts war es in jenem Teil Englands gebräuchlich, Kreuze aus Birken- und Ebereschenzweigen zu machen und sie am Morgen des ersten Mai über den Türen aufzuhängen. Ebenso wie die Birken-Maibäume ließ man auch diese bis zum nächsten Jahr an Ort und Stelle. Auch Schweineställe und Saatbeete stellt man am Morgen des ersten Mai unter den Schutz dieser heiligen Zweige.

Im Süden von Wales trug diese Zeremonie den Namen *Coid'r Fedwen*, "das Aufstellen der Birke", und im Norden nannte man sie *Y Gangen Haf*, "der Sommerzweig". Man schmückte den Baum mit kostbaren Gegenständen wie Taschenuhren, silbernen Humpen und Schüsseln, um den juwelentragenden Baum darzustellen. *Y Fedwen Haf*, "die Sommerbirke", wurde am Johannisfest zur Sommersonnenwende aufgestellt. In Caple Hendre, Carmarthen-shire "begann der Tanz am Johannistag und dauerte bei günstigem Wetter neun Tage lang. Es gab einen oder zwei Harfenspieler und die aus Männern und Frauen bestehende Festgesellschaft erfreute sich am Tanz. Sie stellten Birken auf und schmückten sie mit Kränzen und Blumen". Dieser Brauch hielt sich bis ins Jahr 1725. William Robert o'r Ydwal, der blinde Dichter des achtzehnten Jahrhunderts, beschrieb das Aufstellen der Birken in seinem Gedicht "Taplas Gwainfo". Ein Zimmermann bearbeitete den Stamm bis er glatt war, sodann wurde er mit vielerlei Bildern geschmückt. Junge Frauen des Ortes dekorierten ihn mit Bändern und Kränzen. Auf seinem Gipfel wurde ein Wetterhahn befestigt, von dessen Schwanz Bänder herabhingen, und darunter wehte eine Fahne. Unter dem Einfluß der nonkonformistischen Religion verschwanden diese walisischen Mai- und Johannisbräuche bedauerlicherweise beinahe vollständig.

Heilige Steine

Prinzipiell kann man sagen, daß das Grundmaterial, aus dem die Erde besteht, Stein ist. Deshalb ist der Stein auch ein Symbol für ewigen Bestand. Aus anthromorphischer Sicht sind die Steine und Felsen die Knochen der Mutter Erde. Sie sind die fundamentalen Strukturen, die allen anderen Aspekten physischer Existenz zugrunde liegen und Spuren früherer Lebensformen der Erde enthalten. Sie stellen also unsere innere Zusammensetzung nach Außen dar, denn die Knochen im Inneren des menschlichen Körpers bestimmen das Erscheinungsbild des Menschen. Knochen sind diejenigen Bestandteile des materiellen Körpers, die am längsten erhalten bleiben nachdem ihn die Seele verlassen hat. In der menschlichen Psyche haben Steine die Bedeutung der ewigen Grundbausteine der Existenz, und zwar auf einem Level der noch tiefer gelegen ist als das Egobewußtsein. Wenn wir einen Stein berühren, kommunizieren wir mit dieser unvergänglichen Materie und können spüren, wie die in dem Stein gegenwärtige Kraft auf uns übergeht. Gemäß der alten Überlieferungen sind Steine die Behältnisse für einen Geist, der herbeigeholt werden kann, wenn in der richtigen Weise vorgegangen wird. Die alten Philosophen, unter ihnen Iamblichos, Porphyrios und Proklos, sagten einst, daß sich Götter und Dämonen, die durch bestimmte Rituale herbeigerufen worden waren, in Steinen niederließen und diese dann als Medium ihres Erscheinens benützten.

NATÜRLICHE UND VERÄNDERTE STEINE

Wenn wir einen Blick auf die heiligen Steine in der Landschaft werfen, ist es oftmals nicht einfach festzustellen, ob ihre Form von der Natur oder von Menschenhand herrührt. Man kann die ganze Palette zwischen nachgeahmten natürlichen Formen und künstlichen Strukturen vorfinden. Man sagt, daß an natürlichen Felsen, insbesondere an solchen mit hervorstechenden Eigenschaften, heilige oder übernatürliche Wesen verweilt haben. Ungewöhnliche Steine wurden an diese Orte von Göttern oder Riesen hingeworfen; Steine mit seltsamen Vertiefungen waren die Ruhekissen von Helden oder Heiligen; andere wiederum waren eindeutig die Wohnstatt von Dämonen oder Monstern. Ihre Existenz war ganz selbstverständlicher Bestandteil des täglichen Lebens; Menschen, die an diesen besonderen Orten vorbeikamen oder sie aufsuchten, ehrten sie durch Gebete und Opfergaben. Bestimmte Kategorien von Steinen sind mehr Mittelpunkt von Ehrerbietung als andere; zu den bedeutungsvollʃten unter ihnen zählt man Steine, die die Größe und die Gestalt von Menschen haben, und über die Legenden erzählt werden.

In den keltischen Königreichen kann man vielerorts in gewachsene Felsen oder in einzelne Steinplatten gehauene Spuren menschlicher Fußabdrücke finden. Man kennt in Stein gemeißelte Fußspuren schon seit den megalithischen Zeiten. In einer megalithischen Grabkammer auf dem Kamm des Hügels "Petit-Mont Arzon" in der Bretagne ist ein Stein enthalten, in den ein Paar Füße mit den Zehen nach oben eingemeißelt ist. Ähnlich wie dieser, stammen die mit eingemeißelten Fußabdrücken versehenen Calderstones, die in Liverpool zu bestaunen sind, aus einer der megalithischen Grabkammern in Lancashire. Auch die Römer hatten den Brauch, paarweise Fußabdrücke in Steine zu meißeln und darunter die Inschrift *pro itu et reditu*, "für den Hinweg und den Rückweg", zu setzen. Sie verwendeten diese Steine für die rituelle Bitte um Schutz bei Antritt einer Reise und für die Danksagung bei glücklicher Heimkehr, wobei der Reisende mit seinen Füßen auf die Fußspuren stieg, um den Anfang oder das Ende einer Unternehmung zu bezeichnen. Auch bei den Kelten stehen sie in Verbindung mit den religiösen Riten der Reise. Die meisten Fußspuren haben ihre eigenen Legenden und Sagen, wobei manche von ihnen mittlerweile verloren gegangen sind.

In Nordeuropa stehen Fußspuren auf Felsen oft mit einem König in Verbindung. So schreibt Saxo: "Wenn die Alten einen König wählen mußten, standen sie bei der Abgabe ihrer Stimme auf fest mit dem Boden verbundenen Steinplatten. Die Unerschütterlichkeit der Steine war Zeichen für den dauerhaften Bestand der getroffenen Wahl". Viele Fußabdrücke, von denen man sagt, sie seien die eines Königs, sind noch an den alten Orten kraftvoller Energie der Pikten erhalten. Ein Fußabdruckpaar ist in eine Steinplatte in einem Fußweg zum Broch (schottischer runder Steinturm) von Clickhimin in Shetland gemeißelt, während in Dunadd, ehedem Hauptstadt von Dalriada, eine Steinplatte mit dem eingemeißelten Abbild eines Keilers, der einem einzelnen Fußabdruck gegenübersteht, existiert. Man sagt, es handle sich hierbei um den Fußabdruck von Fergus, des Königs der Pikten aus dem achten Jahrhundert. Gleich in der Nähe befindet sich ein aus Stein gehauenes Becken, das zu rituellen Waschungen benutzt wurde. Einen weiteren Fußabdruck, der für die Einsetzung eines neuen Königs oder Herrschers der Inseln diente, findet man auf Isley. Dort, wo man heute noch von den alten Gebräuchen spricht, erzählt man sich, daß das Ritual in dem Augenblick seinen Höhepunkt erreichte, in dem der König seinen Fuß auf den Abdruck im Stein setzte, was für die Kelten gewissermaßen für den Krönungsakt stand. Der heilige Stein, der Wohnstatt der Göttin des Landes war, wurde als Bewahrer des königlichen Fußabdruckes in Ehren gehalten; darauf zu achten war in früheren Zeiten die Aufgabe bestimmter junger Frauen. Da die meisten höhergestellten Kleriker der keltischen Kirche von adeliger Abstammung waren, wurde die Bedeutung der Fußabdrücke wohl auch von den christlichen Äbten und Bischöfen übernommen. Viele der erhalten gebliebenen Steine mit Fußabdrücken erinnern an bestimmte Taten von Heiligen. Man findet sie überall in keltischen Landen. An einer Klippe, in der Nähe der Keil Kapelle, zwischen Dunaverty Bay und Carskey in Kintyre, wurden zwei Fußabdrücke in den Felsen gehauen; und zwar an dem Ort, an dem der St. Columba angeblich zum erstenmal in Dalriada an Land ging. Einen einzelnen Fußabdruck, der dem St. Cybi zugeschrieben wird, konnte man früher einmal auf einem Felsen am östlichen Ende der Holyhead Kirche in Anglesey sehen, und die Fußabdrücke von St. Ólann findet man auf einem Findling in der Nähe des St. Ólann Brunnens in Coolineagh bei Coachford, County Cork.

Abgesehen von Fußabdrücken zeugen noch andere in Stein gehauene Zeichen von bekannten Persönlichkeiten. Diese werden verehrt, weil ein Held oder ein Heiliger dort zu beten pflegte. In Portpatrick auf der Insel St. Kilda finden wir die Abdrücke zweier Knie und einer rechten Hand, die angeblich die des heiligen Patrick sind. St. Newlyna kniete einst in Cornwall nieder und hinterließ dort die Abdrücke ihrer Ellbogen und Knie, ebenso wie König Cynllo in Llangynnlo (Olgliniau Cynllo). Manche dieser Abdrücke befinden sich in Flußbetten, wie beispielsweise die Abdrücke der Knie von St. Gwyndaf Hên, die man bei Troedraur in Dyfed auf einem flachen Stein im Bett des Flusses Ceri finden kann. Bei diesen "Abdrücken" in felsigen Flußbetten handelt es sich um Strudellöcher, die dadurch entstanden sind, daß sich die Steine im Fluß gegenseitig abgerieben haben. In Flußbetten sind große Kiesel enthalten, die durch die Löcher in den Felsen abgerundet werden. Für diejenigen, die die Erde als Lebewesen betrachten, bringen diese Felslöcher neue, aus der Mutter Erde geborene Kiesel hervor. Zu Zeiten, in denen der Fluß wenig Wasser führt, sind sie natürliche "Bullauns", d.h. natürliche Wassertröge (siehe unten).

Die Annahme, es handle sich bei den Vertiefungen in Steinen um die Abdrücke der Körperteile wichtiger Persönlichkeiten, ist darauf zurückzuführen, daß keltische Mönche des öfteren in Flüssen, heiligen Brunnen und Wasserfällen beteten. Möglicherweise setzten sich hier die Tradition der Druiden fort, welche die heiligen Wasser verehrten. Es besteht der Volksglaube, daß das aus diesen Vertiefungen entnommene Wasser Heilkräfte habe; man verwendete es zur Heilung von Krankheiten, Wunden und Verletzungen und zur Vorbeugung gegen Viehseuchen. Besonders berühmt dafür war das Wasser aus den "Abdrücken" von St. Cynwyl im Caio Fluß und das aus den Abdrücken St. Beuno's in Llanaelhaiarn. Eine besonders eindrucksvolle Geschichte im Zusammenhang mit Abdrücken in Felsen erzählt man sich von St. Gredfyw. Die Abdrücke seiner Knie und sein steinerner Sitz befinden sich in Llanllyfni, ebenso wie die Hufabdrücke seines Pferdes und sein Daumenabdruck auf anderen Felsen. Indem diese alten Spuren als solche anerkannt werden, kommt eine menschliche Beziehung zu den kalten Felsen zustande, wobei die Abdrücke dazu dienen, eine Beziehung zwischen den heute lebenden Menschen und dem Geist der Heiligen herzustellen. Die Hufabdrücke schließlich assoziiert man mit königlichen Pferden, die früher Epona, der Göttin der Pferde, geweiht waren. Ein klassisches Beispiel hierfür ist der Ol Troed March Engen, ein in den Boden eingelassener Stein mit den Hufabdrücken von König Einions Pferd, die in der Nähe von Castell Cilan in Gwynedd gefunden wurden.

NATÜRLICHE BEHÄLTNISSE AUS STEIN

Natürliche Felsbecken (nicht die Vertiefungen, die durch vermeintliche Abdrücke Heiliger entstanden sind) und das in ihnen enthaltene Wasser haben den Ruf Heilkräfte zu besitzen. Besonders heilkräftig ist Wasser, das anscheinend wie durch ein Wunder aus einer bestimmten Stelle hervorströmt. Ffynnon y Cythraul (der Teufelsbrunnen) bei Llanfihangel-y-Pennant ist eine solche Stelle. Sie besteht aus einem Felsbecken, das nicht ersichtlich von einer Quelle gespeist wird und dennoch stets voll Wasser ist. Ähnliche Steinbecken sind vielerorts in Höhlen anzutreffen; ihr Wasser hat die Kraft des Felsens und des jeweiligen Ortes. Freistehende Findlinge mit natürlichen, mit Heilwasser gefüllten Vertiefungen, bekannt als "Bullauns", also Wasserbecken, kann man in Irland finden, z.B. beim Eingangstor des Friedhofes bei der St. Dogmael Abtei in Dyfed oder bei Boherduff im County Galway. Möglicherweise dienten zumindest einige dieser Steine als Behältnisse für Trankopfer, die Göttern und Geistern dargebracht wurden. Vielerorts in den schottischen Hochlanden wird Milch in besondere, ausgehöhlte Steine, genannt *Leac na Gruagach*, gegossen, in Verehrung von Gruagach, der Schutzgöttin der Rinder. Die den Steinbehältern zugeschriebene Kraft läßt an die Sage vom heiligen Gral denken, der ja, wie man sagt, auch aus Stein besteht und die Kraft besitzen soll, das Ödland zu heilen und wieder fruchtbar zu machen. Steinerne Becken wurden einst ebenso wie Steinbrunnen dazu verwendet, die Winde heraufzubeschwören. Die Bittenden legten dabei ihre Opfergaben auf derjenigen Seite nieder, von welcher der Wind kommen sollte. Da die gewölbte Oberfläche der zu Schalen geformten, ausgehöhlten Steine wie eine kleine künstliche Höhle aussieht, die das Himmelsgewölbe darstellt, dienten diese besonderen Steine als Mikrokosmen beim Heraufbeschwören der Winde. Man konnte durch eine Opfergabe den in der jeweiligen Gegend beheimateten vorherrschenden Windgeist beschwören.

Steinerne Stühle

An vielen Orten gibt es steinerne "Stühle", die üblicherweise mit alten Authoritätspersonen in Verbindung stehen. Alle diese Stühle, seien sie die der Druiden, der alten irischen Richter oder die der Heiligen, sind aus Stein. Einige davon sind natürlich entstanden, doch die meisten zeigen deutliche Spuren davon, daß sie eigens aus dem Stein gehauen wurden, um die Form eines Thrones anzunehmen. Es gibt auch die Form der freistehenden Findlinge, aus denen Teile herausgemeißelt wurden um sie zu stuhlähnlichen Sitzen zu formen. Man sagt, in ihnen seien Könige oder Priester gesessen, um zu meditieren oder zu regieren. Sie sind voll der Kraft des Felsens, aus dem sie gehauen wurden und geben diese an die Person, die auf ihnen sitzt, ab. Aus diesem Grunde schreibt man einigen von ihnen Heilkräfte zu. So zum Beispiel dem Stuhl des Hl. Délo, einem Granitblock in Finistère, der angeblich die Kraft hat, Fieber zu beseitigen. Viele der steinernen Stühle stehen in Verbindung mit heiligen Brunnen und haben, wenn man von ihnen in einer vorgeschriebenen Weise Gebrauch macht, eine heilende Wirkung. In früheren Zeiten suchte man Zuflucht bei St. Cannas Stuhl in Llangan, um Beschwerden unbekannter Ursache beizukommen. Zuerst mußte der Erkrankte ein Schmuckstück als Opfergabe darbringen, sodann nahm er einen Schluck Wasser und setzte sich schließlich zur Heilung auf den Stuhl.

Es scheint so, als verleihe der steinerne Stuhl demjenigen, der auf ihm sitzt, sowohl physische als auch psychische Stärke um andere zu befehligen. Diese Stärke wohnt den steinernen Stühlen inne, die als Königsthrone dienten, einige von ihnen wurden auch nach Königen benannt. In der Nähe des heiligen Brunnens von Abererch bei Pwllheli steht Cadair Cawrdaf, der aus einem Felsblock gehauene Thron des Königs Cawrdaf; ein Thron königlicher Herrschaft. Die Macht, über die Anderswelt zu herrschen, so sagt man, wohnt dem Felsenstuhl von Altadeven im County Tyrone inne. Über dem Brunnen, der St. Patrick und St. Brigid geweiht ist, steht St. Patrick's Chair, ein Fels in der Form eines Thrones, von dem aus beide oder einer von ihnen über Dämonen geherrscht haben soll. Über Dämonen zu herrschen ist eine Unternehmung, bei der man übersinnliche Kräfte zu Hilfe rufen muß, welche man aus der Kraft der Steine beziehen kann.

Doch nicht alle, mit übersinnlichen Kräften ausgestatteten steinernen Stühle wurden für solch dramatische Unterfangen verwendet. Manche dienten zur Heilung des Körpers, andere zur Heilung der Seele. Da sie Teil der Erde sind, eignen sie sich hervorragend zur Meditation. Der Hag's Chair in Lochcrew ist ein Stein, der sich auf der dem Norden zugewandten Seite eines Steinhaufens befindet. In ihn sind konzentrische Kreise, Bögen und Zick-Zack-Muster eingemeißelt und man sagt über ihn, daß man magische Kräfte aus ihm gewinnen könne, indem man sich auf ihn setze. Menschen, die zur Meditation länger auf ihm gesessen haben, berichten von einem Gefühl der Transformation. Manche solcher Stühle waren an hoch gelegenen Orten angebracht und dienten als Fenster in andere Welten. Ein klassisches Beispiel ist der in den Felsen gehauene Sitz des Astronomen, Prinz Idris, auf seinem heiligen Berg, Cader Idris, in Gwynedd. Man sagte, daß jeder, der die Nacht dort verbrachte, am nächsten Morgen entweder tot oder verrückt, oder ein hochbegabter Dichter sein werde. Diese Geschichte erinnert an die Praktik des *útiseta*, des "Aussitzens" der Lappen und Skandinavier, die die Nacht unter dem Sternenhimmel sitzend zubrachten, um mit dem Kosmos zu kommunizieren.

In einigen wenigen Fällen kann die Kraft eines steinernen Stuhles auf einen anderen übertragen werden. Auf dem St. Michaels Berg zum Beispiel, gab es zwei Stühle. Der ältere war im klassischen keltischen Stil aus dem Felsen gehauen. Richard Carew schrieb 1602: "Wer kennt St. Michaels Berg und seinen Stuhl nicht, der heilige Stolz und Ruhm der Pilger". Dieser war "kein guter Platz; ein schroff abfallender, felsiger Ort, genannt St. Michaels Stuhl, zu dem der Zugang nicht ungefährlich war und deshalb war er auch dem Abenteurer heilig." Irgendwann wurde dieser von einem zweiten "St. Michael's Chair" verdrängt. Jener bestand aus einem zerbrochenen steinernen Oberlichtfenster aus dem Mittelalter, das sich ganz oben auf dem Kirchturm befand. Das Unterfangen, ihn zu erreichen, birgt eine gewisse Gefahr, genau so wie es der Fall ist, wenn man Blarney Stone in Cork erreichen will. Derjenige, der dort Platz nehmen will, muß über die hoch über dem Meer gelegenen Zinnen des Kirchturms klettern, um sich dann in schwindelerregender Höhe auf die dem Meer zugewandte Seite setzen zu können.

Leider gibt es nur noch wenige dieser berühmten keltischen Steinsitze. Der Verfall des Glaubens und das Auseinanderbrechen der traditionellen Gesellschaft haben zu einer Zerstörung von größtem Ausmaß geführt. Besonders in Steinblöcke gehauene Stühle fielen Konstrukteuren des neunzehnten Jahrhunderts zum Opfer, da diesen die Heiligkeit weniger bedeutete, als die Möglichkeit, auf nützliches Rohmaterial Zugriff zu nehmen. St. Mawes's Chair, ein Steinblock aus St. Mawes in Cornwall, wurde in den Schutzwall der Bucht von Fal eingebaut. Andere wurden in Stücke gehauen oder gesprengt, damit Straßen und Eisenbahnstrecken gebaut werden konnten. Auch St. Canna's Chair ging 1840 durch die Zerstörung des Brunnenkomplexes verloren.

Steinkreuz, Reask, Irland.

STEINE DER KÖNIGSWÜRDE

Zwei Meilen (3,2 km) von Cookstown entfernt, auf einem von Bäumen eingesäumten Hügel bei Tullaghoge im County Tyrone liegt der Krönungsort der O'Neills. Dies war das Hauptquartier der O'Hagans, der obersten Richter Irlands. Vom zwölften bist zum siebzehnten Jahrhundert war ein steinerner Thron an jenem Ort der Platz, an dem der König an seinem Krönungstag saß. Man bekleidete seine Füße mit neuen Sandalen und der Primas von Armagh selbst nahm die Krönung vor. Der letzte dort gekrönte König war Hugh O'Neil im Jahre 1593. 1602 zerstörte Lord Mountjoy den steinernen Thron, dennoch wurde Phelim O'Neil, der Anführer der Revolution von 1641, in Tullaghoge ohne einen Thron zum König gekrönt.

Obwohl die Megalithen bereits tausend Jahre oder gar noch länger vor den Kelten existiert haben, wurden sie von ihnen als vom Geist erfüllte Orte in verschiedenste Zeremonien einbezogen. William Borlases *Antiquities of Cornwall (Antike Gegenstände, Denkmäler und Gebäude Cornwalls)* (1769) zufolge bediente man sich bis ins vierzehnte Jahrhundert der Steinkreise für Krönungsfeierlichkeiten. Der König stand bei dem Stein in der Mitte des

Kreises, dem *ambre*, während seine Edelleute, die Peers oder Barone ihre festen Plätze bei ihrem jeweiligen Stein einnahmen. In der Versammlung von Tara galt eine vergleichbare Aufstellungsordnung; auf den vier Seiten war der König von seinen Vasallen umgeben, ähnlich wie auch bei der Versammlung des irischen goldenen Gottes Crom Crúaich, bei der man sich im Inneren eines aus zwölf Steinen bestehenden Kreises zusammenfand. Im Friedhof von Clackmannan, dem königlichen Hauptort der Pikten, steht noch heute ein phallischer Megalith. Auch ein irischer königlicher Krönungsort existiert noch an der Cootehill-Straße bei Cavan; er besteht aus einer Gruppe von Megalithen, die die Form von Finn Mac-Cumhaills Fingern haben und früher bei der Krönung der Könige von Breffy eine wichtige Rolle spielten.

In Tara erzählt man sich, daß der Lia Fáil laut aufgeschrien haben soll, wenn ein rechtmäßiger König gekrönt wurde. Die besagte Königswürde konnte auch mit Hilfe eines tragbaren Steines, dem bestimmte Eigenschaften innewohnten, verliehen werden. Der am meisten gefeierte unter diesen Steinen ist der "Stone of Scone" oder Schicksalsstein, da er heute noch zum Krönungsritual der britischen Monarchen herangezogen wird. Es handelt sich dabei um einen 200 Kilogramm schweren Quader alten roten Sandsteines. Fergus, König der Pikten, genießt den Ruf, den Stein im Jahre 736 aufs Festland gebracht zu haben, woraufhin vierunddreißig schottische Könige darauf gekrönt wurden, bis ihn schließlich König Edward I. von England in seine Gewalt brachte. 1296 brachte man ihn von Scone in Perthshire nach Westminster, wo dann über ihm ein spezieller Stuhl aus Eichenholz errichten wurde, auf welchem nun der neue Monarch bei seiner Krönung Platz nimmt.

DER NABEL DER WELT

Die Zeit der Entwicklung im Mutterleib ist jene fundamentale Anfangsphase des Lebens, die alle Menschen miteinander gemeinsam haben. Wir sind in dieser Zeit vor unserer Geburt durch die Nabelschnur mit unserer Mutter verbunden und der Nabel bleibt Zeit unseres Lebens als Relikt dieser lebenspendenden Verbindung erhalten. In manchen auf Steine bezogenen Gebräuchen wird der Gedanke des Nabels auf einen Ort der Erde übertragen. Betrachtet man die Erde als den erschlagenen Riesen, so befindet sich sein Nabel in der Mitte. Überall in der europäischen Tradition finden wir derartige Mittelpunkte, welche im Griechischen mit dem Wort *Omphalos*, "Nabel der Welt", bezeichnet werden. Üblicherweise wird er durch einen kuppelförmigen Stein dargestellt, der für Stabilität bzw. ewiges Leben steht und der in der Alchemie der *lapis* ist, der Stein, der niemals verloren oder zerstört werden kann.

Analog zu dieser umfassenden Sicht befindet sich der Mittelpunkt einer Siedlung in ihrem Zentrum. Dieser wird traditionell durch einen Stein gekennzeichnet, der an dem Achsenpunkt zwischen der Über- und der Unterwelt steht. Der Mittelpunkt einer jeden Siedlung, der Omphalos, ist in hypostatischem Sinne der Mittelpunkt der Welt. Durch den Ophalos verläuft die vertikale kosmische Achse, die die oben befindliche Gwynvyd und die unten befindliche Annwn mit Hilfe von Abred, also dieser Welt, miteinander verbindet. Wenn der Mittelpunkt für den Nabel der Welt steht, so steht die kosmische Achse für die Nabelschnur. Auch wenn der Nabel der Welt an vielerlei besonderen Orten versinnbildlicht wurde, finden wir ihn im Grunde genommen in einem jeden von uns wieder. Seine physische Existenz ist letzten Endes nichts anderes als der Ausdruck einer inneren Realität. In vielen mittelalterlichen Städten Europas befindet sich ein Stein, der den Omphalos der Stadt kennzeichnet. Die meisten davon sind bis zum heutigen Tag erhalten geblieben, auch wenn man ihnen keine Beachtung mehr schenkt, was es schwierig werden läßt, sie aufzuspüren. Einer von ihnen ist der London Stone, der in Legenden über den keltischen Ursprung der Stadt auftaucht. Für das Glück und das Gedeihen der Stadt war es ausgesprochen wichtig, daß dieser besondere Stein auf ewig erhalten bleibt. Auch sind am Omphalos die magischen Kräfte, Dank derer eine Kommunikation zwischen dieser und anderen Welten möglich wird, am stärksten.

Schenkt man Giraldus Cambrensis Glauben, dann ist der Grenzstein bei Uisnech der Nabel von Irland. Es ist dies der Ort, an dem Midhe, der oberste Druide des Nemed Volkes, das erste Feuer entzündete. Im Omphalos von Uisnech finden wir fünf Furchen, die anzeigen, daß er der Mittelpunkt von fünf Provinzen ist. Der bereits erwähnte Schicksalsstein Lia Fáil von Tara, dem königlichen Mittelpunkt Irlands, wird von den Leuten Bod Fearigius, "Phallus des Fergus", genannt.

Ein weiterer bedeutender keltischer Omphalos Stein ist der Blue Stone (Blauer Stein) in St. Andrews, Schottland. Obwohl er eigentlich aus rotem Sandstein besteht, weist sein Name, "blauer Stein", auf seine geomantische Funktion als Kennzeichnung des Mittelpunktes hin. Dieser Name wird auch in den Niederlanden, beispielsweise in Delft, zur Bezeichnung des Zentrums einer Stadt verwendet. Schottische Ritter schworen ihrem König die Treue bei dem Stein von St. Andrews und die Mannen von Fife hissten das Banner von Robert the Bruce über dem Stein, bevor sie gegen Bannockburn marschierten. Auch pflegten die Bauern am Markttag mit der Hand auf den Stein der Stadt zu klopfen, weil sie glaubten, daß diese Geste Glück brächte. Auch heute noch klopfen Studenten in Tübingen aus ähnlichen Erwägungen auf solch einen Stein. Wie viele dieser Steine, wurde auch der Blue Stone einige Male von seiner ursprünglichen Stelle wegtransportiert.

DAS KELTISCHE KREUZ

In der Hallstattzeit errichteten die kontinentalen Kelten Steine, die die unmittelbaren Vorläufer der später auf den Inseln errichteten keltischen Kreuze zu sein scheinen. In ihrer humanoiden Form gleichen sie den viel älteren Darstellungen der großen Göttin. Auf dem Kopfteil befindet sich ein X-Muster, das später auch auf den Steinkreuzen in Cornwall wiedergefunden werden kann, jedoch stammt es aus einer Periode beinahe ein Jahrtausend vor der Zeit, in der das Kreuz zum Zeichen der Christen wurde. Viel später tauchten diese humanoiden Formen in walisischen Steinkreuzen, wie zum Beispiel denen bei Carew und Nevern in Dyfed, wieder auf.

Bevor das Kreuz zum rein christlichen Zeichen wurde, hatte es eine geomantische Konnotation. In Ciceros *De Divinatione* finden wir vermerkt, daß der Stab, mit dem die römischen Auguren das Himmelsgewölbe bezeichneten, die Form eines Kreuzes aufwies. Ein Kreuz, das nicht christlichen Ursprungs ist, wurde im Tempel von Mithras bei Caernarfon entdeckt. Das eigentliche keltische Kreuz hat seinen Ursprung in der frühesten Periode, die man als keltisch bezeichnen kann, sechshundert Jahre bevor die Verehrung des christlichen Gottes begann. Ein aus der Hallstattzeit stammendes Säulenkreuz aus Kilchberg bei Tübingen in Süddeutschland weist deutliche Ähnlichkeit mit den später entstandenen Kreuzen aus Cornwall und Irland auf. Kreuze kommen auch in den in Stein gemeißelten Diapermustern der keltischen Gedenkstätten aus der La Tène Zeit vor. Ein Fragment aus Steinenbronn, das heute im Landesmuseum von Stuttgart zu sehen ist, weist Muster auf, die später sowohl in den irischen christlichen Handschriften als auch in Meißelarbeiten in Kirchen wiederzufinden sind. Eine weitere künstlerische Strömung, die Einfluß auf die Entwicklung des keltischen Kreuzes hatte, ist die koptische Ikonographie. Ein Beispiel dafür befindet sich auf dem Einband des *Codex Brucianus*, einer koptischen, gnostischen Abhandlung über Ägypten, die in der Bodleian Library steht. Darauf ist ein erleuchtetes Henkelkreuz, welches ja in vielerlei Hinsicht der Vorläufer des typischen keltischen Kreuzes ist, abgebildet. Es vereinigt in sich das Rad und das Kreuz und ist mit den Flecht- und Diapermustern verziert, die bis zum heutigen Tage kennzeichnend für die Kunst der keltischen Kirche geblieben sind.

Ein weiterer Ursprung des keltischen Kreuzes kann im kelto-romanischen Gallien gefunden werden, wo man Säulen zu Ehren des Himmelsgottes Jupiter errichtete. Die am reichhaltigsten verzierten von ihnen findet man in den Gegenden der Vogesen, der Mosel, des mittleren Rheins und des Neckars. Eine der alten Säulen steht zum Beispiel an einer Straße, die nach Stuttgart führt. Sie weist die für solche Monumente typische Form auf: eine auf einem würfelförmigen Sockel stehende Säule. Die in den Stein gemeißelten Figuren stellen die vier Jahreszeiten dar, und hier und da findet man auch die Gottheiten der Wochentage. Darüber erhebt sich eine Säule, auf deren oberen Ende das Kopfstück angebracht ist, auf dem hin und wieder keltische Köpfe oder auch Ahorn- oder Eichenblätter abgebildet sind. Darüber wiederum bringt Jupiter einen Dämon zu Fall, dessen Kopf von den Vorderhufen seines Pferdes zermalmt wird. Die Darstellung Jupiters als berittener Himmelsvater scheint eine rein keltische Interpretation der römischen Gottheit zu sein. Auf einer Jupitersäule, die noch immer an ihrem ursprünglichen Platz bei Cussy steht, dort wo der Arroux Fluß entspringt, zeigt Jupiter mit dem Gesicht nach Osten.

Auch die Sachsen errichteten heilige Säulen, deren heiligste "Irminsul" bei Eresburg (heute Ober-Marsberg in Westfalen) ist. Rudolf von Fulda beschrieb die Irminsul als "eine universelle Säule, die das Ganze trägt". Der Historiker Widukind vertritt die These, daß diese und ähnliche Säulen mit dem Mars in Verbindung stehen und ihre jeweilige Position die Sonne markierten. In späteren Zeiten wurden ähnliche Säulen zu Ehren des Helden Roland errichtet. Alle diese verschiedenen Säulen sind jeweils Vorläufer des christlichen Kreuzes. Später tauchte die Säule in Frankreich, den Niederlanden, England und Schottland auf Freitreppen mit einer Steinkugel auf ihrer Spitze als Symbol für die Sonne wieder auf. In der frühen Geschichte des Christentums kennzeichnete man die Megalithen mit einem Kreuz, um sie so zu christlichen Symbolen zu machen. Eine Legende über den Hl. Samson aus Cornwall erzählt davon, wie der Heilige solche Kennzeichnungen an einem heidnischen Stein in Tregeare vornahm. Im neunzehnten Jahrhundert wurde ein Kreuz in einen bei Bridell in Dyfed stehenden Stein geritzt, der zuvor Oghaminschriften trug. Es ist anzunehmen, daß viele der Kreuze früher Megalithen gewesen sind, doch wurden bis jetzt nur wenige Beispiele dafür in der Bretagne gefunden. Noch im siebzehnten Jahrhundert wurden in der Bretagne Megalithen zu Kreuzen umfunktioniert. Im Jahre 1674 wurden christliche Bilder in einen Megalithen in Pevern eingeritzt und seine Spitze wurde entfernt, so daß man ihn in ein Kreuz

Die Form des aus der Hallstattzeit stammenden keltischen "Kreuzes"
von Kilchberg in der Nähe von Tübingen, Deutschland,
ist ein Vorläufer vieler auf den Inseln gefundener Steinkreuze.
Ein Beispiel dafür ist das oben abgebildete Kreuz von Kirkinner, Dumfries
und Galloway, das eineinhalb Jahrtausende später entstand.

umwandeln konnte; ganz in der Nähe erbaute man dann eine dem Hl. Duzec gewidmete Kapelle. Das Croix des Douze Apôtres in der Nähe eines Bauernhauses bei Rungleo in Finistère ist ein megalithischer Druidenstein, wie es deren mehrere in der Bretagne und in Irland gibt, in den man nachträglich christliche Figuren eingemeißelt hat. Bretonische Kreuze wurden mit Symbolen aus der Leidensgeschichte Christi verziert, von denen eines eine Leiter ist. Gemäß der bretonischen Tradition ist das Kreuz selbst eine Leiter, auf der Christus herabgestiegen ist und auf der die Seelen der Menschen in den Himmel gelangen können. Im Elsaß wurde sehr spät noch, d.h. im Jahre 1787, der Megalith des Namens Breitenstein wegen eines Gelübdes in den Stein der zwölf Apostel umgewandelt.

Die überwiegende Mehrheit der Steinkreuze ist aus architektonischer Sicht in guter Verfassung und wurde aus sorgsam bearbeiteten, qualitativ hochwertigem Stein gemeißelt. In seiner gänzlich ausgereiften Form ist das keltische Kreuz mit seinem radförmigen Kopfstück eine Version der Weltachse. Es steht auf einem viereckigen Pyramidensockel, der den Weltenbaum darstellt, dessen Wurzeln auf vier Seiten im Boden verankert sind. Aus seinem Zentrum erhebt sich der Stamm des Kreuzes, die eigentliche Achse. Weiter oben befindet sich erst das eigentliche keltische Kreuz. Der Kreis stellt das Sonnenrad dar. Es ist dies eine Darstellung eines natürlichen Phänomens, das gelegentlich am Himmel beobachtet werden kann wenn das sich in Eiskristallen brechende Sonnenlicht so gebeugt wird, daß man kreuz- und kreisförmige Muster ausmachen kann. Im Zentrum des Kreises befindet sich Christus, der kosmische Mensch. Oben auf dem Kreuz prangt etwas in Form eines Hauses,

Steinkreis mit Stele, 6. Jh. v. Chr., Baden-Württemberg.

das für die Ruhmeshalle des Himmels steht, die Wohnstatt Gottes gewissermaßen, die Ähnlichkeit mit einem keltischen Reliquienschrein hat.

Ein Großteil der Kreuze, die einst in England und Wales standen, wurden von den Puritanern aus religiösen Gründen, oder von Schatzsuchern, die unter ihnen versteckte Kostbarkeiten zu finden hofften, zerstört. In einem englischen Gesetz gegen Hexenzauber wird Bezug genommen auf Leute, die "eine Unzahl von Kreuzen in diesem Königreich aus Habgier oder um Christus zu schmähen, ausgegraben und umgeworfen haben". Diese Übergriffe fanden bis weit ins siebzehnte Jahrhundert kein Ende. Trotz allem hatte der Protestantismus das Aufstellen von Steinkreuzen als Gedenkstätten nicht vollends unterdrückt, wie viele Beispiele aus dem neunzehnten und zwanzigsten Jahrhundert bezeugen.

Alles in der Welt ist dem nagenden Zahn der Zeit ausgesetzt und muß in regelmäßigen Abständen erneuert werden, wenn sein Fortbestand gesichert werden soll. Dennoch verletzen in modernen Zeiten vorgenommen Erneuerungen oft den Geist des jeweiligen Ortes, so daß es besser wäre, auf sie zu verzichten. Ein Beispiel dafür ist die Betonnachbildung des St. John's Kreuzes auf Iona, das 1970 als Ersatz für das einige Male vom Sturm umgerissene Original vor der Kapelle des Hl. Columba errichtet wurde.

Christianisierter Megalith. Alte Postkartenabbildung aus Trebeurden, England.

Das Kreuz mit Sonnenrad von Llantwit Major, Wales.

Keltisches Kreuz mit biblischen Motiven, aber auch mit heidnischer Sonnensymbolik wie die zur Swastika geflochtenen Schlangen. Monasterboice, Irland.

Das keltische Kreuz von Carew, Wales.

SCHWANKENDE STEINE

Bisweilen findet man große Steinblöcke, die auf anderen in einer solchen Weise aufliegen, daß sie zwar hin und her schwanken, aber dennoch nicht herabfallen. Natürlich geben sie Stoff für Legenden ab. Obwohl man heute weiß, daß sie auf natürliche Weise entstanden sind, ging man früher davon aus, daß sie von Riesen, Heiligen oder Helden als Denkmäler und Orte der Verehrung errichtet wurden. In der Antike hatte Gaius Plinius in seiner *Naturgeschichte* sein Augenmerk auf solche schwankenden Steine gerichtet. Er schreibt, daß ein Stein, der in Bewegung gesetzt worden ist, nicht mehr angehalten werden kann. In den *Argonauten* des Apollonios von Rhodos liest man über Herkules, der über dem Grab eines der Söhne des Boreas, des Windgottes des Nordwindes, einen Stein errichtet hat. Von diesem wird berichtet, daß er schon bei der sanftesten Brise zu schwanken begann, wobei er auf übernatürliche Weise über dem unter ihm befindlichen Stein "schwebte". In früheren Zeiten gab es viele solcher schwankender Steine in Großbritannien, die die gleichen Eigenschaften, wie der Stein des Herkules zu haben schienen. Der schwankende Stein Men Amber in Cornwall war so perfekt in der Balance, daß ein Kind ihn in Bewegung versetzen konnte. Die im südlichen Teil des Stanton Moores gelegenen Roulter-Rocks (zutageliegende sandsteinhaltige schwankende Steine) wurden von den Winterwinden des Moores fast ständig in Bewegung gehalten. Das Aufeinanderreiben der Steine erzeugte unheimliche Geräusche. Von daher benutzten Seher sie für ihre Orakel, da sie "sprechende Steine" waren. In einer Zeit, in der man noch nicht überall den Lärm von Maschinen hörte, muß es wohl sehr eigentümlich angemutet haben, über das menschenleere Moor hinweg diese Urlaute zu vernehmen. In einer Legende aus Derbyshire wird der lauteste dieser Steine, der "Ministrel of the Peak" mit andersweltlichen Geistern in Verbindung gebracht. Ähnlich dazu sahen die Bewohner des County Sligo die schwankenden Steine *Carrickna-buggadda* von Highwood und von der irischen Insel Magee als von "Gentry" heimgesuchte Stätten an.

In seiner *Caractacus* (1759) beschreibt Reverend William Mason den Brauch der alten Britannier, schwankende Steine als Orakel zu verwenden:

> *Wende dein erstauntes Auge und erblicke dort*
> *den mächtigen unbehauenen und lebendigen Adamant,*
> *der, durchdrungen von Zauberkraft,*
> *dort auf einem spitzen Felsen ruht, scheinbar fest,*
> *doch ist es ihm eigen,*
> *sich bei der leisesten Berührung in Bewegung zu setzen,*
> *zu Diensten dessen, der reinen Herzens ist,*
> *nicht aber für den Verräter;*
> *selbst wenn er ein Riese ist,*
> *wird er ihn nicht bewegen können,*
> *denn er steht fest wie der Snowdon.*

Da die schwankenden Steine aber als Gegenstände des Aberglaubens galten, wurden viele von ihnen von den Puritanern umgeworfen, insbesondere in der Zeit des englischen Bürgerkrieges. Man assoziierte Men Amber mit einer Prophezeihung Merlins, die besagte, daß er bestehen bleiben würde, bis zu dem Tag an dem England ohne König sein würde. Die Machtergreifung Oliver Cromwells und seine Einführung des Commonwealth diente einem ortsansässigen Militärgouverneur zum Anlaß, den heiligen Stein umzustoßen. Ein ähnlicher solcher Stein in der Nähe von Balvair in Schottland wurde aus denselben Gründen von Parlamentariern zerstört.

Der Altertumskenner William Borlase nahm auf diese besonderen Steine in seinen *Antiquities of Cornwall* Bezug und bezeichnete sie als "Felsgottheiten", als bemerkenswerte Steine in der Landschaft, die von den Menschen seiner Zeit verehrt wurden. Nach eingehendem Studium der Traditionen und Gebräuche Cornwalls zog er den Schluß, daß sie von den keltischen Priestern alter Zeiten als heilige Bildnisse verehrt wurden. Diese Beobachtung wurde bekannt durch eine in Stein eingemeißelte Darstellung, die in der 1773 veröffentlichten *Archaeologia* abgebildet ist. Sie stellt einen Druiden dar, der einem Mistelzweig in seinen Händen hält und auf den schwankenden Stein von Rishworth in Yorkshire zeigt. Auch wenn moderne Archäologen diese Bild manchmal als ein Beispiel für die blühende Phantasie so manchen Altertumsforschers herangezogen haben, steht die Heiligkeit und die Verehrung solcher Steine unter den ortsansässigen Menschen außer Frage.

Im Verlauf des neunzehnten Jahrhunderts wurden die Steine durch Berichte von Altertumsforschern berühmt, und die unvermeidliche Folge war die, daß Touristen herbeiströmten, um dieses erstaunliche Phänomen, einen sich bewegenden, Geräusche hervorbringenden Stein, mit eigenen Augen zu sehen. Dies wiederum zog ein Problem nach sich, das manche Menschen ausschließlich der heutigen Zeit zuschreiben: die sinnlose und mutwillige Zerstörung. Die traurige Bilanz ist, daß die meisten der schwankenden Steine dieser Zerstörungswut zum Opfer gefallen sind. Die berühmtesten unter ihnen traf es zuerst: 1799 stieß eine Gruppe Jugendlicher den Ministrel of the Peaks von seinem Sockel. Einige Jahre später ereilte den Logan Stone bei Treen ein ähnliches Schicksal, diesmal durch die Hand von der Kriegsmarine angehörenden Hooligans. Der Stein befand sich an einem "Place of Giants" (Platz der Riesen) in der Nähe des Castle Treryn. Es handelte sich dabei um einen Felsvorsprung, auf dem eine Felsenhöhle, genannt Giant's Grave (Grab der Riesen) zu finden ist. Ganz in der Nähe stehen zwei steinerne Stühle: Der Giant Lady's Chair und der Giant's Chair. Bevor der Ort zur Touristenattraktion geworden war, brachte man kranke Kinder zum Logan Stone und wiegte sie auf ihm. Dieses Ritual beinhaltete auch einen Besuch des nahegelegenen heiligen Brunnens von St. Levan. Dann aber, im Jahre 1824 ging die Crew eines königlichen Marinebootes unter der Führung von Leutnant Goldsmith dort an Land. Die Männer wetteten, ob sie es wohl schaffen würden, den Stein umzuwerfen. Das war das Ende des Logan Stone. Als die Schandtat publik wurde, ging ein Aufschrei durch die Bevölkerung. Man verurteilte Leutnant Goldsmith dazu, den Stein auf eigene Kosten wieder in die alte Lage bringen zu lassen. Leider hatte dieser bereits beträchtlichen Schaden genommen, so daß er nie mehr auf die selbe Weise wie früher zum Schwingen gebracht werden konnte. Die meisten der schwankenden Steine erlitten ein ähnliches Schicksal.

HEILIGE MEGALITHEN

Für nichtchristliche Menschen stellten Megalithen heilige Stätten der Ahnen und Geister dar, an denen man die Gottheiten des alten Glaubens verehrte. Noch bis vor kurzem gingen viele Leute zwar am Sonntag zur Kirche, doch darüber hinaus verehrten sie weiterhin die heiligen Steine. Manuskripte aus dem sechzehnten und siebzehnten Jahrhundert von den Kanalinseln beschreiben Dolmen als die "Altare der Meeresgötter". Einige der Dolmen, an denen Zeremonien abgehalten und Opfergaben dargebracht wurden, waren dem Gott Hus geweiht. Die Steinkreise der Orkneys hatten eine ähnliche Tradition: 1703 schrieb Martin Martin, die Steinkreise von Stenness und Brodgar würden als Orte angesehen, "an denen in der Zeit der heidnischen Götterkulte Opfergaben dargebracht wurden; aus diesem Grunde wurden sie von den Leuten die alten Tempel der Götter genannt". Eine im Jahre 1823 in den Ring of Stennes eingravierte Darstellung, bekannt als der Tempel des Mondes zeigt eine Frau, die bei den Steinen feierlich ihr Verlobungsversprechen gibt. Trotz der Existenz von geschriebenem Gesetz griff man bis zum neunzehnten Jahrhundert immer noch auf die ewig unveränderlichen Steine zurück, um geleisteten Eiden eine rechtlich bindende Wirkung zu verleihen. Vor der Zerstörung des Odin Stein bei Croft Odin, Orkney, durch einen Bauern im Jahre 1814 wurde dieser ebenfalls beim Leisten von Eiden herangezogen. 1791 wurde ein junger Mann von den Ältesten von Orkney des "Bruchs eines Versprechen an Odin" bezichtigt, d.h. dessen, einen an Odins Stein abgelegten Schwur nicht eingehalten zu haben. Wer sich an den Stein in einer Zeremonie wandte, ließ üblicherweise eine Opfergabe in Form eines kleinen Steines, eines Stücks Brot oder Käse oder eines Kleidungsstücks zurück.

In der Zeit, in der die christliche Kirche vorherrschend war, war die Einstellung bezüglich der Kräfte heiliger Steine ambivalent. Die katholische Kirche gestattete es, daß die meisten von ihnen, wenn auch umgewandelt in christliche Stätten, stehen bleiben durften. Hingegen die protestantische Kirche sah in den Steinen eher heidnische Kultobjekte, weshalb sie, besonders im siebzehnten Jahrhundert, die meisten von ihnen umwerfen ließ. Unter den Menschen, die die Megalithen verehren ist der Name des "Steinmörders" Robinson, der für die Zerstörung vieler heiliger Steine in Avebury verantwortlich war, noch immer ein Greuel. Genau zu jener Zeit jedoch hatten es sich Nicht-Christen zur Aufgabe gemacht, neue Steine aufzustellen. Im Jahre 1699 mußte sich ein Mann vor dem Gericht von Elgin, den "Kirk Sessions", wegen Götzendienstes verantworten. Er hatte einen Stein aufgestellt und seinen Hut vor ihm gezogen. Nichtsdestotrotz hat sich die Tradition bis in unsere Tage retten können. Ein Stein mit humanoiden Formen, der von einem Bauern ausgegraben wurde, wird heute noch als der "Gottesstein" verehrt und als anikonisches, d.h. weder menschlich noch tierisch gestaltetes Abbild betrachtet, das zu bestimmten Zeiten des Jahres geschmückt wird. Im abgelegenen schottischen Glen Calliche bei Glen Lyon steht der vom Wasser geformte Tigh nam Bodach, "Hag's Haus", ein Steingebilde mit anikonischen Bildern, das man unter dem Namen "die Cailleach und ihre Kinder" kennt. Von Mai (Beltane) bis November (Samhain) nimmt der Schäfer des Ortes, der die alten Bräuche noch immer hoch hält, die Steine aus ihrem Schrein heraus und stellt sie ins Freie. Während des Winterhalbjahrs sind sie sicher im Inneren des Schreinhauses untergebracht. Bis hin zum ersten Weltkrieg wurde das Dach des Hauses jedes Jahr am Vorabend des ersten Mai mit neuem Stroh gedeckt. Zum Samhain entfernte man das Stroh, brachte die Steine hinein und stopfte die Spalte in den Steinen mit Moos aus.

Auch der Brauch, Megalithen zum Angedenken an wichtige Persönlichkeiten oder Ereignisse der walisischen Geschichte zu errichten, blüht und gedeiht noch heute. So stellte man zum Beispiel um 1736 in der Nähe von Mold bei Nehemiah Griffith den Halleluja Stein auf, und zwar an der Stelle, an der 429 die walisische Armee unter der Führung von St. Germanus eine heidnische Allianz zwischen den Sachsen und den Pikten besiegte. 1953 wurde bei Cilmeri in Powys an dem Ort, an dem Prinz Llewelyn 1282 ums Leben gekommen war, ein Megalith aus Granit errichtet. Und schließlich finden wir auf der Sirhowy Top, auf der man über das Ebbw Tal schauen kann, vier mit Inschriften versehene Kalksteinmegalithen, die 1972 im Angedenken an den sozialistischen Politiker Aneurin Bevan (1897-1960) errichtet wurden.

Reichlich verzierter phallischer Granitstein, 1. Jh. v. Chr. - 1. Jh. n. Chr., Turoe, Irland.

Eisteddfod Steine

Obwohl bekannt ist, daß Barden seit den Anfängen von British Celtia Versammlungen abgehalten haben, sind die Zusammenkünfte der walisischen Barden erst ab dem Jahr 1176 dokumentiert. Historiker sind uneins bezüglich der Häufigkeit dieser Treffen vor dem achtzehnten Jahrhundert, doch verstärkte sich das Interesse daran von dieser Zeit an in großem Maße. 1789 wurde ein Esteddfod (Sänger- und Bardenfest) in Corwen abgehalten, dann eines im darauffolgenden Jahr in St. Asaph, 1791 in Llanrwst und 1792 in Denbigh. Im selben Jahr berief Iolo Morgannwg eine für die weitere Entwicklung noch wichtigere Versammlung der waliser Barden am Primrose Hill in London ein. "Es war der Tag des Herbstäquinoktium", so berichtet *The Gentleman's Magazine*, "an dem sich einige in London ansässige walisische Barden gemäß des alten Brauches auf dem Pimrose Hill versammelten". Um einen Steinaltar, den Maen Gorsedd herum errichtete man einen provisorischen Kreis aus Steinen. Mag es sich damals auch um eine Innovation gehandelt haben, so hat sich der Brauch, neue Steine für rituelle Zwecke zu errichten, bis in heutige Zeit fortgesetzt. Beispielsweise 1819 errichtete man in Carmarthen einen Kreis aus Steinen zum traditionellen Eisteddfod. Danach fanden die Versammlungen nur noch sporadisch statt. Im Jahre 1860 schließlich wurde der Brauch zur festen Institution, als man in Llangollen das erste offizielle walisisch nationale Eisteddfod abhielt. Von da an ist es zu einer der tragenden Säulen der walisischen Kultur geworden. Zur dauerhaften Erinnerung an das Eisteddfodau werden an geeigneten Stellen, üblicherweise in einem öffentlichen Park des jeweiligen Ortes, Steinkreise aufgestellt. Durch die Einführung des Steinkreises und anderer ähnlicher Dinge hat Iolo die alte keltische Tradition, die bis in heutige Zeit weiterlebt, sowohl fortgesetzt als auch neu geformt. Er war ein Mystiker, dessen Beitrag zur Rettung der keltischen Tradition in ihrer dunkelsten, vom Untergang bedrohten Stunde, nicht zu unterschätzen ist. Seine romantische Interpretation des alten Druidentums schenkte der Tradition neue Vitalität und rief neue Traditionen ins Leben, die bist heute fortdauern – denn dort wo die Barden singen wird das Land geheiligt.

Magische Steine für Wünsche und Flüche

Der wohl bekannteste Stein Irlands ist der Blarney Stein. Er ist das eindrucksvollste Beispiel für den alten Glauben, daß derjenige der einen bestimmten Stein berührt, allein dadurch einen Teil der Energie des Steines in sich aufnimmt und somit besondere Kräfte oder Fähigkeiten erwirbt. Wo auch immer der Blarney Stein ursprünglich hergekommen sein mag, heute ist er Teil einer Mauer am Blarney Castle bei Cork. Das Schloß hat einen hohen, viereckigen Hauptturm, der sich auf einem riesigen Felsen über zwei Höhlen, von denen eine zum Teil von Menschen geschaffen wurde, befindet. Der Stein liegt ungefähr 24 m über dem Boden unter den Pechnasen der Steinbrüstung. Pilger, die gekommen waren, um ihn zu küssen, wurden an den Füßen festgehalten und über die Zinnen hinuntergelassen. Später ergab sich eine weniger waghalsige Möglichkeit zu ihm zu gelangen: der Pilger muß sich dazu auf dem Rücken liegend über einen Spalt im Mauerwerk lehnen, und kann so den heiligen Stein von innen erreichen.

Was man sich über die magischen Eigenschaften des Blarney Steines erzählt ist Teil dessen was die volkstümliche Tradition der Wunsch- bzw. Fluchsteine ausmacht. Martin Martin schrieb 1703 über den "gesegneten Stein des Hl. Colomba" auf Iona, der die Macht hat, einen Wunsch zu erfüllen. Mit dem Blarney Stein verhält es sich jedoch ein wenig anders, da er in der ganzen Welt bekannt ist. Besonders populär machte ihn der irische Barde Francis Sylvester Mahony, der zu Beginn des neunzehnten Jahrhunderts unter dem Pseudonym Father Prout folgendes Gedicht verfaßte:

> *Es gibt da einen Stein, der, durch einen Kuß*
> *dir schenkt der Rede Zauberfluß;*
> *ins Gemach der Liebsten trittst Du dann ein*
> *oder wirst im Parlament hoch angesehen sein.*

Nachdem dies veröffentlicht war, strömte eine Flut von Pilgern zum Blarney Castle, die bis heute nicht verebbt ist.

Von gewissen Steinen, die in irgend einer Weise mit Kirchen verbunden sind, jedoch eigentlich einer viel früheren Zeit entstammen, sagt man, sie besäßen eine beschützende Kraft. In Tomfinlough im County Clare ist der "Plague-Stone", in den Kreise und ein Sonnenrad eingemeißelt sind, in eine der Wände der Kirche miteingebaut. Er soll die Gemeinde vor Krankheiten bewahren. Ein anderes beliebtes und sehr wirkungsvolles Heilmittel für alle möglichen Arten von Krankheiten war eine Mischung aus von heiligen Steinblöcken, Megalithen oder Kirchensteinen abgeschabtem Staub und Wasser von einem heiligen Brunnen. Bestimmte Megalithensäulen in der St. Beuno's Kapelle in Clynnog Fawr ebenso wie die berühmten Steine von Stonehenge und die Eingangssäulen der Kirche von Warburg in Westfalen galten als Quelle berühmter Heilmittel.

Einst war es Sitte, weitere Steine auf einem bereits vorhandenen Steinhügel zurückzulassen. Damit verwandt ist auch der Brauch, kleine Steine auf Gräber oder auf ohne Mörtel erbaute Steinaltare, sogenannte *Leachta*, zu legen. Steine, die als Votivgaben an die Geister auf Friedhöfen niedergelegt werden, tragen in sich die Gebete dessen, der sie dort hingelegt hat. Manchmal dient der Stein auch dazu, ein Blatt Papier zu beschweren, auf dem ein Gebet oder eine Bitte an den Geist des Verstorbenen geschrieben ist. Zumeist haben aber die dazu verwendeten Steine irgendeine besondere Eigenschaft. In Ulster und auf den westlichen Inseln ist es Sitte, meistens aus Quarz bestehende Kiesel und Kristalle, genannt "Göttersteine" oder "Schlangensteine", auf Erd- oder Steingräbern zurückzulassen. In manchen Teilen Irlands findet man auf den *Leachta* in alten keltischen Klöstern große Kiesel, in die hin und wieder sogar heilige Zeichen eingeritzt sind. Auf den elf *Leachta* der Insel Inishmurray, deren jeder einen eigenen Namen hat, liegen jeweils ganze Steinsammlungen, die von den Menschen, die dort einen Wunsch äußern, gedreht werden. Der Altar "Clochabreacha" wird insbesondere von denjenigen aufgesucht, die einen Fluch aussprechen wollen.

In Killin, Perthshire, glauben die Menschen an die Kraft der in der Nähe der Kirche gefundenen Kiesel, die sowohl sie selbst als auch ihr Vieh vor dem Ertrinken in dem nahen reißenden Fluß bewahrt. Früher bewahrte man diese heiligen Kiesel in einer Nische im östlichen Tor einer Mühle auf. Jedes Jahr an Weihnachten wurden die Steine hervorgeholt und auf ein Lager aus Binsen, die man von den Ufern des Flusses geholt hatte, gelegt. Man sagt, daß Steine von heiligen Orten die Kraft ihres Ursprungs in sich tragen. Überall in der keltischen Welt gelten grüne Steine als ganz besondere Glücksbringer. Die meisten davon sind in Iona zu finden; wer einen solchen Iona-Stein sein Eigen nennt kann niemals ertrinken. Ähnlich verhält es sich mit St. Cuthberts Perlen, fossilen Seesternen, die man um die heilige Insel Lindisfarne herum gefunden hat und denen nachgesagt wird, daß sie ihren Eigentümern Glück bringen. Ungleich der heute herrschenden Meinung betrachteten die Kelten "Glück" nicht als das zufällige Eintreten bestimmter Ereignisse, sondern vielmehr als die Folge dessen, daß die Geister, die den Lauf der Dinge lenken können, ihnen wohlgesonnen waren. Diese Auffassung führte dazu, daß man sich direkt an die Geister mit der inständigen Bitte um Glück wandte oder nach glücksbringenden Gegenständen, die den segenbringenden Geist in sich trugen, Ausschau hielt. Viele Pilger begeben sich noch heute im Frühsommer zum St. Colman Brunnen bei Churchtown am Ufer des Lough Neagh im County Antrim, um das Wasser zu trinken und nach den bernsteinfarbenen Steinen, den Cranfield Kieseln, zu suchen. Ihre besondere Eigenschaft besteht darin, die Schmerzen der Frauen beim Gebären der Kinder zu lindern und, gleich den grünen Steinen von Iona, die Menschen vor dem Ertrinken zu retten. Des weiteren gibt es die Kerry Steine. Sie sind heilige Steine aus Irland, die in England als magisch angesehen werden, die aber ihre Kraft sofort verlieren, wenn sie mit englischem Boden in Berührung kommen.

Bis ins vergangene Jahrhundert gab es einzelne kleine Steine, die in ganz Irland den Ruf genossen, magische Kräfte zu besitzen. Die Amulette von Imokilly und Garnavilla ebenso wie der Ballyvourney Murrain Stein waren Kugeln aus Stein oder Kristall, die angeblich sagenhafte Heilkräfte besaßen. In enger Verwandtschaft zu ihnen stehen die Blutsteine, die an den Klingen der Schwerter befestigt waren oder von den Skythen getragen wurden und die die Fähigkeit hatten, Blutungen zu stillen und Wunden zu heilen. Im Norden Irlands verwendete man hantelförmige Amulette, genannt "Dicket-Stones", zu Heilzwecken. Der Relig, ein brauner Dicket-Stein, wird im Innern eines zerbrochenen Kreuzes bei Bruckless, auf der nördlichen Seite der Donegal Bucht aufbewahrt und galt früher als besonders wirksamer Heilstein. Wann immer jemand seine Dienste benötigte, wurde er aus seinem Hort hervorgeholt. Eines Tages wurde er sogar über den Atlantik zu einem Kranken geschickt, der aus jener Gegend stammte und ausgewandert war. Nach der Heilanwendung wurde er wieder an seinen alten Ort zurückgebracht.

Manche Steine haben ganz besondere Kräfte und werden deshalb bevorzugt als Opfergaben oder Glücksbringer verwendet. Kristalle stehen in augenscheinlicher Art und Weise für natürliche Geometrie, das spirituelle Ordnungsprinzip der Materie. Sie sind Steine mit einer versteckten Essenz und von daher etwas Kostbares. Früher zertrümmerte man Quarz auf der Suche nach Gold, da es in Adern vorkommt, in denen man nach metallischen Erzen suchte; so beispielsweise in Ogofau, Wales (Cynwyl Gaio), wo man sagte, daß die Quarzkristalle die Essenz des Steins des Philosophen, die Mutter des Goldes, enthielten. In Nordirland schätzt man die goldgelben Kristalle sehr, da man glaubt, in ihnen sei das ewige Licht, die geistige Essenz schlechthin, eingeschlossen. In Anlehnung daran zeigt die Legende des Hl. Piran aus Cornwall, in der davon die Rede ist, wie der Heilige das Zinn entdeckte, daß das Feuer des Geistes die Seele verwandelt und die geistige Essenz hervorbringt. Einst, so erzählt man sich, entfachte der Eremit Piran ein Feuer, weil er fror. Er legte die glimmenden Zweige auf einen schwarzen Stein, den er in der Nähe seiner Zelle gefunden hatte. Und als das Feuer den Stein erhitzt hatte, floß auf einmal silbrig glänzendes Zinn daraus hervor.

Das glänzende, strahlende Bewußtsein, das des Heiligen Weisheit symbolisiert fließt also aus dem dunklen Unterbewußtsein, dargestellt durch den schwarzen Stein, hervor.

GEDENKSTEINE

Die vier Seiten von geschmückten Steinen, die von Menschen bewußt aufgestellt worden sind, wie zum Beispiel Kreuze oder Grabsteine, sind dauerhaft zu den vier Himmelsrichtungen hin ausgerichtet. In ihrer Existenz und ihrem Standort stehen sie auf zwei grundlegende Arten mit Raum und Zeit in Verbindung: zum einen kann ein Stein ein Andenken an die Zeit sein, in der er errichtet worden ist; zum anderen kann er zum Messen der Zeit dienen, wie dies bei astronomischen Megalithen und Sonnenuhren der Fall ist. Manches Mal finden wir eine Kombination aus beiden. Gedenksteine erinnern an Daten und Geschehnisse. Sie wurden in einer bestimmten Zeit errichtet und enthalten Informationen, die nur derjenige entziffern kann, der gelehrt wurde, diese Zeichen zu lesen. In der mittelalterlichen irischen und walisischen Tradition ist das Wissen über esoterische Kommunikationssysteme, das aus der Zeit der frühesten Kelten stammt, erhalten geblieben. Da sie Teil der westlichen Tradition sind, dienen diese Systeme der Erhaltung und Weitergabe von altem Wissen. *The Triads of Britain (Die Triaden Britanniens)* erzählen von den Steinen von Gwydden-Ganhebon auf denen Eingeweihte die "Künste und Wissenschaften der Welt lesen konnten". Auf diese Art festgehaltene Informationen waren entweder in Schriftform, d.h. in Form von Inschriften (in der Oghamschrift, in lateinischen Buchstaben oder in Form von Piktogrammen) festgehalten oder aus eher esoterischen Symbolen wie Ort, Geometrie, Proportion, Maß und Farbe ersichtlich.

Ogham ist eine typisch keltische Form der Inschrift; es handelt sich dabei um eine Art Geheimschrift, die sich die alte griechische Methode, sich mittels Fackeln auf weite Strecken hinweg zu verständigen, zunutze macht. Das Alphabet war dabei in fünf Säulen unterteilt, von denen vier jeweils fünf Buchstaben enthielten und eine vier Buchstaben. Nun hielt man brennende Fackeln hinter zwei zu diesem Zweck errichteten Wänden oder zwei Schilden, die durch einen Zwischenraum voneinander getrennt waren. Sodann hielt man die Fackeln so, daß sie zu sehen waren, wobei die rechte für die jeweilige Buchstabengruppe, die linke für die Nummer des Buchstaben innerhalb der Gruppe stand. Das der Oghamschrift zugrundeliegende Prinzip ist diesem sehr ähnlich: jeder Buchstabe wird durch eine Anzahl von Strichen gekennzeichnet, die seine Stellung innerhalb der Buchstabengruppe bezeichnet. Möglicherweise stellt die Oghamschrift auch eine Art der Körpersprache dar, da sie an die Ränder der Steine in Form von Strichen, die auch Finger darstellen könnten, eingeritzt wurde. Wie es bei vielen keltischen Mysterien der Fall ist, verbirgt sich auch hinter der Oghamschrift weit mehr als nur der eine Gedanke, Dinge niederzuschreiben zu können. Jedem Buchstaben des Oghamalphabets war mittels Farben oder sogar mittels der Töne der Harfentabulatur ein Teil des Reiches der Tiere oder der Pflanzen zugeordnet. Manche berühmte irische Festungen haben ganz bestimme Inschriften, an denen man sie erkennt. Ogham spielt überdies auch heute noch bei der Wahrsagerei eine Rolle.

Gedenksteine stehen nicht nur für die Erinnerung an den Namen und die großen Taten des Menschen, der an der jeweiligen Stelle begraben liegt, denn ebenso wie das Leben ei-

Steinplatte mit keltischem Kreuz und Ogham-Ritzungen, 7. Jh., Caldey Island, Wales.

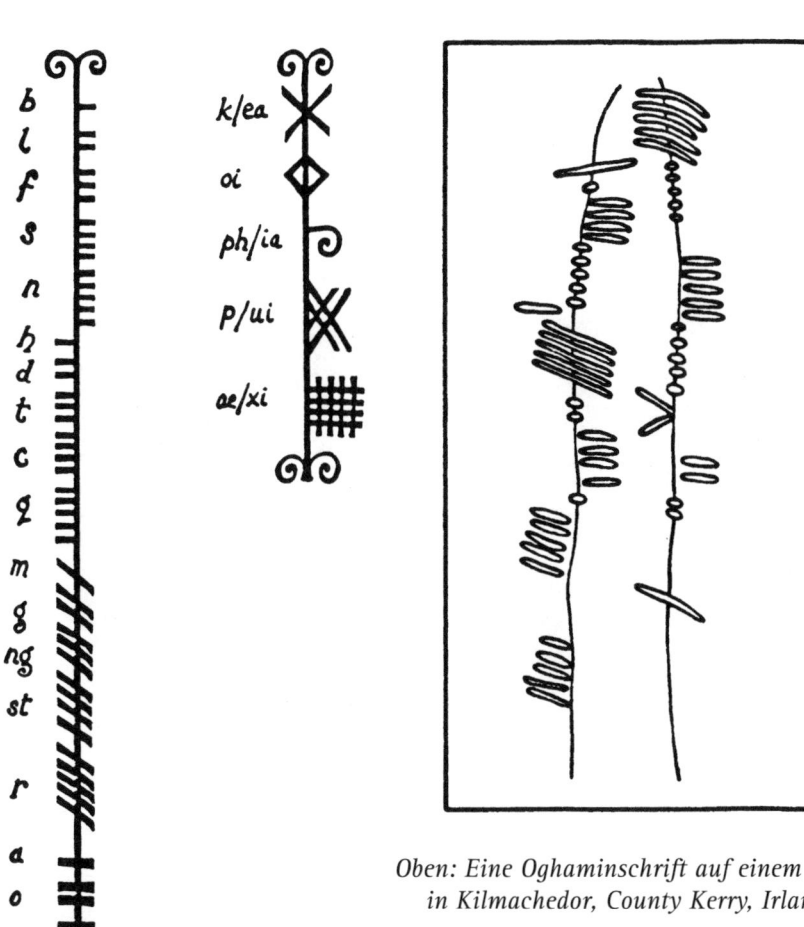

Oben: Eine Oghaminschrift auf einem Stein in Kilmachedor, County Kerry, Irland.

Links: Die Buchstaben des Oghamalphabets, wie sie zumeist in Irland und Westbritannien verwendet wurden. Gewöhnlich wurden sie entlang des Druim an den Seiten eines geschmückten Steines oder hölzernen Pfahls eingeritzt.

nes wertvollen Menschen die kosmische Ordnung widerspiegelt, so sollte dies auch seine Gedenkstätte tun. Grabstätten dienen üblicherweise nicht nur der Erinnerung an göttliche Dinge. Früher einmal stand in Caernarforn der "Stein der Rätsel", die Grabplatte des alten walisischen Astronomen Gwydon ap Don, in welche Symbole eingemeißelt sind, die nur für Eingeweihte entzifferbar sind. Auch in den *Triads of Britain* findet sich ein Hinweis auf die Steine von Gwydden-Ganhebon. Doch allen Legenden und Interpretationsversuchen zum Trotz können wir über die Bedeutung dessen, was ihre Urheber damit ausdrücken wollten, nur Spekulationen anstellen.

Stein mit Ogham-Inschrift, Bridell, Wales.

LABYRINTHSTEINE

Ein Labyrinth ist ein Pfad, der von außen nach innen führt. In seinem Zentrum befindet sich der Omphalos, der, obwohl er meist von Anfang an zu sehen ist, dennoch nur erreicht werden kann, indem man den gesamten Pfad beschritten hat. Das Labyrinth hat eine ausgeprägte symbolische Bedeutung, denn in ihm sind die Geheimnisse des menschlichen Bewußtseins, der Geburt, der Verwandlung und schließlich des Todes enthalten. In der christlichen Tradition war es über ein Jahrtausend lang das Symbol der Pilgerreise und in jüngerer Zeit gewann es in der Frauenbewegung wieder neue Bedeutung als Symbol der großen Göttin. Auf den britischen Inseln finden wir viele in Stein eingemeißelte uralte Labyrinthe, von denen alle der keltischen Kultur entstammen. Deren größtes befindet sich auf einem Findling, genannt der "Hollywood-Stein", der heute im Altertumsmuseum in Dublin zu bewundern ist. Auf ihm ist in klaren Konturen und sorgsam ausgearbeitet das klassische Labyrinth eingemeißelt. Man fand ihn bei Upper Lockstown im County Wicklow ganz in der Nähe der Pilgerstraße, die unter dem Namen St.Kevins Road bekannt ist und die Hollywood mit der Klostersiedlung von Glendalough verbindet. Aller größter Wahrscheinlichkeit nach bezeichnete der Stein eine Raststation auf dem Weg zu jenem außergewöhnlichen Heiligtum. Das Kloster wurde um 550 von St. Kevin gegründet und auch das in den Stein gemeißelte Labyrinth entstammt wohl dieser Zeit.

In Cornwall, in der Nähe einer verfallenen Mühle, finden wir zwei klassische Labyrinthe, eingemeißelt in eine Felswand. Man vermutet, daß sie aus dem frühen sechsten Jahrhundert stammen, aus einer Zeit, in der der keltische Mönch St. Nectan weiter hinten in dem

Hollywood-Stein. Auf diesem Granitstein befindet sich eine bronzezeitliche Ritzzeichnung mit einem Durchmesser von ca. 73 cm. Der Stein wurde im Zuge einer Wiesel-Jagd 1908 zufällig umgedreht. Wicklow, Irland.

Felsritzung der Bronzezeit, ca. 900 - 500 v. Chr.,
Laxe da Rotea de Mendo, Pontevedra, Spanien.
Diese Ritzung zeigt eine "labyrinthoide Figur, in deren Inneren eine phallische,
ungefähr anthropomorphe Figur eindringt." (zit. n. Anati, 1968)

Tal bei einem Wasserfall, der heute den Namen St. Nectans Kieve trägt, sein Eremitendasein führte. Wenn dem so ist, dann kennzeichneten wohl auch sie, ebenso wie der Hollywood Stein, einen Pilgerpfad. Die Irrgärten von Tintagel hingegen entstammen wahrscheinlich einer späteren Zeit, eventuell dem achtzehnten Jahrhundert, und sind direkt mit der Mühle verbunden, deren damaliger Eigentümer, wenn er auch des Lesens und Schreibens nicht mächtig war, ein ausgezeichneter Naturmathematiker gewesen sein soll. Ein aus späterer Zeit stammendes Labyrinth befindet sich an der Kirche St. Laurence in Rathmore, County Meath. Es handelt sich dabei um eine spätere Fassung, die manchmal auch als das "christliche Labyrinth" bezeichnet wird und große Ähnlichkeit mit den Labyrinthen der Kathedralen Frankreichs aufweist.

In der keltischen Kultur hat sich der Brauch fortgesetzt, auf kleine, tragbare Steine, zumeist Schiefersteine, Irrgärten einzuritzen. Eines der seltenen Beispiele hierfür ist im Witchcraft Museum in Boscastle nicht weit vom Rocky Valley erhalten geblieben. Es handelt sich dabei um ein klassisches Labyrinth, das auf einem Stück Schiefer eingeritzt ist, welches wiederum klein genug ist, um es bei sich zu tragen. Dieser Stein stammt von einem Bauernhof bei Michaelstow und ist ein Geschenk der Tochter der berühmten weisen Frau, Kate Turner, "die Möwe". Er ist ein magischer Gegenstand, der gemäß der keltischen Tradition innerhalb der Familie von einer Frau an die andere weitergegeben wurde. Wir haben das

Glück zurückverfolgen zu können, wie so ein seltenes und üblicherweise im Verborgenen besessenes und vererbtes Artefakt durch die Generationen weitergegeben wurde. Die letzte Besitzerin hatte den Stein von Nan Wade, einer "Meerhexe", geerbt und diese wiederum hatte ihn von Sarah Quiller aus Ballaveare, Port Soderick. Letzterer wiederum war er von einer weisen Frau gegeben worden, und es scheint, er sei durch viele Generationen weitergegeben worden.

Diese Troysteine wurden von weisen Frauen zur Kommunikation mit der anderen Welt verwendet. Sie zeichneten mit einem Finger das Labyrinth vorwärts und rückwärts nach und summten dabei eine besondere Melodie, bis sie einen anderen Bewußtseinszustand erreichten. Der oben erwähnte Troystein ist eine besondere Ausnahme, da die meisten von ihnen entweder noch heute in Gebrauch sind oder nach dem Tod der letzten Besitzerin zerstört wurden. So wurde zum Beispiel 1958 ein Troystein in Cornwall zerstört, in Ausführung des letzten Willen einer der weisen Frauen, die verfügt hatte, daß er zertrümmert und die Bruchstücke verstreut werden sollten.

Labyrinth des Chartres-Typs, Kalksteinrelief, mind. 15. Jh.,
eingemauert in der Kirchenwand der Dorfkirche Rathmore, Co. Meath, Irland.

*Kragstein aus der Watts Mortuary Kapelle in Compton, Surrey,
mit einem Engel in Kombination mit einem Labyrinth.*

Labyrinth-Ritzungen, die sog. Rocky Valley Labyrinths, Tintagel, Cornwall.

Quellen, Brunnen und Orte der Heilung

asser ist das wichtigste Symbol des Lebens: es ist die Quelle der Lebenskraft, denn ohne Wasser ist kein Leben möglich. Aus diesem Grunde verehrte man seit Anbeginn der Zeiten das Wasser und insbesondere die jeweilige Quelle. Dem keltischen Glauben zufolge wohnen in natürlichen Gewässern wie Quellen, Bächen, Flüssen, Teichen und Seen Geister, die man nähren und verehren muß. Dies steht im krassen Gegensatz zur modernen Erfahrung. Heutzutage entnimmt jeder das Wasser, das er gerade benötigt, dem häuslichen Wasserversorgungssystem. Für uns kommt das Wasser aus einem Hahn am Ende von irgendwelchen Rohren. Über seine Herkunft wissen wir wenig bis gar nichts. Vielleicht kommt es von einem der glitzernden Bergseen; ebenso könnte es aber auch aus einer Wasseraufbereitungsanlage des örtlichen Klärwerks stammen. Wo auch immer es herkommen mag; unser Wasser ist sehr stark aufbereitet: es ist sterilisiert, gefiltert, vielleicht entmineralisiert, gechlort und mit Fluor angereichert. Wie qualitativ hochwertig und wie rein es auch im naturwissenschaftlichen Sinne sein mag, es ist kein natürliches Wasser mehr.

Wasser von heiligen Brunnen hat einen ganz anderen Charakter. Es kommt direkt aus den unter der Erdoberfläche existierenden Wasservorräten, aus dem geheimnisvollen "chthonischen" Reich Annwns. Wann immer wir Wasser aus einem heiligen Brunnen entnehmen, haben wir Teil daran; wir konsumieren nicht einfach, sondern stehen in einer persönlichen Beziehung mit seinem Ursprung, indem wir es seiner ursprünglichen Quelle entnehmen. Jeder heilige Brunnen ist einzigartig und trägt einen Namen, der sich aus einer beinahe unmerklichen Interaktion unterschiedlichster Aspekte, wie etwa seiner geologischen Eigenheit, seinem Standort in der Landschaft und dem menschlichen Dazutun zusammensetzt und ihm so eine eigene Persönlichkeit verleiht. In Mystik und Brauchtum der Kelten stehen heilige Wasser in Verbindung mit den drei Archetypen des Lichts: Sonne, Augen und Bewußtsein. Wenn wir heiliges Wasser benutzen, stehen wir in Verbindung mit diesen Archetypen, die sich uns in Form von Gottheiten, Legenden, Traditionen und Gebräuchen zeigen.

DER GEIST VON FLÜSSEN UND SEEN

Die keltischen Flüsse haben jeweils ihre ihnen eigenen Gottheiten, die ihren Charakter zum Ausdruck bringen. Überall in den früheren keltischen Königreichen trugen die Flüsse Namen alter Gottheiten, so zum Beispiel der Aisne in Frankreich (Axona) und der Boyne in

Links: Hölzerne Statue, die als Votivgabe in den Genfer See versenkt wurde.
Ca. 80 v. Chr., Genf, Schweiz.
Rechts: Hölzerne Votivstatuetten, die in der Seine gefunden wurden.
1. Jh. v. Chr., Saint-Germain-Source-Seine, Dijon, Frankreich.

Irland (Bóinn). In den bis in heutige Zeit erhalten gebliebenen irischen Legenden über den Ursprung der Flüsse wird davon ausgegangen, daß jeder keltische Fluß früher seinen eigenen persönlichen Mythos hatte, der durch die in Legenden festgehaltenen Eigenschaften seiner jeweiligen Gottheit zum Ausdruck kam. Wenn die Flüsse auch im Ganzen heilig sind, so haben besonders markante Stellen der Flüsse ihre ganz eigenen Kräfte. So waren manche Wasserfälle zum Beispiel dafür bekannt, daß sie Heilkräfte, insbesondere für Verstauchungen und Muskelschmerzen, besaßen. Berühmt auf diesem Gebiet ist Pistyll Brido bei Old Colwyn, zu dem Kranke gepilgert kamen, um das Wasser über ihre schmerzenden Körperteile fließen zu lassen. Manchmal kommt eine weitere örtliche Besonderheit hinzu, wie in Scorrybeck auf der Isle of Skye, wo es ein ausgehöhlter natürlich gewachsener Felsen den Pilgern gestattet, in ihm ein heilendes Bad unter dem gewaltigen Wasserfall zu nehmen. Auch saßen Mitglieder der keltischen Kirche zur Meditation unter Wasserfällen oder in heiligen Brunnen, wie es vor ihnen wohl auch die Druiden getan haben.

Auch Seen sind von Wassergeistern bewohnt. Viele von ihnen tragen heute noch Namen, die an die Geister, ihre Wächter, erinnern. Manche, wie beispielsweise Lake Dee in Dumfries und Galloway, sind nach heidnischen Gottheiten benannt, so zum Beispiel Loch Ciaran. Ebenso wie die besonderen Orte der Flüsse und heiligen Brunnen haben auch viele Seen den Ruf, von Geistern bewohnt zu sein, die heilende Kräfte ausüben. Oft begeben sich Menschen mit Hautkrankheiten oder Alterserscheinungen an diese heiligen Orte, um dort Genesung zu erfahren. Diese heiligen Seen haben eine starke Affinität zu den heiligen Brunnen, was sich unter anderem auch darin ausdrückt, daß in einigen Namen der heiligen Seen in Wales das Wort *ffynnon* (Quelle, heiliger Brunnen) enthalten ist.

Eine der alten, ehrwürdigen keltischen Traditionen ist es, den Geistern der Flüsse und Seen Opfergaben darzubringen. So fand man beispielsweise Waffen und glanzvolle Paraderüstungen aus der Eisenzeit in der Themse, im Witham Fluß in Lincolnshire und im Genfer See. Zahlreiche keltische Artefakte wurden aus dem Neuchâtel See in der Schweiz geborgen, in der Nähe eines Ortes Namens La Tène, der einer Periode der keltischen Geschichte ihren Namen gegeben hat. Es gibt auch einen literarischen Nachweis dessen: Strabo erzählt von den Schätzen, welche die Gallier in den heiligen See bei Toulouse geworfen haben. Man betrachtete die Opfer für die Seen als unverzichtbar für das Wohlergehen des umliegenden Landes; wurden die Schätze gestohlen, stand dem ganzen Land großes Unheil bevor. Auch in der Artussage ist die Rede von der Notwendigkeit, den Seen Opfer darzubringen. Das magische Schwert Excalibur wurde von König Artus mit Erlaubnis seiner Hüterin, der Lady des Sees, aus einem heiligen See (von dem man sagt, es sei der Dozmary Pool) genommen. Als seine Aufgabe in dieser Welt jedoch erfüllt war, mußte es dem Wasser zurückgegeben werden.

Von den alten Tagen bis hin zu den modernen Zeiten ist die Verehrung der Seen erhalten geblieben. Menschen des neunzehnten Jahrhunderts, die den Garland Sonntag in Loughharrow feierten, brachten dem See ihre Opfer dar. Um 1820 schrieb ein gewisser O'Connor in einem Landvermessungsdokument: "Die Menschen...bringen ihre Pferde zu dem See und lassen sie an diesem Tag darin schwimmen, um sie für das kommende Jahr vor Krankheiten zu schützen; auch werfen sie Fußfesseln und Halfter in das Wasser und lassen sie dort zurück...es ist unter ihnen auch Brauch, Butter in den See zu werfen, auf daß ihre Kühe guten Ertrag bringen mögen". Der *New Statistical Account of Scotland (Neuer statistischer Bericht*

Schottlands) von 1845 spricht von einem See namens Dowloch, in den Lebensmittel und die Kleidung von Kranken geworfen wurden, als Zeichen der Dankbarkeit für Heilungen.

KELTISCH-RÖMISCHE WASSERHEILIGTÜMER

Große und komplexe Heiligtümer für Wassergottheiten kamen kurz vor der Expansion der Römer in den keltischen Gebieten auf. Manche von ihnen dienten dazu, den Ursprung großer Flüsse als Heiligtümer zu bewahren, andere hingegen wurden um heilige Brunnen herum errichtet. Ihre Bestimmung war es unter anderem, die *anima loci* zu ehren, womit zeremonielle Reinigungen, d.h. die geistige und körperliche Erquickung der Pilger verbunden war. Ein bedeutendes Beispiel für ein Heiligtum, das am Ursprung eines Flusses errichtet wurde ist jenes, welches sich an der Seine auf der Höhe von Les Vergerots, nordwestlich von Dijon befindet. An diesem Ort hat man in einem viele Jahrhunderte alten Heiligtum etliche Votivgaben für die Göttin Sequana gefunden. Als die keltischen Lande der römischen Herrschaft unterworfen wurden, bezog man die bedeutendsten der an Wassern errichteten keltischen Heiligtümer in große Tempelkomplexe mit ein. Mit der Einführung einiger Aspekte der römischen Zivilisation wurden die religiösen Praktiken mehr und mehr verfeinert. Später dann, als der Polytheismus dem Monotheismus wich, bemächtigten sich die Kirchen vieler dieser Heiligtümer.

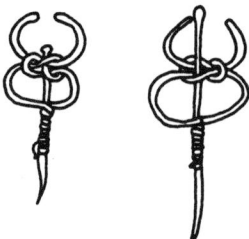

Aus Drahtschlingen gefertigte Merkurstäbe.
Heidnische Votivgaben, die in einem heiligen keltischen Brunnen
bei Finthen im Rheinland, Deutschland, gefunden wurden.

Eine der wichtigsten heiligen Stätten Deutschlands, das kaiserliche Münster in Aachen, steht über dem heiligen keltischen Kurbrunnen, der Acquae Granni. Für die Kelten war dies die heilige Stätte des Sonnengottes Grannos. Für die Römer hieß er Grannus und stand dem Sonnengott Apoll gleich. Ein weiterer großartiger Tempel für Apollo Grannos stand an dem heiligen Brunnen im Inneren der keltischen *Viereckschanze* von Faimingen. Andere Apollo Grannos geweihte Heiligtümer sind in Frankreich und Schottland anzutreffen. Auch in Trier gab es einen Apollo Grannos Tempel. Grannos ist ein männlicher Sonnengott, der mit dem Wasser auf den ersten Blick nicht viel zu tun hat. Sein Name ist auch eng verwandt mit dem modernen gälischen Wort *grian*, das für "Sonne" steht. Üblicherweise ist das Wasser weiblich und so ist ihm auch eine weibliche Gottheit zugeordnet. Daher unterscheiden sich die Heiligtümer und Tempel des Grannos auch ein wenig von denen, die allein der Verehrung von Wassergöttinnen dienen. Die Grannos Tempel stehen dort, wo man seine Gegenwart an Orten, die eigentlich einer lokalen Wassergöttin geweiht sind, als eine Art mystischer Vermählung zweier entgegengesetzter Prinzipien betrachtet. Die Kelten glaubten, daß die Sonne in der Nacht im Wasser versinke, aus dem sie dann bei Sonnenaufgang wieder auftauche. Im Laufe der Nacht würden die strahlenden und heilenden Kräfte der Sonne vom Wasser aufgenommen. Der Brauch des Tempelschlafs in der Nähe heiliger Brunnen, bei dem der Patient die ganze Nacht lang neben den heiligen Wassern schlief, war darauf ausgerichtet, die nährenden Kräfte der im Wasser ruhenden Sonne heraufzubeschwören.

Besonders heiße Quellen wurden als unterirdischer Zufluchtsort der Sonne zur Nachtzeit angesehen. Mont Dol bei St. Malo war ein solcher Ort, an dem man vier heilige Quellen zur Stunde des Sonnenaufganges durch Sonnenzeremonien heiligte. Durch an diesem und anderen Orten zelebrierte Morgenzeremonien feierte man das Auftauchen der Sonne aus der Unterwelt, ihren strahlenden Glanz, der sich auf der Wasseroberfläche funkelnd widerspiegelt und ihre heilige Kraft, die in das Wasser selbst übergeht. Ein bedeutendes Wasserheiligtum finden wir an dem Fluß Cure bei Les Fontaines Salées in Burgund. Ausgrabungen haben ein Heiligtum in der Form des Sonnenrades zu Tage gefördert. Es stammt ursprünglich aus der Hallstattzeit und war mit Eichenholzzubern ausgestattet, die das Heilwasser in ein Leitungssystem aus Eichenholz beförderten, von wo aus es zu den Brunnen gelangte. Später erweiterten die Kelten das Heiligtum und unter der Herrschaft der Römer wurden Bäder und weitere Gebäude für die herbeiströmenden Pilger errichtet.

Sirona, die man oft als die Gefährtin Grannos verkannte, war die Göttin des Wassers, in das Grannos des Nachts hinabstieg. Ein Bildnis der Göttin wurde bei einem römischen Brunnen bei Pforzheim entdeckt. An einer heiligen Quelle in Alzay besagt eine Inschrift aus dem Jahr 223, daß sie den Gottheiten Venus, Grannos und Sirona gewidmet sei. Über Sirona hinaus wurden noch viele andere Gottheiten in an heiligen Wassern errichteten Heiligtümern verehrt. So war beispielsweise das durch die Römer erweiterte keltische Bad in Badenweiler der Diana Abnoba, der Göttin des Schwarzwaldes geweiht. Die heißen Quellen in Buxton, den Römern unter dem Namen Aquae Arnemetiae bekannt, waren der Göttin des heiligen Hains geweiht und die Quellen in Bath, Aquae Sulis gehörte der Göttin Sul, deren Name eigentlich "Sonne" bedeutet, die aber mit der römischen Göttin Minerva gewissermaßen verwandt ist. Rote Quellen, die ihre Färbung eisenhaltigen Ablagerungen zu verdanken haben, wurden als Symbol für das Menstruationsblut der Göttin gesehen. Später, unter dem Einfluß des Christentums, sagte man, es handle sich dabei um das "Blut" Christi oder eines seiner Märtyrer.

Burmanus oder Borvo war der Gott, der über rauschende, schäumende Gewässer, insbesondere über heiße Quellen herrschte. Ein Keramikbildnis aus Vichy stellt ihn zusammen mit einer gehörnten Schlange und einem Delphin dar. Die ihm zugeordnete Brunnengöttin war Damona (oder Burmana). Wie auch Diana Abnoba so setzte man auch Burmanus mit einer großen geheiligten Waldfläche, der *Lucus Burmani*, in der Gegend von Cervo in Ligurien in Verbindung. Nodens, die römische Version des britischen Gottes Nudd, steht unter gewissen Aspekten mit dem Meeresgott Neptun in Verbindung und wurde in seinem Heiligtum im Wald von Lydney verehrt. Im späten vierten Jahrhundert, als man in anderen Teilen des römischen Imperiums bereits dazu übergegangen war, die heidnischen Heiligtümer und deren Verehrung zu unterbinden, wurde Lydney noch zu einem großen Wallfahrtsort erweitert und wurde so ein kelto-romanischer Ort der Heilung mit großartigen Tempeln, Bädern und allem erdenklichen Komfort für die Besucher.

Im Laufe des ersten Jahrhunderts waren die heiligen keltischen Quellen von Heckenmünster im Rheinland von großen kelto-romanischen Anlagen mit Bädern, einem Tempel, einem Theater und anderen Annehmlichkeiten für die Pilger umringt. Noch heute fließen die heilenden Wasser aus der Victoria-Quelle und dem Wallenborn, denen beiden der Ruf großer Heilkraft vorauseilt. Die meisten Orte, an denen es Heilquellen zu finden gibt, gehören jedoch nicht zu den großen Komplexen von Aachen, Bath, Heckenmünster oder Lydney; meist sind es kleine Brunnen, die unter dem Schutz einer örtlichen Gottheit stehen und insbesondere den Menschen des Umlandes dienen. Ebenso wie die römischen Gottheiten, welche die entsprechenden keltischen Götter in sich aufnahmen, so flossen auch gewisse Aspekte des Polytheismus in den keltischen und später in den katholischen Glauben mit ein. Dies trifft auf alle heiligen Stätten, am meisten jedoch auf die heiligen Quellen zu.

An einen Felsen gebaut, befindet sich die heilige Quelle des Hl. Seiriol in Penmon, Anglesey. Das heutige Brunnenhäuschen stammt aus dem achtzehnten Jahrhundert, doch wurde der Brunnen wenigstens seit dem sechsten Jahrhundert verehrt.

HEILIGE BRUNNEN

Auch wenn es die großen Wasserheiligtümer nicht mehr gibt, so finden wir doch bis heute die heiligen Brunnen überall in keltischen Landen. Die meisten von ihnen werden immer noch verehrt und ihre Niskai oder Geister werden weiterhin anerkannt. Fast jeder Heilige Irlands, Großbritanniens und der Bretagne hat einen Brunnen, der nach ihm benannt ist. Es ist offensichtlich, daß viele der heiligen Brunnen schon vor der Einführung des Christentums existierten und daß ihre Umbenennung eine monotheistische Neuinterpretation des jeweiligen Geistes des Heilwassers ist. Bei diesen Brunnen handelte es sich nicht um tief in die Erde hinein gegrabene Schächte, sondern vielmehr um natürliche Quellen, die durch Konstruktionen oder Bauten geschützt bzw. gekennzeichnet wurden. Viele von ihnen sind gewissermaßen die kleinere Ausgabe der kelto-romanischen Heiligtümer, mit Vorkehrungen, die den Pilgern das Trinken, Baden, die Andacht und die Ehrerbietung erleichterten.

Ein klassisches Beispiel für einen heute noch bestehenden heiligen Brunnen findet man in Llandrillo-yn-Rhos in Nordwales. Die kleine Kapelle steht versteckt unter einen Felsen geduckt im Küstenvorland. Sie birgt einen heiligen Brunnen in sich, dessen Wasser sich unter einem Stein unterhalb des Altars befindet. Wie viele der bedeutsamen heiligen *loci* ist auch St. Trillos Brunnenkapelle ein paradoxer Ort. Wie durch ein Wunder fließt dort frisches, heilendes Wasser, an einem Ort, an dem eigentlich das irische Meerwasser vorherrschend sein müßte. St. Trillo ist immer noch ein Ort größter Verehrung: Gläubige schreiben Bitt- oder Dankesgebete auf kleine Tafeln oder auf Papier und lassen sie auf dem Altar zurück. Sie bitten um Heilung und Frieden und danken Gott dafür, daß ihre Gebete erhört wurden. Ganz ähnliche Bräuche findet man auch am Liebfrauenbrunnen im deutschen Werbach. Genau wie die St. Trillo Kapelle wurde auch die Liebfrauenkapelle über einem keltischen Brunnen am Rand eines Baches errichtet. Im Innern der Kapelle befinden sich viele Votivbilder, mit denen die Gläubigen der Madonna für das heilende Wasser danken. St. Trillo untersteht der anglikanischen Kirche von Wales, also dankt man Gott Vater; die Katholiken aus Werbach hingegen danken der heiligen Jungfrau Maria, doch im Grunde kommen sie alle zu den heilenden Wassern.

Überall in der Welt der Kelten hat das an speziellen Tagen geschöpfte Wasser einen besonderen Wert. Die wichtigsten dieser Tage sind der Neujahrstag, der Palmsonntag und Christi Himmelfahrt. Der Neujahrstag ist im Grunde eine verschobene Wintersonnwende. Es ist die Zeit der längsten Nächte, in der die Sonne die meiste Zeit unter der Erde zubringt und damit die Wasser besonders kraftvoll sind. Üblicherweise wird am Festtag eines Heiligen eine Wallfahrt zu seinem Brunnen gemacht. Indem wir an dem Ehrentag des Brunnens Wasser schöpfen, führen wir die Tradition fort, in dem Bewußtsein dessen, welche Kraft durch die Entnahme des Wassers an gerade diesem Tag freigesetzt wird. An diesen Festtagen ist das am meisten begehrte Wasser die "Sahne auf dem Brunnen", d.h. das erste, gleich nach Sonnenaufgang geschöpfte Wasser. Natürlich kann es nur einen geben, der dieses Wasser schöpfen kann und in der Vergangenheit kam es oft zu dramatischen Konkurrenzkämpfen um dieses Privileg. Manchmal wurden regelrechte Wettkämpfe ausgetragen bei denen die sich um den Vortritt streitenden Frauen von einem markierten Ort aus um die Wette zum Brunnen liefen. Die Gewinnerin durfte dann "die Sahne abschöpfen". Andererorts, beispielsweise in Süddeutschland, entnahm man das Brunnenwasser in besonderen Schalen, die dann hochgehalten wurden, um die ersten Strahlen der aufgehenden Sonne aufzufangen, bevor man es an die am Brunnen versammelten Frauen verteilte. In Schottland setzte sich der Brauch des "Sahneabschöpfens" bis vor gar nicht allzulanger Zeit fort; man gab die "Sahne" damals den Kühen zu trinken, um ihren Milchertrag zu steigern. Mit dem übriggebliebenen Wasser wusch man dann die Melkgeräte.

In Cornwall wurden öffentliche Wallfahrten in großem Stile zu den heiligen Brunnen von Gulval, Roche und Nantswell abgehalten. Die Pilger begaben sich bereits am Vorabend des Festtags des Heiligen zu dessen Brunnen, wo sie die Nacht durchwachten und sich vielleicht der *Bowsenning*-Zeremonie unterzogen, d.h. sie verbrachten die Zeit im Wasser des heiligen Brunnens. Im Unterschied zum katholischen Irland und der Bretagne, wo noch immer Patronatsfeste gefeiert und Buß- und Bittgänge abgehalten werden, sind Wallfahrten auf dem britischen Festland eher selten geworden. Die wenigen, die immer noch abgehalten werden, wie beispielsweise die jedes Jahr beim St. Deiniols Brunnen in Penally begangene Abendmahlsfeier, werden meist nicht großartig publik gemacht. Der erste Sonntag im September ist das Patrozinium von St. Ciaráns Brunnen in Clonmacnois. An diesem Tag beschreiten die Pilger die Pilgerpfade, die Short Station bzw. Long Station genannt werden und hängen dabei Opfergaben an einen dornlosen Weißdornbusch oder werfen sie in den Brunnen. Ein weiterer St. Ciarán geweihter Brunnen befindet sich in Castlekiera im County Meath. Dorthin wandern die Pilger mit Fackeln ausgerüstet zur Mitternachtsstunde am ersten Sonntag im August, was in etwa dem Zeitpunkt entspricht, an dem früher Lughnasa, das alte keltische Fest des Sonnengottes Lugh gefeiert wurde. Sie schauen dann alle gespannt in den Brunnen, um eine mysteriöse Forelle zu entdecken, die angeblich um diese Zeit auftaucht.

Ein sehr berühmter Wallfahrtsort ist der St. Winefride Brunnen in Wales, der St. Gwenfrewi geweiht ist. Er befindet sich auf der Westseite der Mündung des Flusses Dee, 6,4 Kilometer nordwestlich von Flint. Sein zweistöckiges spät-gothisches Bauwerk ist mit Sicherheit eines der beeindruckendsten überhaupt. Über einen Berghang erhebt sich eine kleine Kapelle, während ein polygonales Brunnenhäuschen mit fünf Alkoven das darunter fließende heilige Wasser bewacht. Umgeben ist es von einer Galerie, in der die Pilger wandeln können. Die Quelle ist wohl die ergiebigste im ganzen Fürstentum und zählt zu den "sieben Wundern von Wales".

Holywell stellt in Großbritannien eine Ausnahme dar, da dieser Ort in langer, ununterbrochener Tradition verehrt wurde. Er ist wohl schon seit vorchristlichen Zeiten, und sicherlich über die schwierigen Zeiten christlichen Sektierertums hinweg, ohne Unterbrechung im Gebrauch. Im Mittelalter wurde er von Mönchsorden kontrolliert. Seltsamerweise entging er zur Zeit der Reformation der Zerstörung. Obwohl alle Heiligenbilder entfernt wurden, durfte der ansässige Priester und Hüter des Brunnens dort verbleiben. Lange noch befand sich der Brunnen weiterhin unter priesterlicher Obhut, doch im Jahre 1688 vielen die Protestanten in der Kapelle ein, plünderten sie und vertrieben die Priester. Dennoch pilgerten die Menschen weiterhin zum Brunnen, so daß 1851 schließlich der Papst den Pilgern offiziell gewährte, den Brunnen aufzusuchen. Noch heute ist er der bedeutendste heilige Brunnen in England.

Brunnen, Totenschädel und Heilungen

In Anlehnung an den Grundgedanken, daß die Erde als ganzes mit dem Körper eines Menschen vergleichbar ist, entsprechen Quellen den menschlichen Tränendrüsen. Von daher kommt die Assoziation auf, daß das Quellwasser aus den Felsen hervorströmt, wie aus Augenhöhlen in einem nicht sichtbaren Schädel. In der keltischen Tradition wird der Kopf als der Ort verehrt, in dem die Seele und das Bewußtsein wohnen. Es besteht daher eine starke Verbindung zwischen Brunnen und dem menschlichen Kopf, wobei sowohl der eine als auch der andere ebenso symbolische als auch körperliche, d.h. greifbare Bedeutung hat. In Schottland war der Glaube verbreitet, daß heiliges Wasser, das man aus dem Schädel eines toten Vorfahren trinkt, Epilepsie heilen könnte. An den heiligen Brunnen wurden deshalb auch oft menschliche Schädel aufbewahrt, die den Pilgern als Trinkgefäß dienten. Üblicherweise wurden die Schädel heiliger Männer oder Helden von Brunnenwächtern verwahrt, die den alten Kult der abgetrennten Häupter, von dem beispielsweise der Mythos von Bendigaidvrân berichtet, bis in die jüngste Vergangenheit fortsetzten. Ganz ähnlich ist der nordeuropäische Mythos vom Haupt Mimirs, der von den Göttern abgeschlagen worden war. Odin nahm den abgetrennten Kopf an sich, balsamierte ihn nach keltischer Tradition mit Kräutern und brachte ihn zu einem Brunnen genannt Mimirs Brunnr. Durch Anwendung von Magie verlieh er dem Kopf die Fähigkeit, zu sprechen und prophetische Dinge vorherzusagen. Um aber diese andersweltliche Rede verstehen zu können, riß Odin sich ein Auge aus und warf es in den Brunnen.

Da die Brunnen der Hort der Sonne bei Nacht sind, symbolisieren sie das innere Licht des Lebens im Gegensatz zu dem äußeren Licht der sichtbaren Welt. Die Tiefen, aus denen das Wasser entspringt, stehen für die verborgene Quelle des Wissens im Unterbewußten, zu der wir Zugang erlangen, wenn wir unseren Egoismus aufgeben. Der Brunnen selbst ist der Verbindungskanal zwischen dem Bewußten und dem Unterbewußten. Dadurch daß Odin dem Brunnen eines seiner Augen gegeben hat, erlangte er innere Erleuchtung auf Kosten äußeren Sehvermögens. Mit diesem Mythos steht auch der Glaube, heilige Brunnen könnten Augenerkrankungen heilen, in Verbindung. So wie die Sonne bei Tagesanbruch aus dem Brunnen auftaucht und dadurch die Dunkelheit verbannt, so können auch trüb gewordene und kranke Augen durch die heiligen Wasser wieder mit neuer Sehkraft gestärkt werden. Viele "Augen-Brunnen" sind heute noch im Gebrauch, was beweist, daß die Menschen sich noch immer ihrer Wirksamkeit bewußt sind. Ich selbst habe mit der Kraft des heiligen Brunnens bei Mont-Sainte-Odile in den Vogesen persönliche Erfahrungen gemacht.

Über die Augen hinaus haben heilige "Kopf-Brunnen" den Ruf, andere im Kopfbereich gelegene Krankheiten, wie Keuchhusten, Epilepsie und Zahnschmerzen, heilen zu können. In Drumcondra, Dublin, trank man Brunnenwasser aus einem Totenschädel, um damit Zahnschmerzen zu heilen. Manchmal bewahrte eine Dewar-Familie, die möglicherweise mit dem Verstorbenen verwandt war, den Schädel auf. Bis zum neunzehnten Jahrhundert wachten Brunnenhüter, die ihr Amt jeweils ererbt hatten, über das heilige Brunnenwasser und verteilten es am Tobar a' Chinn (dem Brunnen des Kopfes) in Wester Ross an Menschen, die unter Epilepsie litten. Keuchhustenpatienten in Wales wandten sich an den St. Teilo Brunnen bei Llandeilo Llwydarth, um heilendes Wasser aus dem Penglog Teilo, einem Schädel, von dem man sagt, es sei der des St. Teilo, zu trinken. Der Schädel wurde von einer Dewar-Familie, den Melchiors, aufbewahrt; ein Familienmitglied war jeweils für die Verteilung des

Kopf an einem Tempel, der Sulis Minerva geweiht ist. Bath, England.

Wassers zuständig, wenn Kranke zur Heilung kamen. Der alte Brauch endete, als der letzte Überlebende der Familie den Schädel an einen Raritätensammler verkaufte. Wahrscheinlich hat das Wasser mittlerweile seine Kraft verloren. Weitere berühmte Schädel wurden zu Heilzwecken bei Keuchhusten in Ffynnon Llandyfaen und in Dyfed aufbewahrt. Bei einem von ihnen handelt es sich zwar nicht um den Schädel eines Heiligen, sondern um den eines alten heldenhaften Ritters, des Gruffydd ap Adda ap Dafydd, doch scheint er ebenso wirkungsvoll gewesen zu sein.

Teil des keltischen Brunnenmythos sind auch die Legenden, die davon berichten, wie genau in dem Augenblick, in dem ein Mensch geköpft wurde, eine Heilquelle entsprang. Im *Leben des Heiligen David* lesen wir davon, wie in einem Haselnußhain, genau an der Stelle, an der ein junges Mädchen enthauptet worden war, eine Quelle hervorsprudelte. Von den keltischen Quellen von Alesia in Burgund, die lange vor der Einführung der christlichen Religion verehrt wurden, berichtet man, sie seien das Ergebnis der Enthauptung von St. Reine. Genau die selbe Legende erzählt man von St. Jutwara, St. Lludd, St. Noyala und St. Tegiwg. Der berühmteste heilige walisische Brunnen ist natürlich der von Holywell, von dem man sagt, er sei bei der Enthauptung von St. Gwenfrewi (Winefride) entstanden. In dem Augenblick, in dem ihr Haupt den Boden berührte seien die heiligen Quellen hervorgesprudelt.

Brauchtümliche Heilungen von Körper und Geist

In alten Zeiten waren sich Heiler der Tatsache bewußt, daß zur Heilung eines körperlichen Leidens auch dessen Wurzeln in der Psyche behandelt werden müssen. Von daher hängt die Kraft heiliger Brunnen ebenso stark von der geistigen wie auch der körperlichen Dimension ab. Wichtig ist die Gesamterfahrung der Heilung; der Gedanke des Kopfes liegt hier beiden Aspekten, sowohl dem Bewußten als auch dem Unbewußten, zugrunde. Die Pilgerfahrt zu unternehmen, die Rituale auszuführen, sich zu sammeln, zu beten und sich zu reinigen, um dann in den heiligen Wassern zu baden oder sie zu trinken, das alles ist Teil des Ganzen.

Besucher mancher heiliger Brunnen in Wales praktizierten den Tempelschlaf, eine alte Technik zur psychologischen Veränderung und zur Heilung durch Schlaf. So wie man glaubte, die Sonne regeneriere sich in ihrer nächtlichen Vermählung mit den Wassern der Unterwelt, so ging man davon aus, daß ein Kranker dadurch Heilung erfahren könnte, daß er in einem heiligen Brunnen schliefe. Am Morgen, bei Sonnenaufgang, würde auch er zu einem neuen, von Krankheit befreiten Leben erwachen. Bis ins achtzehnte Jahrhundert brachte man kranke Kinder zu Ffynnon Gelynin bei Llangelynin, tauchte sie in das Heilwasser und ließ sie dann in eine Decke gewickelt in einem nahe beim Brunnen gelegenen Bauernhaus schlafen, bis der Heilungseffekt eintrat. Manchmal mußte der Patient auch an einem besonderen Ort schlafen, der mit dem Geist des Brunnens zusammenhing. In Ffynnon Redifael bei Penmynydd war es beispielsweise üblich, daß von Anfällen geplagte Menschen zuerst das heilige Wasser tranken und sich dann zur Nachtruhe auf den Bedd Gredifael, den Stein des Heiligen, niederlegten. Ähnliches wurde auch in Ffynnon Gybi bei der Llangybi Kirche in der Nähe von Lampeter praktiziert. 1699 schrieb Edward Lhuyd über die damals üblichen walisischen Gebräuche des Tempelschlafes: "Am Vorabend von Christi Himmelfahrt begeben sie sich zum Ffynnon Wen; nachdem sie sich gewaschen haben, begeben sie sich zu Llech Gybi, das nur einen Steinwurf vom Brunnen entfernt ist. Dort bringen sie die Kranken unter den Llech und achten darauf, daß die Kranken schlafen, was ein untrügliches Zeichen für Heilung, oder aber für den Tod ist". Im frühen achtzehnten Jahrhundert konnte man Krücken und von den Kranken benutzte Schubkarren um den Brunnen herum finden. Doch die darauffolgenden Generationen konnten einen solchen Anblick nicht ertragen, und deshalb entfernte man sie wieder. Nichtsdestotrotz blieb die Truhe mit den Opfergaben in der Kirche stehen.

Das walisische Wort für Epilepsie lautet *Clwyf Tegla* (Teglas Krankheit); man benannte die Krankheit nach der Heiligen, bei deren Brunnen bei Llandegla von Epilepsie geplagte Menschen Zuflucht suchten. 1740 beschrieb Bischof Maddox von St. Asaph die Gebräuche von Ffynnon Degla folgendermaßen: "Menschen, die unter Krampfanfällen oder der Fallsucht leiden, waschen sich in diesem Brunnen ihre Hände und Füße, gehen dann drei Mal um den Brunnen herum, wobei sie genauso oft das Vaterunser beten und in einem Handkorb entweder einen Gockel, wenn es sich um einen männlichen Patienten handelt, oder eine Henne, wenn es eine Frau ist, mit sich tragen; schließlich werfen sie 4 Pence als Opfergabe in den Brunnen. All dies wird nach Sonnenuntergang getan". Nach weiteren Gebeten und Umrunden der Kirche im Uhrzeigersinn ging der Patient in die Kirche hinein, um "bis Sonnenaufgang unter dem Abendmahlstisch zu schlafen". Auf diese Weise gereinigt und gestärkt konnte der Betroffene nun den bösen Geist austreiben, der in ihm die Krankheit hervorgerufen hatte. Er nahm sodann den Gockel oder die Henne und steckte den Schnabel in seinen Mund. Durch das Ausatmen in den Schnabel schickte der Erkrankte den bösen Geist in den Körper des unglückseligen Vogels, der dann in der Kirche zurückgelassen wurde. Später kehrte der Patient zur Kirche zurück, um dort, im günstigen Fall, seine Dankesgebete zu verrichten. Dieses Ritual wurde zuletzt 1813 an Evan Evans, dem Sohn des Gemeindeküsters, vollzogen.

Auf der Insel Maelrubha bei Loch Maree stand einst ein St. Maree geweihter Brunnen, zu dem von Geisteskrankheiten befallene Menschen von weit entfernten Orten zur Heilung herbeigebracht wurden. In den presbyterianischen Aufzeichnungen von Dingwall wird von den Derilans berichtet, die ihr Amt als (nichtchristliche) Priester auf der Insel ausübten. Möglicherweise kommt diese Bezeichnung von dem gälischen Wort *deireoil*, "Befallener". Offensichtlich waren die Brunnenwärter Menschen, die "be-geistert" waren von einem "göttlichen Wahnsinn", so wie das bei den Schamanen überall in der Welt der Fall war. Im Jahre 1774 kam Thomas Pennant auf die Insel und wurde Augenzeuge der Riten. Man brachte einen am Irrsinn Erkrankten zu der "heiligen Insel" und "ließ ihn vor dem Altar niederknien, wo seine Begleiter eine bestimmte Geldsumme als Opfergabe niederlegten. Darauf wurde er zum heiligen Brunnen gebracht und nahm einige Schluck Wasser. Ein weiteres Opfer wurde dargebracht und nachdem das geschehen war, wurde er drei Mal in den See getaucht". 1830 wurde das Heiligtum von einem Mann entweiht, der einen verrückten Hund heilen wollte. Daraufhin waren die Heilkräfte ungefähr ein Jahrhundert lang verloren. Später kamen nochmals eine Zeitlang Pilger zu dem Brunnen, der aber mittlerweile ausgetrocknet ist.

Heute gibt es nur noch sehr wenige Brunnenwächter und keiner von ihnen gleicht den Derilans von Maelrubha. Der Ffynnon Eilian bei Abergele, "der in der Ecke eines von einem Wäldchen gesäumten Feldes stand", ist ein Beispiel dafür, wie die Brunnenrituale langsam ausstarben. Im frühen neunzehnten Jahrhundert wurde der Brunnen noch von einer "Priesterin" namens Frau Hughes bewacht. Es kam dann zu einem Streit zwischen ihrem Nachfolger, Jac Ffynnon Elian (John Evans), und dem Vikar des Ortes, der den Brunnen zerstören wollte. Zweimal wurde Jac Ffynnon Elian ins Gefängnis geworfen, weil er den Brunnen wieder freigelegt hatte, nachdem er zugeschüttet worden war. Im Januar des Jahres 1829 wurde er dann endgültig zugeschüttet. Der Kommentar, den Professor John Rhys im Jahre 1893 zu dem Vorfall abgab, lautete: "Es besteht in diesem Fall, so denke ich, wenig Zweifel darüber, daß der Besitzer oder Hüter des Brunnens der Vertreter einer alten Priesterschaft des Brunnens war. Seine Funktion als heidnischer (...) entsprach der eines Pastors oder Pfarrers, der gegen Bezahlung die Versammlungen der Menschen in seiner Kirche zuläßt. Leider gibt es keine ausreichenden Informationen darüber, wie man die Priesterschaft eines heiligen Brunnens erwarb; wir wissen jedoch, daß der St. Eilians Brunnen einer Frau untersteht". Tragischerweise gingen mit der Unterdrückung der Brunnenbräuche auch viele weitere alte keltische Fähigkeiten und Weisheiten verloren.

SALZ UND SALZHALTIGE BRUNNEN

Im Norden Mittelenglands schworen die Menschen noch bis vor kurzem statt auf die Bibel auf Salz, und in den Außenbezirken der Hebriden segnete man die Rinderherden mit Salz bevor man sie auf die Weiden brachte. Salz ist das unvergängliche Symbol des Lebens, da es, ebenso wie das Wasser, absolut wesentlich für die menschliche Existenz ist. Der größte Salzlieferant ist das Meer. Ebenso wie die Flüsse und Seen hat auch das Meer seine Gottheiten. Um Großbritannien herum ist es dem Gott Irlands und der Isle of Man, dem Manannan Mac Lir geweiht, und in den Hebriden dem Gott Shony. In Wales gewann man auf der heiligen Salzinsel in der Nähe der Holy Island, Anglesey, Salz aus dem Meer. Im Herzen der keltischen Lande in Mitteleuropa gewann man Salz aus den natürlichen salzhaltigen Quellen, die sich viele Tagesreisen vom Meer entfernt befanden. Die proto-keltische Hallstattzeit hat ihren Namen von einem der wichtigsten dieser Orte, der in Oberösterreich liegt. Viele der frühen keltischen Niederlassungen verdanken ihren Reichtum und ihre Blüte dem Salzhandel. In den Zeiten der alten Kelten war zum Beispiel Schwäbisch Hall wegen seiner Brunnen, aus denen salzhaltiges Wasser fließt, ein sehr wichtiger Ort. Der achteckige Brunnenkopf des Hauptbrunnens ist bis zum heutigen Tag erhalten geblieben, nur leider schenkt man ihm keinerlei Beachtung mehr. Die Leute, die an ihm vorbeikommen, werfen leere Getränkedosen oder Zigarettenschachteln in ihn hinein. Auch in Großbritannien schenkt keiner den früher so wichtigen und verehrten Salzbrunnen mehr Beachtung. Im Westen Mittelenglands in Dudley erinnert nur noch der Name des "Salt Well Inn" an einen wichtigen heiligen Salzbrunnen. Noch bis vor gar nicht allzulanger Zeit segneten und schmückten Priester des Ortes die Solquellen und Salzgruben von Nantwich und Northwich in Cheshire. Am längsten erhielt sich dieser Brauch beim St. Richards Brunnen in Droitwich, Worcestershire.

SYMBOLISCHE FISCHE

Natürlich lebten in den heiligen keltischen Brunnen auch Fische, die als *geis*, d.h. verboten galten und niemals belästigt oder gefangen wurden. Alle Fische von Loch Siant auf Skye und in Loughandrine im County Cork waren heilig, doch die Fische, die in den heiligen Brunnen lebten, hatten eine noch größere symbolische Bedeutung. Oft war es gar nicht leicht sie auszumachen und man konnte bestenfalls einen flüchtigen Blick von ihnen erhaschen, ein Aufschimmern ihrer Schuppen in den dunklen Tiefen erblicken. Symbolisch gesehen schwimmt der Fisch, der in einem heiligen Brunnen lebt, in dem Kanal zwischen dem Sichtbaren und dem Unsichtbaren, zwischen Bewußtem und Unbewußtem. Er steht für die oftmals vernachlässigte Tatsache, daß unser Unterbewußtsein nicht leer oder tot ist, sondern daß es lebendige Qualitäten enthält, die wir uns kaum bewußt machen. Wenn wir krank sind und den Weg der Heilung beschreiten wollen, oder wenn wir uns seelisch in einer schwierigen Situation befinden, müssen wir eine Verbindung zu unserem Unterbewußtsein schaffen, um unser inneres Gleichgewicht wieder herzustellen. Wenn wir dann in der richtigen seelischen Verfassung zu den heiligen Wassern gehen und die Fische erblicken, dann wird sich uns unser Unterbewußtsein öffnen. In diesem veränderten, meditativen Zustand werden die geheimnisvollen Tiefen ganz von selbst die Geheimnisse enthüllen, die uns zuvor verborgen waren. Auf einmal sehen wir, was unseren Augen zuvor verschlossen war. Alles was dunkel und gefährlich erschien, ist nun hell erleuchtet und wir sind offen für die schöpferischen, lebendigen Kräfte, die es uns gestatten unsere Möglichkeiten als Menschen voll auszuschöpfen.

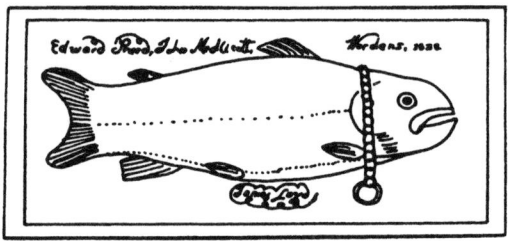

*Ein Bild von James Lloyd aus dem Jahr 1828 zeigt einen der Fische,
die mit einer Kette versehen wurden und in dem heiligen Brunnen
von Peterchurch, Hereford und Worcester, England, lebten.*

Dem keltischen Glauben zufolge kann ein Fisch die Erscheinungsform eines Geistes oder eines verwandelten menschlichen Wesens sein. Von letzterem berichtet auch die im *Book of the Dun Cow (Das Buch der braunen Kuh)* niedergeschriebene Legende von der Überschwemmung von Lough Neagh. Eine Frau, die von den Fluten überrascht worden war, konnte, in einen Lachs verwandelt, die Katastrophe überleben. Sie lebte daraufhin über dreihundert Jahre lang in dem See, bis Congall sie erkannte und ihr als Muirgen, die "aus dem Meer geborene", ihre menschliche Gestalt zurückgab. Wahrscheinlich ranken sich um viele Brunnenfische solche Legenden. Zum Beispiel kennt man in diesem Zusammenhang in Irland die Legende des Connla Brunnens, über dem der Haselnußbaum der Erleuchtung und Weisheit wuchs. Seine Zaubernüsse fielen in den Brunnen, wo sie von dem darin lebenden Lachs verschluckt wurden. Der Held Finn MacCumhaill gewann große Erleuchtung, indem er die Essenz dieses Zauberfisches in sich aufnahm. Ein ähnlicher Mythos rankt sich um den St. Neot Brunnen in Cornwall, in dem immer schon zwei Fische schwammen. In einer Vision wurde dem Wächter des Brunnens von einem Engel gesagt, daß er immer genug zu essen haben würde, wenn er immer nur einen Fisch pro Tag herausholen würde. Als er eines Tages krank war, nahm ein Diener beide Fische heraus und kochte sie. Voller Entrüstung ordnete der Priester an, die Fische wieder in den Brunnen zu werfen. Wie durch ein Wunder erwachten sie wieder zum Leben. Diese Geschichte steht für den Überfluß und die regenerativen Kräfte der göttlichen Gewässer. Vielleicht handelt es sich hier auch um die von Mönchen erzählte Version eines alten Mythos über die Wassergottheit Nechtan. Eine ganz ähnliche Geschichte erzählt man sich auch über den St. Corentine Brunnen bei Plou-Vodiern in der Bretagne.

Überall dort, wo die Fischart in historischen Dokumenten aufgeschrieben wurde, wird meistens von Forellen berichtet. In den Jahren um 1690 entdeckte Martin Martin eine heilige Forelle in dem Brunnen von Kilbride auf der Isle of Skye. Bei Glenelg, Inverness, gab es früher zwei heilige Brunnen, in denen jeweils Forellen lebten. Der St. Bean Brunnen von Kilmore in Argyll, Schottland, enthielt zwei Easg Siant, zwei schwarze "mystische oder heilige Fische", die wahrscheinlich keine Forellen waren. Der Brunnen von Llandeloy, Pembroke, hingegen beherbergte schlangenartige Fische, also Aale. Oftmals kümmerte sich der Brunnenwärter um die Fische. In Ffynnon Wenog in Cardiganshire trug die heilige Forelle goldene Ketten und war der Sonne geweiht. Ein Bild von einem solchen Fisch hängt in Peterchurch im westlichen Hereford; es zeigt den Fisch des "Goldenen Brunnens" des Ortes.

Leider gehört auch der Brauch, Fische in heiligen Brunnen zu halten, an den meisten Orten seit dem neunzehnten Jahrhundert der Vergangenheit an. Als man im Jahre 1896 in den Ffynnon Beris in Llanberis einen neuen Fisch schwimmen ließ, war das ein derart außergewöhnliches Ereignis, daß der *Liverpool Mercury* darüber berichtete: "Es gab immer schon zwei 'heilige Fische' in diesem Brunnen. Die Menschen des Dorfes glauben, daß einem Kranken die Heilung sicher sei, wenn er das Wasser des Brunnens tränke oder darin badete und in diesem Augenblick einer der Tyn Y Ffynnon Fische aus seinem Versteck hervorkäme. Wenn er die Fische aber nicht erspähen könne, so bliebe ihm die Heilung verwehrt". Omen dieser Art scheinen wichtiger Bestandteil der sich um die Fische rankenden Sagen zu sein. Auch von dem Aal von Ffynnon Gybi in Llangybi erzählte man sich: Würde er hervorkommen und sich um die Füße dessen, der gerade im Wasser steht, schlingen, so wäre das eine Garantie für das Eintreten der erbetenen Heilung. Andererorts wandte man sich an die Fische, um Informationen und Vorhersagen zu erhalten. So lebte in dem heiligen Brunnen des Königs Elaeth auf Anglesy ein Aal, dessen Bewegungen von einem ortsansässigen Ichtyomanten gedeutet wurden; auf der selben Insel gab es noch den Fisch von Ffynnon Fair, an den man sich wandte, um den Ausgang einer Liebesgeschichte zu erfahren.

GESCHENKE, VOTIVGABEN UND BRUNNENSCHMUCK

Der Brauch gebietet es, daß ein Pilger, der sich an einen heiligen Brunnen gewandt hat, anschließend eine Opfergabe zurückläßt. Die Wassergeister sind an sich nachsichtige Wesen und deshalb kann beinahe alles als Gabe dienen. Bevorzugt werden jedoch von Menschen gefertigte Artefakte wie Münzen, Knöpfe, Perlen, Korken, Schlüssel, Schnallen, Bänder, Stoffetzen und Puppen. Auch Dinge aus der Natur, wie Blumen und Früchte, Tannenzapfen, Dornen, Steine und Kristalle sind zulässig, ebenso Essensgaben wie Milch, Brot und Käse. Wann immer eine Heilung stattgefunden hat, sollte der dankbare Patient seine Krücken oder ein anderes Zeichen seines früheren Gebrechens zur Danksagung und als Zeichen der Hoffnung für andere zurücklassen.

W.G. Wood-Martin zitiert in seinem Werk über die irische Religion *Traces of the Elder Faith of Ireland (Spuren des alten Glaubens von Irland)* einen Besucher des St. Bartholomäus Brunnens von Pilstown im County Waterford im Jahre 1855: "Die ehrwürdigen Dornen, die den Brunnen überschatten, waren mit roten, blauen und grünen Bändern geschmückt, die so aussahen, als wären sie von den Gewändern der Pilger abgerissen und dort als sichtbares Zeichen für ihren Pilgergang und ihre Gebete befestigt worden. Ein altes Mütterchen, das gerade dabei war den Brunnen zu umschreiten, sagte, die Menschen hätten sie dort festgebunden, um alle Krankheit des Jahres hinter sich zu lassen". Solange die Opfergabe da ist, besteht eine greifbare Verbindung mit den heilenden Kräften des Brunnens und die wohltuende Wirkung hält weiter an. Keinesfalls jedoch darf eine am Brunnen niedergelegte Gabe entfernt werden (wie das letztlich bei allen heiligen Orten der Fall ist) und dies nicht zuletzt aus dem Grund, weil man glaubte, daß sich die Krankheit dessen, der die Gabe dargebracht hat, auf denjenigen übertragen würde, der sie an sich nehmen würde. Eine Ausnahme zu dieser Regel besteht, wenn es sich bei der Opfergabe um Geld handelt. Als nämlich im Mittelalter die Kirche zu einer effizienten Organisation erstarkt war, betrachtete man die von Nichtchristen für die Geister des Brunnens zurückgelassenen Gaben als Einkommensquelle. Man errichtete Opferstöcke an den heiligen Brunnen und setzte manchmal sogar einen Priester als Beitreiber und Bewacher des Opfergeldes ein. Ein besonders lukratives Beispiel für diese Vorgehensweise ist Our Lady's Well (der Marienbrunnen) in Whitekirk, East Lothian, der von den Mönchen der Melrose Abbey verwaltet wurde. Auf der Suche nach dem Wunder der Heilung kamen so viele Pilger herbei, daß die Mönche eigens ein großes Heiligtum errichteten, um all die herbeiströmenden Pilger aufnehmen und das gespendete Geld sammeln zu können.

Den alten Gebräuchen folgend ehrten die Menschen die heiligen Brunnen am Festtag des jeweiligen Heiligen, indem sie ihn mit Girlanden, Blumen, Zweigen und Moos schmückten. Manchmal kam auch der Priester des nahegelegenen Ortes, um anstatt in der Kirche, auf einem provisorischen Altar beim Brunnen den Gottesdienst zu halten. Der Brauch des Brunnenschmückens wurde am meisten in Mittelengland und in Süddeutschland praktiziert, wo man an Ostern oder zu ihrem Patronatstag komplexe Gebilde aus Blumen über den Brunnen errichtete. Es gab eine Zeit, in der sich der Brauch auf ein bestimmtes Gebiet in England beschränkte, nämlich auf Tissington, Derbyshire, wo man fünf heilige Brunnen – Holy Well (den heiligen Brunnen), Coffin Well (den Sargbrunnen), Hand's Well (den Handbrunnen), den Town's Well (den Stadtbrunnen) und den Yew Tree Well (den Eibenbrunnen) – zur Danksagung für das Ende der Pest im Jahre 1350 schmückte. Üblicherweise wurden die Brunnen am Gründonnerstag geschmückt und der Brauch hat sich auch in jüngerer Zeit wieder in anderen Teilen Englands ausgebreitet.

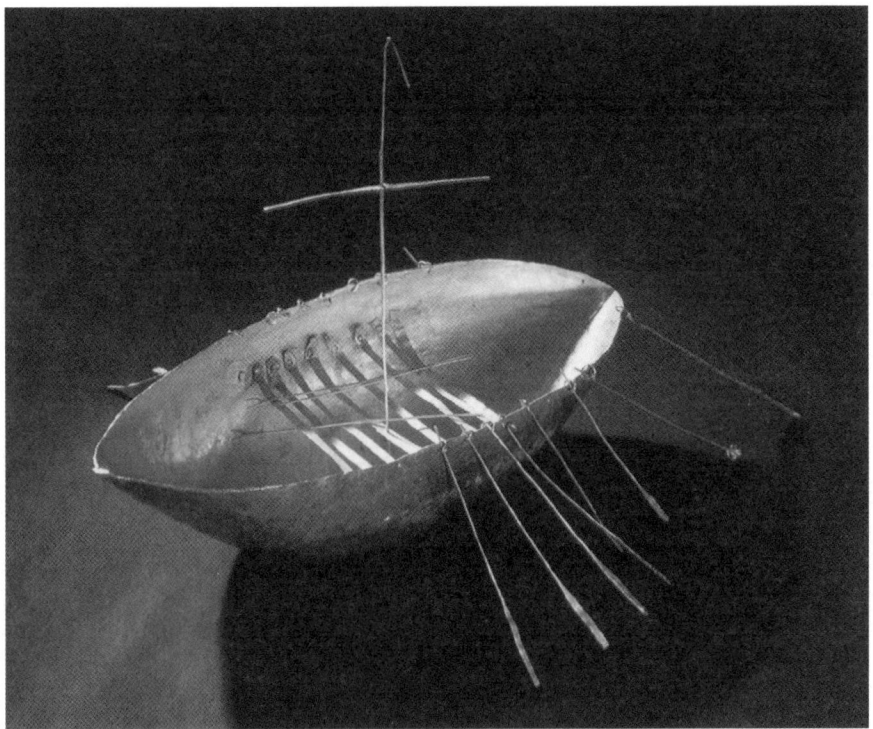

Goldenes Boot als Votivgabe, 1. Jh. v. Chr., Broighter, Irland.

ZAUBERBRUNNEN

Auch heute noch suchen Menschen Wunschbrunnen auf, jedoch höchst selten versuchen sie, sich tatsächlich etwas zu wünschen oder einen Zauber auszusprechen. In der Vergangenheit hingegen gab es sehr wohl Brunnen, die für ihre Zauberkraft bekannt waren. Einigen von ihnen sagte man nach, sie könnten das Wetter beeinflussen, weshalb sie vor allem von Fischern und Bauern aufgesucht wurden, die in irgendeiner Form Einfluß auf den Brunnengeist und somit auf das Wetter ausüben wollten. Die Fischer der Isle of Man holten sich das Wasser von dem heiligen Brunnen *Chibbyr* von Lezayn, um damit in einem Zauber den Wind zu beeinflussen. Sie füllten die hohle Hand mit Brunnenwasser und schleuderten es in diejenige Richtung, aus der der gute Wind wehen sollte. Noch weiter im Norden, auf der heiligen Insel Iona, gab es zwei Windbrunnen: den Brunnen des Nordwindes, der noch immer besteht, und den Brunnen des Südwindes, den es nicht mehr gibt. In den alten Tagen wurden sie von Seeleuten aufgesucht, die Gaben niederlegten und damit um Wind aus der jeweils benötigten Richtung baten.

Natürlich sind, wie alle Dinge dieser Welt, auch heilige Wasser gewissen Veränderungen unterworfen, sei es durch Menschenhand oder durch andere Einflüsse. Sie können Kraft erlangen oder sie verlieren, wie das beim Maelrubha Brunnen der Fall war. So wie in den Tagen des Heidentums die heiligen Wasser durch die nächtlichen Besuche von Grannos ihre Kraft erhielten, so glaubten Menschen aus späteren Zeiten, daß man heilige Wasser durch den Kontakt mit verschiedensten Reliquien und Kraftsymbolen mit heilender Kraft aufladen könne. Einst kam bei Ludlow in Shropshire ein Pilger auf seinem Weg nach St. Winefride in Holywell vorbei und segnete den schäumenden und brodelnden Brunnen, wodurch diesem die Kraft verliehen wurde, Augenkrankheiten zu heilen. Von Loch Manaar bei Strathnaver erzählt man sich, seine Heilkraft käme von einem weißen Zauberstein, der von einer alten Frau hineingeworfen worden war. Bis lange nach dem zweiten Weltkrieg tauchten Menschen am Vorabend des Festtages der Hl. Chlothilde ebenso wie am Festtag selbst, heilige Relikte in den der Heiligen geweihten Brunnen bei Le Grand Andely in der Normandie. Daraufhin ließ man die Kranken in das Wasser eintauchen und hoffte auf eine Heilung, denn man sagte, daß nur zu dieser Zeit die Heilkraft des Wassers gegeben sei. Wenn man nach den Votivbildern geht, dann hat die letzte Heilung um das Jahr 1963 stattgefunden. Heute ist der Brunnen nur noch eine Touristenattraktion, in den Münzen hineingeworfen werden.

Alle heiligen Brunnen haben eins gemeinsam: den Glauben an eine, meist segenbringende, Veränderung. In früheren Zeiten begaben sich ältere Pilger zu der heiligen Insel Iona, um in dem Well of Age, dem "Brunnen des Alters" zu baden und auf diese Weise die Kraft ihrer Jugend wiederzuerlangen. Es kam aber auch vor, daß die Veränderung nicht zum Vorteil des betroffenen Menschen ausfiel. Von der Gemeinde Kerfeunteun in Finistère in der Bretagne erzählt man sich folgende Legende: der Brunnen, der sich in der Krypta der St. Mélar Kirche befindet, wird an irgendeinem Trinitatis Sonntag überlaufen und die ganze Kirche mit seinen Fluten verschlingen. Wegen dieser schrecklichen Weissagung hält sich der Ortspfarrer am Trinitatis Sonntag niemals in der Kirche auf, sondern zelebriert die Messe statt dessen in der nahegelegenen Kapelle von Kernitron. Diese Legende, in der eine Katastrophe, nämlich die Zerstörung der Kirche für den Ort vorhergesagt wird, ist ein Archetyp für die keltischen Legenden über Fluten. Sie erinnert an den irischen Mythos über das Entstehen der beiden größten Flüsse Irlands, des Boyne und des Shannon. Beide wurden dadurch ins Leben gerufen, daß eine Göttin einen heiligen Brunnen entweihte, und zwar die Göttin Boann den Brunnen von Segais und die Göttin Sinann den Brunnen von Coelrind. Beide Brunnen liefen über und verwandelten sich bei der Verfolgung der Göttinnen, die schließlich in ihren Fluten ums Leben kamen, in gewaltige Flüsse. Auch im Wasser manifestiert sich der Gedanke, daß in allen Dingen gegensätzliche Seiten enthalten sind. Daher kann es sowohl das Leben als auch den Tod bringen.

5

Heilige Berge

Das Haus mit dem Kirchturm und der Boden,
auf dem es steht, ist nicht heiliger als dieser Berg.

George Fox in Firbankfell, 1652

Seit Anbeginn der Zeiten dienten erhöhte Orte als Altare der Götter, und in jeder Religion finden wir die Tradition, daß die Götter ihren weltlichen Nachfolgern ihre Eingebungen oder Gebote von Bergeshöhen herunter zukommen ließen. Berge sind Orte göttlicher Macht: die Griechen der Antike verehrten den Olymp; auch in Mitteleuropa gibt es heilige Berge, wie beispielsweise den Hörselberg, den Brocken, den Mont Blanc oder den Mont Pilatus. In Island durfte in den Zeiten des Heidentums niemand seinen Blick auf den Helgafell richten, ohne sich zuvor das Gesicht gewaschen zu haben. In Wales gibt es fünf heilige Berge, von denen der wichtigste der Pumlumon ist, in dessen Nähe die Flüsse Severn und Wye entspringen. Alle diese heiligen Berge sind Manifestationen des archetypischen kosmischen Berges, der am Mittelpunkt der Welt steht und eine Verbindung zu der Überwelt der Götter darstellt.

Die physische Natur der Berge verleiht ihnen einen ganz eigenen und von anderen Merkmalen der Landschaft abgehobenen Charakter. Sie sind an sich recht paradoxe Orte, an denen das Wetter und die Jahreszeiten ganz anders sind als in den unter ihnen liegenden Tälern. Der Winter dauert länger und manchmal ist auf dem Gipfel gerade Frühling, während weiter unten bereits Sommer ist. Auf den höchsten Bergen herrscht ewiger Winter, da es dort nicht schmelzen wollende Schneefelder und Gletscher gibt, was sie als das "überweltliche, weiße Land" der Götter erscheinen läßt. Auf anderen Bergen wehen fortwährend ewige Winde; die unwiderstehlichen Kräfte der Natur haben auf ihnen ihre größte Gewalt. Berge sind Orte des Sehens, und zwar sowohl im tatsächlichen Sinne, da man von ihren Gipfeln aus den Blick oft weithin schweifen lassen kann, als auch in einem übertragenen Sinne, denn sie verstärken die Fähigkeiten einer inneren Vision. Auf ihren Gipfeln kann die Seele atmen; nicht umsonst steigen die Geister von den Berggipfeln aus in das Empyreum auf. Auch kann man auf ihren Höhen Eingebungen erhalten und ungeahnte Dinge lernen. Ein solch besonderer Ort ist Carn Ingli, der Berg der Engel bei Nevern, auf welchem St. Brynach Engelsvisionen hatte. Solche Visionen und Erscheinungen gab es auf den meisten der heiligen keltischen Berge, unter anderem auf dem Glastonbury Tor, dem Ben Nevis, dem Menez-Bré und dem Ben Bulben.

Allein schon der Aufstieg ist gefährlich und von daher wagten sich in der Vergangenheit nur wenige Menschen auf einen Berg, insbesondere auf einen mit ewigem Schnee und Eis, wenn sie keinen besonderen Grund dafür hatten. Da Berggipfel aber visionäre Orte sind, üben sie im Bereich der Mystik und Magie eine besondere Anziehung aus. Jeder, der solch einen Ort auf dem Gipfel eines Berges erreicht, kommt dort erst nach einer oftmals lebensgefährlichen Pilgerreise, die eine gewisse Veränderung im Menschen hervorruft, an. Für die Bergbesteigung in diesem Sinne gibt es kein besseres Beispiel als die rituelle Besteigung des auf der heiligen Insel gelegenen Scelig Mhichil. Nachdem der Pilger an dem heiligen Brunnen am Fuße des Berges gebetet und seine Opfergaben dargebracht hat, muß er einen steilen Pfad besteigen, der zu einer schmalen Felsspalte, genannt "The Needle's Eye" (das Nadelöhr), führt. Nachdem er sich durch diese Öffnung hindurch gezwängt hat, setzt er den Weg hoch über dem Meer auf einem schmalen Felssims, dem Stone of Pain (Stein der Schmerzen) fort. Der nächste Halt ist dann der "Adlerhorst", an dem sich ein steinernes Kreuz befindet. Zu guter Letzt muß sich der Bergsteiger auf ein über das Meer hinausragendes Gesims setzen, 140 m über dem Meer, um dort ein in den Felsen gemeißeltes Kreuz zu küssen. Diejenigen, die diese Pilgerreise vollbracht haben, werden als mutige und fromme Menschen angesehen, die im nächsten Leben den Lohn für ihre Hingabe erhalten werden.

Bevor die letzten Bewohner von St. Kilda im Jahre 1930 von der königlichen Marine mit Waffengewalt evakuiert wurden, mußten die jungen Männer des Ortes ein regelrechtes Abenteuer bestehen, bevor ihnen erlaubt wurde zu heiraten. Sie mußten den gefährlichen Stac Biorach (72 m) in Soay Sound im Südwesten der Insel besteigen. Auf dem Gipfel angelangt mußte der Bewerber auf einem Fuß auf dem hoch über dem Meer gelegenen Mistress Stone balancieren, während er seinen anderen Fuß mit einer Hand festhielt. Indem man den Fuß auf den heiligen Stein der Mutter Erde setzte, wollte man ihren Segen einholen. Erst nachdem der junge Mann diese Tat vollbracht hatte, konnte er ein Mädchen zu seiner Frau nehmen, denn er hatte bewiesen, Gefahren bestehen und somit eine Familie ernähren zu können.

HÜGEL DER GÖTTINNEN UND GÖTTER

Berge haben eine dualistische Natur. Einerseits sind sie die heiligen Orte höherer, himmlischer Wesen und andererseits bleiben sie dennoch fest im Erdboden verwurzelt. Auf manchen Bergen findet man Gedenkstätten und Heiligtümer, die der Sonne und den üblicherweise männlichen Himmels- und Windgöttern geweiht sind. In allen europäischen Religionen wird eine Himmelsgottheit verehrt, die als der große Vater aller Götter und Menschen angesehen wird. Man kennt ihn unter dem Namen Zeus, Jupiter, Tîwaz, Ziu, und vielen mehr. Häufig manifestiert er sich im Berggipfel, so daß der Gedanke, der gesamte Berg sei eine Ausdrucksform der Gottheit, nahe liegt. Ebenso wie man in den heiligen Brunnen eine Vermählung der männlichen Sonne mit dem weiblichen Wasser sah, sagte man, die Berge seien die Form, in der sich Himmelsgötter auf der weiblichen Mutter Erde offenbarten. Physisch sind sie Teil der Erde, doch sind sie gleichzeitig die Verbindung zwischen weltlichen und himmlischen Mächten und das himmlische Licht wird auf ihnen für die Welt sichtbar.

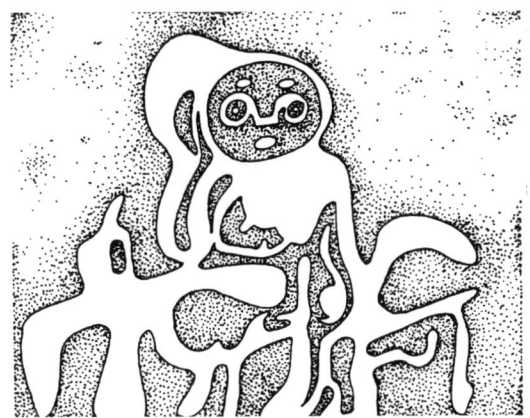

Die keltische Hügelfigur Gogmagog, die T.C. Lethbridge zufolge
auf einem Hügel bei Wandelbury, südlich von Cambridge, zu finden war.
Solche Hügelfiguren waren die größten Abbilder der "anima loci"
und von weither sichtbar.

Der keltische Gott der Berge ist Poeninus, nach dem das britische Pennine Gebirge ebenso wie die italienischen Apenninen benannt wurden. Auch die Römer erkannten ihn als Himmelsgott an und nannten ihn in Angleichung an ihre eigene Götterwelt Jupiter Poeninus. Man errichtete ihm Tempel an Orten, an denen seine Hilfe gebraucht wurde, wie zum Beispiel auf den höchsten Stellen der Gebirgspässe. Sein wichtigstes Heiligtum war wahrscheinlich der kleine St. Bernhard Paß in den Alpen. Brigida, die Gefährtin des Poeninus war die Göttin der Bergpässe im cisalpinen Gallien. Der in dem Gebiet des Pennine Gebirges in Britannien ansässige Volksstamm der Briganten behauptete von sich, direkt von der Göttin abzustammen. Später wurde der Name der Göttin Brigida von der christlichen Kirche in abgewandelter Form als St. Brigida oder Brigid übernommen.

Da Berge erhöhte Punkte in der Landschaft darstellen, sind sie oft auch Göttinnen geweiht. In der Zeit des Mittelalters war der Hörselberg in Thüringen in ganz Europa bekannt als der Venusberg, der Berg also, auf dem die Göttin Venus regierte. Man sagt, daß bekannte Barden wie Thomas von Ercildoune und Tannhäuser ihr dort einen Besuch abgestattet hätten, und daß sie im Jahre 1398 tatsächlich erschienen sei. Manche Hügel auf den britischen Inseln sind Brigid geweiht, während andere an Ana, die keltische Mutter der Götter erinnern. Cormac schrieb von den westlich von Luchair im County Kerry gelegenen Bergen, die man "The Two Paps of Ana" nannte, sie seien die beiden Brüste der Göttin in Form zweier heiliger Berge. Durch sie ist der Körper der Göttin in der Landschaft sichtbar geworden.

Oftmals blieben heilige Berge weiterhin heidnische Orte, selbst dann noch, als auf ihnen weiter unten in Talnähe bereits christliche heilige Stätten errichtet worden waren. Sie waren weit abgelegen und deshalb verirrte sich kaum jemand in ihre Gegend. Von daher hatte es auch wenig Sinn, dort teuere und aufwendige Kirchen zu erbauen, zumal sie ohnehin für die meisten Pilger weniger interessant waren, als andere Orte. Darüber hinaus waren die Berge oft der Hort mächtiger und rachsüchtiger Götter. Noch bis ins neunzehnte Jahrhundert verehrte man die Göttinnen Aine und Fennel auf zwei Hügeln bei Lough Gur im County Limerick; oben auf den Hügeln "wurden gemäß der lebendigen Tradition Opfer dargebracht und heilige Rituale abgehalten". Der im Westen von Autun befindliche Mont-Beuvary, der der Naturgöttin Bibracte geweiht war, wurde im Jahre 1876 mit dem Bau der St. Martins Kirche an dem Ort, an dem früher der keltisch-romanische Tempel stand, christianisiert. Einzigartig in Großbritannien ist die römisch-katholische Insel South Uist der Hebriden, auf der die Gedenkstätten an den Wegesrändern und die Rastplätze noch immer erhalten und verehrt werden. 1957 errichtete man auf dem Rueval, dem "Hill of the Miracles" (Hügel der Wunder) ein riesiges Bildnis der Gottesmutter mit dem Jesuskind, genannt "Unsere liebe Frau von den Inseln", womit man den Hügel als Symbol des Weiblichen ehren wollte.

BERGE DES LICHTS

Berge sind Orte des Lichts und der Erleuchtung, weil man auf ihren Gipfeln die Sonne schon erblicken kann, wenn sie weiter unten noch nicht zu sehen ist. Ebenso ist sie des Abends dort noch zu sehen, während sie in tieferen Lagen bereits untergegangen ist. Von daher ist ein Berg der ideale Ort für die Sonnenanbetung ebenso wie für die Tätigkeit, die man heute Astronomie nennen würde, die Beobachtung des Azimuts und des Sonnenstandes im Jahreslauf. Aus diesem Grunde konnten sich Traditionen im Zusammenhang mit Sonnen-Bergen in allen keltischen Landen bis heute halten. Obwohl unter christlichem Einfluß viele Berge umbenannt wurden, ist beispielsweise der alte keltische Name Beinn-na-Gréine bei Trotternish auf der Insel Skye erhalten geblieben, der soviel bedeutet wie "Der Berg der Sonne".

In den Vogesen des Elsaß finden wir den mächtigen Mont-Sainte-Odile. Hoch oben befindet sich das Kloster Hohenbourg, das auch Teil der Legende ist, die den Berg als einen Ort der Erleuchtung beschreibt. Man erzählt sich, daß im Jahre 660 die Frau des Fürsten Etichon aus dem Elsaß ein blindes Mädchen zur Welt brachte. Man nahm ihr das Kind und verbrachte es in einen Konvent, in dem es dann im Alter von zwölf Jahren zum Christentum übertrat. Am Tage ihrer Taufe konnte sie plötzlich wie durch ein Wunder wieder sehen. Man gab ihr den Namen Odile, was soviel heißt wie "Tochter des Lichts". Später wurde Odile dann Äbtissin des Konvents, der auf dem Gipfel des Berges errichtet worden war, und zwar genau dort, wo einst ein keltisches Heiligtum stand. Am Fuße des Felsens, auf dem das Kloster ruht, ließ Odile eine Quelle hervorsprudeln, deren Wasser noch heute als wirksames Heilmittel gegen Augenkrankheiten angesehen wird.

Die Tatsache, daß heilige Berge der weiten Sicht und der Sonne geweiht sind, spiegelt die klassische Tradition wider, nach der gewisse Berge für die Eigenschaften eines oder mehrerer Planeten des Sonnensystems stehen. Die Form des Berges bestimmt wiederum die Eigenschaften des planetarischen Herrschers. Diese und andere Dinge findet man in mittelalterlichen Aufzeichnungen über Geomantie und Alchemie, wie beispielsweise in C. A.

Balduinus' *Aurum Hermeticum* aus dem Jahre 1675. Üblicherweise finden sich die Eigenschaften der Sonne bei Bergen, die die Form von Felstürmen aufweisen.

In der christlichen Tradition sind manche Berge des Lichts dem heiligen Michael geweiht. Zumeist handelt es sich dabei um isoliert stehende Hügel, die man schon von Weitem sehen kann. Viele von ihnen befinden sich in Südengland, darunter St. Michael's Mount, St. Michael de Rupe auf Brentor, St. Michael's bei Burrow Mump und Glastonbury Tor. Der christlichen Kosmologie zufolge steht der Körper des Erzengels Michael für die Sonne, da seine Stellung unter den anderen Erzengeln der Positionen der Sonne im Vergleich zu den Planeten entspricht. In seiner Eigenschaft als Sonnenengel des Ostens und Repräsentant des Reiches des Lichts und des Feuers ist St. Michael der Kämpfer, der die Dämonen wieder in die Dunkelheit der Unterwelt zurücktreibt. Doch steht es nicht in seiner Macht, die Dämonen in etwas Gutes umzuwandeln, weshalb sie zwar vor ihm zurückweichen, nicht aber gänzlich außer Gefecht gesetzt sind. Unterdrückung anstelle von Annahme und Umwandlung des Unbewußten bedeutet aber, daß der Konflikt ungelöst bleibt und zu einem späteren Zeitpunkt in der einen oder anderen Form wieder zutage treten wird.

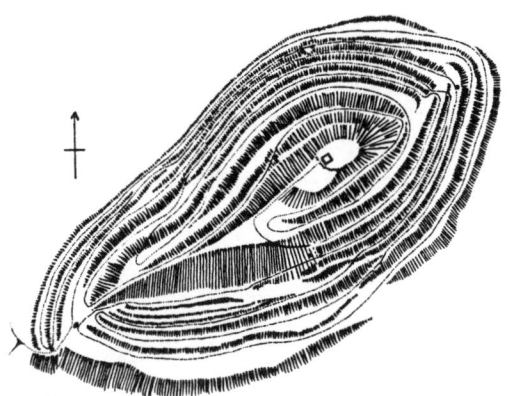

Plan des terrassenförmig aufgebauten heiligen Berges Glastonbury Tor des Gottes Gwynn ap Nudd. Die gepunktete Linie zeigt den labyrinthartigen Pfad, der erst 1968 bemerkt wurde und seither in Zusammenhang mit Zeremonien wieder beschritten wird.

Außer der Reihe steht die Legende über St. Collens Christianisierung des Glastonbury Tors, da in ihr Elemente der Umwandlung enthalten sind. Für die heidnischen Kelten war der "Tor" der heilige Berg des Gottes Gwynn ap Nudd; er war "der Weiße, der Sohn der Dunkelheit" und Herr des Märchenreiches. Collen lebte als Eremit in einer Höhle, die sich in einem felsigen Hügel befand. Eines Tages hörte er zufällig das Gespräch zweier Männer, die in Ehrfurcht von Gwynn ap Nudd sprachen. Und sogleich machte er ihnen Vorhaltungen, wie sie es nur wagen könnten, den *genius loci* zu verherrlichen. Kurze Zeit später erschien dem Heiligen ein feenhafter Bote, der ihn dazu aufforderte, sich an den oben auf

Turm auf Glastonbury Tor, England.
Man erkennt auch gut die Wandelgänge bzw. den labyrinthartigen Pfad,
vgl. hierzu die vorhergehende Abbildung.

dem Hügel gelegenen Hof des Gwynn zu begeben. Zunächst weigerte Collen sich, doch zu guter Letzt willigte er doch ein und als er oben angelangt war, erblickte er ein prunkvolles und mächtiges Schloß. Collen trat ein und wurde von Gwynn ap Nudd huldvoll empfangen, was ersterer damit beantwortete, daß er überall Weihwasser verspritzte. Daraufhin löste sich das Schloß augenblicklich in Luft auf und Collen saß allein auf der Wiese des Hügels. Nach diesem Geschehnis wurde auf dem Hügel eine dem heiligen Michael geweihte Kirche erbaut. Da Gwynn ap Nudd jedoch ein sehr mächtiger Gott war, der die Dämonen der Unterwelt davon abhielt, in diese Welt einzufallen, gewährte es der christliche Gott ihm, an seinem Ort zu verweilen, um die Pforten Annwns zu bewachen. Somit bestätigte auch der neue Glaube den aus vorangegangenen Zeiten stammenden Status des Tor, als *lapis manalis* oder "Deckel auf dem Höllenkessel".

Kaum ein Ort ist eindrucksvoller, als die beiden heiligen Berge St. Michael's Mount und Mont-Saint-Michel, die sich weder gänzlich im Meer noch auf dem Land befinden. Sie sind jeweils mit dem Festland durch Dämme verbunden, die nur bei Ebbe begehbar sind. Den Überlieferungen zufolge waren für die Heiden beide Berge der Sonne geweiht. Legenden erzählen, daß Fischer im Jahre 495 auf der westlichen Seite des Berges in Cornwall eine Erscheinung erblickten. Die christliche Deutung dieses Vorfalls ergab, daß es sich um St. Michael gehandelt hätte, woraufhin man den Berg zu Ehren des Heiligen umbenannte. An dem Ort, an dem der Heilige erschienen war, wurde ein Kloster errichtet, zu dem schließlich die Gläubigen pilgerten.

Das bemerkenswerte Gegenstück hierzu ist der Mont-Saint-Michel in der Normandie auf der gegenüberliegenden Seite des Kanals. In den kelto-romanischen Zeiten war er ein der Sonne geweihtes Heiligtum, das den Namen Dinsul oder Belen trug. Um das Jahr 708 machte der Bischof des Ortes, Aubert, eine Pilgerfahrt nach Apulien, um das Heiligtum des heiligen Michael auf dem Monte Gargano zu besuchen. Ebenso wie die nördlicher gelegenen St. Michael Berge war auch der Monte Gargano ein Sonnenheiligtum, das später mit Mithras in Verbindung gebracht worden war. Es scheint, daß der Name des Berges sich auf einen urzeitlichen Riesen bezieht, dem sämtliche Gliedmaßen abgetrennt worden waren, um so die Welt zu erschaffen. Als Aubert im Jahre 710 in seine Heimat zurückkehrte, widmete er Dinsul nunmehr dem Hl. Michael und ließ in der Nähe des Gipfels ein Oratorium errichten. Dann schickte er eine Gesandtschaft von Mönchen nach Gargano, auf daß sie von dort Reliquien für die neue Klosterkirche mitbrächten. Weitere bemerkenswerte keltische St. Michaels Berge sind der Burrow Mump in Somerset und die Montagne Saint-Michel bei Brasparts in der Bretagne. In der Nähe von Carnac befindet sich ein Tumulus aus dem Zeitalter der Megalithen, das ebenfalls dem Hl. Michael geweiht ist und auf welchem eine Kapelle gebaut wurde.

Die Säule in der Mitte der Kreuzkapelle am Mont-Sainte-Odile im Elsaß, Frankreich.
Die am Fuße der Säule hervorstehenden Hände erinnern an die Legende des erschlagenen
Riesen Gargantua, die von der Entstehung der Erde erzählt.

St. Michael's Mount, das Gegenstück zum Mont-Saint-Michel in Frankreich.

Eine Insel bestehend aus schroff abfallenden, zerklüfteten Felsen ist an sich nichts anderes als ein Berg, dessen Fuß auf dem Meeresgrund ruht und von daher ist es ganz natürlich, daß sie dem heiligen Michael geweiht ist. Im Reich der Kelten gibt es unzählige solcher St. Michaels Inseln. Auf Steep Holm im Bristolkanal beispielsweise konnte eine Priorei des Hl. Michael bis ca. 1270 der Eroberung der Normannen standhalten. Camden schrieb dereinst nieder, daß Looe Island in Cornwall dem Hl. Michael geweiht sei, ebenso wie Drake's Island, die in der Meerenge von Plymouth liegt, und auf der einst eine Michaelskapelle stand. Der beeindruckendste aller St. Michaelsberge ist jedoch der im Atlantik liegende Great Skellig Rock, 11 Kilometer von Bolus Head im County Kerry, auf dem sich das von St. Filian gegründete Kloster Scelig Mhichil befand. In dieser rauhen, abgeschiedenen Gegend hatten die Mönche ein Oratorium erbaut, welches von einigen, ohne Mörtel errichteten, an Bienenhäuser erinnernden Steinhütten umgeben war. Auch auf anderen felsigen Inseln hatte man Erde vom Festland herbeigeschafft, um damit Friedhöfe anzulegen. Bis ins dreizehnte Jahrhundert stand Scelig Mhichil in voller Blüte, doch dann verließen die Mönche die heilige Stätte und zogen sich nach Ballinskellig aufs Festland zurück. Heute findet man auf dem Felsen noch einige kreisförmig angeordnete Pilgerstationen.

Die Ober- und die Unterschichten

Einst nahmen die europäischen Adelsdynastien für sich in Anspruch, göttlicher Abstammung zu sein. Jede Familie hatte einen bestimmten Vorfahren, dessen Geist über die Familie wachte. Die Kraft dieses Geistes war am meisten auf einem heiligen Hügel zugänglich. Aus diesem Grunde waren Familien mit großem Landbesitz auch oftmals mit ganz bestimmten Hügeln oder Bergen verbunden. Erhöht zu sein, ist ein Symbol der Macht, das einer physischen Manifestation bedarf. Hoch gelegene Orte sind abgesehen von ihrem Ruf, göttliche Kraft zu besitzen, außerdem auch von großer strategischer Bedeutung. In früheren Zeiten hatte jeder Lord seine eigene, auf einem Hügel gelegene Festung, von der aus er das ganze Umland überblicken und überwachen konnte. Von daher waren hoch gelegene Orte schon immer Orte der Herrschaft. Der Hügel war der Ort der Ahnen, an dem das Oberhaupt der adeligen Familie göttliche Eingebungen erhielt, Dank derer er wichtige Entscheidungen zum Wohlergehen seiner gesamten Familie treffen konnte. Der oberste König Irlands beispielsweise hatte seinen Sitz auf dem Hügel von Tara. In den Namen der deutschen Adelsfamilien, aus denen Könige hervorgingen, war oftmals das Attribut "hoch" enthalten, welches an die Bergschlösser Hohenstaufen und Hohenzollern erinnert. Als man langsam zu einem Leben überging, das sich mehr und mehr in Städten abspielte und folglich die Berge selbst nicht mehr der eigentliche Sitz des Königs sein konnten, verlagerte man den hoch gelegenen Ort in die königlichen Residenzen, indem man sie durch hohe Throne ersetzte. Diese standen auch gleichzeitig für das Symbol des mächtigen und heiligen Thrones Gottes, der als der mit sieben Stufen versehene heilige Hügel des Himmels verstanden wurden, der über seine Umgebung hinausragte. Manchmal bestand der Thron tatsächlich aus Stein, oder enthielt zumindest einen solchen. Dies stellte die Verbindung zu den alten Tagen her, in denen der Thron noch im wahrsten Sinne des Wortes Teil des königlichen Berges war. Ein solcher steinerner Thron ist der britische Krönungsstuhl in der Westminster Abbey, unter welchem sich der Stein des Schicksals befindet, der bei der Inthronisation eines neuen Monarchen eine wichtige Rolle spielt.

Ein kelto-romanisches Abbild der Göttin Brigantia,
Schirmherrin erhöhter Orte, welches sich nun in Edinburgh befindet.

In Versammlungshallen war der Platz des Königs immer einige Stufen über dem der Adeligen und des Klerus gelegen, die ihrerseits wiederum höher als die Angehörigen eines niedrigeren Standes saßen. Somit war deutlich sichtbar, daß die Gesellschaft in obere und untere Schichten unterteilt war. Dies wiederum war schon allein an der Gestaltung der Versammlungshallen zu erkennen, die durch Lettner und Emporen gleich denen, die man in Kirchen findet, unterteilt waren. In Wales finden wir eine ganz eigene Konstruktion, die einer solchen Abgrenzung diente. Man nannte sie dort *corf.* Dieser Name stand für ein Grenzwäldchen, das an dem steil abfallenden Ufer eines Flusses gepflanzt wurde, um so die Grenze zwischen den oberen und den unteren Bereichen eines Landbesitzes zu kennzeichnen. Somit stellte es gleichsam einen Mikrokosmos der Landschaft dar, der die ideale Gestaltung des Landes widerspiegelte. Der *corf* als eine Art natürlicher Terrasse quer über das Land erinnert an die künstlichen Terrassen heiliger Hügel oder Berge, wie etwa die des Glastonbury Tor. Die Form solcher Hügel wiederum läßt an den Thron eines Herrschers denken; daher dienten auch viele von ihnen als Versammlungsorte in Klassen unterteilter Gesellschaften, wie beispielsweise des Parlaments der Isle of Man, das sich einst an dem künstlichen Hügel Tynwald zusammenfand.

UNTERHALB DES HÜGELS

Nach unserem Tod kehrt unsere sterbliche Hülle zur Mutter Erde zurück. Was mit den restlichen Dingen, die einen Menschen ausmachen, geschieht, ist eine Frage religiösen Glaubens. In Nordeuropa glaubte man, daß die Seelen der Toten sich in die Hügel und Berge begäben, wo sie dann zusammen mit anderen Wesen der Anderswelt lebten. Überall in keltischen Landen herrschte der Glaube, daß bestimmte Hügel die Hochburgen der Feen und Geister seien. In Skandinavien glaubte man, diese Hügel seien von dem "Hügelvolk", einem Volk von halb menschlichen, halb elfenhaften Mischwesen, bewohnt. Früher befand sich in jedem Distrikt ein eigener Feenhügel. Im Allgemeinen sind die Grenzen zwischen losgelösten menschlichen Seelen, Feen und anderen übernatürlichen Wesen sehr verschwommen.

Unter den heidnischen Kelten war der Brauch, die Toten unter Erdhügeln zu begraben, weit verbreitet. Die sterblichen Überreste eines Angehörigen der Oberschicht wurden in einer Kammer zusammen mit Besitztümern und rituellen Artefakten bestattet. Sodann wurde über der Kammer ein Erdhügel, auf dem manchmal auch hölzerne Pfähle, Steine oder Statuen errichtet wurden, aufgeschüttet, der die Unterwelt symbolisieren sollte, da künstliche Grabhügel in Nachahmung der Geisterhügel angelegt wurden. Indem man also besondere Hügel für die Toten anlegte, konstruierte man ein Modell der Anderswelt. Die Anderswelt ist ein symbolisches Reich, in dem alles in einer vorgesehenen Weise und auf der Grundlage kanonischer Prinzipien geschehen muß, in denen wiederum die allem Sein zugrunde liegenden Wesensmerkmale enthalten sind. Diejenigen, die sich in die Grabhügel begeben, verlassen die Welt der Lebenden und kehren gewissermaßen in den Bauch von Mutter Erde zurück. Mit dem Tode geht ein Teil des Geistes in die Anderswelt über, wo er neu belebt und wiedergeboren wird. Die Guten gelangen in das Königreich der Feen und Elfen. Der Grabhügel selbst dient als Denkmal für das Leben und die Taten des Verstorbenen und ist gleichzeitig ein Rastplatz und Ort des Verweilens für Wanderer und Gläubige.

Bryn Celli Ddu, Wales.

Dank der Fachkenntnisse und Fähigkeiten der Archäologen ist es uns möglich, einen Einblick in die keltische Welt der Toten zu bekommen. Das aus dem sechsten Jahrhundert vor Christus stammende Grab eines keltischen Würdenträgers von Hochdorf bei Stuttgart, das erst 1970 freigelegt wurde, enthält all die Symbole des keltischen Glaubens, über die dann etwa tausend Jahre später in der mittelalterlichen keltischen Literatur berichtet wird. Unter den Grabgaben befindet sich auch ein riesiger Kessel. Die Beziehung zwischen dem Kessel und dem Grabhügel ist äußerst bemerkenswert, da sich in ihr das Zusammenspiel zwischen dem Inneren und dem Äußeren widerspiegelt. In der Form des Erdhügels, unter dem der Kessel begraben wurde, kann man die Kuppel des Himmels erkennen, die wiederum die Welt auf der wir leben, einschließt. So wird also die Form dessen, was sich über uns befindet, unten auf der Erde nachgebaut.

In der Umkehrung stellt das Innere des Kessels ebenfalls diese Form dar. Im Inneren des riesigen Bronzekessels, der groß genug war, daß ein Mensch darin Platz hatte, befand sich eine goldene Schüssel, die einen Durchmesser von nur einigen Zentimetern hatte. Es scheint, als hätte dieses goldene Gefäß als Behältnis der Seele und des Geistes des Verstorbenen gedient, welche ein Jahrtausend nach Hochdorf als Grallegende wieder daraus emporstieg. Später liest man in den keltischen Legenden, daß der Kessel der Göttin Cerridwen geweiht war und somit Wiedergeburt und Fülle symbolisiert. Um jedoch wiedergeboren zu werden, müssen wir zuerst sterben und in den Kessel der Unterwelt, den Uterus der geistigen Wiedergeburt, eingehen. Zusammen mit dem Kessel fand man auch einen mit größter Sorgfalt und unter Berücksichtigung vielerlei wichtiger Prinzipien konstruierten vierrädrigen Wagen.

Grabhügel eines Keltenfürsten bei Hochdorf, Deutschland.

Er war das Gefährt der Toten. Des weiteren befanden sich unter den Grabgaben noch weitere Gefäße und auch Trinkhörner von Auerochsen, deren Anzahl mit den heiligen Zahlen der griechischen und keltischen Spiritualität übereinstimmten. Keines der in Hochdorf gefundenen Artefakte entbehrt einer besonderen Bedeutung; selbst die Kleidung des dort bestatteten Mannes hat eine Aussage. So trägt er beispielsweise einen Totenhut, der aus Birkenholz gefertigt wurde, d.h. aus dem Holz desjenigen Baumes, der für den Frühling, die Erneuerung und somit die Hoffnung auf Wiedergeburt steht.

HÜGEL UND RASTPLÄTZE

Ein sehr alltäglicher Anblick in den Hügelländern der Kelten sind entlang der Wege oder auf Hügeln in Form von Kegeln aufgeschichtete Steine. Diese sind geistige Wegstationen, die zur Erinnerung sowohl an die vorbeigekommenen Wanderer dieser Welt als auch derer aus der Welt der Toten dienen. In allen keltischen Landen herrschte der Brauch, daß ein Wanderer an jedem Steinhügel, an dem er vorbeikommt, selbst einen Stein niederlegte. Da der Stein als Symbol eines Stückes von uns selbst steht, läßt jeder Wanderer gewissermaßen einen Teil seiner selbst auf dem Steinhaufen zurück. Steinhaufen finden wir in Grenzgebieten, an Orten, an denen Geschichte gemacht wurde (große Schlachten) oder an Orten des Wanderns (Gebirgspässe); sie können auch der Gebietsmarkierung dienen (Grenzen zwischen Grafschaften und Ländern) oder über Grabstätten errichtet werden. In der irischen Tradition machen fünf Steine bereits einen Steinhügel, einen "Cairn", aus und stellen somit einen Mikrokosmos der gesamten irischen Insel dar.

Besonders häufig findet man sie an Orten, an denen Menschen verstorben sind, da der Tod eines Menschen in der freien Natur immer Anlaß zum Errichten eines solchen Steinhügels war. Vielerorts bezeichnen auf der Kuppe eines steilen Hügels oder in der Nähe von Wasser errichtete Steinhügel die üblichen Gedenkstätten der Verstorbenen. Bei Beerdigungen hielten die Trauerzüge zum Gebet und zur Rast an solchen Orten inne. Bevor die Trauergemeinde dann wieder aufbrach, ließ ein jeder einen weiteren Stein auf dem Hügel zurück und trug auf diese Weise dazu bei, daß seine Kraft erhalten und verstärkt wurde. Ein weiterer Grund für das Niederlegen eines Steines war für manche Menschen der, daß sie eine persönliche religiöse Erfahrung festhalten wollten. Die Steinhaufen, die man bei Heiligtümern findet, haben zumeist genau diese Bedeutung. "The Priest's Grave" (das Grab des Priesters), ein Steinhaufen beim St. Buonia Brunnen in Killabuonia im County Kerry, wird von den Pilgern auf die Art verehrt, daß sie ihn neunmal im Uhrzeigersinn umschreiten und dann einen weiteren Stein ablegen. In den alten Tagen war die Verbindung zwischen den Steinhaufen und den Verstorbenen zumeist viel deutlicher und stärker. Man erzählt sich zum Beispiel, daß König Caswallon zum Zeichen eines Sieges der Briten über die irischen Invasoren in Holyhead, dem der irischen Grenze am nächsten gelegenen Ort, die Knochen der besiegten Iren zu Haufen aufschichten ließ. Derartige makabere Kriegstrophäen, die in der alten Welt keine Seltenheit waren, wurden mittlerweile längst entfernt. Die Steinhaufen hingegen haben sich als beständiger erwiesen. So können wir auch heute noch am Dunmail Raise, dem Paß zwischen Steel Fell und Seat Sandal in Cumbria, den Steinhügel sehen, der an einen Kampf zwischen den Schotten unter König Duvenald und den Engländern von Northumbria unter Edwin erinnert. Vor der Schlacht legte jeder Schotte einen Stein auf den Hügel; als alles vorüber war, nahm jeder der Überlebenden wieder einen Stein an sich. Die verbliebenen Steine dienten als Behältnisse für die Seelen der Gefallenen und zeigten gleichzeitig deren Zahl an. So entstand eine Gedenkstätte zu Ehren der gefallenen Vorfahren. Später kam dem Steinhaufen noch eine andere Bedeutung zu: er bezeichnete zunächst die Grenze zwischen England und Schottland und später die Grenze zwischen Cumberland und West-Morland.

Eine der wichtigsten Funktionen der Steinhügel war die, den Wanderern als Orientierungspunkte zu dienen. Da sie von weither sichtbar sind, kann ein Wanderer kaum von seinem Weg abkommen, da er von jeder Position aus zumindest einen der Hügel erblicken kann. Solche wegweisenden Stein- und Erdhügel waren in alten Zeiten dem Jupiter geweiht und unter dem Namen "Mons Jovis" bekannt, der später in Montjoie und Mountjoy abgewandelt bzw. verfälscht wurde. Aus topographischer Sicht ist ein Mountjoy jeder Hügel, sei er nun natürlich entstanden oder künstlich angelegt worden, der Pilgern oder Wanderern als Wegweiser dient. Ein anschauliches Beispiel hierfür ist der La Montjoie von Mortain in der Normandie, auf welchem eine St. Michaels Kapelle steht. Pilger auf ihrem Weg zum Mont-Saint-Michel konnten von ihm aus zum ersten Mal ihr Ziel in der Ferne erblicken.

KALVARIENBERGE

In den ersten zwölf Jahrhunderten des christlichen Glaubens bezeichnete das Wort Kalvarienberg genau den Ort in Jerusalem, an dem Jesus Christus gekreuzigt wurde. Gläubige, die nach Jerusalem pilgerten, beschritten den Weg, der als Kreuzweg bekannt war, und hielten an den Orten inne, an denen sich die dramatischen Geschehnisse des Leidensweges Jesu zugetragen hatten. Später, nach der Eroberungen durch islamische Völker, wurde es den christlichen Pilgern unmöglich, Jerusalem zu besuchen. Doch die Hingabe für den Kreuzweg wurde nicht geringer. In der aus dem dreizehnten Jahrhundert stammenden franziskanischen Schrift *Meditationen über das Leben Christi*, die man dem Heiligen Bonaventura zuschreibt, wurde das Nachspielen des Leidens Christi als ein Mittel der religiösen Hingabe popularisiert. Hinzu kamen die Gedanken des Heiligen Johannes vom Kreuz, der in *Der Aufstieg zum Karmel* den Aufstieg zu Gott als einen in zehn Stufen unterteilten Weg sah. Im dreizehnten Jahrhundert entwickelte auch der Dominikaner Heinrich Seuse eine Kreuzwegmeditation, an deren Stationen man sich die Orte und die Geschehnisse des Leidens Christi, welches in der Kreuzigung endete, vergegenwärtigte. In dieser und anderen Schriften über die Passion zielte man besonders auf den Aufstieg über verschiedene Stufen bzw. Stationen ab.

Als der Kreuzweg von dem Ort seines tatsächlichen Geschehens, nämlich Jerusalem, in eine geistige Landschaft verlegt worden war, bestand die Möglichkeit, ihn in jeden dafür geeigneten Ort zu projizieren. Es ist dies ein wichtiges Prinzip der Geomantie, welches das Erkennen und Erschaffen neuer heiliger Orte erleichtert. Wenn ein Ort an einen anderen aufgrund seiner äußeren oder inneren Merkmale erinnert und deshalb als besonderer Ort auserkoren wird, dann spiegelt dieser neue Ort nicht nur das Wesen des ursprünglichen Ortes, sondern auch seine eigenen archetypischen Eigenheiten wider. Im Falle des Kreuzwegs ging man folgendermaßen vor: natürlich entstandene Hügel, die an die Form des Kalvarienberges erinnerten, wurden dahingehend verändert, daß man auf ihnen einen Pfad anlegte, auf dem man den rituellen Kreuzweg beschreiten konnte. An den einzelnen Kreuzwegstationen stellte man Bilder auf oder errichtete Kapellen. Der Pfad selbst stand für den Verlauf des Leidensweges, wobei durch besonders unwegsame, steile und enge Strecken die an den Stationen dargestellten Begebenheiten nochmals hervorgehoben werden sollten. Während die Pilger einen Kalvarienberg besteigen, stürmen die Eindrücke der körperlichen Anstrengungen ebenso wie die der spirituellen Hingabe auf ihre Sinne ein und sie erfahren dadurch eine Transformation, die auf einer intellektuelleren Ebene gar nicht möglich wäre. Auf verschiedenen Ebenen treten sie eine symbolische Reise an, die durch die der christlichen Mystik eigenen Bilder bestimmt ist. In einer aus dem neunzehnten Jahrhundert stammenden Handschrift ist zu lesen, daß die Pilger die Kreuzwegstationen "auf beschwerlichen Wegen" erreichten und "auf steilen Pfaden zu den einzelnen Stationen der Tugend" gelangen mußten. Somit zeigt und verstärkt der äußerliche Pilgergang den inneren Archetyp in den Menschen, die "die Quelle der Tugenden auf der Anhöhe des Kalvarienberges, den sie bestiegen haben, suchten, da sie vom Gedanken an Ihn, der den Leidensberg selbst als erster erklomm, inspiriert waren".

Die frühesten Kalvarienberge waren in sieben Stufen unterteilt, die den Berg Gottes widerspiegeln sollten. Hierin läßt sich die auf dem Weltsystem der sieben Planeten basierende Kosmologie wiedererkennen, in der die Zahl sieben von den mittelalterlichen Zahlenmystikern dem heiligen Michael zugeordnet worden war. Später wurde die Zahl erweitert, um der biblischen Zahlenmystik noch mehr gerecht zu werden. Im Jahre 1734 ließ Papst Clemens XII auf Geheiß der Franziskaner die Zahl der Kreuzwegstationen auf vierzehn festlegen, und so ist es bis heute geblieben. Eines der frühesten Beispiele für einen Kalvarienberg ist der Sacro Monte in Varallo, Norditalien, der von Bernardo Caimi im Jahre 1481 begründet wurde, um ein aus Palästina herbeigeholtes Kreuz aus Olivenholz zu beherbergen. Seinem Vorbild folgten bald weitere in Italien, dann in Frankreich und später auch andernorts. In keltischen Landen paßte sich der Kreuzweg ausgezeichnet ein, zumal dort bereits zahlreiche Pilgerwege auf heiligen Bergen existierten. Die einstigen Rastplätze oder Orte des Verweilens wurden in Stationen des Kreuzweges umfunktioniert. Somit wurde den alten heidnischen und christlichen Aspekten heiliger Berge noch eine weitere Bedeutung angeheftet. Ein gutes Beispiel hierfür ist der Brandon Mountain im County Kerry. Auf seinem Gipfel befindet sich das Oratorium nebst dem Kloster von St. Brendan. Es ist dies der Ort, an dem der Heilige eine Vision von der mystischen Insel Hy-Brasil hatte, die weit draußen im westlichen Ozean liegt. Man erreicht den Gipfel über die Old Saint's Road, einem heiligen Pfad, dessen ursprüngliche Rastplätze später mit den Kreuzwegstationen gekennzeichnet wurden.

VORÜBERGEHEND ERRICHTETE HEILIGE HÜGEL UND FREITREPPEN

In den keltischen Gebieten war der Brauch, vorübergehend zum Erntefest von Lammas am 1. August heilige Hügel zu errichten, sehr verbreitet. James Anderson schrieb im Jahre 1792 folgendes über die Gebräuche der Schotten: "Die Feier des Lammas Festes war höchst bemerkenswert. Jede Gemeinschaft errichtete an einem erhöhten Punkt in der Nähe des Zentrums ihres Distrikts einen Turm, der üblicherweise aus Grasnarben bestand. Somit entstand ein Loch im Boden, in welches ein Fahnenmast gestellt wurde. Hoch oben wehten die Farben des Festtages im Wind". Am Lammas Tag gab es Tanz und Gesang, sportliche Wettkämpfe und ein üppiges Mahl, zu dem "reines Wasser aus einer Quelle getrunken wurde, die immer in der Nähe des Festplatzes gelegen sein mußte". Eine 1942 von dem Ausschuß für irische Folklore durchgeführte Nachforschung ergab, daß es damals mindestens 195 solcher Versammlungsplätze gab. Die meisten dieser Plätze befanden sich auf den Anhöhen von Hügeln und nur 17 der 195 Orte standen im Zusammenhang mit der Kirche. In Irland feiert man bis zum heutigen Tag den Lammas Tag. Meistens feiert man dieses Fest am ersten Sonntag im August, dem Tag, der zeitlich kurz vor oder nach dem Lammas Tag liegt. Die Feierlichkeiten ranken sich um ein Mädchen, daß auf einem Stuhl auf der Anhöhe eines Hügels sitzt. Sie wird mit Blumenkränzen geschmückt und repräsentiert die Göttin des Hügels. An manchen Orten fertigen die Leute ein Bildnis einer Frau an, das sie dann mit Bändern und Blumen schmücken. Darum herum tanzen dann die Mädchen des Ortes, die während ihres Tanzes die Blumen und Bänder nach und nach von der Figur abnehmen.

Einige der keltischen Kreuze wurden auf steinernen Stufen errichtet und scheinen an den Lammas Tag zu erinnern. Einige der bekanntesten Steinkreuze, wie beispielsweise das von St. David's, das von Llantwit Major und das von Trelleck stehen auf augenfälligen "Pyramiden", die aus zahlreichen Stufen bestehen, oder auf Freitreppen, die in Anlehnung an den Thron Ihrer Majestät errichtet wurden oder auf terrassenförmig abgestuften heiligen Bergen. Oftmals finden wir oben auf den Freitreppen einen steinernen Pfahl, der an den Weltenbaum erinnern soll, und auf dessen Spitze eine Kugel ruht, welche die Sonne oder die Überwelt darstellen soll. Die Freitreppe selbst steht für den Berg der Welt, in dem der kosmische Weltenbaum verwurzelt ist. Manchmal nahmen diese Treppen riesenhafte Ausmaße an. Zum Beispiel in Winsford, Cheshire, befindet sich innerhalb eines solchen stufenartigen Fundaments eine Gefängniszelle, in der in den alten Tagen die Übeltäter gewissermaßen unter dem Kreuz bestraft wurden, wie man aus den noch erhaltenen Gegenständen und den Prangern ersehen kann. Die Freitreppe steht als Symbol für den Aufstieg in seinen verschiedenen Phasen oder auch für die Schichten der Gesellschaft; eine andere Interpretation für die Stufen ist, daß sie die Stationen des Kreuzweges symbolisieren. Auch stehen sie für die kosmische Ordnung und Stabilität, wobei jede Stufe einen erreichten Grad in der kosmischen Hierarchie darstellt. Natürlich waren die Freitreppen in jenen Tagen auch Orte von Gesetz und Ordnung, an denen oftmals Proklamationen verlesen wurden. Das hervorstechendeste Beispiel hierfür ist der terrassenförmig angelegte Hügel, an dem das Parlament der Isle of Man zusammenkam, um Gesetze zu verkünden. Die Freitreppe von Clackmannan, auf der eine Steinkugel ruht, steht in der Nähe eines aus noch älteren Zeiten stammenden phallischen Megalithen, der das Zentrum der Macht der piktischen Könige war.

Gleich den stufenförmigen Pyramiden und den "Ziggurats" ist die Freitreppe ein Abbild des heiligen kosmischen Berges, dessen Stufen zum Gipfel, dem Sitz der Gottheit, führten. Der hier abgebildete befindet sich bei Trelleck Church, Wales.

6

Heilige Höhlen und unterirdische Bauten

Sodann erklomm Aenas den felsigen Hügel,
auf dessen Rücken der Tempel des Apollo stand.
Dort liegt die furchteinflößende Höhle
der schrecklichen Sibylle,
aus welcher ihre Prophezeiungen kamen.

Virgil, The Aeneid

DER ATEM DER ERDE

In den volkstümlichen Traditionen werden Höhlen mit dem Atem in Zusammenhang gesetzt, da man sie im anthropomorphischen Symbolismus mit dem Hals vergleicht. Höhlen, aus deren Eingang der Wind aus der Tiefe herausweht, sind Orte, von denen man sagt, hier würde die Erde atmen. Früher gab es einmal in Gwent eine Höhle, die man Breunant, "die Windpfeife", nannte. Nennius schreibt über sie, daß "aus ihrem Eingang fortwährend der Wind pfiff". Breunant war öffentlich als das achte Wunder Britanniens anerkannt. In Klemens von Alexandrias *Stromata* lesen wir: "Auf der Hauptinsel von England befindet sich eine unter einem Berg gelegene Höhle. Der Berg ist von einer Kluft zerfurcht ... wenn nun der Wind in die Höhle hineinfährt und durch die Kluft jagt, so ist die Luft erfüllt von einem Klang wie dem von Zimbeln. Wenn der Wind dann die Blätter der Bäume rauschen läßt, scheint es, als höre man Vogelgesang."

Auch anderenorts kennt man Höhlen, die geheimnisvolle Geräusche hervorbringen. Dabei kann es sich um mahlende oder knacksende Geräusche handeln, die durch Verschiebungen in den Gesteinsschichten entstehen oder um die glucksenden und gurgelnden Geräusche unterirdischer Strömungen oder um das Dröhnen der Wellen des Meeres. Giraldus Cambrensis beschreibt die wundersamen Geräusche, die er bei der Höhle auf der Insel Barry vernommen hatte, wo das Grollen der aufprallenden Wellen so klang, als wären im Inneren der Erde Schmiede am Werk. Manche Menschen hörten aus den Geräuschen der Höhlen auch die Klänge von Streichinstrumenten heraus, das Dröhnen von Trommeln, den brummenden, kummervollen Klang von Dudelsäcken, das Geheul von Hunden, das Wehklagen von Geistern und "die Musik der Guten und Rechtschaffenen", d.h. Klänge, die nicht von dieser Welt sind. Und deshalb heißt die Fingalshöhle auf der Insel Staffa auf gälisch auch *an Uaimh Binn*, "die Höhle der Melodien". Im keltischen Glauben verbindet man den geheimnisvollen Vogelgesang, der manchmal in Höhlen zu hören ist, mit der Anderswelt. Vögel haben aber zumeist eine eher bedrohliche Bedeutung. "St. Patrick's Purgatory" ("das Fegefeuer des St. Patrick") ist bekannt dafür, der Horst eines riesigen dämonischen schwarzen Vogels, genannt Cornu, zu sein. Höhlenmalereien zeigen Bilder von Gänsen, die teilweise schon zu Zeiten Magdalenas entstanden sind. Besonders auf Fife findet man solche gemalten oder eingemeißelten Bilder von Gänsen, die der keltischen Kultur entstammen und auch volkstümliche Erzählungen über Höhlen berichten von Gänsen. Man nimmt an, daß die Gans in diesem Zusammenhang für die Erdmutter-Göttin als Hüterin der Toten steht. In Gestalt einer Gans taucht sie als eine der archaischen Göttinnen des alten Europas auf und in heutiger Zeit findet man sie in Märchen wieder, wo sie die weise alte Mutter Gans darstellt.

Die irischen Barden bezeichneten eine bestimmte Gruppe von Erzählungen mit dem Titel "Höhlen", doch leider ist kaum eine von ihnen bis in die heutige Zeit erhalten geblieben. Die wenigen, die man heute noch in Irland kennt, weben sich um zwei besondere Höhlen: die Höhle von Cruachan bei Rathcroghan in Roscommon und St. Patrick's Purgatory in Donegal. Erstere, früher als Irlands Pforte zur Hölle bekannt, wurde als Durchgang von dieser in die Anderswelt angesehen. Die Höhle war außerordentlich gefürchtet, da die Menschen glaubten, daß in ihr dämonische Wesen hausten und aus alten Legenden geht hervor, daß Cruachan der Ursprung von Seuchen sei. Sie sei die Wohnstatt der schrecklichen Morrigan. Man glaubte außerdem, daß immer zum Samhain die *in t-Ellén trechend*, die "dreiköpfige Ellén" und andere dämonische Wesen aus ihr hervorkamen. Unter ihnen befand sich beispielsweise ein Schwarm zerstörerischer rötlich-ockerfarbener Vögel, Totenvögel, deren Atem Felder und Obstgärten verdorren ließen ebenso wie eine wilde Horde abscheulicher übernatürlicher Schweine. Auch andererorts sprach man von dämonischen Wesen, so stammten zum Beispiel die Höhlengeräusche auf der Isle of Man angeblich von dem Seeungeheuer Cughtage, das dort schnaubte. Und in den Danes Hügeln bei Leicester befand sich das Verlies der Black Annis, eine gefürchtete Höhle, der man nachsagte, sie sei die Lagerstätte eines weiblichen Dämons, der angeblich Jagd auf kleine Kinder machte, sie verschlang und ihre Haut zum Trocknen aufhängte.

DER EINTRITT IN DIE UNTERWELT

Oftmals werden Höhlen als die Eingänge zur Unterwelt, als Märchenreiche oder, nach einer eher christlichen Interpretation, als die Hölle angesehen. Legenden zufolge kann man in dieser Unterwelt Schätze finden, Geisterwächter oder Höhlengeister antreffen, oder auf ganze Armeen stoßen, die darauf warten, in diese Welt zurückberufen zu werden. Ebenso wie die heiligen Brunnen sind auch Höhlen gewissermaßen Durchgänge, die von der sichtbaren Welt des Tageslichts in die dunkle Unterwelt der ewigen Finsternis führen, deren Bestandteile und Bewohner man nicht zu sehen vermag. Sie versinnbildlichen die dunkle Höhle in uns, die finsteren Tiefen des Unbewußten, die sich hinter dem Bewußten verbergen. Die Unterwelt des Unbewußten zu betreten bedeutet, einen Schritt in Richtung Veränderung zu tun.

Wenn wir eine Höhle betreten nehmen wir den Atem der Erde in uns auf und treten somit in Kontakt mit dem Unbewußten. Die Entscheidung zum Eintritt ist der Auftakt zu einer Begegnung, die eine drastische Veränderung der Persönlichkeit nach sich ziehen kann.

Aus Sagen und Legenden ist bekannt, daß einige besonders mutige Menschen allen bedrohlichen Bewohnern der Unterwelt zum Trotz den Gefahren die Stirn boten, um Zaubergegenstände zu erobern oder Visionen über die Zukunft zu erlangen. Die walisische Sage *The Spoils of Annwn (Die Siegesbeute aus der Unterwelt)* erzählt davon, wie König Artus und seine Ritter einen erfolglosen Vorstoß in die Unterwelt wagten, um den großen Kessel, das weibliche Symbol der Fülle, zu erobern und mit in diese Welt zu bringen. In der irischen Sage *The Adventures of Nera (Neras Abenteuer)* betritt Nera die Höhle von Cruachan und erhält dort eine Vision, die vor schlimmen Ereignissen warnt. Gewöhnlich bedarf es einer gehörigen Portion Mut oder großer Torheit, das unbekannte und gefährliche Land des unterirdischen Königreiches zu betreten. Dies kommt auch in den verbreiteten keltischen Erzählungen von dem Musiker (üblicherweise einem Geigenspieler, Flöten- oder Dudelsackspieler oder Trommler) zum Ausdruck, der in Begleitung eines Hundes in die gefahrbringenden Tiefen hinabsteigt, aus denen er niemals mehr zurückkehrt. Irgendwann taucht zumindest der Hund wieder auf, doch war er in das Feuer der Unterwelt geraten und hatte Verbrennungen erlitten. Man erzählt sich diese Geschichte über viele verschiedene Orte, unter anderem über die Smoo Höhle am Kap Wrath, über die Höhle O' Gowend des Dudelsackspielers in Galloway ebenso wie über bestimmte Höhlen auf Colonsay, Islay und Mull.

Manchmal gelang es denjenigen, die durch Höhlen hindurch die Unterwelt erreichten, neue Fähigkeiten zu erwerben, die sie dann mit in die Welt der Sterblichen brachten. Flannery, der berühmte Dudelsackspieler von Oranmore in Galway erwarb seine musikalischen Fertigkeiten von einem Lehrmeister aus der Unterwelt. Der vom Glück Begünstigte konnte über neue Fähigkeiten hinaus auch märchenhafte Geschenke überreicht bekommen. Die Dudelsackpfeife, die unter dem Namen "Black Chanter vom Clan Chattan" bekannt war, wurde einem Dudelsackspieler des MacPherson Clans von einer märchenhaften Dame überreicht, die sich in ihn verliebt hatte. Einem Dudelsackspieler der MacCrimmons, der die Piper's Cave (Höhle des Dudelsackspielers) von Harlosh Point auf Skye besuchte, wurde von der Märchenkönigin selbst die musikalische Gabe in Form einer silbernen Melodiepfeife verliehen. Damit begründete er die Dudelsackschule von Borreraig, deren Mitglieder dann die Dudelsackbläser des Clans MacLeod of MacLeod wurden. Jahre später wurde er gerufen, zum Märchenland zurückzukehren. Er hinterließ seinem Sohn das Zauberinstrument und betrat, während er seinen Dudelsack spielte, die Höhle. Sein einziger Begleiter war sein Hund, da seine Freunde zu große Angst hatten, mit ihm zu gehen. Deshalb verfolgten sie seinen Weg überirdisch, indem sie immer der Melodie seines Dudelsacks nachgingen. Als sie die Fairy Bridge, die Zauberbrücke, erreichten, hörte die Melodie urplötzlich auf. Aus einem Loch im Boden kam auf einmal der Hund mit aufgestelltem Nackenhaar hervor. Der Dudelsackbläser jedoch war in das Königreich der Märchen zurückgekehrt und ward nimmermehr gesehen.

Dudelsackmusik wurde auch oft als der wehklagende Gesang der Seelen von Verstorbenen interpretiert. Nach einer Schrift von A. MacCulloch aus dem Jahre 1841 hörte man in der Piper's Cave O'Gowend in Galloway oft die Klänge von Dudelsäcken. "Einige denken, der Spieler sei ein Teufel", so schreibt er, "andere stellen sich vor, die Musik würde von einer alten Hexe im Angedenken an verstorbene Highlander gespielt, die in der Höhle umgebracht worden waren". Unglücklicherweise haben manche dieser Geschichten einen wahren Hintergrund, der die Grausamkeiten des Lebens in früheren Zeiten erkennen läßt. So ließ beispielsweise im Jahre 1006 König Ua Ruairc den Bischof Muiredhach in einer Höhle im County Sligo ermorden. Im Jahre 1135 wurde König Echri Ua Taidhg von Feara-Li zusammen mit seiner Gemahlin und seinem Bruder von den Mitgliedern des Uí Thuirtre Clans in einer Höhle erstickt; 1578 trieb der MacLeod Clan 393 MacDonalds in eine Höhle und entfachte dann ein Feuer. Aufgrund des dadurch entstandenen Sauerstoffmangels kamen alle MacDonalds ums Leben.

HÖHLEN DER INSPIRATION

Höhlen wurden als Orte des Atems angesehen; insofern war der Tod durch Ersticken die angemessene Art und Weise, in einer Höhle ums Leben zu kommen. Höhlen können also entweder todbringend oder inspirierend sein; und die Trennlinie dazwischen ist sehr schmal. Diejenigen, in denen sich giftige Gase befinden, ersticken ihre Opfer, die nichtsahnend in sie hineingehen, denn wenn wir uns in eine Höhle begeben, atmen wir auf Gedeih und Verderb den Atem der Erde ein. Der Gedanke des Atems erinnert an den kaum spürbaren kosmischen Atem, der in Höhlen wahrnehmbar sein soll. Diejenige, die dem natürlichen Atem der Erde in einer Höhle lauschen, können manchmal aus den Stimmen, die sie vernehmen, konkrete Botschaften heraushören. Geräusche können unsere Verbindung mit der Anderswelt sein. Unser eigener Atem ist eins mit dem chthonischen Atem. Der Atem der Erde ist nicht ununterbrochen zu spüren und deshalb haben diejenigen, die in Höhlen wohnen und von daher anwesend sind, wenn er auftaucht, wie zum Beispiel Sibyllen oder Eremiten, den größten Zugang zu ihm. Indem diese inspirierten Menschen dann gewissermaßen für die Erde sprechen können, sind Höhlen Orte prophetischer Aussagen. In der Dunkelheit der Höhle tritt das Bewußtsein an hinterste Stelle und ein Kontakt mit dem Unbewußten kann hergestellt werden. Solch ein Ort ist die "Cave of the Bard" (die Höhle des Barden) auf der Insel Orkney bei Bressay.

Auch wenn die meisten volkstümlichen Erzählungen sich um in Höhlen wohnende Männer ranken, so waren Höhlen doch ursprünglich Orte des weiblichen Mysteriums. Namen wie White Woman's Hole (in den Mendips bei Leighton, Somerset) lassen auf ihre Bewohnerinnen, die Sibyllen, schließen. Manchmal ist es die schreckliche Morrigan, manchmal die Märchenkönigin und manchmal eine weise Frau, die eine Höhle bewohnt. Doch welche Frau auch immer sie bewohnte, letztendlich kamen Männer in die Höhle, um unterrichtet zu werden, wie es mit dem Dudelsackspieler in der Höhle am Harlosh Point der Fall war. Für Dudelsackspieler ist der Atem von größter Bedeutung; gleichermaßen wichtig ist der Atem für die Seher, die ihn benötigen, um ihre Weissagungen auszusprechen. Die Inspiration für musikalische Gaben ebenso wie die für seherische Fähigkeiten liegt im Unbewußten. Heilige Höhlen waren die Stätten von Medien, wie etwa der Mutter Shipton, deren Höhle in Knaresborough immer noch besucht werden kann. Im Teck, einem uralten heiligen keltischen Berg in Süddeutschland, befindet sich das Sibyllenloch. In dieser Höhle hauste ein den Menschen wohlgesonnenes Wesen, das ihnen Ratschläge erteilte und ihre Felder und Herden fruchtbar machte, indem es sie in seinem Wagen umkreiste. Schließlich, so erzählt die Sage, verließ die Sibylle den Ort, da sie, ob des schrecklichen Verhaltens ihrer abtrünnigen Söhne, welche die Menschen, denen sie selbst zuvor geholfen hatte, beraubten und unterdrückten, in große Verzweiflung verfiel.

Diese Geschichte kann als Hinweis auf den Einzug der patriarchalischen Religionen gesehen werden, in denen die Priesterschaft der weisen Frauen keinen Platz mehr hatte. Eine gewisse Frauenfeindlichkeit war einer der weniger bewundernswerten Aspekte der keltischen Kirche. Frauen hatten keinen Zutritt zu Kirchen und heiligen Tempeln: Orte, an denen gerade sie wohl in früheren Zeiten die führende Stellung innehatten. Eine Legende berichtete von einer weiteren Ausweisung: aus der Höhle von St. Beatus, von der aus man den Thuner See bei Interlaken überblicken kann, vertrieb ein irischer Priester einen Drachen, um dort ungestört meditieren zu können. Vielleicht kann auch diese Geschichte als Hinweis auf die Vertreibung des Weiblichen in der heidnischen Kultur angesehen werden.

Die besondere Eigenschaft eines Drachen ist sein Feueratem, der sichtbare Anteil der Nwyvre, die üblicherweise als weiblich angesehen wird. Eine in Stein gemeißelte Darstellung aus dem sechzehnten Jahrhundert zeigt St. Beatus, wie er mit seinem Stab nach ihr schlägt. Seine Höhle befindet sich bei einem großen Riß in der Erde und ist ein Ort unglaublich starker Inspiration. Aus ihr entspringt ein gewaltiger Wasserfall. Als Goethe die Höhle besuchte und den an einen Drachen erinnernden Efeu betrachtete, der aus dem Mund der Höhle wächst, kamen ihm seine Gedanken der Metamorphose in den Sinn. Eine Legende der Dominikaner besagt, daß die Christen von der weiblichen Unterwelt wichtige andersweltliche Schätze erhalten hätten. Dem bretonischen Dominikanermönch Alain de la Roche zufolge, dessen große Zeit um 1470 war, hat Dominico de Guzmán die Perlen des Rosenkranzes im Jahre 1214 von der Geisterwelt erhalten. Da es Guzmán nicht gelungen war, die Katharer zum Christentum zu bekehren, zog er sich in eine alte keltische Höhle in einem Wald bei Toulouse zurück. Nach drei Tagen der Sühne und des Fastens erschien ihm die Jungfrau Maria, umgeben von drei Königinnen und fünfzig Jungfrauen, die ihm den Rosenkranz überreichten. Von da an wurde der Rosenkranz zu einem wichtigen Bestandteil der katholischen Lehre.

DAS FEGEFEUER DES ST. PATRICK

Station Island im Lough Derg ist wohl der seltsamste Wallfahrtsort Irlands. Alles begann damals im zwölften Jahrhundert, als ein Ritter namens Owen auf der Insel zwei Wochen mit Beten und Fasten zubrachte. Die letzte Nacht verbrachte er in einer Höhle, in der er sowohl vom Himmel als auch von der Hölle stammende Visionen vom Leben nach dem Tod erhielt. Später berichtete Owen einem Mönch aus Lincolnshire über das, was er gesehen hatte, und dieser verbreitete die Geschichte unter den Zisterziensern. Jene wiederum waren der Auffassung, daß Owens Visionen denen des St. Patrick glichen, der sich einst in der prekären Lage befand, daß seine Gemeinde ihm keinen Glauben schenken wollte, als er von der Existenz von Himmel und Hölle predigte. Also betete er darum, einen Ort gezeigt zu bekommen, an dem die Menschen den Inhalt seiner Worte erfahren könnten, woraufhin er eine Höhle fand, in der eben diese Visionen zugänglich waren. Also erklärte man, Owen hätte die Höhle wiederentdeckt und gab ihr den Namen St. Patrick's Purgatory (das Fegefeuer des St. Patrick). Sie wurde zu einem der bedeutendsten Wallfahrtsorte, wenngleich nur als für würdig erachtete Pilger, die spezielle Voraussetzungen mitbrachten, die Höhle betreten durften. Sobald sie ins Innere gelangt waren, schloß man sie ein, auf daß sie die dämonischen Visionen der Qual erführen. Man ermahnte sie, nicht in der Höhle einzuschlafen. Wie an allen mystischen Orten der Anderswelt galt auch hier, daß derjenige, der in ihr einschliefe, niemals mehr in die Welt der Lebenden zurückkehren könnte.

Man unterstellte die Höhle der Obhut des Augustinerordens, doch im späten Mittelalter kam die Behauptung auf, die Höhle könne keine Visionen mehr erzeugen. Daher ordnete der Papst im Jahre 1497 an, daß die Höhle versiegelt werden sollte, da sie nicht mehr als authentisch angesehen werden konnte. Seine Anordnung wurde jedoch nicht in die Tat umgesetzt, da sich der Bischof von Armagh im Jahre 1503 mit der Bitte an den Papst wandte, Nachsicht mit den Gläubigen, die sich in die Höhle begaben, zu üben. Beinahe fünfhundert Jahre später ist St. Patrick's Purgatory noch immer ein Wallfahrtsort, wenngleich die Höhle verschlossen ist. Die große Wallfahrt dauert drei Tage und beginnt mit einer Fastenzeit. Die Pilger begeben sich barfuß zu verschiedenen heiligen Orten wie beispielsweise St. Brigids Kreuz, St. Patricks Kreuz und sechs Mönchszellen, die man die "Betten" einiger keltischer Heiliger nennt. Bis vor einiger Zeit sprangen die Pilger auch in das kalte Wasser des Lough, doch mittlerweile wird dies nicht mehr praktiziert.

Höhlen wurden mit erstaunlicher Beständigkeit als Orte der Anbetung verwendet. In gewisser Weise sind sie die ältesten heiligen Stätten. Porphyrios zufolge hielt man in der Zeit, in der es noch keine Tempel gab, religiöse Zeremonien in Höhlen ab. In manchen Höhlen findet man noch immer die Überbleibsel frühen Mönchstums und die Namen der Einsiedler, die in ihnen wohnten und beteten. Beispiele hierfür sind: die St. Kierans Höhle am Loch Kilkerran, die Höhle von St. Moloe auf der Holy Island (Clyde) und die Höhle von Caplawchy in Fife, in der St. Adrian mit seinen Anhängern gelebt hatte. Eine der beeindruckendsten ist Physgyll, die Höhle des St. Ninian, die in der Nähe von Whithorn gelegen ist. In einem Gedicht aus dem achtzehnten Jahrhundert wird sie als eine *horrendum atreum*, eine furchteinflößende Höhle, beschrieben. In ihre Wände sind zahlreiche Kreuze eingemeißelt; außerdem befinden sich in ihr Steine, die auf Grabmale hindeuten. 1891 wurde dort der aus dem fünfzehnten Jahrhundert stammende Latinus Stein gefunden. Sir Walter Scott erwähnte die Höhle des St. Rule in *Marmion* und beschrieb sie als einen Ort, der von reisenden Pilgern aufgesucht wurde:

> *Zum schönen St. Andrews führt mich mein Weg*
> *in die Höhle am Meer, zum Gebet,*
> *dort wo St. Rules sang seine heilige Melodie,*
> *zusammen mit der Wellen Rauschen sang er sie,*
> *vom Morgen bis daß der Tag anbrach.*

In Galmisdale, auf der Insel Eigg, befindet sich die Cathedral Cave (die Kathedralenhöhle). Im siebzehnten Jahrhundert diente sie St. Donnan als Zufluchtsort, ihren Ruhm jedoch verdankt sie ihrer späteren Bestimmung. In den Zeiten der Reformation diente sie den Katholiken, deren Meßfeiern unter den Bann gestellt worden waren, als Kirche. Einen weiteren solchen Ort der heimlichen Anbetung finden wir auf Rona bei den inneren Hebriden. Es ist dies die Warriors' Cave (die Höhle der Krieger), in der sich steinerne Sitzplätze für fünfzig Menschen befinden, die rund um einen Steinaltar angeordnet sind. Im siebzehnten und achtzehnten Jahrhundert war sie die Insel der "Broken Men", derjenigen Menschen also, die zu keinem der schottischen Clans gehörten und aus der schottischen Gesellschaft ausgestoßen waren, weshalb sie schließlich von Räubereien lebten. Da ihnen auch der Zutritt zu Kirchen untersagt war, hielten sie ihre religiösen Feiern in Höhlen ab. Es gibt sogar Höhlen, die noch im neunzehnten Jahrhundert in religiösem Gebrauch waren. Um das Jahr 1880 herum hatte Archibald MacKinnon, der Kunstlehrer des Campbeltown Gymnasiums, eine Vision von der Kreuzigung Jesu. Um das Kreuz herum waren Bilder der Schmerzen und Leiden der Welt. Archibald schwor, was er gesehen hatte in einer Höhle auf der Insel Davaar, am Eingang zum Campbeltown Loch zu malen. Dieses Unterfangen war relativ zeitaufwendig, da er im Verborgenen arbeitete. Als schließlich bekannt wurde, daß er der Künstler war, verließ er Campbeltown und kehrte erst kurz vor seinem Tode im Jahre 1935 zurück, um sein Werk zu restaurieren und fortzusetzen. Da aber eine Höhle am Meer nun mal nicht der geeignetste Ort für Wandmalereien ist, verschwand das Werk sehr schnell wieder. Man restaurierte es zum ersten Mal um 1950 herum und später nochmals in den 70er Jahren.

Gelegentlich wurden auch Hochzeiten in Höhlen abgehalten, wenngleich dies üblicherweise eher bei heimlichen Liebesaffären der Fall war. Eine Verbindung, die im Schoß der Erde geschlossen wurde, galt als Garantie für eine fruchtbare Beziehung. Es ist außerdem sehr wahrscheinlich, daß man sich auch zu Taufen, die ja für sich selbst schon eine Transformation darstellen, in Höhlen begab. Die Höhle der Dwynwen, Schutzpatronin der heimlichen Liebenden, im Tal von Tresillia, birgt etwa 2,4 m unter der Decke der Höhle den Bogen des Schicksals in sich. Bei hohem Wasserstand kann ein Boot über den Bogen fahren. Es gibt ein Ritual, nachdem man bei Ebbe in die Höhle hinein geht und einen Kiesel über den Bogen wirft. In alten Zeiten wurden nichtchristliche Hochzeiten in dieser Höhle gefeiert.

FELSBASSINS UND TAUFBECKEN

Höhlen sind Orte der Verwandlung, aus denen man als neuer Mensch wieder hervorkommen kann. In der alten Tradition sind Höhlen, besonders diejenigen, die in irgendeiner Form mit Wasser im Zusammenhang stehen, Orte der Heilung. In manchen befinden sich Quellen, denen man Heilkräfte zuspricht. Eine von diesen Höhlen, St. Medan's Cave, befindet sich am Strand von Kirkmaiden in der Nähe des Vorgebirges von Galloway. Häufiger findet man jedoch die natürlichen oder künstlich angelegten Behältnisse, die das von der Decke tropfende Wasser auffangen. Diese Felsbassins symbolisieren die andersweltlichen Kessel der keltischen Mystik. Ebenso wie den heiligen Brunnen spricht man auch ihnen vielerlei Heilwirkungen zu. In einer Höhle bei Sanna in Ardmaurchan in den Hochebenen Schottlands befindet sich ein steinernes Becken, das mit Wasser gefüllt ist. Man sagt, daß es die Menschen stark und froh machen könne. Tauchen solche Becken in einem christlichen Zusammenhang auf, so ist es sehr wahrscheinlich, daß sie für Taufen verwendet wurden. Eine Höhle in der Nähe von Campbeltown, die als die Wohnstatt von St. Kieran bekannt ist, enthält ein steinernes Becken, daß den Namen St. Kieran's Font trägt. Einmal abgesehen von seinem Namen glaubten die Menschen, daß das in dem Becken enthaltene Wasser Heilkräfte besäße.

Die Steinbecken waren ständig voll mit frischem Wasser, das unentwegt von der Decke der Höhle tropfte. Dies ist auch der Schlüssel zu so manch einer Heilung. Man sprach der bemerkenswerten Klarheit des Geräusches, das durch das Tropfen des Wassers in ein Becken im Innern der Höhle entsteht, die Kraft zu, die Fähigkeit des Menschen, Geräusche hervorzubringen bzw. zu vernehmen, wiederherstellen zu können. Die Tropfwasserhöhle von Craigiehowie hatte daher den Ruf, Taubheit heilen zu können. Der Betroffene mußte sich auf den Boden legen und das Wasser zuerst in das eine und dann in das andere Ohr tropfen lassen. Ein Ort der Heilung bei Keuchhusten war die Tropfwasserhöhle namens Peter's Paps in der Gemeinde Kirkmaiden. Die Kranken mußten sich in die Mitte der Höhle stellen und mit nach oben gerichtetem Gesicht und offenem Mund versuchen, die Tropfen aufzufangen.

HÖHLEN DER TOTEN UND SCHLAFENDEN HELDEN

Oft wird in volkstümlichen keltischen Erzählungen berichtet, daß sich in den Höhlen Wesen aus längst vergangenen Zeiten aufhielten. Zum Beispiel sagt man, daß die irischen Höhlengeister und Feen von der zweiten in Irland niedergelassenen Rasse, den Tuatha da Danaan, abstammten. Nach ihrer Niederlage im Kampf gegen die Milesianer gingen die Tuatha da Danaan in den Untergrund, wo sie in Höhlen, insbesondere in denen nahe der Küste lebten. Darin spiegeln sich auch die Heldensagen wider. Den Legenden zufolge starben die Helden nicht, sondern verschwanden in der Erde, in der sie ein unterirdisches Dasein zusammen mit ihren Ahnen führten.

Höhlen bergen Geheimnisse und Geheimnisse müssen bewahrt werden. Ihre Wächter können entweder körperliche oder übernatürliche Wesen sein, oder Wesen, die irgendwo dazwischen anzusiedeln sind. Im achtzehnten Jahrhundert bewachten drei Märchenschwestern die Höhle von Tangrogo bei Denbigh. Man fand ihre Fußabdrücke des öfteren in der Nähe der Höhle. Sie waren die Wächterinnen "verborgener Schätze". Mancherorts wird der Wächtergeist als unsterblich gewordener Held beschrieben. Einer der weithin bekannten Helden ist König Artus, der ja einst in die Unterwelt hinabgestiegen war, um den geheimnisvollen Kessel zu rauben. Der walisischen Tradition zufolge war auch sein Grab ein mysteriöser, verborgener Ort, über den man keine Nachforschungen anstellen sollte, da dies als unklug oder unreligiös angesehen wurde. Seine genaue Lage auf der andersweltlichen Insel Avalon ließ sich nicht bestimmen. Dies kommt in "The Stanzas of the Graves" (den Stanzen über die Gräber), einer Passage aus dem aus dem zwölften Jahrhundert stammenden *Black Book of Carmarthen* (dem *Schwarzen Buch von Carmarthen*) zum Ausdruck:

> *Ein Grab für March, ein Grab für Gwythur,*
> *Ein Grab für Gwrgan vom roten Schwert,*
> *Ein verborgener Ort ist das Grab von Artus.*

Diese Ansicht erklärt sich dadurch, daß man glaubte, Artus sei nicht wirklich tot, sondern schliefe in Unsterblichkeit. Ähnliche solcher Geschichten erzählt man sich in Deutschland von Friedrich Barbarossa, der im Kyffhäuserberg schlafen soll. Weitere Erzählungen dieser Art über Nationalhelden kann man auch in anderen Ländern finden. Die Artussage ist verwandt mit einem Märchen über einen früheren Gott, der am Ende eines goldenen Zeitalters auf eine Insel im westlichen Ozean verbannt wurde. Dort schlief er lange in einer Höhle, wo er darauf wartete, wieder in die Welt zurückgerufen zu werden. Wenn wir uns der universellen symbolischen Bedeutung zuwenden wollen, kann man sagen, daß jede Höhle Artus Ruhestatt ist, in der er zusammen mit seinen gefallenen Kameraden auf seine Rückkehr wartet. In England gibt es unzählige Höhlen, von denen erzählt wird, daß er und seine Ritter sich zusammen mit seinen Schätzen in ihr zur Ruhe gelegt hätten. Tatsächlich tragen sogar zwei britische Höhlen des Königs Namen: zum einen Ogof Arthur in Anglesey und zum anderen Arthur's Cave in Herefordshire.

Eine Legende über Craig y Ddinas bei Glynedd erzählt von einem wandernden Zauberer, der eines Tages einem walisischen Viehtreiber begegnete, der einen Nußbaumstab trug. Der Zauberer fragte den Mann, von welchem Baum er denn diesen Stock hätte. Als sie bei dem bewußten Baum angelangt waren, riß ihn der Zauberer mitsamt den Wurzeln aus. Darunter tat sich eine Höhle auf, in welche die beiden hineingingen. Sie fanden eine unterirdische Kammer, in der sich König Artus und seine Mannen inmitten eines großen Schatzes befan-

Heiligtum von Rathcroghan, Irland.
Die nahegelegene Höhle in Oweynagat gilt nach keltischer Überlieferung
als Eingang zur Anderswelt.

den. Am Eingang der Kammer war eine Glocke angebracht worden. Der Zauberer sagte zu dem Viehtreiber, er könne so viele Schätze mitnehmen, wie er nur wolle, solange er nur die Glocke nicht läuten würde. Natürlich läutete der Viehtreiber dann doch aus Versehen die Glocke. Die Ritter erwachten und fragten: "Ist der Tag gekommen?" Erschreckt und verwirrt, wie man in solchen Situationen nun mal ist, antwortete der Viehtreiber: "Nein, nein, schlaft weiter". Dann läutete die Glocke ein zweites Mal. Wieder erwachten die Ritter und wurden mit der selben Antwort zurück in ihren Schlaf geschickt. Beim dritten Mal vergaß der Mann zu antworten und er wurde so sehr verprügelt, daß er sich für den Rest seines Lebens nicht mehr davon erholte.

Auch eine weitere Gestalt aus der Artussage, Merlin, steht in Verbindung mit Höhlen. In Tintagel in Cornwall befindet sich Merlins Höhle, die weit in die Felsen auf der Vorderseite der Halbinsel hineinragt. Darüber stehen noch die Ruinen des Schlosses in einer Höhe von 76 m über dem Meeresspiegel. Die Höhle erstreckt sich durch die gesamte Felsenspitze hindurch, und bei Ebbe kann man auf der einen Seite hineingehen und kommt dann auf der anderen Seite der Felsenspitze wieder heraus. Bei Flut jedoch ist sie mit Wasser gefüllt und deshalb für Menschen nicht zugänglich. Merlins Höhle ist ein Beispiel für einen recht paradoxen Ort. Am Tage ist es dunkel in ihr und das Meer ist dort unter der Erde. Eine andere Höhle, die mit Merlin in Verbindung steht, befindet sich in dem Wald in der Nähe von Old Dynevor Castle entlang dem Tywi in der Nähe von Merlins Stadt, Carmarthen. Edmund Spenser zufolge hat Merlin dort mit den Geistern kommuniziert. Von Merlin erzählt man sich das selbe wie von Artus, nämlich daß er in einer Höhle auf der Insel Bardsey in tiefem Schlaf ruhe.

KÜNSTLICHE UNTERIRDISCHE BAUTEN

In allen keltischen Landen finden wir die den Kelten eigentümlichen unterirdischen Bauten. Wenngleich sie an verschiedenen Orten unterschiedliche Namen haben, so ist ihre Struktur doch immer sehr ähnlich. Es handelt sich bei ihnen nicht um in den Felsen hineingetriebene Stollen, sondern um Gräben und aus dem Erdreich ausgehobene Kammern, über denen eine Steinplatte das Dach bildete. Üblicherweise findet der Besucher zu seiner Verwirrung einen langen und oftmals verschlungenen Gang vor, der sich auf den unterschiedlichsten und abrupt wechselnden Ebenen befinden. Der Gang führt zu einer großen Kammer oder mehreren mit Steinplatten abgedeckten Kammern. Manchmal bestehen auch Seitengänge, sogenannte "creeps", in denen man sich nur kriechend fortbewegen kann. Abgesehen von diesen allgemeinen Merkmalen gleicht keine der unterirdischen Konstruktionen einer anderen. Ihr jeweiliger Verlauf ist immer sehr abwechslungsreich und vom Standpunkt über der Erde aus nicht vorhersehbar. Eine besonders typische dieser unterirdischen Anlagen finden wir in Gainbank bei Kirkwall. Sie ist in die Erde hineingegraben und besteht aus einigen Säulen, auf denen eine Steinplatte ruht. Die Wände der Kammer wurden mit übereinandergeschichteten Steinen ohne Verwendung von Mörtel errichtet. Die Decke besteht aus flachen Steinen und wird von Säulen getragen. Archäologen haben herausgefunden, daß einige der unterirdischen Bauten in Irland Holzdecken hatten, und es ist durchaus nicht unwahrscheinlich, daß einige davon gänzlich aus Holz bestanden. Mit einigen Ausnahmen hätten diese jedoch keine besonders lange Lebensdauer gehabt.

In Westengland gibt es zahlreiche massive Feldumgrenzungen, bekannt als die großen Mauern, die eine Dicke von bis zu 3,7 Metern hatten. Der Sinn dieser Bauwerke ist bis heute ein Mysterium geblieben, wenngleich es eine Vielzahl von Theorien gibt. Eines ist auf jeden Fall gewiß: ihre enormen Ausmaße lassen sie als simple Einfriedung eines Feldes ungeeignet erscheinen. Machmal waren in ihnen ganze bauliche Anlagen verborgen; die unterirdische Anlage von Pendee Vau in Cornwall beispielsweise liegt zum Teil in einer solchen Mauer verborgen. Manche der unterirdischen Bauten Irlands wurden in den irdenen Schutzwällen der "Raths" (ringförmige, aus Erde bestehende Festungen) gefunden. Einige von ihnen wurden zur selben Zeit wie die Schutzwälle gebaut, andere später. Keine der in Irland entdeckten unterirdischen Bauten stammte aus einer früheren Zeit als dem sechsten Jahrhundert.

Schriftliche Aufzeichnungen über solche Bauten sind kaum vorhanden. Man weiß zum Beispiel, daß im Jahre 866 die Skandinavier aus Dublin die "Höhlen" im Norden von Kerry plünderten. Wahrscheinlich wird hier auf die unterirdischen Bauten Bezug genommen, doch andere Berichte beziehen sich auf die viel älteren Megalithgräber. Auch viele Heiligenlegenden und Sagen aus dem zehnten Jahrhundert und aus späteren Zeiten sprechen von unterirdischen Konstruktionen, den sogenannten *uaim*, was mit "Höhle" übersetzt wird. Aufgrund ihrer Beschreibung läßt sich schließen, daß es sich bei den meisten um die unterirdischen Bauten handelte. In der *Historica Norvegicae*, die ungefähr im Jahre 1200 geschrieben wurde, liest man über die Pikten von Orkney, daß sie des Morgens und des Abends gearbeitet hätten, daß sie aber um die Mittagszeit voller Furcht in unterirdischen Häusern Zuflucht gesucht hätten. Man findet auch zahlreiche Berichte über die vielseitige Verwendung von Höhlen; so dienten sie beispielsweise zum Gebet, als Zufluchtsort oder als Lager bzw. Versteck für Schätze und Vorräte.

Zumindest eine der erhalten gebliebenen unterirdischen Bauten hat einen regelrechten Stammbaum. Zahlreiche Versionen der Geschichte von Tristan und Isolde aus dem dreizehnten Jahrhundert wie etwa Gottfried von Straßburgs *Tristan*, die altnorwegische *Tristramssaga* und die englische Sage *Sir Tristram* sprechen von einer Höhle in Cornwall, in die sich die Liebenden geflüchtet hatten. Gottfried beschrieb sie als einen verborgenen Ort an einem Hügel in der Nähe einer gewissen Quelle. Die Höhle befände sich tief in der Erde, unter dem Schutze eines heiligen Baumes und habe eine hohe Decke. In einem Lied über Tristan besang der anglo-normannische Dichter Thomas diesen Ort als den von Riesen geschaffenen *locus amoenus*, oder das Paradies auf Erden. Seine Lage, Form und Ausmaße stimmen mit dem Fogou (der Höhle) bei Carn Euny in der Gemeinde Sancreed überein. In seiner Nähe befand sich ein heiliger Brunnen, der als der Giant's Well, der Brunnen der Riesen, bekannt war, bis er von den Topographen des Landvermessungsamtes nach St. Euny benannt wurde. Irgendwann im Mittelalter wurde der Fogou zugeschüttet, anscheinend um auszuschließen, daß er zu einem von den Machthabern nicht gebilligten Zweck dienen könnte. Die Legenden des Mittelalters besingen Minne, die Göttin der Liebe, die einige, von Riesen aus dem Fels gehauene Grotten in den unerforschten, wilden Bergen ihr Eigen nannte. Gottfried von Straßburg beschrieb solch eine Höhle der Liebenden: man betrat sie durch eine Tür aus Bronze und gelangte dann ins Innere, dessen Fußboden aus grünem Marmor war und in dem ein kristallenes Bett stand, in welches der Name der Liebesgöttin eingraviert war.

In der Welt der Antike, ebenso wie in Nordeuropa, waren Höhlen oftmals Orte heiliger Sexualität. Ein Beispiel hierfür sind die *Dictyria* des antiken Griechenland, die Höhlentempel der Rhea Dictynna. Kinder, die an solchen Orten gezeugt werden, sind vom Geist der Höhle inspiriert. Der nordische Mythos von Odin, der Kvasirs Met der Weisheit trank, während er eine Riesin in einer Höhle liebte, scheint auf sexuelle Zeremonien der Eingebung und Erleuchtung abzustellen. Die Parallele zwischen dem Mutterleib und einer Höhle ist augenscheinlich; in der Legende von Odin geht aus der Liebesnacht in der Höhle Bragi, der Gott der Redekunst, hervor. Wenn ein Mann zu einer sexuellen Begegnung eine Höhle betritt, so dringt er zunächst in den Leib der Mutter Erde und dann in den der Frau ein. Das weibliche Gegenstück zu dieser Betrachtungsweise ist die Geburt eines Kindes. Es findet gewissermaßen eine doppelte Geburt statt, sowohl für die Frau als auch für die Erde. Das Kind kommt aus dem menschlichen Leib seiner Mutter hinein in den Schoß der Mutter Erde und wird dann ein zweites Mal geboren, wenn es aus der Höhle hinaus in die Welt getragen wird. In der Mythologie finden wir Erzählungen von männlichen Göttern, die durch eine Höhlengeburt auf die Welt kamen. Unter ihnen befinden sich Mithras, Bragi und Jesus; sie alle wurden von göttlichen Frauen geboren, die selbst wiederum Töchter der Mutter Erde sind. Jeder, der in einer Höhle zur Welt kam, ist daher im wahrsten Sinne des Wortes ein Kind der Erde.

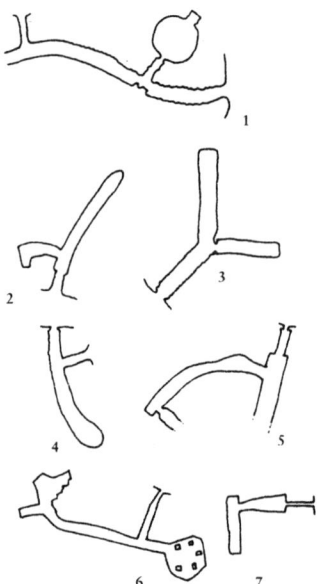

Pläne von keltischen unterirdischen Bauten:
Die ersten vier sind Fogous aus Cornwall.
1. Carn Euny; 2. Boleigh; 3. Pendeen Vau; 4. Halligey, Trelowarren.
5. Ein schottisches Erdhaus bei Chrichton.
6. Saverock, Kirkwall, Orkney.
7. Eine unterirdische Anlage bei Ballyanly im County Cork.

Wenngleich die christlichen Machthaber in periodisch ausbrechendem Glaubenseifer versuchten, die alten Rituale zu unterdrücken, gelang es ihnen nicht, sie gänzlich zu verbannen, vielmehr trieben sie sie gewissermaßen in den Untergrund. In Teilen Frankreichs verwendete man unterirdische Bauten für heidnische Zeremonien. Zur Zeit der Tristan Erzählungen waren sie derart verbreitet, daß der Kirchenrat von Toulouse im Jahre 1266 anordnete, sie alle unverzüglich zuschütten zu lassen. Und wie es nun mal ist, war diese Anordnung völlig wirkungslos und die Menschen fuhren bis ins zwanzigste Jahrhundert darin fort, neue unterirdische Bauten anzulegen. Bei der Erforschung der älteren unter ihnen findet man häufig die von anderen heiligen keltischen Stätten bekannten Opfergaben, einschließlich Totenschädel, Tierknochen, Tonscherben, Eier, Steinkugeln, Ringe aus Knochen, Schleifsteine und Fingerhüte. Alle diese Gegenstände wurden mit großer Sorgfalt niedergelegt.

Eine ganz besonders bemerkenswerte unterirdische Anlage in Dénezé-sous-Doué in der Nähe von Saumur, deren Eingang im achtzehnten Jahrhundert eingestürzt war, wurde 1975 wiederentdeckt. In ihr befinden sich aus dem sechzehnten und siebzehnten Jahrhundert stammende, eingemeißelte Wandbildnisse. Man kann hunderte von menschliche Figuren erkennen; einige von ihnen tragen Tiermasken, andere sind gänzlich unbekleidet und zeigen ihre Genitalien. Man sieht Frauen, die ihre Kinder stillen, während Musikanten ihre Melodien spielen. Die gesamte Höhle scheint ein Minnetempel zu sein und von den Festen zu erzählen, an denen, wie Rabelais am nahen Doué-la-Fontaine gesehen haben will, ausgelassene Menschen in Kostümen und Masken teilnahmen.

Erotische Szene aus der unterirdischen Anlage von Dénezé-sous-Doué, Frankreich.
Eine bessere Qualität dieser Abbildung (sowie viele weitere aus dieser Anlage)
findet man im Internet unter:
www.lochstein.de/hrp/wohn/loire/deneze/deneze10.jpg

Im neunzehnten Jahrhundert stand eine unterirdische Stätte bei Châtres-sur-Cher im Eigentum eines Dorfbewohners, von dem man sich erzählte, daß er ein Hexer sei. Als sie in den 70er Jahren geöffnet wurde, fanden Forscher menschliche Figuren aus Ton, Nadeln und Töpfe vor. Der innerste Teil der Anlage war eine "geheime Kapelle" aus dem Jahre 1870, in der sich die in Kalkstein gemeißelten Abbilder von zehn Menschen sowie das zerbrochene Halsstück einer Öllampe befanden. Dem Volksglauben zufolge sind die vergleichbaren unterirdischen Bauten in Deutschland, die sogenannten *Erdställe*, die Wohnstätten von Geistern. Was auch immer die ursprüngliche Bestimmung dieser unterirdischen Anlagen gewesen sein mag, ihr archetypischer Höhlencharakter macht sie zu Orten, an denen man mit dem Unbewußten in Kontakt treten kann. Aus diesem Grunde werden sie auch heute noch von Mystikern und Anhängern des alten Glaubens als heilige Stätten aufgesucht und verehrt.

Heilige Inseln

em traditionellen Denken zufolge sind Inseln schon alleine aufgrund ihrer Lage und Beschaffenheit heilig. Durch das Wasser um sie herum sind sie von sämtlichen unerwünschten physischen und geistigen Einflüssen abgeschottet. Von kleinen Küsteninseln oder Flußinselchen bis hin zu großen Inseln wie Irland und England selbst wurden viele keltische Inseln als heilig angesehen. Im heidnischen Nordeuropa waren einige kleinere Inseln heiligen Zwecken gewidmet. Zum Beispiel wurde Anglesey von den Druiden verehrt, bis das Heiligtum schließlich von den Römern zerstört wurde. Im allgemeinen standen Inseln unter dem Schutz bestimmter Gottheiten, deren Heiligtümer lange Zeit überdauerten und die heilige Integrität der jeweiligen Insel bewahrten. Daher war jede Insel der *locus terribilis* einer spezifischen Gottheit. Einige von ihnen werden sogar heute noch als solche anerkannt. Auf der Isle of Man verehrt man zum Beispiel den keltischen Meeresgott Manannan MacLir. Die Ostseeinsel Rügen ebenso wie die Nordseeinseln Helgoland und Walcheren sind damit vergleichbar. Die Gottheiten dieser Inseln waren Rugevit, Forseti und Nehalennia, denen von besonderen Priesterschaften die Ehre erwiesen wurde. Auch auf einigen kleineren Inseln wurden besondere Gottheiten verehrt, deren Priesterschaften bis ins neunzehnte Jahrhundert ihren Dienst ausübten. Ebenso wie das Festland tragen auch Inseln Namen, die ihre Legenden, ihre Symbolik und ihre Geschichte widerspiegeln. Solange sie in der Erinnerung der Menschen lebendig bleiben, behalten sie auch ihre Eigenheiten als heilige und zeremonielle Landschaften. In Inselgruppen können wir oftmals vielerlei legendäre und heilige Aspekte wiederfinden.

Auf einer Insel eröffnet sich die Möglichkeit, einen vom Alltag auf dem Festland ganz verschiedenen Lebensstil zu entdecken. In spiritueller Hinsicht sind Inseln die unsterblichen Lande, die andersweltlichen Stätten der Toten. Die Lebenden finden auf ihnen Einsiedeleien, Klöster und Gemeinden. In ihrer Isolation werden sie zu abgegrenzten Reichen, sowohl in politischer als auch in geistiger Hinsicht und daher waren sie in der keltischen Tradition oftmals unabhängige Territorien. Die schottische Insel Handa zum Beispiel unterstand bis ins späte neunzehnte Jahrhundert nur ihrer eigenen Regierung. Im *Statistical Account* liest man, daß die Insel um 1845 von zwölf Familien bewohnt war, die von ihrer eigenen Königin und ihrem Parlament regiert wurden. Die Königin war die älteste Witwe der Insel, deren Status auch auf dem nahen Festland anerkannt war. Unter dem Vorsitz der Königin trafen sich die Männer von Handa jeden Morgen, um über die Aktivitäten des kommenden Tages zu beraten. Ganz ähnlich verhielt es sich auf St. Kilda. Auf der Insel Bardsey bei der

Halbinsel Lleyn gab es einen vom Besitzer der Insel, Baron Newborough, ernannten "König". Der letzte König von Bardsey regierte bis ins frühe neunzehnte Jahrhundert. Irlands Halbinsel Inishowen, zwischen Loughs Swilly und Foyle gelegen, wurde als Insel betrachtet (daher auch ihr Name, Inis Eoghain) und war ein Königreich für sich mit eigenständigen Rechten.

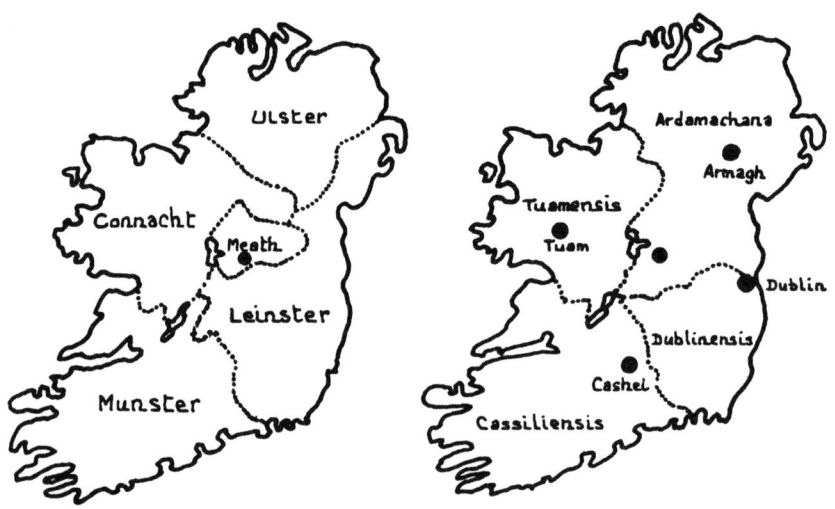

Links: Die geomantische Einteilung Irlands in vier Hauptprovinzen und eine kleinere Provinz, Meath. Den Mittelpunkt bildet der Omphalos Uisnech. Rechts: Die vier Provinzen der katholischen Kirche mit den Bischofssitzen. Hierin spiegelt sich die ältere Einteilung der irischen Insel in vier Teile wider. Die Provinz des Oberhaupts von ganz Irland, Ardnamachana, deren Zentrum Armagh ist, schließt die beiden heidnischen Zentren Tara und Uisnech ein.

VERBOTENE INSELN

In manchen Schriften der Klassiker findet man eine Beschreibung einer heiligen Insel der Frauen irgendwo im Reich der Kelten. Wenngleich so manch einer die Ansicht vertritt, es handle sich hierbei um rein mystische Erzählungen, ist es doch nicht ganz auszuschließen, daß es einst einen solchen Ort gab. In späteren Zeiten waren Inseln, die nur von Nonnen bzw. nur von Mönchen bewohnt waren, keine Seltenheit. Eine derartige Insel gibt es sogar heute noch in Wales. Plinius erwähnt einen Bericht von Poseidonius über eine Insel im Meer in der Nähe Galliens, auf der ausschließlich Samniterinnen lebten. Sie waren Angehörige einer Schwesternschaft, die sich der Verehrung des Dionysus verschrieben hatten, für den sie heilige Zeremonien und Riten abhielten. Der Zutritt zu der Insel war Männern untersagt. "Kein Mann darf einen Fuß auf die Insel setzen, obgleich die Frauen selbst sie hin und wieder verlassen, um anderswo den Beischlaf mit Männern zu vollziehen und dann wieder auf ihre Insel zurückkehren", schrieb Pomponius Mela über die Insel Sena, die von den Priesterinnen des Heiligtums bewohnt war, welche das Wetter bestimmen und Krankheiten heilen konnten. Möglicherweise beziehen sich diese Beschreibungen auf die beim Kap Sizun im Atlantik gelegene Île de Sein, auf der einst eine Gefolgschaft von neun Priesterinnen gelebt haben soll. In der walisischen Legende heißt sie Caer Wydyr, die von Wasser umgebene kristallene Festung, auf der neun Jungfrauen mit seherischen Fähigkeiten residierten. Bei Plinius kann man außerdem etwas von Artemidorus Bericht über eine Insel in der Nähe von Britannien lesen, auf der die dort lebenden Frauen, ebenso wie jene von Samothrace, in Hingabe für Demeter und Kore, Opfer darbrachten. Was auch immer der wahre Sachverhalt gewesen sein mag, die Menschen von Sein legten alle bis ins siebzehnte Jahrhundert den heidnischen Glauben nicht ab.

Mit der Einführung des patriarchalischen Monotheismus kam es dann dazu, daß Inseln nur von Männern bewohnt waren. Als St. Columba auf Iona eintraf, verbannte er Kühe und Frauen von der Insel. Dies rechtfertigte er mit seinem frauenfeindlichen Ausspruch: "Wo eine Kuh ist, da ist auch eine Frau, und wo eine Frau ist, da ist Unheil". Die Frauen wurden auf eine Insel deportiert, die später den Namen Eilean nam Ban, "Die Insel der Frauen", erhielt. Nach dem Tode Columbas wurde dieser Bann wieder aufgehoben und einige der Frauen kehrten zurück. Auf der Klosterinsel Caldey bei Tenby in der Bucht von Carmarthen dürfen auch heute noch keine Frauen wohnen, doch können sie die Insel besuchen. Die in Wales unter dem Namen Ynys Pyr bekannte Insel Caldey hat eine christliche Geschichte, die bis ins sechste Jahrhundert, auf die von St. Pyr gegründete Siedlung zurückreicht. Caldey war ursprünglich keltisch, später unterstand sie den katholischen Benediktinern und heute ist sie in den anglikanischen Benediktinern unterstellt. 1929 übernahmen belgische Trappisten aus Chimay die Insel. Auf den von ihnen bestellten 142 Hektar Land wurde Lavendel und Stechginster angebaut, der dann von den Mönchen zu Parfüm verarbeitet wurde. Doch die schrecklichste aller verbotenen Inseln befindet sich in Schottland, in der Nähe der Mündung des Little Loch Broom. Die Insel Gruinard ist im wahrsten Sinne des Wortes ein *locus terribilis*, den man nicht betreten sollte und dies aus recht profanen und nicht aus religiösen Gründen. Während des zweiten Weltkrieges von der britischen Armee durchgeführte Experimente mit biologischen Kriegswaffen verseuchten die ganze Insel mit dem Bazillus Anthrax. Und heute, in halbes Jahrhundert später, geht man davon aus, daß es noch immer zu gefährlich ist für Menschen, die Insel zu betreten.

Inseln der Priester

Unter den britischen Inseln gibt es zahlreiche "Priesterinseln". Einige von ihnen werden auch tatsächlich so genannt. Priestholm befindet sich beispielsweise in der Nähe der nordöstlich gelegenen Küste von Anglesey und auch die westlichste der Summer Inseln, im Norden von Loch Broom, trägt den Namen Priest Island. Des weiteren gibt es Inseln, die "Papa" genannt werden und an die alten keltischen Priester erinnern. Auch unter den Shetland Inseln befinden sich zwei Inseln, von denen die eine Papa Little und die andere Papa Stour, also die kleine und die große Insel des Priesters, genannt wird. In der Gruppe der Orkneyinseln befinden sich Papa Stronsay und Papa Westray, auf denen im Jahre 1813 der letzte Toralk geschossen wurde. In den Hebriden, in der Nähe von Barra liegt Pabbay. Auch gibt es viele Inseln, die den Namen desjenigen Heiligen tragen, der dort sein Leben oder zumindest einen Teil davon verbrachte und deren Gedenkstätten dort verehrt wurden. Die Insel Barry zum Beispiel hat ihren Namen von St. Barruc, der auch dort begraben liegt. St. Patricks Insel befindet sich in der Nähe von Peel auf der Isle of Man, während die beiden Inseln von St. Tudwal 3,2 Kilometer südlich von Abersoch in Gwynedd liegen. Auch in Mitteleuropa ließen sich keltische Mönche, die das Land ihrer Ahnen besuchen wollten, auf Inseln nieder. Ein Beispiel dafür ist die am westlichen Ende des Bodensees gelegenen Insel Reichenau, auf der ein besonders mildes Klima herrscht und sie deshalb für ihre blühenden Obstgärten, insbesondere die Apfelhaine, berühmt machte. Sie wurde von den keltischen christlichen Missionaren als das irdische Abbild der Insel Avalon angesehen.

Die keltischen Mönche hatten eine starke Verbindung zum südlichen Europa ebenso wie zum nahen Osten; mit den Brüdern im Mittelmeerraum verband sie der Wunsch nach Abgeschiedenheit. Der asketische Gedanke der syrischen und ägyptischen Wüste konnte in Europa nicht Fuß fassen, hingegen die Askese, wie sie von den Mönchen der Inseln im tyrrhenischen Meer praktiziert wurde, fand auch auf den vielen britischen Inseln großen Anklang. In der Gewißheit, daß böse Geister oder schwarze Magie nicht dazu in der Lage sind, die Fluten des Meeres zu überwinden, entzogen sich die keltischen Priester den Einflüssen der Welt, indem sie sich auf die Inseln flüchteten. Auf ihrer Suche nach spiritueller Einsamkeit, gelangten sie auf unbewohnte und oftmals nahezu unbewohnbare Inseln. Doch die Unzufriedenheit mit dem einen oder anderen Aspekt ihrer neuen Heimat trieb so manch einen von ihnen in einer rastlosen Reise von einer Insel zur nächsten.

Der rastlose Priester schlechthin ist St. Senan. Zuerst ließ er sich auf Inis Carra bei Cork nieder, sodann verschlug es ihn auf die im Shannon gelegene Insel Luirghe. Als auch diese ihm nicht tauglich erschien, fuhr er nach Inishmore in der Mündung des Fergus und dann weiter auf eine der Ennis Kerry Inseln. Daraufhin ließ er sich für kurze Zeit auf Inis Cunla nieder. Schließlich richtete er sein Augenmerk auf Inis Cathy (Scattery Island), die in der Mündung des Shannon gelegen ist. Im Zuge seiner unermüdlichen Suche nach Einsamkeit gelangte der Priester immer noch weiter weg von den unbewohnten Inseln, hin zu unerforschten Gebieten. Kurz nach dem Jahre 700 landeten irische Priester auf den Faröer Inseln an, wo sie verweilten, bis die Skandinavier die Inseln im Jahre 800 annektierten. Um 790 entdeckten irische Mönche Island, welches jedoch ebenfalls bereits von skandinavischen Siedlern besetzt war, von denen die meisten dem heidnischen Glauben anhingen, manche auch dem christlichen Glauben oder dem Atheismus.

Einige Inseln umfassen auf ihrem beschränkten Territorium fast alle Elemente der heiligen Landschaft. Ein klassisches Beispiel hierfür ist Iona mit ihrer Kathedrale, den Oratorien, Hochkreuzen, heiligen Hügeln, Brunnen, Bullauns, heiligen Wegen und Friedhöfen. Ganz ähnlich dazu ist die im Lough Derg, County Clare gelegene heilige Insel Inishcealtra des Mönchs St. Caimin, auf der sich fünf alte Kirchen, der Friedhof des Heiligen, die Zelle eines Eremiten und ein heiliger Brunnen befinden. In früheren Zeiten wurde dort ein Patronatsfest abgehalten, das bekannt dafür war, daß seine Teilnehmer sich sehr ausgiebig den Genüssen des Weingottes Bacchus hingaben. Da dies auch zu sexuellen Ausschweifungen führte, wurde das Fest schließlich verboten. Die im Lower Lough Erne, 3,2 Kilometer südlich von Enniskillen gelegene Insel Devenish beherbergt eine vergleichbare Anzahl von heiligen Orten. Diese wurden im sechsten Jahrhundert von St. Molaise, einem der "zwölf Apostel Irlands", gegründet. Die in jener Zeit gegründeten Inselklöster der keltischen christlichen Mönche haben eine ganz besonders intensive Atmosphäre, da sie von all den auf so engem Raum vertretenen heiligen Orten umgeben sind.

Zu bestimmten Jahreszeiten pilgerten die Menschen früher zu diesen heiligen Stätten, um an den Riten und Zeremonien teilzunehmen; hin und wieder werden auch heute noch Wallfahrten zu einigen der heiligen Inseln abgehalten. Auf Our Lady's Island (die Insel unserer lieben Frau), südlich von Rosslare im County Wexford, feiert man das Patronatsfest am Mariä Himmelfahrtstag. Früher fuhr man zur Anbetung Mariens mit dem Boot zu den Ruinen einer Augustinerabtei, zu denen die Pilger heutzutage über einen erhöhten Fußweg gelangen. Für Bootsreisende können Inseln als heilige Rastplätze dienen. Im Lough Erne zum Beispiel gibt es eine Inselkette mit Siedlungen der Mönche darauf. Diese Inseln dienten als Ratsplätze auf der Pilgerfahrt zu St. Patrick's Purgatory im Lough Derg.

AUSSERWELTLICHE INSELN

In den irischen Legenden stößt man häufig auf zahlreiche sagenumwobene Inseln im westlichen Atlantik. Die berühmtesten dieser Inseln sind Breasail oder Hy-Brasil, auf der die frühkeltische Rasse der Firbolgs und etwas später das Piratenvolk der Formorians beheimatet waren. In mystischen oder leicht verfälschten geschichtlichen Erzählungen wird erwähnt, daß St. Brendan, Maelduin und viele andere gen Breasail gesegelt seien. Gelegentlich will auch der eine oder andere Visionär das "westliche Land" gesehen haben. Tatsächlich kann man unter bestimmten Wetterbedingungen von Wales aus über die irische See hinweg einen Blick von der Insel erhaschen, insbesondere zum Zeitpunkt des Sonnenuntergangs, wenn sie sich in Form einer dunklen Silhouette auf einer Art zweitem Horizont abzeichnet. Es gibt zu viele Niederschriften über ein angebliches Sichten der Insel, als daß man sie alle zitieren könnte. D.R. McAnally schrieb in seinen *Irish Wonders (Die Wunder Irlands)*: "Sie erscheint nach eigenem Gutdünken und verschwindet wieder, nachdem sie sich lange genug gezeigt hat, um jeden, der nicht ohnehin völlig gutgläubig ist, von ihrer realen Existenz zu überzeugen, ohne großes Abschiedszeremoniell, jedoch stets bevor sich ihr ein Boot zur genaueren Untersuchung allzusehr nähern könnte. Dies ist die unveränderliche Geschichte ihrer Erscheinung". Die unterschiedlichen Orte, an denen sie aufzutauchen beliebt, ebenso wie die verschiedenen Formen in denen sie sich zeigt, manches Mal mit bewaldeten Flächen, ein anderes Mal wieder mit einer wunderschönen Stadt, demonstriert die Fähigkeiten des Zauberers, der sie beherrscht.

Auch in Wales ist ein solches Phantomland unter der Bezeichnung *Itinerarium Cambriae* bekannt. Giraldus Cambrensis berichtet über die Wunder des Sees Llangorse, besonders über den Reichtum an Fischen und über die roten und grünen Strömungen, die dort zu sehen waren und als Orakel dienten. Noch heute kann man zur Sommerszeit diese irisierenden Muster im Wasser, die durch die unzähligen Wasserkäfer verursacht werden, bestaunen. Cambrensis berichtet weiter, daß die Menschen des Ortes manches Mal Gebäude auf dem Wasser oder Obstgärten gesehen haben wollen. Wenngleich alle dieser Erzählungen eine mystische Grundlage haben, bezieht sich Giraldus nicht auf die Anderswelt, denn inmitten des Sees befindet sich ein beachtlicher Crannog (Pfahlbau), eine mit Schilfgras umgebene und mit Bäumen bewachsene, künstlich angelegte Insel also, auf der sich einst eine Siedlung befand. Da der Llangorse Crannog aus Eichenplanken errichtet wurde, läßt sich sein Alter aufgrund der Dendro-chronologie auf etwa tausend bis tausendeinhundert Jahre schätzen. Ebenso wie der königliche Crannog von Lagore in Irland, so war auch der Llangorse Crannog eine reiche Siedlung, die durch einen Damm mit dem Ufer verbunden war. Zeitweise soll dort der Hof des Königs von Brycheiniog sein Lager aufgeschlagen haben. Bedauerlicherweise ist dieser bezaubernde See mittlerweile zumeist mit Motorbooten und Wasserskifahrern übersät, was es beinahe unmöglich macht, durch den Krach und die Abgase hindurch dessen Zauber auf sich wirken zu lassen.

Inseln, die in heiligen Seen liegen, haben ganz besondere Eigenschaften, da es eben gerade die Seen sind, mittels derer man nach Tir nan Og, in das Land der Anderswelt gelangen kann. Es ist dies das "Land der Jugend", in dem Menschen ebenso wie andere Wesen unbeschadet vom Verrinnen der Zeit leben. Man sagt, dieses wunderbare Land liege am Grunde des Sees; in den volkstümlichen Legenden trifft dies auf mehrere Orte zu, wie beispielsweise Lough Corrib, Lough Gur und Lough Neagh. Hin und wieder gelangten sogar Menschen in jenes Land. Sowohl der Barde Oisin als auch der Krieger O'Donoghue betraten es durch den See von Killarney. Um nach Tir nan Og zu gelangen muß man seine Reise durch die spiegelnden, kristallklaren Wasser des Sees von der äußeren in die innere Welt antreten. Man muß es also der Sonne gleichtun, die zum Sonnenuntergang in die Tiefen des Wassers eintaucht. Es ist dies die gefährliche Reise des Schamanen, hinab in die Tiefen des Unbewußten, in das Reich der zeitlosen, archetypischen Mächte. Der See ist ein gefahrbringendes kristallenes Schloß, in dessen Inneren sich die ganze Welt widerspiegelt. Es kann zur Falle für den Besucher werden, der in keinem Bezug zur äußeren Welt mehr steht. Wer einmal hineingegangen ist, kann auf große Schwierigkeiten stoßen, wenn er wieder hinaus gelangen möchte. Diejenigen jedoch, denen die Rückkehr in die Welt des Alltags gelingt, sind durch diese Erfahrung verändert. Manche Insel der materiellen Welt hatte den Ruf, die Eigenschaften dieses zeitlosen Landes zu besitzen. Davon schreibt Giraldus Cambrensis und erwähnt dabei die *Insula Viventum*, eine Insel, deren Bewohner keinen Tod kannten. Gemeint ist die Insel Inish na mBeo, die "Insel der Lebenden", im Lough Cre, östlich von Roscrea im County Tipperary. Sehr zum Unglück ihrer Bewohner trocknete der See aus und auch die Insel gibt es nicht mehr.

Inseln der Toten

In den keltischen Legenden tauchen wiederholt Orte auf, an die sich die Seelen der Menschen nach ihrem körperlichen Tod begeben. Der Glaube an Himmel und Hölle – Gwynvyd und Annwn – scheint hinter den Glauben daran, daß die Seelen gen Westen, auf die Isles of the Blessed (die Inseln der Gesegneten), wandern, zurückzutreten. In gewisser Hinsicht stellt er eine Alternative zu der dualistischen Kosmologie dar und ist damit ein paralleler Gedanke zu Thomas von Ercildounes Vision vom "dritten Weg", der weder in den Himmel noch in die Hölle, sondern in das "märchenhafte Elfenland" führt. Dieses zeitlose Inselparadies liegt irgendwo im westlichen Ozean. Im Augenblick des Todes geht man "nach

Westen". Von daher liegen die meisten keltischen Begräbnisinseln westlich von dem Ort, an dem die Lebenden beheimatet sind. Der Verstorbene kann nur mit dem Totenschiff dorthin gebracht werden. Wichtige Persönlichkeiten wurden am Ufer bestattet, und zwar in dem Schiff, das sie zur Insel gebracht hatte, damit sie die Möglichkeit hatten in die Welt der Toten weiterreisen zu können. Im Westen geht die Sonne unter und symbolisiert so das Ende des Lebenszyklus ebenso wie den Ort, an den sich die Seele begeben muß, um in ein anderes Leben wiedergeboren werden zu können. Als König Artus nach seiner letzten Schlacht in Camlann zu seiner letzten Ruhestätte geleitet werden sollte, brachte man ihn nach Westen auf die Insel Avalon, einem der weltlichen Reiche der Heilung und Wiedergeburt. Avalon wird oft im Zusammenhang mit Glastonbury gesehen, dessen keltischer Name *Ynyswitrin* soviel bedeutet wie "Insel aus Glas" und somit auf die kristalline Anderswelt anspielt. Zur Zeit König Artus' war sie eine tatsächlich existierende Insel, die von Marschland umgeben war. Artus' Avalon war die Insel der Äpfel, die Insel auf der die Frucht der Regenerierung und der Wiedergeburt wuchs. Es ist denkbar, daß die Artussage eine poetische Fassung der Überführung Artus' sterblicher Überreste auf einem Schiff zu einer der Begräbnisinseln war. Möglicherweise gehörte sie einst zur früheren Insel En Noer, die jetzt eine abgetrennte kleine Insel, genannt Great Arthur, der Scilly-Inseln ist. Man erzählt sich, ihre Hügel seien in Wirklichkeit begrabene Riesen.

Wann immer es ihnen möglich war, begruben die keltischen Christen ihre Toten auf einer Insel und führten so die heidnische Tradition fort, die Verstorbenen auf die Isles of the Blest zu schicken. In den größeren Seen, in sämtlichen Seen in der Nähe der britischen, der irischen und der bretonischen Küste, befinden sich kleine Toteninseln. Diese unterscheiden sich sehr deutlich von den früher von Mönchen bewohnten Inseln, da man auf ihnen, im Gegensatz zu den Mönchsinseln, weder Schreine, Brunnen, noch Steine oder Kreuze oder sonstige Gedenkstätten vorfinden wird. Ein typisches Beispiel für solch eine Insel ist Eilean Fhionnan im Lough Shiel. Da sie die Begräbnisinsel des St. Finnan ist, sind auf ihr ausnahmsweise die Relikte eines keltischen Heiligen, wie etwa seine Bronzeglocke erhalten geblieben. Eilean Fhionnan war die Begräbnisinsel der umliegenden Gegenden wie Moidart, Sunart und Ardnamurchan. Ähnlich verhält es sich mit Inis Chonain (der Insel St. Conans) im Lough Awe, die als Begräbnisstätte der ortsansässigen Menschen diente, ebenso wie Inishail, "die Insel der ewigen Ruhe", in deren Mitte auf einem kleinen Hügel die Kapelle St. Findocs steht. Aus den Legenden des Ortes geht hervor, daß der Grund dafür die Toten hier zu beerdigen die vielen Wölfe waren, die es in der Umgebung gab. Um ihnen Herr zu werden brannten die Menschen des Ortes absichtlich die Wälder nieder. Bevor es ihnen jedoch gelang ihnen gänzlich beizukommen, zogen die hungrigen Wölfe auf der Suche nach Aas umher und gruben die auf dem Festland begrabenen Toten der Menschen aus, um sie zu verschlingen. Somit hatte die Bestattung der Toten auf dieser Insel neben dem symbolischen auch noch einen praktischen Wert.

Ebenso wie Könige des öfteren auf einem Crannog residierten, dienten insbesondere heilige Inseln oftmals als königliche Begräbnisstätten. Die Insel Lismore vor der Küste von Benderloch ist eine dieser Begräbnisstätten der piktischen Könige. Auf ihr befinden sich die Überreste der im sechsten Jahrhundert von St. Moluaig gegründeten Kilmoluaig Kathedrale. Im Gälischen bedeutet Lismore "großer Garten"; dies ist eine dichterische Umschreibung für die andersweltliche Garteninsel Avalon. Eine der vielleicht hervorstechendsten keltischen Begräbnisinseln ist Iona, auf der achtundvierzig schottische Könige, angefangen bei Fergus II. bis hin zu Macbeth, im Reilig Odhran, dem Friedhof von Iona begraben liegen. Auch einige norwegische und französische Könige fanden hier ihre letzte Ruhestätte; insgesamt befinden sich sechzig Königsgräber auf der Insel. Die Tradition, keltische Führungspersönlichkeiten auf der Insel zu bestatten, wurde 1994 mit dem Begräbnis von John Smith, dem Chef der britischen Labour Party, wieder aufgenommen.

3,2 Kilometer von der Spitze der Halbinsel Lleyn entfernt liegt die Insel Bardsey, die auch den Namen Bangor Gadfan oder Ynys Enlli, "die Insel der Strömungen", trägt. Den Legenden zufolge ist sie die Heimat des Zauberers Merlin, von dem man sich erzählt er ruhe dort im Schlafe, in der Erwartung wieder in diese Welt berufen zu werden. Im Jahre 516 wurde die Insel im Zuge der Massenemigration der Briten, die sich in Armonica niedergelassen hatten, von St. Cadfan kolonisiert. Die Auswanderer waren unter dem Namen Gwelygordd (der heilige Clan von Emyr Llydaw) bekannt, deren Anführer der Heilige selbst war. Wie viele andere keltische Inseln war auch Bardsey eine bevorzugte Stätte für Begräbnisse. Der Heilige Lleuddad ab Dingad, der Cadfans Nachfolger war, hatte eine Vision von einem Engel, der ihm einige Wünsche gewährte. Einer davon lautete, daß die Seelen derer die auf Bardsey begraben werden nicht in die Hölle kämen; dies ist letztlich die christliche Version der heidnischen Legende von den Inseln der Gesegneten, den "Isles of the Blessed". Es geht die Legende um, daß aufgrund des besonderen Status der Insel zwanzigtausend Heilige in dem ca. 16.100 Quadratmeter großen Friedhof der Augustinerabtei begraben liegen. Sie werden in zwei mittelalterlichen, im *cywydd* Reimschema verfaßten Gedichten von Hywel ab Dafydd ab Ieuan ab Rhys und Hywel ab Rheinallt besungen. In seinem "Deathbed of the Bard" (das Totenbett des Barden) bittet der Dichter Meilir aus dem zwölften Jahrhundert darum, auf Bardsey deren Beinamen auch *Insula Sanctorum*, "Die geweihte Insel (der Heiligen)" oder "Iona von Wales" sind, beigesetzt zu werden. Wie es sich für eine wahrlich heilige Insel geziemt, kamen viele berühmte Heilige bei ihr vorbei oder lebten sogar eine Weile lang auf ihr. Im Jahre 612 beispielsweise verstarb St. Dyfrig auf ihr und im Jahre 615 suchten die Mönche von Bangor Is-Coed auf ihr Zuflucht, nachdem ihr Kloster von den Sachsen zerstört worden war. Unter den Heiligen, deren Staub zum Staub des Bodens auf Bardsey zurückgekehrt ist, befinden sich St. Cadfan und St. Lleuddad ab Dinga höchstpersönlich, die ja als die Patrone der Insel angesehen werden, des weiteren St. Greit und St. Elgar. Im Jahre 1890 ließ Lord Newborough zu Ehren der zwanzigtausend Heiligen inmitten des Friedhofes ein Kreuz errichten.

Im Mittelalter gelangten Reisende über einen als anerkannte Wallfahrtsroute bekannten Weg nach Bardsey. Dieser Weg verlief sowohl über Land als auch über die Fluten des Meeres und beinhaltete genau festgelegte Stationen, die eigens nach den Bedürfnissen der Pilger ausgerichtet waren. Die Reise begann bei dem auf zwei Glaubensrichtungen ausgerichteten Temenos des St. Beuno bei Clynnog Fawr. Die Kirche ebenso wie das Heiligtum wurde auf Megalithen errichtet und auch in ihrem Inneren befinden sich zahlreiche dieser Steinplatten. Von Clynnog Fawr ging es weiter zur Kirche von Pistyll, wo ein altes Steinkreuz den Weg der Pilger kennzeichnet. In Pistyll befand sich auch ein Bauernhof, von dem die Pilger sich umsonst mit frischem Wasser, Brot und Käse versorgen konnten. Sodann ging der Weg an den Kirchen von Nefyn, Edern, Tudweilog, Penllech, Llangwnnadl und Aberdaeron vorbei, wo auch auf einem Bauernhof von Cwrt eine freie Unterkunft zur Verfügung stand. Im nächsten Ort hinter Aberdaeron, in Porth Meudwy begaben sich die Pilger schließlich auf die Fähre nach Bardsey. Die Überquerung des Meeres machte diese Pilgerfahrt zu einer gefährlichen Reise, weshalb man drei Wallfahrten nach Bardsey mit einer Pilgerreise nach Rom gleichsetzte. Von daher stand Bardsey als heiliger Pilgerort an zweiter Stelle gleich nach St. David's in Wales.

ORTE DER ENTSCHEIDUNG

Man betrachtete Inseln als neutrale Gebiete, die viel mehr von der jeweiligen Gottheit der Insel bewacht wurden als den Gesetzen der Menschen unterstanden. In der Gegenwart dieser höheren Mächte traten die Ambitionen der Menschen in den Hintergrund. Diejenigen, deren Leben mit der Insel und ihren Gottheiten verbunden waren, standen durch ihre isolierte Position nicht unter dem Einfluß anderer Menschen; für sie stand der Wille der Götter an oberster Stelle. Einige der Inseln, die oftmals durch nur bei niedrigem Wasserstand begehbare Dämme oder Fußwege mit dem Festland verbunden waren, dienten dazu auf ihnen Wettkämpfe oder rechtliche Streitigkeiten auszutragen. Im Loch Finlaggan liegen zwei Inseln. Die größere der beiden, Eilean Mor, ist eine Begräbnisinsel und die kleinere war früher, wie ihr Name "Eilean na Comhairle" was soviel heißt wie "Insel des Rates", schon verrät, ein Versammlungsort. Letztere hat eine Verbindung mit dem Festland und auf Erstere konnte man mittels eines erhöht liegenden Fußweges bei entsprechendem Wasserstand gelangen. Eine Insel, die sich auf einer Insel befindet, paßt hervorragend in den keltischen Gedanken der steten Wiederholung, ebenso wie auch der Kessel im Kessel des Hochdorf-Grabes oder der Mutterleib im Mutterleib der Höhlengeburten. Die Auswirkungen einer an solch einem Ort vorgenommenen Handlung erstrecken sich auf die gesamte Umgebung, die mit diesem Ort verbunden ist. Früher gab es zum Beispiel in Shetland eine ähnliche Versammlungsinsel namens Law Ting Holm, die sich im Loch of Tingwall befand. Mittlerweile ist sie jedoch keine Insel mehr, da der Wasserspiegel des *Loch*, des Sees also, gesunken ist.

Das alte skandinavische Wort für ein genauen Regeln unterworfenes Duell, *Holmganga*, bedeutet wörtlich "sich auf die Insel begeben" und bezieht sich insbesondere auf bestimmte kleinere Inseln, die für entscheidende Duelle bestimmt waren. Auf ihnen wurden unter der Aufsicht von eigens dazu ernannten Richtern Kämpfe zur gerichtlichen Entscheidungsfindung ausgetragen. Abgesehen davon, daß die Inseln unter der obersten Aufsicht der Götter standen ist auch der pragmatische Effekt, daß es keine Fluchtmöglichkeit von ihr gab nicht außer Acht zu lassen. Es gibt nämlich keine Möglichkeit sich zu entziehen; der Konflikt mußte hier und heute gelöst werden und das Ergebnis war endgültig. So manches Mal stand sehr viel auf dem Spiel; die Zukunft eines gesamten Königreichs konnte in solch einem Duell entschieden werden. Eine Legende berichtet, daß im Jahre 1016 auf der Insel Alney bei Gloucester Canute und Edmund Ironside darum kämpften, wer von ihnen der König von England werden sollte. Eine der letzten dieser Entscheidungskämpfe wurde im Jahre 1157 auf einer in der Nähe von Reading gelegenen Insel in der Themse ausgetragen. Baron Henry von Essex, der Erbe des Banners, war von Robert de Montford als Feigling beschimpft worden. Im Duell wurde Henry schließlich geschlagen und für tot geglaubt auf der Insel zurückgelassen. Die Mönche der nahen Abtei von Reading fanden ihn schließlich und pflegten ihn wieder gesund. Dennoch wurde er offiziell als "tot" betrachtet, da er während des Gefechts auf der Insel "gestorben" und deshalb aus seiner Welt geschieden war. So wurde er dann ein Mönch und verbrachte den Rest seiner Tage in der Abtei.

8

Bauwerke aus Erde,
Einfriedungen und Städte

Eine künstlich errichtete Einfriedung grenzt die Dinge, die sich in ihr befinden von den außerhalb von ihr gelegenen ab. In ihrer grundlegendsten Form stellt eine Grenzlinie einen körperlichen Schutz vor Angriffen dar. Da heilige Orte als besondere, von ihrer weltlichen Umgebung abgehobene Plätze angesehen werden ist es notwendig, ihnen einen göttlichen Rahmen zu verleihen. Die Grenzlinie stellt sicher, daß niemand einen heiligen Ort betritt ohne sich dessen bewußt zu sein, daß er die gewöhnliche Welt verlassen hat und sich in das Reich des Übersinnlichen begibt. Diese Sicht der Dinge jedoch entfernt sich von dem Gedanken, die ganze Welt sei heilig. Eine Grenzlinie zu ziehen ist ein formeller Akt, der in zweierlei Hinsicht Schutz gewähren soll und zwar zum einen in physischer und zum anderen in psychischer Hinsicht, d.h. vor schlechten Energien aus der profanen Welt.

Die Einfriedungen der heiligen Orte in keltischen Regionen sind relativ einfach gestaltet. Befand sich der heilige Ort auf ebenem Boden so genügte ein einfacher Graben als Abgrenzung, der manchmal auch durch eine Dornenhecke, einen aus dem angemessenen Holz gefertigten Zaun oder durch weithin sichtbare Begrenzungspfähle verstärkt wurde. Im Inneren dieser Einfriedung befand sich das Heiligtum als ein eigener, deutlich abgehobener Ort. Anhänger der philosophischen Richtung des Neuplatonismus gebrauchten das Wort "Heiligtum", um den innersten Ort der Seele zu bezeichnen, den durch den Geist erleuchteten Ort der angeborenen, inneren Weisheit. Das Heiligtum beinhaltet die *anima loci* und steht als immerwährendes Symbol der grundlegenden Bestandteile der Existenz, derjenigen Dinge also, die für die Menschen grundsätzlich nicht sichtbar sind, außer in symbolischer Art und Weise. Das Heiligtum dient zur Erinnerung daran, daß sowohl die Götter, wir Menschen, als auch die ganze Natur den selben Wurzeln entsprungen sind.

TEMENOI

Für die kontinentalen Kelten war das Temenos, der heilige Tempelbezirk, der wichtigste Ort der Verehrung. Es handelte sich dabei um eine durch Gräben begrenzte Einfriedung, in deren Inneren zeremonielle Versammlungen abgehalten wurden. Üblicherweise hatte das Temenos eine quadratische oder rechteckige Form; manches Mal hatte es auch die Form eines unregelmäßigen Vierecks, jedoch mit geraden Seiten. In seltenen Fällen konnte ein Temenos auch die Form eines Kreises haben. Viele Beispiele für quadratische Temenoi sind in Mitteleuropa erhalten geblieben und unter dem Namen *Viereckschanze* bekannt. Die Tempelbezirke enthalten meist eine ganze Reihe von geweihten Gegenständen, von denen jeder eine andere spirituelle Funktion hat. So kann man beispielsweise ikonenartige und andere Bildnisse vorfinden; des weiteren heilige Steine, zeremonielle Feuerstellen, Brunnen und für Rituale bestimmte Pfeile. Manchmal enthalten diese heiligen Stätten auch einen heiligen Baum oder Pfahl der bisweilen geschnitzt oder geschmückt ist, wie heutzutage die Maibäume. In der Mitte des durch Gräben begrenzten, aus dem sechsten Jahrhundert vor christlicher Zeitrechnung stammenden heiligen Bereichs von Goloring bei Koblenz befindet sich eine Vertiefung, die für Masten oder Pfosten vorgesehen war. Sowohl aus alten Erzählungen als auch aus archäologischen Aufzeichnungen geht hervor, daß die Temenoi zumeist dadurch eingeweiht wurden, daß die Menschen im Kreis tanzten. So fand man beispielsweise an einem solchen Ort aus der La Tène Zeit in Normée, Marne, einen kreisrunden Platz, der durch die vielen Menschen, die auf ihm um seinen Mittelpunkt herum gegangen waren oder getanzt hatten, ganz festgestampft ist.

Wenngleich sich die Temenoi oftmals in der Nähe von Siedlungen befanden, waren sie selbst nicht bewohnt und dienten auch nicht als Begräbnisstätten. Jeder Tempelbau innerhalb des Temenos scheint später entstanden und zweitrangig zu sein, auch gab es keinerlei Bauwerke in den frühen keltischen Temenoi. Geweihte Gebäude wurden ihnen später, unter dem Einfluß der römischen Religion hinzugefügt. Später wurden diese Bauten dann von den Christen übernommen und als Kirchen genutzt. Unmittelbar aus den alten keltischen Temenoi haben sich die christlichen Friedhöfe, die "Gottesäcker", entwickelt. Auch sie sind von der profanen Welt durch eine Mauer oder Hecke deutlich abgegrenzt. Vielerorts waren die kirchlichen Friedhöfe in früheren Zeiten auch schon heilige Orte, die dann später umgewandelt und von dem neuen Glauben übernommen wurden. Ein besonders berühmtes Beispiel hierfür ist das "Henge" von Knowlton in Dorset, ebenso wie die kreisförmigen, unter dem Namen *Ilan* bekannten Friedhöfe von Wales oder anderen keltischen Orten.

ALTE MASSEINHEITEN

Die formelle und gesetzestreue Natur der keltischen Gesellschaft bestimmte eine präzise symbolische Unterscheidung innerhalb dieser Gesellschaft, die sich an praktischen Gesichtspunkten orientierte. In einer Gesellschaft, die das Land einteilen, den Besitz darauf festlegen und die Menge der zur Aussaat benötigten Samen berechnen muß, sind genaue Maße unverzichtbar. Korrekte Maße gewährleisten Gerechtigkeit. Auch wenn auf dem Gebiet der keltischen Metrologie nur wenig Forschung betrieben wurde und auch kaum historische Dokumente darüber existieren, ist bekannt, daß die Maßeinheit des "natürlichen Fußes" in früheren Zeiten in Schottland und Wales verwendet wurde. Diese Maßeinheit, die auch auf den alten ägyptischen Maßstäben verzeichnet ist, war in den alten Tagen weitverbreitet und wurde in Persien, Griechenland, Nordafrika, Italien, Sardinien und Südfrankreich verwendet. Die offizielle Maßeinheit von Marseilles, die bis zur Einführung des metrischen Systems in

Gebrauch war, entsprach dem walisischen (oder natürlichen) Fuß, der im zehnten Jahrhundert auch im Landvermessungsbuch, dem *Venedotian Code*, verzeichnet war.

Es versteht sich von selbst, daß natürliche Maßeinheiten auf der Natur basieren. Die Grundeinheit war die Länge eines Gerstenkorns und siebenundzwanzig Gerstenkörner ergaben einen walisischen natürlichen Fuß. Geteilt wurde jeweils durch drei. Drei Gerstenkörner ergeben einen Daumen, drei Daumen eine Hand und drei Hände einen Fuß. Selbstverständlich basierten auch die Volumenmaße auf Gerstenkörnern. Geht man von heutigen Maßen aus, so wäre ein walisischer Fuß 25,1 cm lang. Bis zum Jahre 1305, als König Edward I. die Gewichte und Maße neu festsetzte, bedienten sich die Kelten des walisischen Fußes zur Landbemessung, die Engländer benutzten das Fußmaß der Sachsen. Bauhandwerker und Steinmetze, deren Künste letztlich auf die klassischen Quellen zurückgehen, bedienten sich entweder des griechischen oder des römischen Fußmaßes. Der walisische Fuß war der kürzeste; der römische Fuß war 29,3 cm lang, der griechische 31,7 cm und der sächsische kam auf 33,5 cm. Die Maßeinheiten der Kelten lassen sich in ein Verhältnis von 3:4 zu dem der Sachsen setzten. Üblicherweise wurde die Landbemessung mittels eigens zu diesem Zweck bestimmten Maßseilen durchgeführt. Die unter dem Namen "das Seil der Druiden" bekannte Maßeinheit stammt aus noch früheren Zeiten. Es handelt sich dabei um ein Seil, das durch zwölf Knoten in insgesamt dreizehn Abschnitte eingeteilt ist. Mit seiner Hilfe wird es dem Benutzer ermöglicht, in Anlehnung an die grundlegendsten Regeln der Geometrie einen rechten Winkel zu bestimmen oder einen Kreis in sieben gleiche Teile einzuteilen.

DIE HEILIGE STADT

Ohne Kenntnisse der Zahlen, der Geometrie und der Maßeinheiten kann eine Zivilisation nicht bestehen. Das keltische System basierte auf dem Wissen der alten Philosophen des Mittelmeerraumes, die wiederum die Gesetze der Harmonie und der Proportionen verstanden hatten. Das Prinzip der heiligen Stadt als Spiegelbild des Kosmos ist in der formalisierten Geomantie, bekannt als die etruskische Disziplin, verwurzelt. Es handelte sich hierbei um ein symbolisches kosmisches Model, auf dessen Grundlage die europäischen Nationen ihre heiligen Orte der Anbetung ausrichteten und in dem sich das vollkommene Einssein des Landes und der Menschen in einem ungebrochenen Kontinuum von Raum und Zeit ausdrückte.

Eine Vielzahl der modernen europäischen Städte verdanken ihre Gründung den Kelten. Unter den wichtigsten der heutigen Hauptstädte befinden sich beispielsweise London, Paris, Wien und Bratislava. Darüber hinaus sind auch Aachen, Lyons, Belfast, Bregenz, Bologna und Mailand blühende moderne Städte, die ebenfalls ihre Existenz den Kelten zu verdanken haben. Letztere trug früher den Namen Mediolanum, welcher ihre Position als ein Omphalos, ein Nabel und Mittelpunkt heiliger Ordnung bezeichnete, denn die ideale Stadt sollte den Kosmos widerspiegeln und sich in der Mitte des Landes, das ihr unterstellt ist, befinden. Sie sollte vier Straßen besitzen, die in Richtung der vier Himmelsrichtungen verlaufen und so in der Form des keltischen Kreuzes den gesamten Stadtbereich in Viertel einteilen. Es ist dies ein Abbild von Einheit und Ganzheit. Eine Stadt, die auf der Grundlage dieses Ideals errichtet wurde, sollte in ihrer tatsächlichen Form mehr oder weniger diese göttlichen Strukturen erkennen lassen. In der Realität kommen einige diesem Ideal näher als andere, doch läßt sich feststellen, daß es in jeder Epoche sehr bedeutende Beispiele solcher idealen Städte gab. Dennoch dauerte es bis in die Renaissance, bis das europäische Ideal in Palmanova, Mariembourg und Heinrichemont in vollem Umfang verwirklicht wurde. Später widmeten sich auch die Städteplaner des Barockzeitalters der Verwirklichung dieses Ideals in Neustrelitz und in Karlsruhe.

Wo auch immer eine heilige Stadt existiert, symbolisiert sie die kosmische Ordnung und die Ganzheit. Im Unterschied zu den in der Wüste gelegenen und deshalb von der Trostlosigkeit und Vereinsamung bedrohten Städten des Mittleren Ostens, kämpften die keltischen Städte gegen die Kräfte der sie umgebenden wilden Natur und deren Vordringen in die Stadt an. An den Rändern der keltischen Städte befand sich nicht etwa die Wüste, sondern der ungezähmte wilde Wald. So befand sich außerhalb des von Menschen bewohnten Gebietes nicht die unbelebte Leere, sondern das lebendige Chaos in Form von dunklen Wäldern, unbestellten Feldern, unwegsamen Einöden, wilden Tieren, gesetzlosen Menschen, bösen Geistern und Monstern. Überall im alten Europa waren die Nationen, ihre Hauptstädte, die Tempel ihrer Götter und die Paläste ihrer Könige gewissermaßen Repräsentanten der kosmischen Ordnung. Diese Ordnung wiederum ist in einer Art Gitter, in einem Abbild der Struktur der Welt und der göttlichen oder menschlichen Herrschaft über sie, versinnbildlicht. Gesetz, Ordnung und Herrschaft werden durch ein Gitter aus geraden Linien dargestellt, die in den keltischen Kunstwerken heidnischer ebenso wie christlicher Inspiration zusammen mit den Abbildern von Königen und Göttern dargestellt werden. Dieses quadratische Gittermuster, das wiederum in vier gleiche Teile unterteilt ist, befindet sich beispielsweise auf der Rückseite einer Skulptur des Cernunnos von Roqueperteuse, außerdem erscheint es auch auf dem Einband des *Book of Durrow*. Das Abbild der heiligen Stadt ist selbst als Gitter zu verstehen, das über die Erde gelegt wurde und durch dessen Mitte die kosmische Achse durch den Omphalos hindurch verläuft. Gesetz und Ordnung wurden auch hier, ähnlich einem Spielbrett, durch ein System gerade verlaufender Linien dargestellt. In keltischen Landen gab es ein Spiel, das sich in Wales *Tawlbwrdd* und in Irland *Fidcheall* nannte und daß eben diese Ordnung widerspiegelte. Die wörtliche Bedeutung des Letzteren ist "Wald-Weisheit", was eine poetische Metapher für das "Spiel der Weisen" ist. Dementsprechend war eins der Embleme eines Richters im alten Wales ein Tawlbwrdd Spielbrett.

Als sakraler Mittelpunkt und Verwaltungszentrum Irlands ist Tara ebenfalls gemäß der symbolischen Geomantie ausgelegt. Auch wenn es sich rein geographisch betrachtet im Osten des Landes befindet, sah man es doch als Zentrum an. Tara besaß eine metaphysische Struktur, die die ideale Ordnung des Landes, was Zahlen, Maße und Geometrie anbelangt, widerspiegelte. Von seiner Mitte gingen fünf große Straßen aus, die es mit der Peripherie verbanden. Eines der Gedichte des Barden Tadgh Dall O hUginn beschreibt Tara als den zentralen Punkt auf dem Brannumh Spielbrett der grünen Insel: "Der Mittelpunkt der Ebene von Fál ist die Burg von Tara, die auf einem wunderschönen Hügel inmitten der Ebene steht und aus dem bunten Brannumh Feld herausleuchtet. Lenke deinen Schritt dorthin und es wird nicht zu deinem Nachteil sein. Begib dich auf das Spielbrett, das für den Branán König bestimmt ist, und du wirst sehen, daß es deiner würdig ist. Oh du mit deinen strahlend weißen Zähnen, geh zu den edlen Feldern, die dem Branán angemessen sind und besetze sie. Du bist ein goldener Branán mit seinem Heer und seinen vier Provinzen. Ja, du bist der König von Bregia, der auf jedem Viertel des Bezirks einen Mann für sich bereitstehen hat".

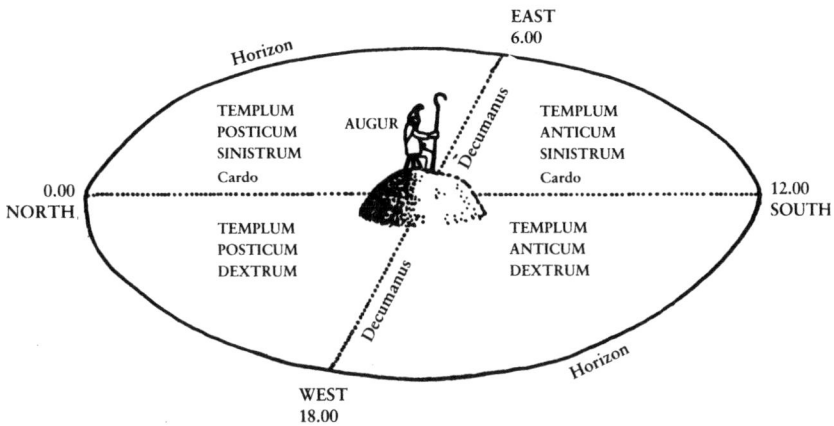

*Als die keltischen Priester ihre Klöster errichteten, folgten sie mehr oder weniger
dem grundlegenden geomantischen Gedanken der etruskischen Disziplin,
die unter anderem den Aspekt beinhaltete, die um den Omphalos gelegene Welt
in gleich große Viertel einzuteilen.*
*In Schriften der keltischen Kirche finden wir unter der Überschrift "heilige Bezirke"
folgendes: "Ein in einer Ebene gelegener heiliger Bezirk eines Heiligen,
eines Bischofs, eines Eremiten oder eines Pilgers hat
den Durchmesser von tausend Schritten und liegt zweitausend Schritte
von jeder ehrwürdigen Kathedrale entfernt".*

Die "edlen Felder" des irischen Branán sind Tara, Cashel, Croghan, Naas und Oileach.
Wenn zu Samhain der König ein großes Fest gab oder eine Versammlung abhielt, nahmen
seine Vasallen ihre symbolischen Plätze in der nur für diesen Anlaß errichteten Stadt ein.
Ebenso wie zu anderen traditionellen Festen wurden die quadratischen Felder genau nach
dem Vorbild der heiligen Stadt abgesteckt. In jenen Tagen galt Tara als ein Sinnbild der
Ganzheit, das alles mit einschloß: die vier Provinzen, die vier Gesellschaftsschichten, die
vier Himmelsrichtungen, die vier Jahreszeiten und die vier Elemente. Im Mittelpunkt thron-
te der König. Im Süden waren die Mannen aus Munster, im Westen die aus Connacht, im
Norden hatten die Mannen aus Ulster ihren Platz und im Westen saß die Gefolgschaft aus
Leinster. In der Mitte der Halle, in der jeweils richtigen Richtung vom Thron des Königs
aus gesehen, waren die Plätze der Herrscher der vier Provinzen. In alten Zeiten hatten die
europäischen Könige üblicherweise vier Würdenträger: einen Schatzmeister, einen Mund-
schenk, einen Kammerherrn und einen Hofmarschall. Die Wache des höchsten Königs bestand aus vier Männern, die in der Form eines Kreuzes um ihn herum postiert waren. Auf
das ganze Land übertragen symbolisierten diese vier Männer die vier Teile des Landes mit
ihrer jeweiligen Armee, die um den König herum bereitstanden, um die aus den jeweiligen
Richtungen herannahenden Feinde zu bekämpfen. Die rituelle Ordnung des Staates war ge-

Tara, Sitz des Hochkönigs, Herz und Seele Irlands.

rade zu Samhain besonders wichtig, da dies die chaotische Zeit des Jahres war, in der dämonische Kräfte am ehesten zuschlagen würden.

Die Versammlung in Tara war von daher also ein Spiegelbild der gesamten Insel und was auch immer dort geschah wirkte sich auf ganz Irland aus. Da der König als Mittelpunkt der Versammlung das Land verkörperte war es seine Pflicht ein kompliziertes System von *Geassa* (von Ge- und Verboten) zu beachten, auf daß sich ein eventuell von ihm begangener Fehler nicht auf das gesamte Land übertrüge. So mußte der König beispielsweise während seines Aufenthalts in Tara immer schon vor Sonnenaufgang aufgestanden sein, um auf die Mauern und Zinnen der Stadt zu steigen, von wo aus er das Land überschauen konnte. Da sich in seinem Verhalten die korrekten Prinzipien ausdrückten, standen alle in Tara in ihrer angemessenen Form verrichteten Tätigkeiten im Einklang mit der göttlichen Ordnung. Und somit wurde das Land im Einklang mit den richtigen Prinzipien regiert.

In *The Settling of the Manor of Tara (Das Errichten des Gutes von Tara)* wird beschrieben, daß die große Versammlungswiese von Tara sieben Aussichtsplätze auf jeder Seite hatte. Ein vollständig ausgereifter, heiliger, eingefriedeter Bezirk hat die hierarchische Form von mehreren konzentrisch angeordneten Bezirken, in dessen Inneren sich der König befindet, der das Göttliche auf Erden repräsentiert. Im Einklang mit geomantischen Aspekten symbolisiert ein aus sieben Bereichen bestehendes heiliges Feld die sieben Planeten der klassischen Astronomie: Merkur, Venus, Mars, Jupiter, Saturn, Mond und Sonne. Daher stand auch der Thron der mittelalterlichen Könige auf einem Podest, das sieben Stufen hatte.

The Settling of the Manor of Tara vergleicht die "heilige Stadt" mit dem quadratischen Brannumh Spielbrett, das in insgesamt neunundvierzig Felder unterteilt ist. Interessanterweise wurde 1934 ein Spielbrett, auf welches diese Beschreibung genau zutrifft, auf den Überbleibseln eines Crannogs, bzw. einer künstlich angelegten Insel, in einem Moor bei Ballinderry im County Westmeath gefunden. Der Griff des aus Holz gefertigten Brettes hat die Form eines menschlichen Kopfes und symbolisiert im Ganzen den menschlichen Körper. Der Mikrokosmos des menschlichen Körpers wiederum spiegelt den Mesokosmos der Landschaft wider, die ihrerseits ein Abbild des Makrokosmos ist. Wie in der obigen Beschreibung der heiligen Stadt hat das Brett sieben Positionen an jeder Seite (sieben mal sieben ergibt neunundvierzig Stecklöcher). Der Mittelpunkt, an dem der Branán das Spiel beginnt, ist der Nabel der Brettfigur. Manchmal war die Verbindung zwischen der Figur, bzw. dem Menschen, dem Spielbrett und dem Land noch wörtlicher zu verstehen. So liest man in *The Annals of Clonmacnois (den Annalen von Clonmacnois)*, daß im zehnten Jahrhundert Muirchertach "mit dem ledernen Mantel" den Körper von Cerbhall, des Königs von Leinster, mit sich nahm und aus seinen Knochen ein solches Spielbrett fertigte.

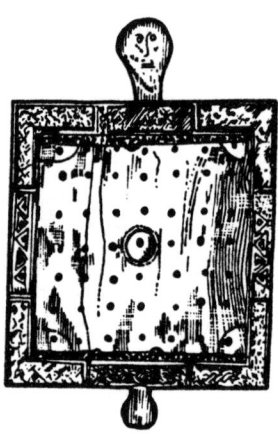

*Dieses auf einen Crannog bei Ballinderry, in der Nähe des Mittelpunkts
von Irland gefundene Spielbrett erinnert an den erschlagenen Riesen,
dessen Körper wiederum die Erde ist.*

Unweit von Ballinderry liegt Uisnech, der von den Druiden als Mittelpunkt der Insel an-
gesehene "Nabel Irlands". Der Ort war im zweiten Jahrhundert von König Tuatha zum Zentrum erklärt worden. Im Zuge dessen rief der König die fünfte Provinz Midhe (Meath) ins
Leben, indem er in ihr jeweils einen kleinen Teil einer jeden der bereits bestehenden vier
Provinzen zusammenfaßte. Früher trafen die vier Provinzen im Hügel von Uisnech zusammen, den er nunmehr durch einen Omphalos, genannt "der Stein der Grenze", kennzeichnete. Ebenso wie die gallischen Druiden Chartres als Mittelpunkt ihres Landes und daher als ihren Treffpunkt ansahen, betrachteten die irischen Kosmographen Meath als den
von den vier Provinzen Ulster, Leinster, Connaught und Munster umgebenen Mittelpunkt
der Insel. Ähnliches trifft auch auf andere europäische Inseln zu: ebenso wie Irland waren
auch Bornholm und Island in vier Teile aufgeteilt. Der Mittelpunkt Großbritanniens hingegen scheint seine religiöse Bedeutung schon recht früh verloren zu haben. Möglicherweise
kann dies auf die Eroberung durch die Römer zurückgeführt werden. Dennoch kann man
in der mittelalterlichen walisischen Geschichte *Llys and Llefelys* etwas über die Suche nach
dem verlorenen Mittelpunkt lesen. Es ist durchaus interessant, daß man keinerlei Hinweise darauf finden kann, daß es auch in Großbritannien einst vier Provinzen gegeben haben
könnte. Vielleicht haben es die Größe und unregelmäßige Form der Insel, ebenso wie die
bedeutenden geographischen und politischen Differenzen unmöglich gemacht, die Insel so
zu unterteilen wie es in Irland praktiziert worden war.

Infolge eines persönlichen Streites hatte der christliche Mönch Ruadhán of Lothra im
Jahre 554 Tara mit einem öffentlichen Fluch belegt. Unter Berücksichtigung des Gedan-
kens, daß alles was Tara betrifft, sich auf das ganze Land auswirken würde, sah man den
Vorfall als einen Fluch für ganz Irland. Dies führte dazu, daß die zentrale Macht Taras nach
und nach zerfiel. Dennoch folgte die christliche Geographie in Irland dem heidnischen Vor-

bild. Man unterteilte Irland in vier Bistümer, die von Dublin, Cashel, Tuam und Armagh aus regiert wurden. Diese sind auch heute noch die Bistümer Irlands, wobei der Sitz des Erzbischofs und der Standort sowohl einer katholischen als auch einer protestantischen Kathedrale Amragh ist. Irland wurde also von den Heiden ebenso wie von den Christen als kanonisches Land angesehen.

Die Stadt St. Andrews ist ein Beispiel für späte keltische Städteplanung. Sie wurde von König David I. (1124-53) im Zuge seines ganz Schottland umfassenden Planes für die Erbauung neuer Burgen und Kirchen gegründet. Der König beauftragte den *locator* (dieser Titel wurde im Mittelalter den Stadtgründern verliehen) Mainard, die Stadt im Einklang mit den geomantischen Prinzipien zu planen. Die Stadt besaß zwei Hauptstraßen und eine dritte Straße, die strahlenförmig vom Gründungspunkt aus verlief. Auf einem erhöht gelegenen Punkt über dem Hafen, an dem schon früher eine keltische Kirche gestanden hatte, wurde der Hochaltar der Kathedrale errichtet. Somit blickte die Stadt zu dem heiligen Ort auf, an dem der Bischof die heilige Messe lesen würde.

In der traditionellen Geomantie geht man davon aus, daß man durch die Anerkennung der Gottheiten eines Ortes, die göttlichen Ideale an dem jeweiligen Ort körperlich wahrnehmen kann. Demzufolge kann man davon ausgehen, daß an einem Ort, der die richtige spirituelle Ordnung hat, die selbe Ordnung auch in der menschlichen Gesellschaft gegeben sein wird und daß deshalb Friede herrschen wird, die Herden zahlreich und gesund sein werden und die Felder reiche Ernte bringen werden. Als Alternative dazu besteht die Möglichkeit, der Landschaft eine abstraktere und weltlichere Tradition, deren Ursprung anderswo liegt, aufzuerlegen, ob diese nun an dem betreffenden Ort angemessen ist oder nicht. In diesem Fall ist das richtungsweisende Element der Wille des Menschen. Unglücklicherweise stehen solche Traditionen recht selten mit der *anima loci* im Einklang. Der schlimmste Fall solcher auferlegten Prinzipien tritt ein, wenn der Wille zu bauen, die dabei angewendeten Techniken und die Bewohner der geschaffenen Bauwerke von außerhalb kommen. Eines der abschreckendsten Beispiele hierfür ist die "Ulster Plantation", die Besiedlung von Ulster im Jahre 1607, die die Gründung mehrerer neuer Städte durch die Londoner Handelsgesellschaften als Teil der großen Kampagne zur dauerhaften Bekämpfung und Zerstörung der Macht der nordirischen Clans vorsah. Eine der größten solchen "Besiedlungen" war Londonderry, das 1609 auf den Überresten der zerstörten alten Stadt Derry errichtet wurde und seinen Namen von der Heimatstadt der Gesellschaften, die nun die neuen Herren hier waren, erhalten hatte.

Was es bedeutet, wenn einem Ort fremde Einflüsse aufgezwungen werden, geht aus Lord Macaulays Bericht über die Gründung von Londonderry hervor, der Teil der zeitgenössischen Aufzeichnungen der Londoner Gesellschaften ist:

> *Während der Unruhen, die durch die Kämpfe des Hauses O'Neil und O'Donnel gegen die Anordnungen James I. entstanden, wurde die alte Stadt Derry von einem der hiesigen Clanoberhäupter überrascht, die Einwohner wurden getötet und die Häuser in Schutt und Asche verwandelt. Die Aufständischen wurden sehr bald übermannt und bestraft. Die Regierung beschloß, die zerstörte Stadt wieder aufbauen zu lassen. Der Oberbürgermeister, der oberste Stadtrat und die Stadträ-*

*te wurden eingeladen, um den Fortschritt der Arbeiten mit zu verfol-
gen. König James I. übergab ihnen die mit Ruinen übersäte alte Stadt
Derry....Die Stadt war beinahe ellipsenförmig; die Hauptstraßen bildeten ein Kreuz, die in einem Platz, genannt "Der Diamant", zusam-
menliefen.*

Und so wurde Derry als Londonderry wiedergegründet, jedoch im Einklang mit dem
Plan der "heiligen Stadt" und war die letzte Stadt der britischen Inseln, die noch mit einer
Stadtmauer gebaut wurde.

Wenngleich die traditionelle heilige keltische Landschaft drastische Veränderungen durch-
lief, führte im achtzehnten Jahrhundert ein zunehmendes Bewußtsein für das Erbe der Druiden Britanniens dazu, daß Architekten sich mehr und mehr dem Studium der geomantischen Traditionen Britanniens zuwandten. Nach Meinung des Architekten John Wood des
Älteren (1704-54) war seine Heimatstadt Bath das große Zentrum der Druiden, in welchem
Apollo verehrt wurde. Wood führte eine genaue Studie der Megalithen und der Plätze der
Druiden durch; in seinem 1747 veröffentlichten *Choir Gaure* schrieb er, daß Stonehenge
ein "von den britischen Druiden errichteter Tempel" sei. Wood trug in bedeutender Weise
zur Architektur und zur Planung des georgianischen Bath bei, indem er versuchte, dort die
Mysterien der keltischen Geschichte im Einklang mit den Richtlinien der georgianischen
Architektur zu reproduzieren. Besonders bemerkenswert ist der Circus, der runde Platz, den
er in Anlehnung an die Proportionen von Stonehenge konstruierte.

DIE STADT DER TOTEN

Üblicherweise ist das geomantische Wissen, das man in einem bestimmten Zusammenhang
anwenden kann, auch für einen anderen gleichermaßen gültig. Aufgrund seines Symbolcha-
rakters kann es leicht auf eine andere Situation oder einen anderen Ort übertragen werden.
Von daher spiegelt sich im Plan der Stadt der Toten auch derjenige der Stadt der Lebenden
wider. In der Biographie des St. Cadoc wird darüber berichtet, wie um das Jahr 518 im Zuge
der Gründung des Klosters von Llancarfan der Priester einen großen Erdhügel aufschüttete,
um darauf einen wunderschönen Friedhof einzurichten, der der Ehre Gottes geweiht sein
sollte und in dem die Gläubigen um den heiligen Tempel herum begraben werden sollten.
Als der Hügel fertiggestellt und der Friedhof angelegt war, konstruierte er noch vier breite Pfade auf der Erhebung über seiner Zelle. Über vierzehn Jahrhunderte später wurde im
westlichen Mittelengland eine Zeremonie der Seher eingeführt, die als ein bemerkenswertes Beispiel für das Überleben des alten keltische Wissens innerhalb der Gemeinschaft der
fahrenden Schausteller steht. Im Dezember des Jahres 1943 trug man Patrick Collins, "den
König der Schausteller", zu Grabe. Die Beerdigung war ein wichtiges Ereignis, über das die
britische Sonntagszeitung *Sunday Express* einen eigenen, unter der Überschrift "Sechzig
Jahre altes Ritual bestimmt Grab des ‚Schaustellerkönigs'" stehenden Artikel veröffentlich-
te: "Ein seltsamer Vorfall ereignete sich auf dem Friedhof, als der Sohn des alten Herrn in
Begleitung von Pfarrer Hanrahan von der katholischen Kirche St. Peter in Bloxwich den
Friedhof aufsuchte, um einen Platz für das Grab seines Vaters auszusuchen", so berichtete die Zeitung:

"Als er kam, um den Platz für die letzte Ruhestätte seines Vaters auszusuchen, stellte sich heraus, daß der katholische Teil des Friedhofes schon gänzlich belegt war. Das um den Friedhof herum gelegene Land, das auch noch zu dem Gottesacker gehört, ist ebenfalls besonders heiliger Boden. Als nun Herr Collins das erste Grab auf diesem Boden aussuchen wollte, setzte er seinen Fuß nach vorne, hob ihn und rammte dann den Absatz tief in den Torfboden, wobei er einen tiefen Abdruck hinterließ. Dabei rief er aus: "Dies ist der Platz. Ich möchte, daß die Mitte des Grabes meines Vaters genau an diesem Abdruck ist". Er erklärte dem Priester dann: "Sechzig Jahre lang gebrauchte mein Vater diese Worte und Gesten wann immer er einen Volksfestplatz inspizierte, um festzulegen, wo die Hauptattraktion, üblicherweise das größte Karussell, aufgestellt werden sollte. Er nahm nie Maß von dem Feld oder der Wiese, doch der ausgesuchte Fleck stellte sich jedes Mal als der genaue Mittelpunkt der Festwiese heraus. Es war sein Ritual."

Der geomantische Mittelpunkt eines Friedhofes war der angemessene Ort für das Begräbnis eines Königs oder eines Gründers. Alle folgenden Begräbnisse würden dann um ihn herum stattfinden und ihn in gebührender Weise umgeben. Als St. Columba im Jahre 563 sein Kloster in Iona gründete, stellte sich St. Odhran freiwillig zur Verfügung, sich sozusagen zum Zeichen seines Gründungsopfers als erster in dem neuen Friedhof des Klosters lebendig begraben zu lassen. Sein Geist wurde der Wächter des Friedhofes, der heute un-

Labyrinth, Dalby, Yorkshire, England.

ter dem Namen "Reilig Odhran" bekannt ist. Die gleiche Funktion erfüllt Patrick Collins im Jahre 1943. Die Art, in der durch den Fußabdruck Ort und Zeit bestimmt wurde, kann uns einen Eindruck dessen vermitteln, wie in den alten Tagen die Fußabdrücke im Zusammenhang mit keltischen Herrschern in Zeremonien verwendet wurden. Die von Patrick Collins zur Bestimmung des Mittelpunkts einer Volksfestwiese angewandten Techniken spiegeln jene Techniken der alten Zeiten wider, die angewandt wurden, um Versammlungsplätze wie beispielsweise den von Tara oder den von Tynwald festzulegen. Besondere traditionelle Berufsstände verwenden hin und wieder auch heute noch Bräuche und Riten, die für Außenstehende schwer verständlich oder schlichtweg nicht zu erkennen sind. Sie stehen für das Fortbestehen der Gebräuche früherer Zeiten.

ORTE DES TANZES

Wenn zum richtigen Zeitpunkt und am richtigen Ort in zeremonieller Weise getanzt wird, so ist der Tanz eine heilige Handlung. In den alten Tagen hatte beinahe jedes Dorf an der Grenze zu Wales seine eigene *twmpath chwarae* oder Festwiese, auf der sich die Dorfbewohner versammelten, um mit Sport und Tanz ihre Feste zu feiern. Die Wiese lag auf einem Hügel oder an einem in irgendeiner Weise höher gelegenen Platz. Es handelte sich um eine ebene Fläche, in deren Mitte sich üblicherweise ein kleiner Hügel (der *twmpath* selbst) befand, auf welchem die Musikanten zu den Festen ihre Plätze einnahmen. Manches Mal ersetzte ein großer Stein den Hügel. Dieser Mittelpunkt, sei er nun aus Stein oder aus Erde, wurde vor dem Tanz mit Eichenzweigen geschmückt. Als bleibende zeremonielle Pfade sind auch Labyrinthe mit nur einem möglichen Weg eine Form von Tanzplatz, da die Menschen diesem einen, sich in der Form eines Kreises windenden Weg folgen müssen, um schließlich in den Mittelpunkt zu gelangen. Bei dieser Art von Labyrinth ist es wichtig, daß die Tänzer den gesamten Weg von außen nach innen durchtanzen, ohne dabei auch nur einen Fehler zu machen. Es handelt sich hierbei um eine symbolische Reise vom Äußeren zum Inneren, eine Pilgerfahrt also, die man auch auf sehr begrenztem Raum unternehmen kann. Üblicherweise hat ein keltisches Labyrinth die "klassische" Form, die in der Größe variieren kann, angefangen von den ganz kleinen Labyrinthen, die auf den Troysteinen der weisen Frauen eingeritzt waren, bis hin zu den großen Irrgärten, in denen sich Tänzer bewegen können.

In keltischen Landen war es seinerzeit der Brauch, Labyrinthe aus dem Torfboden herauszuschneiden. In dem 1740 veröffentlichten Werk *Drych y Prif Oesodd* wird die unter den Schäfern verbreitete Praxis, Labyrinthe aus dem Boden zu schneiden, die man *Caerdroia* nannte, beschrieben. Der Name bedeutet in etwa "die Stadt der Windungen" oder "die Stadt Troy (bzw. Troja)". Letztere der beiden Interpretationen spiegelt den geschichtlichen Anspruch der Waliser wider, von Brutus dem Trojaner abzustammen. In Kingsland gab es ein ähnliches Labyrinth, in dem die einheimischen Schuster tanzten, bis es im Jahre 1796 zerstört wurde. Nachdem die Schuhmacher durch das ganze Labyrinth hindurchgegangen waren, mußten sie mit beiden Füßen in die Mitte des Irrgartens springen, und zwar so, daß sie mit den Absätzen in den beiden Löchern landeten, welche die Augen darstellen sollten. Dies erinnert an die alten keltischen Rituale zur Erlangung der Königswürde. Zu Anfang des neunzehnten Jahrhunderts war der Brauch, Irrgärten anzulegen, unter den Hirten von Rockcliffe und den Burgh Sumpfländern von Cumbria noch sehr verbreitet. Im County Londonderry gab es früher zwei Labyrinthe, die man die Mauern von Troy (nach der alten Stadt Troja) nannte; ein weiteres dieser Labyrinthe mit dem selben Namen befand sich in der Nähe von Aberdeen. Auf den britischen Inseln gab es noch viele mehr, doch leider sind nur wenige bis heute erhalten geblieben. In Wales ging der Brauch, neue Labyrinthe zu schaffen und alte zu erhalten, etwa zur selben Zeit verloren, zu der die Dorftänze verboten wurden. Dennoch starb er nicht gänzlich aus: in den siebziger Jahren lebte er mit dem Anlegen eines neuen Labyrinths in dem auf der Gower Halbinsel gelegenen Pennard von neuem auf.

Das in Privatbesitz stehende alte Troytown Labyrinth beim Gut Troy
in Oxfordshire ist ein vollständig erhaltenes Beispiel
für das traditionelle walisische "Caerdroia",
das von Schäfern aus dem Torfboden herausgeschnitten wurde.

143

HEILIGE ERDE

In erster Linie ist die Erde der Bona Dea, der "guten Göttin" geweiht, die auch als St. Anne bekannt ist und die über die Erde und alle ihre Gaben herrscht. Erde oder Staub von einem heiligen Stein, einem alten Grabhügel, einem Friedhof oder dem Grab eines Heiligen hat magische Kräfte, da darin die Eigenschaften des heiligen Ortes enthalten sind. Besonders die Heiden des Mittelmeerraumes pflegten die Praktik des Sammelns von heiliger Erde. Die *terra sigillata*, die rote Erde von Lemnos, wurde unter Einhaltung von speziellen Zeremonien und unter der Aufsicht einer Priesterin gesammelt und dann unter den Gläubigen in der Form von festen Klumpen, auf denen das Siegel des Hauptes von Artemis angebracht war, verteilt. Es handelte sich dabei wahrlich nicht um toten Staub, sondern um einen Teil des Lebendigen, der beseelten Erde, in der sich der Geist in materieller Form zeigt. Dieser Glaube beschränkte sich nicht ausschließlich auf den Mittelmeerraum. Auch in Nordeuropa findet man etliche Megalithgräber, die man der sie bedeckenden Erdschicht vollständig beraubt hat. Zu diesem Phänomen kam es wohl aus dem Grunde, daß die Menschen der Ansicht waren Erde sei ein gutes Heilmittel gegen alle Arten von Krankheiten. An manchen Orten findet man Erde vor, die gegen die verschiedensten Arten von Erkrankungen hilft. Im Volksmund der Bretagne hieß es, daß die Erde von der in der Inselgruppe von Bréhat gelegenen Île St. Maudez gegen Wurm- und Pilzerkrankungen helfen solle. Der Banagher Sand vom Grab des St. Muirdeach O'Heney von Banagher bringt den Gläubigen Glück, während die Erde von Friedhöfen nach Ansicht der Kelten sowohl heilende als auch magische Kräfte besitzt. In Irland glaubt man, daß der Lehm, den man an der Türschwelle eines Hauses findet, dadurch daß er in doppelter Hinsicht durch die guten Wünsche all derer, die ein und aus gehen gesegnet ist, ein ausgezeichnetes Heilmittel gegen Grippe sei.

Es ist ein uralter Glaube, daß die Erde von bestimmten Orten ihre besonderen Eigenschaften an diejenigen weitergibt, die in ihr begraben liegen. So erzählt man sich in Tuam und auf der Insel Bardsey, daß keine Seele, die dort begraben liegt, je in die Hölle kommen könne. Bei der Errichtung eines neuen heiligen Ortes verbrachte man manchmal große Mengen heiliger Erde von einem älteren heiligen Platz zu dem neuen Ort. Als Örlygr Hrappson, ein keltischer Christ aus dem alten Skandinavien und Norwegen, nach Island auswanderte, nahm er heilige Erde von den Hebriden mit, um sie unter die erste Kirche auf Island zu streuen. Der heidnische Priester Thorólf Mostrarskegg tat es ihm gleich; er brachte seinen Fachwerktempel zusammen mit der Erde, die darunter gewesen war, von Norwegen mit nach Island. In allen diesen Tätigkeiten läßt sich das Prinzip des Verbringens heiliger Gegenstände von einem Ort zu einem anderen und das Herstellen von Duplikaten heiliger Orte erkennen.

Auf der Insel Bute bei Garroch Head finden wir in einer von Bäumen eingesäumten Mulde auf einem grünen Hügel die Kapelle von St. Blane aus dem zwölften Jahrhundert. Ganz in der Nähe, bei einer von Burgmauern umgebenen Mulde, befinden sich die Überreste von St. Blanes Zelle. In dieser Mulde wiederum liegt ein Friedhof, der die altbekannte Trennung zwischen Männern und Frauen erkennen läßt: die Männer liegen im oberen Teil des Friedhofes begraben und die Frauen im unteren. Der Legende zufolge gründete St. Blane den oberen Teil des Friedhofes auf heiliger Erde, die er auf einem Schiff von Rom herbeibringen ließ. Während einer seiner Mönche die Erde vom Schiff zu dem Temenos in einem Weidenkorb auf seinem Rücken trug, riß der Trageriemen. So wandte sich St. Blane an eine der dabeistehenden Frauen, auf daß sie ihm ihren Gürtel geben möge, um den gerissenen Riemen damit zu ersetzten. Als diese sich weigerte verfluchte er alle Frauen und schwor, daß keine von ihnen jemals in der heiligen römischen Erde begraben werden dürfte. So wurden zwei getrennte Friedhöfe angelegt. Dennoch hat die Tatsache, daß die einheimischen Frauen, die Mütter der Insel also, in der Erde ihrer Heimat begraben liegen, während die Männer, die nicht von diesem Ort abstammen, in fremder Erde bestattet wurden, durchaus eine symbolische Bedeutung. Der Friedhof der Mönche auf Scelig Mhichil entstand ebenfalls dadurch, daß Erde von einem anderen Ort, in diesem Fall vom irischen Festland, an den auserkorenen anderen Ort gebracht wurde. Ender der 40er Jahre wurde bei Châteaubriant das Carrière des Fusillés, ein Kriegerdenkmal für die von den Nazis erschossenen bretonischen Gefangenen errichtet. In dem geweihten Fundament des Denkmals kann eine Fortsetzung der keltischen Tradition, heilige Erde zu verehren, gesehen werden. Es sind in dem Fundament nämlich Behältnisse mit der Erde von Exekutionsplätzen enthalten, die durch das Blut der erschossenen Menschen geheiligt wurde.

Über die magische oder symbolische Bedeutung des Verbringens von Erde hinaus, gibt es noch einen praktischen Aspekt eines solchen Unterfangens. Die keltische "lazybed"-Methode, das Anlegen von kleineren Stücken Land, die von Hand bestellt wurden und auf denen allerlei Nutzpflanzen wuchsen, eröffnet die Möglichkeit, auch auf felsigem Boden, an einem Ort der zuvor unfruchtbar war, eine verhältnismäßig reiche Ernte zu erzielen. 1 bis 3 Meter breite Streifen fruchtbarer Erde wurden innerhalb von aus Steinbrocken, Torf, zermalmten Muscheln und Erde bestehenden Einfriedungen angelegt. Diese Erweiterung der Fruchtbarkeit der Mutter Erde ist in sich selbst eine heilige Handlung. Die in der Wildnis angelegten Gärten sind ein Abbild des Paradieses, in welchem Früchte der Erde und Heilkräuter wachsen. Die wundersame und heitere Stimmung, die in derartigen Gärten herrscht, macht sie in ihrer Abgeschiedenheit von der rauhen Umgebung zu den perfekten Orten des Nachdenkens. Die Lazybeds wurden vor allem von den keltischen Mönchen und später auch von den von der "Highland Clearance" (Deportation vieler Bauern aus den Hochebenen ebenso wie die zwangsweise Einführung neuer Anbaumethoden aus England) betroffenen Kleinbauernfamilien kultiviert. Am bekanntesten für diese Kunst des Anbauens sind noch heute die Inseln Eriskay und Scalpay der inneren Hebriden, ebenso wie einige Orte in Westirland.

Das für die Bretagne typische Temenos ist das "Close", ebenfalls eine Art von eingefriedetem heiligen Bezirk. Es wird von einer Außenmauer begrenzt, die einen Friedhof und drei Gebäude, nämlich die Kirche, das Beinhaus und das Kalvarium, umschließt. Um die Einheit des heiligen Ortes zu waren, sind die dort befindlichen Gräber nicht von dauerhaftem Bestand. Fünf Jahre nach der Beerdigung werden die Gebeine des Toten wieder ausgegraben und in das Beinhaus gebracht. Die "Essenz" des Fleisches ist dann bereits in die Erde, die ihm entsprechenden Materie, zurückgekehrt. Alle zwanzig bis fünfundzwanzig Jahre werden sämtliche Knochen auch aus dem Beinhaus wieder herausgeschafft und in einer Zeremonie, die unter dem Namen "die große Bestattungsfeier" bekannt ist, zusammen verbrannt. Und so kehrt auch derjenige Anteil des menschlichen Körpers, der den Steinen am nächsten ist, zur Erde zurück. Von da an beginnt der ganze Kreislauf von vorne. Vielerorts sieht man auf dem jeweiligen Friedhof das Abbild seines Beschützers, des "Knochenmannes" und Königs der Toten, Ankou. Wollte man eines dieser Abbilder betrachten, so könnte man sich beispielsweise zu dem auf einem Hügel gelegenen Heiligtum von La Roch-Maurice begeben. Dort spukt der Knochenmann in Form des letzten jeweils in einen Jahr in der Gemeinde verstorbenen Mannes des Nachts auf den Geisterpfaden des Ortes. Diejenigen, die ihm begegnen, wenn er seine einsamen Wege beschreitet, werden ihm bald auf dem Friedhof Gesellschaft leisten.

Straßen, Wege und Geisterpfade

DAS INNERE WISSEN DES KÖRPERS

Im Gegensatz zu einem Auto- oder Motorradfahrer, an dem die Bilder der Gegend, durch die er fährt, nur flüchtig vorbeiziehen, sehen und erleben diejenigen, die durch die Landschaft gehen, diese in viel näherer und authentischerer Weise. Wenn wir zu Fuß durch die Natur gehen, kommen wir in viel direkteren Kontakt mit dem Geist der Landschaft und werden gleichsam ein Teil von ihr. Ihre Existenz ist in dem inneren Wissen unseres Körpers enthalten; sie ist in unserer Erinnerung und in unseren Gefühlen gegenwärtig. Die von uns wahrgenommene Landschaft ist gewissermaßen durchdrungen von dem äußeren Abbild dieses inneren Wissens. In den alten Tagen betrachtete man Wege und Pfade für sich selbst als heilig, man glaubte, sie stünden unter dem Schutz der Weggötter oder der Gottheiten des jeweiligen Ortes, durch den sie hindurch führten.

In den Tagen, bevor das Zeitalter der mechanischen Fahrzeuge alles veränderte, mußte jeder Pfad, jeder Weg oder jede Straße ganz bestimmte Voraussetzungen erfüllen, um als gangbarer Weg dienlich zu sein. So war es beispielsweise bei der Überquerung von Hügelketten oder Gebirgskämmen aus Gründen der Bequemlichkeit besser, sich mehr an die wärmeren Südhänge zu halten, die Schutz vor den kalten Nordwinden boten, als einen anderen Weg zu wählen. Für die Orientierung aller Wanderer waren künstlich errichtete oder natürlich entstandene markante Punkte in der Landschaft unabdingbar. Ebenso wichtig war die Versorgung mit Trinkwasser, vor allem aus Quellen, die im Winter nicht zufroren und somit zu jeder Jahreszeit zur Verfügung standen. Außerdem benötigte man Raststätten, die Unterkunft, Schutz und Erfrischung boten. Diese Orte waren den Göttern des jeweiligen Ortes oder den allgemeinen Gottheiten, des Wassers, der Erde oder anderer gerade vorherrschender Aspekte der Landschaft anvertraut. Auf den alten Wegen und Pfaden gab es an besonders gefährlichen Stellen immer einen ganz speziellen heiligen Ort, der den jeweiligen Geist des Ortes besänftigen sollte. Jeder vorüberziehende Wanderer konnte eine Opfergabe darbringen oder ein Gebet sprechen. Dies hatte zwei Bedeutungen: zum einen sollte der Geist des Ortes besänftigt und gleichzeitig dazu aufgefordert werden, dem Wanderer beizustehen; zum anderen gab es dem Wanderer das Bewußtsein, daß er nun mit besonderer Aufmerksamkeit und Konzentration seinen Weg durch ein gefährliches Moor oder eine Furt hindurch oder einen steilen Abhang hinab fortsetzen sollte. Nachdem der Wanderer die gefährliche Stelle erfolgreich überwunden hatte, ließ er sich am nächsten Rastplatz eine Weile nieder, wo er nicht nur neue Kraft schöpfte, sondern auch ein Dankgebet sprach. Über diesen Brauch schrieb auch Thomas Pennant, als er im Jahre 1774 die Gegend um Gairloch beschrieb: "Die Wanderer, die an einem der Rastplätze [des Maelrubha] vorüber kommen, versäumen es niemals, einen Stein, einen Stock oder ein Stück Stoff als Opfergabe für ihn zurück zu lassen".

Da jeder Ort seine eigene *anima loci* besitzt, können wir in der Kultur der Menschen, in ihren Geschichten, Sagen und Legenden immer wieder eine Beschreibung dieses Geistes finden. Die übliche Art der Menschen, mit der Landschaft in Kontakt zu treten ist die, allen in ihr enthaltenen Dingen einen Namen zu geben. Der gesamte Körper des Landes ist somit gewissermaßen bedeckt und durchdrungen von den Namen von Gottheiten, Menschen, Geistern, Ereignissen oder Eigenschaften ebenso wie von einem gewissen, nicht greifbaren, übernatürlichen Flair. Für den Wanderer hat die gesamte Landschaft eine Seele und seine Reise durch sie hindurch kann daher in der geomythischen Weise der Barden beschrieben werden. Zum Beispiel wurde in der irischen *Dindsenchas* Cú Chulainn einst nach seinem Weg gefragt. Er antwortete: "Von der Weite des Meeres über das große Geheimnis der Tuatha de Danaan und dem Schaum der beiden Streitrösser von Emain Macha; über Morrigus Garten und den Rücken der großen Muttersau; weiter durch die Schlucht beim großen Damm zwischen Gott und seinem Propheten, über Mark und Bein der Frau Fedelm; hindurch zwischen dem Eber und seinem Wall, über die Tränke der Pferde der Göttin hinweg,..." und so weiter. In diesem Text wurden die geomythischen Namen zur Veranschaulichung aus dem irischen Original übersetzt. Doch ist es, im Unterschied zu vielen anderen Sprachen, nicht gebräuchlich, die keltischen Beschreibungen zu übersetzen. Beispielsweise mein eigener, aus dem in Cornwall gesprochenen Dialekt stammender Nachname Pennick, der soviel bedeutet wie "Hügelspitze", würde niemals ins Englische übersetzt werden.

Da wir selbst Teil der Landschaft sind, stehen wir in einer persönlichen und kollektiven kulturellen Beziehung mit ihr; wir sind nicht von ihr getrennt, sondern sind ein Teil von ihr, da wir uns in ihr bewegen, sie sehen, berühren, riechen und erleben. Heute benützen die meisten Menschen, die sich auf Reisen begeben, eine Landkarte. Landkarten sind zwar recht hilfreich, doch basieren sie vorwiegend auf intellektuellen Erwägungen und stehen daher einem direkten Erleben der lebendigen Landschaft im Wege. Menschen, die eins mit ihrer Umgebung und ihrem Land sind, brauchen keine Landkarten; sie kennen die Namen der Orte, ohne dabei auf geschriebene oder gedruckte Aufzeichnungen zurückgreifen zu müssen. Die Namen, die wir in Landkarten finden, sind das Resultat versehentlicher oder absichtlicher Fehlinterpretationen der oftmals von auswärts kommenden Topographen. Das Ergebnis davon ist eine Entfremdung des echten Ortsnamens von dem offiziell in der Karte dokumentierten Namen. Paradoxerweise wird aufgrund des "amtlichen" Charakters der gedruckten Karte vom Augenblick ihrer Erstellung an der in ihr eingetragene Name und nicht mehr derjenige, der seit undenklichen Zeiten von den Einwohnern des Ortes gebrauchte, als der offizielle Name angesehen. Mit der Neubenennung der Landschaft geht eine psychische und später auch eine physische Zerstörung einher, welche die Geister des Ortes vertreibt und den spirituellen Tod des Landes mit sich bringt.

PFADE IN DER KELTISCHEN LANDSCHAFT

Die uralten Pfade in der keltischen Landschaft blieben am ehesten in hügeligem Gelände erhalten, wo der moderne Straßenbau und die heutige Art und Weise der Bodenbestellung wenig Veränderung herbeiführen konnte. Dort wo die alten Pfade noch existieren, zeigt sich, daß die Menschen, die sie als erste festlegten, eine bemerkenswert tiefe Kenntnis der Landschaft hatten. Legenden erzählen, daß viele der Pfade durch die Füße von Engeln entstanden seien, die sie als erste beschritten haben sollen. Dieses religiöse Element erklärt sich dadurch, daß es sich bei dem größten Teil der Pfade um Wege der Priester und Pilger zwischen uralten heiligen Stätten handelt. Im walisischen Grenzland beispielsweise folgten die Wanderer Pfaden, die sie entlang eines Gebirgskammes, über einen Gipfel hinweg und dann auf der anderen Seite hinunter in ein Tal führten. Die Stelle, an der man den Kamm überquerte, wurde oftmals durch eine eigens in den Boden oder Fels gehauene Einkerbung bzw. einen Engpaß gekennzeichnet, den man vom Fuße des Berges aus nur aus einem bestimmten Winkel ausmachen konnte. Um das nächste Tal durchqueren zu können, mußte der Wanderer direkt auf den Engpaß, also die Stelle, an der eine Überquerung am besten möglich ist, zugehen. Manche dieser Engpässe sind auch durch die vielen Menschen, die den Pfad beschritten haben entstanden, andere hingegen wurden eigens angelegt. So findet man in Clodock, Herefordshire, beispielsweise zwei solcher Engpässe, die in einen Felskamm gehauen wurden. Auch die Pfade bei Llanthony Abbey, auf denen man die Kämme der Black Mountains überquert, sind berühmt für Engpässe dieser Art. Einer von ihnen kennzeichnet den Rhiw Cwrw, den "Bärenpfad". Ein Abschnitt des alten Hohlwegs führt entlang der Ruinen der Abtei und dann neben drei parallel verlaufender, auf der gegenüberliegenden Seite des Tales gelegener Pfade her, die man nur unter ganz besonderen Beleuchtungsbedingungen, oder wenn Schnee liegt, ausmachen kann. Der Sinn oder die Bedeutung dieser drei Pfade konnte nie mit Sicherheit festgestellt werden.

Wenn auch die meisten heute nur noch ganz allgemein "der Engpaß" oder "der Felsspalt" genannt werden, können wir davon ausgehen, daß jeder von ihnen in früheren Zeiten seinen individuellen Namen hatte, der von den Wanderern durch Opfergaben geehrt wurde. Einige von den damaligen Eigennamen, wie beispielsweise Bwlch Effengyl, sind dennoch überliefert worden und somit erhalten geblieben. Bei dem gerade zitierten handelt es sich um den im Englischen als "Gospel Pass" bezeichneten, tiefen Engpaß, der auf der einen Seite von dem 10 Kilometer entfernt liegenden Llanthony und auf der anderen von dem 8 Kilometer entfernten Llowes zu sehen ist. Der Engpaß war ein heiliger Rastplatz, der seinen Namen angeblich in Erinnerung an Bischof Baldwins Rekrutierungskampagne im Jahre 1188 erhalten haben soll. Ein weiterer bemerkenswerter heiliger Pfad war der Llwybr Wddyn; ein Pfad, der über den Berg von Llanwddyn hinweg führt und von dem man sich erzählt, er sei deshalb angelegt worden, um es St. Gwyddyn zu ermöglichen, St. Melangell in dem 8 Kilometer entfernten Pennant zu besuchen. Dieser Pfad kann heute leider nicht mehr beschritten werden, da er mittlerweile größtenteils unter den Fluten des Lake Vyrnwy begraben ist.

Die Pfade der Mönche in den Wicklow Montains und durch Dartmoor sind ein hervorragendes Beispiel für die großen Fähigkeiten der Kelten, wenn es darum ging, Pfade auf schwierigem Terrain zu finden. Die Dartmoor-Pfade, die auch heute noch immer begehbar sind, verliefen durch Moor- und Sumpfgelände und verbanden mehrere wichtige Klöster

Llanthony Abbey, Wales

miteinander. Die bedeutendsten unter ihnen sind der 23 Kilometer lange Pfad zwischen den beiden Klöstern Tavistock Abbey und Plympton Priory; der 32 Kilometer lange Weg zwischen Tavistock Abbey und Buckfast Abbey; der Pfad zwischen Buckfast Abbey und Buckland Abbey (29 Kilometer) und der Weg zwischen Plympton Priory und Buckland Abbey (16,5 Kilometer). Hervorstechende Merkmale in der Landschaft wie große, isoliert stehende Steinblöcke, "Märchen"-Dornbüsche, Brücken, Furten und Steinkreuze dienten dem Wanderer zur Orientierung. In ihnen setzt sich die Tradition der früheren Zeiten fort, in denen Hügelgräber und aufgestellte Steine als Wegweiser dienten. Die Pfade der Mönche sind zuverlässige Routen, die sich dadurch auszeichnen, daß sie nur geringfügige Höhenunterschiede beinhalten, selten über Hügelkämme führen und die Flüsse an seichten und ungefährlichen Stellen überqueren. Ihre Raststätten sind durch Kreuze, an denen Opfergaben dargebracht wurden, gekennzeichnet. Der Pfad zwischen Tavistock und Plympton ist mit dreizehn Kreuzen gesäumt; zwischen Tavistock und Buckfast stehen sogar dreiundzwanzig Kreuze am Wegesrand. Die Namen, die man ihnen in den alten Tagen gegeben hatte, sprechen von den Dingen, welche die Landschaft beseelen; sie rühmen wichtige geschichtliche

*Kirche innerhalb Richard's Castle, Herefordshire, England,
die mitten auf einem alten keltischen Pfad erbaut wurde.*

Ereignisse des jeweiligen Ortes, bekannte Persönlichkeiten und Gebräuche sowie die übernatürlichen Eigenheiten der Landschaft, die sich unserem Verständnis entziehen.

DER ALTE GERADE WEG UND DIE FEENPFADE

Einige Pfade in der Nähe der walisischen Grenze sind deshalb berühmt geworden, weil Alfred Watkins sie in den zwanziger Jahren als *Leys* oder als die "alten geraden Wege" ("the old straight tracks") beschrieb. Ausgehend von seiner eigenen Kenntnis der Landschaft und den Traditionen seines Geburtsortes Herefordshire stellte er die These auf, daß in früheren Zeiten das Land von einem dichten Netz aus geraden Pfaden, die von Händlern benutzt wurden, überzogen war. Die Pfade waren durch markante Punkte wie Hügel, Erdwälle, aufgestellte Steine, Teiche, Kirchen und kleine Wäldchen, deren es in der Gegend um Herefordshire viele gab, gekennzeichnet. Da die von Watkins untersuchte Landschaft mit markanten Punkten dieser Art, die es anderswo in dieser Fülle nicht gibt, übersät ist, bietet sie sich für gerade verlaufende Wege sehr gut an. Die Komplexität jedes einzelnen Falles macht es nahezu unmöglich, allgemeine Schlußfolgerungen zu ziehen. Dennoch läßt sich feststellen, daß die vielen Wegbegrenzungssteine, die Watkins auf seinen zahlreichen Wanderungen fand, mit denen entlang der "ungeraden" Wege vergleichbar sind. Diejenigen, die in späteren Tagen den Ideen Watkins nachfolgten, neigten dazu, ihnen ihren praktischen Nutzen für Wanderer abzusprechen und sie vielmehr als reine Pfade der Geister und des Lichtes zu sehen. So besagt ein alter gälischer Spruch: "Derjenige, der keinem Rate zugänglich ist, wird den gewundenen Pfad beschreiten".

In Teilen der Bretagne, sowie auf den britischen Inseln kennt man regelrechte "Hauptstraßen" der Anderswelt, die man Feenpfade nannte. In Westengland nennt man eine gerade in einer Wiese verlaufende Linie, die sich auch in ihrer Farbe von dem übrigen Gras unterscheidet, einen *Trod*. Von Rheumatismus geplagte Menschen begaben sich früher zu solchen Pfaden, die jedoch von Tieren gemieden werden. Es ist allerdings zu beachten, daß auch Menschen solchen Pfaden fern bleiben sollten, wenn diese gerade von anderweltlichen Wesen beschritten werden. Sollte ein menschliches Wesen auf dem Feenpfad in Lancanshire auf eine Prozession übernatürlicher Wesen treffen, so würde das fatale Auswirkungen haben. In Irland erzählt man sich, daß die Feenpfade über einige Meilen hinweg in gerader Linie von einer Hügelfestung zur anderen verlaufen. Zu gewissen Zeiten wandeln, genau wie in Lancanshire, auch auf diesen Pfaden die Feenprozessionen einher, und über einen jeden, der unbesonnen genug war, auf einem solchen Pfad sein Haus zu errichten, wird großes Unglück herein kommen. Wer aber sein Haus dergestalt erbaut, daß dadurch der Pfad nicht blockiert wird, dem wird kein Leid widerfahren. Wann immer ein unüblich anmutender Pfad einen Wanderer direkt durch ein altes Gebäude hindurch führt, ist davon auszugehen, daß es sich genau um solch ein "Wegerecht" handelt. In Schottland bezeichnet man dies als *Closs*. Ein bemerkenswertes Beispiel finden wir in Dartmoor, bei West Combe, wo ein alter, unter dem Namen "Mariners' Way" bekannter Pfad direkt zum Haupteingang eines Hauses hinein und auf der anderen Seite wieder hinaus führt.

Irische Feenpfade sind nicht bloße, auf dem Lande verlaufende Linien; sie können auch unter Wasser verlaufen und sind somit Überbleibsel der alten geheimen Fußwege zu Crannogs (künstlich angelegte Inseln) und Versammlungsinseln. "Manchmal legen die Höhlengeister unterhalb des Meeresspiegels gerade verlaufende Pfade von einer Insel zur nächsten an, die sie mit Korallen pflastern. Doch keiner außer den Geistern und Feen selbst ist imstande, diese Pfade zu finden und zu beschreiten", so schrieb Lady Jane Wilde in ihrem Buch *Ancient Legends, Mystic Charms and Superstitions of Ireland (Alte Legenden, mysti-*

scher Zauber und Aberglaube in Irland). Sie fährt fort: "Spät abends heimkehrende Fischer haben sie oft auf ihren Pfaden tief unten auf dem Meeresgrund hin und her gehen gesehen – eine schwarze Schar kleiner Männer mit schwarzen Hunden, die sich heftigst zur Wehr setzten, wenn irgend jemand versuchte, sie zu berühren". In den Tiefen der Wasser liegt das andersweltliche Feenreich, das von der Welt der Menschen völlig abgeschirmt ist und die Überreste eines verlorenen Zeitalters darstellt.

In der Cardigan Bucht kann man bei Ebbe manchmal die Unterwasserpfade erkennen. Man sagt es handle sich dabei um die Reste der Hauptstraßen des Cantref y Gwaelod, das "Verlorene Tiefland", das im sechsten oder siebten Jahrhundert von den Fluten des Meeres verschlungen worden sein soll. Der längste dieser Pfade ist der Sarn Badrig, oder St. Patricks Fußweg; es handelt sich dabei um eine Straße bzw. einen Wall, der sich angeblich auf 35 Kilometer Länge auf halbem Weg zwischen Barmouth und Harlech erstreckt. Der Altertumsforscher Robert Vaughan beschrieb diesen Wall im Jahre 1795 in *The Cambrian Register*: "Ein ganzer Bezirk, genannt Canter Gwaelod...wurde vom Meer überrascht und völlig überflutet, doch die große steinerne Mauer, die zum Schutz gegen die Fluten errichtet worden war, ist immer noch deutlich zu sehen." Der Legende zufolge war das verlorene Land durch vier Hauptstraßen, die bei Ebbe auch heute noch zu sehen sind, unterteilt.

DIE WEGGEISTER

Dem alten Glauben zufolge haben die Weggeister einen etwas anderen Charakter als die Geister, die zu festen Punkten der Wege, wie etwa den Dorfgrenzen, Rastplätzen, Furten, Gezeitenpfaden, Brücken, Wegkreuzungen oder Bergpässen gehören. Über das Beschützen des Weges selbst hinaus ist es ihre Aufgabe, über die Grenzen um einen bestimmten Ort herum und die Wege, die zu ihm hin und von ihm weg führen, zu wachen. In Teilen Schottlands und Westenglands glaubt man an eine übernatürliche "Wache", bestehend aus einer Gruppe von Geistern, welche das jeweilige Dorf sowohl vor internen Streitigkeiten als auch von außen drohenden Gefahren beschützt. Immer zum Einbruch der Dämmerung versammeln sich die Wachgeister an einem bestimmten Rastplatz außerhalb der Siedlung und gehen dann auf ihren Pfaden zu den jeweiligen Wachposten. Bei diesen handelt es sich um die Rastplätze rings um die Siedlung: Hügel, Steine, Kreuze oder besondere Bäume. Die Wachgeister bilden einen schützenden Kreis aus wohlmeinenden Geistern, durch den kein böser Geist hindurch gelangt. Doch hat man die guten Geister einmal vertrieben, besteht der Schutz nicht mehr und das Dorf ist den bösen Einflüssen ausgeliefert.

In der alten keltischen Tradition existierte ein System von *Geassa*; es beinhaltet zahlreiche Geisterorte, die zusammen den *locus terribilis* bildeten, der wiederum nur von Menschen mit besonderen göttlichen Gaben betreten werden durfte. Zu diesen besonderen Orten gehören unter anderen Plätze, an denen die Fußabdrücke eines Königs in Stein eingemeißelt sind. Manchmal kann es sein, daß sich ein *locus terribilis* auf einem Weg befindet und zwar an einer Stelle, die man besser nicht passieren sollte. Wer es dennoch tut, hat mit unerfreulichen Konsequenzen zu rechnen. Unter diese Kategorie fällt auch das "hungrige Gras". In Irland soll solch hungriges Gras, oder *Fear Gortach*, dort wachsen, wo man die Leiche eines Verstorbenen auf dem Weg zum Begräbnis ohne Sarg auf den Boden gelegt hatte. Dies führt dazu, daß dem Boden dauerhaft ein böser Geist anhaftet. Der Unglückselige, der versehentlich auf solch einen Fleck tritt, wird von unstillbarem Hunger gequält werden. Einst gab es einen solchen Fleck in der Nähe von Ballinamote, der bekannt für diese böse Eigenschaft war. Wanderer fielen mit derartiger Häufigkeit dem verwünschten Gras zum Opfer, daß die Frau des nächstgelegenen Hauses allzeit eine Schüssel voll Porridge für all die Wanderer, die versehentlich auf die unglückselige Stelle traten, bereithielt. Ähnlich verwunschene Orte, die niemand aus freien Stücken betreten sollte, findet man auch andernorts, so zum Beispiel in der Nähe von Meigle in Perthshire. An diesem als "pestbringend" angesehenen und daher gemiedenen Ort soll der Leichnam Vanoras, einer von König Artus' Königinnen, die kinderlos verstorben war, begraben liegen. Wer auch nur seinen Blick darauf richtete, wurde fortan vom Pech verfolgt.

Bekannter noch ist das *Foidin Seachrain*, das "mißratene Gras". Wer auch immer das Pech hat, versehentlich darauf zu treten, verliert sofort die Orientierung. Als klassisches Beispiel hierfür steht das "Feld ohne Ausweg". Ein Wanderer, den sein Weg über einen Zauntritt in das von einer undurchdringlichen Dornenhecke und einem Erdwall umgebene Feld führt, wird keinen Ausweg mehr aus dem Feld finden. Wenn er auch noch so genau wissen mag, wo er sich befindet, so wird es ihm dennoch nicht gelingen, die Stelle, an der er hereingekommen ist wiederzufinden, geschweige denn eine Öffnung, an der er wieder hinaus gelangen könnte. In jedem Falle wird er durch sein Umherirren viel Zeit verlieren. Möglicherweise wird er sogar die Nacht auf dem Feld verbringen, um dann am nächsten Morgen zu entdecken, daß er direkt neben dem Ausgang geschlafen hat. Es gibt einige Orte, denen für diese Eigenschaft ein zweifelhafter Ruf vorauseilt. Eine Festung bei Lismirraine trägt den Namen "die Festung des Ortes, an dem die Menschen vom Weg abgebracht werden".

Wegkreuzungen

Stellen, an denen Wege aufeinandertreffen, insbesondere Wegkreuzungen, sind in besonderem Maße gefährliche, von Wachgeistern bewohnte Orte. Man betrachtet Kreuzungen als Orte des Übergangs, an denen die zwischen der oberen und der unteren Welt verlaufende kosmische Achse auf die dazwischen liegende Welt trifft. Deshalb erscheint es gerade an Wegkreuzungen schwieriger, eine Unterscheidung zwischen der physischen und der nichtmateriellen Welt zu treffen. Sie waren von jeher den Göttern des Handels und des Wachstums geweiht und waren von daher bevorzugte Stätten für das Vollziehen von Ritualen. In den alten Tagen kennzeichnete man sie mit einem Denkmal, auf dem Merkur, der Gott des Handels, abgebildet war. Oftmals stand nicht unweit davon im Schatten eines Baumes ein Altar, auf dem die Vorüberziehenden ihre Opfergaben darbringen konnten. Julius Caesar selbst schrieb, der wichtigste Gott der Kelten sei "Merkur, dessen Abbild man überall in Gallien finden kann; man betrachtet ihn als den Ursprung aller Kunst, der Gott, der den rechten Weg weist und des Wanderers Schritt lenkt; er ist der große Patron allen Handels und Reichtums". Eigentlich schrieb Caesar von dem keltischen Gott Lugh. In Nordeuropa war die Gottheit der Wegkreuzungen der Gott der Gehängten, da Kreuzungen unter anderem insbesondere den Toten geweiht waren. Später fügte man dem heiligen Kreuz der Wege noch eine andere Bedeutung hinzu; man sah es auch als Abbild des Kreuzes Christi, einer weiteren gehängten bzw. gekreuzigten Gottheit. Priester ließen an Weggabelungen Steinkreuze errichten, die einen Ort des Verweilens und des Gebets für den gläubigen Wanderer kennzeichneten.

Bis ins neunzehnte Jahrhundert hielt sich in Großbritannien der Brauch, die verstümmelten Körper der Hingerichteten an Wegkreuzungen zur Schau zu stellen. Besonders bekannt ist der Fall der Niederlage des Herzogs von Monmouth bei Sedgemoor. Die Überreste der hingerichteten Rebellen wurden an Kreuzungen überall in Westengland aufgehängt, als Mahnmal und zur Einschüchterung für alle, die es ihnen eventuell gleichtun wollten. Abgesehen von solch schaurigen Schauspielen dienten Kreuzungen als Begräbnisstätten für all jene, die aus irgendeinem Grunde eines christlichen Begräbnisses nicht würdig schienen. Bis zum Jahre 1823 schrieb das Gesetz in England und Wales vor, daß jeder Selbstmörder an der Kreuzung seines Heimatortes begraben werden sollte, nachdem man ihm einen eisernen oder hölzernen Pflock durchs Herz gerammt hatte. Auf die selbe Weise verfuhr man mit sonstigen Personen, die aus dem Rahmen der normalen Gesellschaft herausfielen: mit Hexen, Gesetzlosen und Zigeunern.

ORTE DER ÜBERSCHREITUNG: FURTEN UND BERGPÄSSE

Eine Furt wird als ein *locus terribilis* angesehen. Mit anderen Worten: in der Praxis war das Überqueren eines Flusses eine gefährliche Unternehmung, insbesondere dann, wenn der Fluß Hochwasser führte. In jenen Tagen, in denen Brücken noch keine Selbstverständlichkeit waren, stand der Reisende an einer Furt oft vor der schwerwiegenden und manches Mal auch lebensgefährlichen Entscheidung, ob er den Fluß überqueren und seine Reise fortsetzten sollte, oder nicht. Hin und wieder wurde ihm die Entscheidung durch gewisse Hilfen erleichtert, wie beispielsweise eine Marke, die den Wasserstand anzeigte, bis zu dessen Höhe eine Überquerung als sicher angesehen wurde. Beispielsweise im Teviot bei Borthwick Mains lag ein großer Stein, in den ein Fisch eingemeißelt war, der anzeigte, bis zu welcher Tiefe des Wassers eine Überquerung sicher wäre. Auch die Geister halfen dem Wanderer weiter. Üblicherweise finden wir an Furten zwei Raststätten; eine auf jeder Seite des Flusses. Die eine der beiden, die sich auf der Ausgangsseite befindet, gibt dem Wanderer die Möglichkeit, sich vor der Überquerung geistig zu stärken und bei der auf der anderen Seite kann er für das gelungene Bestehen des Abenteuers danken. An den Rast- und Gedenkstätten kann der Reisende die bösen Geister des Weges und des Flusses besänftigen und den Seelen derer gedenken, die an dieser Stelle verunglückt sind. In den irischen Legenden steht geschrieben, daß Furten von phantomartigen Gestalten bewohnt würden, die man unter dem Namen Bean Nighe, "die Waschfrauen der Furt", kannte. Einer von ihnen ansichtig zu werden bedeutete den Tod, oder war vielleicht auch ein Omen dafür, daß man bald von dieser Welt in die andere Welt übergehen würde. Einen Fluß zu überqueren bedeutete, sein Leben in grundlegender Weise zu ändern, möglicherweise auch eine fundamentale Änderung seiner inneren Haltung oder seines Glaubens. Wenn man den Fluß erst einmal überquert hat, betritt man ein neues Land, aus dem ein Rückweg vielleicht nicht möglich ist. Auch Bergpässe sind eine Art von *locus terribilis*, dessen Herausforderung an den Wanderer ähnlich ist, wie die der Furten. Die alten Kelten, die die Alpen und die penninischen Alpen überquerten, standen unter dem Schutz der Göttin Brigida und ihres Ge-fährten Poeninus, den man bei der Überquerung eines Bergkammes durch einen Engpaß hindurch um seinen Schutz anflehte.

WALLFAHRTSRUNDWEGE

Im Zuge eines Wallfahrtsrundweges besucht der Pilger mehrere genau festgelegte Wall-fahrtsorte in einer bestimmten Reihenfolge. Diese können auf ein relativ kleines Gebiet beschränkt sein; sie können aber auch in größerer Entfernung voneinander liegen. Sol-che Wallfahrtsrundwege entstanden bereits vor dem Christentum. Die aus der Zeit Karls des Großen stammende *Capitularia Regum Francorum* berichtet von dem gallischen "heid-nischen Pfad", genannt Yries, dessen einzelne Stationen mit Stoffetzen und Schuhen ge-kennzeichnet waren. Diese heidnischen Pilgerpfade waren den späteren christlichen sehr ähnlich und man nimmt an, daß die Kirche im Laufe der Jahre viele von ihnen nach nur geringfügigen Änderungen übernommen hat. Sie sind den Labyrinthen nicht unähnlich, da auch sie lange Wallfahrten in einem relativ begrenzten Gebiet ermöglichen. Der Weg führt die Pilger nach und nach zu den unterschiedlichsten heiligen Orten und gibt ihnen so die Gelegenheit, auf engstem Raum vielerlei verschiedene heilige Landschaften zu erleben. In Irland nennt man eine Reihe verschiedener Stationen, an denen man zum Gebet und zum Darbringen von Opfergaben aufgerufen ist, eine "Runde". Wenn ganze Scharen von Gläu-bigen sich am Festtag eines Heiligen zum Gebet auf solch einer "Runde" zusammenfinden, handelt es sich um das Patronatsfest des Heiligen. Diese Art von Wallfahrt wird in der Bre-tagne als "Bittgang" bezeichnet.

Zu derartigen Anlässen wird durch die Anwesenheit vieler gläubiger Menschen voller religiöser Hingabe der spirituelle Gehalt der Landschaft vorübergehend auf eine höhere Ebe-ne gehoben. Im Verlauf der Wallfahrt wird der Pilger nach und nach von einer Station zur nächsten geführt, wobei einige davon die vorangegangenen Erfahrungen vertiefen sollen, andere hingegen neue Erfahrungen bringen. Jede einzelne von ihnen soll die Sinne schär-fen und die archetypischen spirituellen Erfahrungen bewußter machen. Der an einem Hei-ligtum von St. Gobnat bei Ballyvourney abgehaltene Bittgang ist ein ausgezeichnetes Bei-spiel für einen solchen rituellen Gang durch eine heilige Landschaft. Der Tempelbezirk des St. Gobnat enthält eine Reihe geweihter Orte auf engem Raum. Der Anfang des Weges ist durch ein modernes Bildnis des Heiligen gekennzeichnet. Als nächstes kommt ein heiliger Brunnen, aus dem der Pilger trinken muß. Sodann begibt er sich zu einer runden Einfrie-dung, die St. Gobnats Haus genannt wird und aus den Ruinen eines prähistorischen Ge-bäudes besteht. Als es ausgegraben wurde, zeigte sich, daß dort früher Metall verarbeitet wurde, und daß der Ort unter dem Schutz der Gottheit Gobniu stand, an welche der Name des Heiligen sehr stark erinnert. In seiner Mitte steht eine steinerne Säule, in die der Wall-fahrer mit einem Stein ein Kreuz einritzen muß. Daraufhin führt der Weg des Pilgers zum Friedhof, auf dem neben den Ruinen der alten Kirche eine neue erbaut wurde. Der Pilger muß am östlichen Ende der alten Kirche zum Gebet niederknien und dann in einen Stein ein weiteres Kreuz einritzen. Die nächste Station ist ein weiterer heiliger Brunnen, der sich an der südlichen Wand der Kirche befindet. Von dort geht es weiter zu einem beim Eingang des Friedhofs gelegenen Erdhügel, der St. Gobnats Grab genannt wird und den die Pilger auf ihren Knien im Uhrzeigersinn umrunden müssen. Auf dem Hügel werden Krücken und Stöcke zurückgelassen. Zu guter Letzt gehen die Gläubigen durch einen Zauntritt aus dem Friedhof hinaus und begeben sich zu einem weiteren heiligen Brunnen, aus dem sie erneut trinken. Jedes Jahr am 11. Februar und am Pfingstsonntag, an den Hauptwallfahrtstagen, wird ein aus dem dreizehnten Jahrhundert stammendes Bildnis des St. Gobnat enthüllt.

Im Zuge des Bittgangs von Locronan unterziehen sich die Pilger freiwillig großen Strapazen. An diesem Tag wird dem irischen Heiligen Ronan gedacht und die Wallfahrt trägt den Namen "La Trömenie" vom Bretagnischen *tro minihy*, was soviel heißen soll wie "der Gang des Mönchs" oder "der Gang durch die Berge". Jedes Jahr wird ein 6,4 Kilometer langer Weg zurückgelegt und alle sechs Jahre umfaßt die Wallfahrt den langen Weg, den "Grande Trömenie" (14,5 Kilometer), den der Heilige selbst beschritten haben soll, wodurch die Grenzen des Gebietes von St. Ronan abgesteckt werden. Entlang dieses Pfades befinden sich vierundvierzig Stationen, die für den Festtag mit Blumen geschmückt werden. Jeweils am zweiten Sonntag im Juli beschreiten fastende Pilger barfuß den ganzen heiligen Zyklus, erklimmen dann den Hügel, auf dem die St. Ronans Kirche steht, um schließlich einen Felsen des Namens Kador St-Ronan (St. Ronans Stuhl) zu umrunden. Manches Mal tragen die Pilger auf ihrer Wallfahrt auch geweihte Gegenstände und Relikte bei sich, die dazu dienen sollen, den Ort vor allem Bösen zu beschützen.

Wallfahrtsrundwege sind transitorischer Natur; die Stationen werden nur für den Festtag geschmückt und manche von ihnen werden sogar nur für den Festtag errichtet und danach wieder abgebaut. In früheren Zeiten errichteten die Bewohner von Tenby in Pembrokeshire zum Anlaß des Rundtanzes des Dorfes zur Maienzeit an den Raststationen eine Reihe von Maibäumen. In den Ortschroniken ist zu lesen, daß an verschiedenen Stellen im Ort Maibäume errichtet wurden, die mit Blumen, buntem Papier und verschiedenfarbigen Bändern geschmückt waren. Am ersten Mai tanzten dann die jungen Männer und Frauen des Ortes Hand in Hand um den Maibaum herum; sie tanzten einen Tanz, bei dem sich die Tänzer der Reihe nach unter den erhobenen Armen der anderen "hindurchfädelten". Ein Zug von Menschen bewegte sich sodann in Schlangenlinien zwischen den Maibäumen hindurch, bis sie den ganzen Ort durchquert hatten.

Zeremonielle Pfade hatten außerdem noch eine andere Bedeutung, nämlich zum Anlaß eines Todesfalles, wenn der Trauerzug einen gewissen Weg beschritt, um zu der Begräbnisstelle zu gelangen. Bedeutsam waren sie insbesondere in unwegsamem Gelände, wie etwa bei in den Bergen oder im Moor gelegenen Orten. Hier gab es oftmals eigene Pfade, auf denen die Verstorbenen zu heiligem Boden gebracht wurden. In ebenem Gelände verlaufen diese Pfade zumeist in gerader Linie, doch anderswo sind sie kunstvoll geschwungen, ganz in der Art der alten Pfade. Die Begräbnispfade ähneln den Pilgerwegen sehr stark, bis auf den kleinen Unterschied, daß einer der Teilnehmer niemals zurückkehren wird. Ebenso wie die Wallfahrtsrundwege beinhalten auch die Begräbnispfade charakteristische Punkte in der Landschaft und Raststationen. Auf der Insel Mull beispielsweise war es üblich, daß die Trauerzüge auf steilen Hügeln oder in der Nähe eines Gewässers zum Gebet innehielten. Beim Verlassen des Rastplatzes ließ jeder Trauernde auf dem Steinhaufen einen weiteren Stein zurück. Üblicherweise endete der Trauerzug mit einer Umrundung der Kirche oder der Begräbnisstätte. In seiner *History of Moray (Die Geschichte von Moray)* erinnert sich

Shaw an einen Trauerzug, der die Kirche drei Mal mit dem Sarg im Uhrzeigersinn umrundete, bevor er sich zur Trauerfeier hineinbegab. Auch im Süden von Uist und Arisaig ist es üblich, den Friedhof vor dem Betreten im Uhrzeigersinn zu umrunden.

Wenngleich die alten Begräbnispfade in unserem modernen Zeitalter des Transports mittels Kraftfahrzeugen nicht mehr in Gebrauch sind, kann man einige von ihnen immer noch ausfindig machen. So kann man beispielsweise den Burnmoor Pfad zwischen Wasdale und Eskdale in Cumbria auch heute noch beschreiten. In den alten Tagen, in denen es in Wasdale Head noch keinen geweihten Boden für Beerdigungen gab, brachte man die Särge der Verstorbenen auf einem Ponywagen diesen Weg entlang zur Kirche von St. Catherine at Boot. Ein weiterer relativ langer derartiger Begräbnispfad befindet sich in Dartmoor. Auf ihm brachte man die Toten durch das Moor hindurch zum Friedhof von Lydford.

KÖNIGLICHE WEGE DER KELTEN

Die etwas abenteuerlich anmutenden Thesen der Verfechter keltischer Kultur besagen, daß das alte britische Straßensystem, das heutzutage üblicherweise auf die großen Errungenschaften der Römer zurückgeführt wird, tatsächlich schon vor der Eroberung der Insel durch die Römer bestanden haben soll. Als Beweis für diese These führen sie die alten Straßen Irlands an, das ja nie unter römischer Herrschaft stand. Ein gewisser Wahrheitsgehalt in diesem Gedanken läßt sich nur schwer abstreiten. An einigen irischen Straßen ist eine Planungs- und Baukunst zu erkennen, die sich mit der der Römer durchaus messen kann. Im County Kerry zum Beispiel besteht zwischen Brandon Mountain und Kilmachedor durch einen Sumpf und über einen Hügel hinweg eine 11 Kilometer lange Verbindungsstraße, die den Namen Casan na Naomh, "Fußweg der Heiligen", trägt. Es ist jedoch unklar, ob diese in so ausgezeichneter Weise konstruierte irische Straße aus der Zeit vor der Einführung der christlichen Religion, deren Priester ja auch die römischen Bau- und Konstruktionstechniken mitgebracht hatten, stammt, oder ob sie erst danach gebaut wurde. In jedem Fall sind fast alle diese Straßen nach christlichen Heiligen benannt.

Aus den geschichtlichen Aufzeichnungen Großbritanniens geht hervor, daß gewisse Straßen unter dem Landfrieden des Königs standen, nämlich die vier königlichen Straßen von Britannien. Bardische Gesänge schreiben sie den beiden Königen Dunwal Molmutius und seinem Sohn Belinus zu, die beide vor der römischen Eroberung die Insel regierten. Als diese vier Straßen fertiggestellt waren, standen sie "allen Nationen und auch den Fremden" offen. Wer auch immer auf ihnen reiste, stand unter dem Schutze des Königs, zumal Straßen ebenso geheiligt wurden wie Flüsse oder andere Heiligtümer und deshalb einem jeden ein freies und ungehindertes Passieren sicher war. "Drei Dinge sind in einem Land und innerhalb seiner Grenzen zur freien Verfügung; es sind dies die Flüsse, die Straßen und die Heiligtümer", so erzählt uns eine bardische Triade.

Die Erzählungen der Barden stammen überwiegend aus dem Mittelalter und werden oft als bloße mystische Geschichten abgetan, doch zeigen sie uns die geschichtlichen Parallelen zwischen den Kelten der Inseln und jenen des europäischen Festlandes auf. In *De Mirabilibus Auscultis* berichtet der Pseudo-Aristoteles: "Von Italien bis hin nach Celtia, in dem Gebiet der Celtoligurianer und der Iberianer gab es eine große Straße, die der Heraclean Way

(Weg des Herakles) genannt wurde. Sollte einmal ein Grieche oder auch ein Einheimischer auf ihm wandeln, so versicherten ihm die ortsansässigen Menschen sogleich, daß ihm auf dieser Straße kein Leid geschehen werde, da sie selbst dafür bestraft würden". Prinzipiell ist diese Versicherung der italienischen Kelten identisch mit der Sicherheit, die man den königlichen Straßen Britanniens zuschrieb. Manchmal waren es Pilger, die diesen Schutz benötigten. Im Jahre 1427 gewährte der schottische König James I. allen Pilgern, die zum Heiligtum von St. Ninian bei Whithorn gingen, seinen Schutz, vorausgesetzt sie würden die vorgeschriebenen Abzeichen tragen und wären somit als Pilger erkenntlich.

Eine andere Strömung innerhalb der bardischen Dichtung schreibt die Straßen der Elen, Tochter der Eudaf zu, von der die Könige Cornwalls abstammen wollen: "Elen besann sich darauf, in ganz Britannien große Straßen von einer Stadt zur anderen anzulegen. Und so geschah es." Darüber lesen wir auch in *The Dream of Macsen Wledig (Macsen Wledigs Traum)*: "Aus diesem Grunde nennt man sie die Straßen der Elen Luyddog". Was auch immer ihr historischer Ursprung gewesen sein mag, so findet man in jedem Fall in späteren Zeiten, etwa der Zeit Eduards des Bekenners (Edward the Confessor) oder Wilhelms des Eroberers (William the Conqueror), aus denen uns eine größere Fülle von Aufzeichnungen erhalten geblieben ist, schriftliche Bestätigungen der Existenz besagter Straßen. Die Straßen Eduards waren Watling Street, Fosse Way, Icknield Street und Ermine Street. Da die Straßen selbst bereits als heilig angesehen wurden, waren ihre Kreuzungen besonders bedeutsame Orte der Anbetung und des Verweilens. Drei der vier Hauptkreuzungen sind von besonderer Wichtigkeit: Cirencester, Dunstable und Royston. Sie bilden jeweils in sich eine kleine "heilige Stadt".

Das mittelalterliche Irland besaß fünf königliche Straßen, die alle von Tara ausgingen. Ihre Namen waren: Slige Midluachra, Cualann, Dála, Asal und Mór. Die im Mittelwesten gelegene Slige Mór war eine heilige Achse, die das Verwaltungszentrum Tara mit dem heiligen Omphalos in Uisnech verband. Auf der Isle of Man gibt es nur eine einzige königliche Straße, die heute Millennium Way (Weg der Jahrtausende) genannt wird. Genau wie die britischen königlichen Straßen steht sie in Verbindung mit einem König, hier des Königs Orry. Sie ist, ebenso wie die Ermine Street und der später entstandene Pilgerpfad nach Walsingham, ein Abbild der Milchstraße.

10

Orte der Epiphanie

TRÄUME UND STIMMEN

Viele heilige Orte entstehen durch prophetische Stimmen, Träume oder Visionen, in denen irgend ein geheimnisvoller Teil der Landschaft zum Unterbewußtsein der Menschen spricht. Auch alte, lang vergessene heilige Orte können durch solche Visionen wiederentdeckt werden. Beispielsweise in Josselin und Rochefort-en-Terre (Bretagne) wurden lange verlorene Bildnisse der Jungfrau Maria wiedergefunden und der heilige Brunnen von Fernyhalgh in Lancashire wurde durch eine Offenbarung entdeckt. Im Jahre 1471 wurde ein von Irland aus in einem Schiff reisender Händler vom Sturm überrascht. Als die Lage völlig aussichtslos zu werden drohte, begann er zu beten und versprach, daß er zum Zeichen der Dankbarkeit eine heilige Gedenkstätte errichten würde, wenn er nur gerettet würde. Als er dann in Lancashire an Land ging, hörte er auf einmal eine Stimme, die ihm sagte, er solle sich an einen Ort begeben, an dem er in der Nähe einer Quelle einen Apfelbaum finden würde, an welchem kernlose Früchte hingen; genau an diesem Ort solle er eine Kapelle errichten. So zog er los, diesen Ort zu suchen. Nach einigen Tagen kam er nach Fernyhalgh, wo er den vorhergesagten Apfelbaum und auch die Quelle fand. Auch fand er das Bildnis der heiligen Jungfrau und erbaute sogleich eine Kapelle. Im Jahre 1685 wurde dort eine neue Kapelle erbaut. Wenngleich der Ort heute nicht mehr für die Öffentlichkeit zugänglich ist, so finden wir doch noch immer das Abbild der Madonna mit dem Kind an der steinernen Mauer.

Der vielleicht am stärksten frequentierte aller heiligen keltischen Orte ist wohl Glastonbury. Einer seiner übersinnlichsten *loci* ist der Chalice Well (der Brunnen des Kelches), der am Fuße des Chalice Hügels in der Nähe des noch eindrucksvolleren Glastonbury Berges zu finden ist. Von seiner frühen Geschichte ist nur wenig bekannt, doch weiß man, daß er schon seit uralten Zeiten das Ziel vieler Gläubiger war. Früher war er unter dem Namen Chilkwell oder "Kalkbrunnen" oder auch als der Blutsbrunnen (wegen seines roten Wassers) bekannt. Matthew Chancellor, ein ortsansässiger Mann, hatte im Jahre 1750 einen Traum, in dem ihm gesagt wurde, wenn er von den Wassern des Brunnens tränke, würde er von seinem Asthmaleiden geheilt werden. Am nächsten Morgen eilte er sogleich zum Brunnen und sieben Sonntage später, nachdem er davon getrunken hatte, war er geheilt. Die Kunde von seiner Heilung verbreitete sich wie ein Lauffeuer, so daß bald Pilger von weither angereist kamen, auf daß auch sie von ihren Leiden geheilt würden. Durch diesen Brunnen wurde auch Glastonbury zu einem der vielen Wasserkurorte Englands jener Zeit. Irgend jemand entdeckte dann die alte Legende wieder, in der es hieß, daß Josef von Arimathäa den heiligen Gral an dem Brunnen zurückgelassen hätte. Es sei das Blut Christ, welches dem Wasser des Brunnens seine rote Farbe ebenso wie seine Heilkraft verlieh. Von da an war der Brunnen ein Ort größter Verehrung. Die Stiftung, die sich heute des Brunnens angenommen hat, der "Chalice Well Trust", hat rund um ihn herum einen wundervollen, friedlichen Garten angelegt, durch welchen die roten Wasser des Brunnen fließen. Der Brunnen ist heute mit einem modernen Metalldeckel abgedeckt, auf dem das Siegel der Vesica Piscis (eines der alten und bekannten keltischen Muster) als Symbol der Geometrie der Schöpfung angebracht ist. Wenngleich der Brunnen heute nicht mehr in erster Linie zu Heilzwecken aufgesucht wird, so ist er doch immer noch eines der perfektesten Beispiele für ein modernes keltisches Brunnenheiligtum, deren gleichen es auch andernorts geben sollte.

ERSCHEINUNGEN

Träume und Stimmen sind niemals so eindrucksvoll wie sichtbare Erscheinungen, die man nicht so leicht ignorieren kann. Der vorwiegende Teil dieser Epiphanien, die seit langer, langer Zeit immer wieder gesehen werden, ist weiblicher Natur. Schon um das Jahr 500 vor christlicher Zeitrechnung erschien Artemis "gleich der Flamme eines lodernden Feuers" der jugendlichen Prinzessin Hagelochia von Sparta, als diese gerade an ihrem Webstuhl saß. Spätere Erscheinungen, die niedergeschrieben wurden, hatten immer eine gewisse Ähnlichkeit mit der eben beschriebenen. Durch die Erscheinung wurde der Ort, an der man ihrer ansichtig wurde, zu einem heiligen Ort; viele der bedeutendsten Heiligtümer entstanden auf ähnliche Art und Weise. Die Jungfrau Maria, die jüngste Erscheinungsform der Göttin, war vorherrschend im vergangenen Jahrtausend. Zum ersten Mal wurde ihr Erscheinen im Jahre 1061 in Little Walsingham niedergeschrieben. Drei Mal erschien sie der Gutsherrin Richeldis. Noch heute ist das Heiligtum einer der bedeutendsten Wallfahrtsorte Großbritanniens. Wenn auch das Vorherrschen der christlichen Religion einige Verwirrung über die Identität der Erscheinungen hervorrief, so konnten durch sie die Manifestationen der heidnischen Göttin dennoch nicht verhindert werden. Im Jahre 1398 erschien zum Beispiel die Göttin Venus am Hörselberg und die schottische Ballade von *Thomas the Rhymer* beschreibt, wie im Mittelalter die Elfenkönigin dem Thomas von Ericildoune erschien:

> *Thomas der Getreue weilte einst am Ufer von Huntlie;*
> *indes erblickte er eine wunderschöne Fee,*
> *eine holde Jungfrau, gar lieblich anzusehen,*
> *die unter dem Eildon Baum hervorritt auf ihrem Pferd.*

> *Aus grasgrüner Seide war ihr Gewand,*
> *ihr Mantel selbst aus zartem Samt*
> *und silberne Glöcklein, neunundfünfzig an der Zahl*
> *zierten jede Strähne ihres Pferdes Mähne.*

Thomas der Getreue nahm ab seinen Hut
und fiel nieder auf seine Knie:
"Gegrüßt seist du Maria, Königin des Himmels!
Deinesgleichen kann es auf Erden niemals geben."

"Oh nein, oh nein, Thomas", sprach sie,
"dies ist nicht der Name, der mir gebührt;
ich bin nur die Königin des Feenlandes
und kam hierher, dich zu sehen".

Daraufhin nimmt die Elfenkönigin Thomas mit auf den "dritten Weg", der weder in die Hölle noch in den Himmel der Christen führt, sondern zu einem anderen Ort, nämlich der keltischen Anderswelt. Wie schon andere vor ihm, kehrt Thomas als anderer Mensch aus der Anderswelt zurück, nämlich als Barde von höchstem Rang.

Im Unterschied zu den ganz privaten Erscheinungen einzelner Menschen scheinen öffentlich bekannte Erscheinungen nicht die selbe verwandelnde Wirkung zu haben. Im Jahre 1879 sah eine Menschenmenge eine ganze Reihe von Erscheinungen unter dem Giebel der Dorfkirche von Knock im County Mayo. Mary McLoughlin, eine der Augenzeuginnen erinnerte sich: "Als ich in einiger Entfernung an der Kapelle vorbei kam, sah ich bei ihrem Giebel vielerlei wundervolle und ungewöhnliche Wesen; eines von ihnen war wohl die heilige Jungfrau Maria, ein anderes der heilige Josef, ein weiteres ein Bischof; auch erblickte ich einen Altar". Eine weitere Augenzeugin, Mary Beirne, gab einen etwas anderen Bericht über die Begebenheit ab: "Auf dem Altar befand sich ein Lamm, welches zum heiligen Johannes hin blickte und somit dem westlichen Himmel zugewandt war. Ich sah jedoch nirgendwo ein Kruzifix. Auf dem Körper des Lammes und um ihn herum sah ich goldene Sterne oder kleine, strahlend helle Lichter, die gleich gläserne Kugeln oder Lichtstrahlen funkelten und das Licht eines hell strahlenden Körpers reflektierten". Seltsamerweise sahen nur wenige Menschen diese Erscheinung und diese machten auch keinerlei Anstalten, andere herbeizurufen, auf daß auch sie die Erscheinung, die ganz offensichtlich ein Wunder war, sähen. Den Ungereimtheiten in den Erzählungen der Augenzeugen zum Trotz kamen immer mehr Menschen herbei, um den Ort der Erscheinung zu sehen. Bis zum heutigen Tage ist der Strom der Pilger nicht verebbt. Heutzutage kommen bis zu 750.000 Menschen pro Jahr zum Heiligtum unserer lieben Frau von Knock, deren unästhetische moderne Betonkirche geradezu eine Beleidigung der *anima loci* ist.

PHANTOMLICHTER

In engem Zusammenhang mit den Erscheinungen göttlicher Wesen stehen gestaltlose Lichter, die Menschen gesehen haben wollen. Den keltischen Mönchen zufolge ist es bestimmten, sehr hochentwickelten Menschen möglich, geistige Feuerzungen hervorzurufen, die als Ausdruck des heiligen Geistes angesehen werden. Adamnan, der das Leben des St. Columba dokumentierte, stellte fest, daß der Heilige große Fähigkeiten auf eben diesem Gebiet hatte. Er berichtete über etliche derartige Manifestationen: "St. Brendan sah eine strahlend helle Kugel aus loderndem Feuer über St. Columbas Kopf, die sich, als der Heilige die Hostien weihte, gleich einer Feuersäule über ihm erhob". Bei einer anderen Gelegenheit, als Virgno und Columba des Nachts gemeinsam beteten, kam "ein goldenes Licht von Himmel herab und erfüllte diesen Teil der Kirche".

Gelegentlich sehen Menschen auch Lichter unbekannter Herkunft, die wiederum mit anderen Menschen in Verbindung zu stehen scheinen. Die Erzählungen über diese Art von Erscheinung sind zahlreich und oftmals mit mystischen Erklärungen verziert. Auch in jüngerer Zeit gab es Berichte über solche immer wiederkehrenden Lichter. Manchmal treten sie als Halbkugeln in Bodennähe auf; manchmal sind es Lichtkugeln, die über dem Boden schweben; dann wiederum zeigen sie sich in der Form eines menschlichen Körpers oder aber als gerade verlaufende Lichtsäulen bzw. als zwei überkreuzte strahlende Säulen. Oftmals läßt sich in den Phantomlichtern ein schimmerndes, fluktuierendes Muster erkennen. Im Jahr 1940 sah ein Mann, der gerade dabei war, seinen Garten in Coventry umzugraben, wie auf einmal eine Lichtkugel vor ihm auftauchte, die er als ein "Gewirr in sich verschlungener Lichtbänder" beschrieb. Lichtsäulen können zusammen auch die verschiedensten geometrischen Figuren bilden; so können sie die Form eines T-förmigen Kreuzes oder die des keltischen Kreuzes mit dem Sonnenrad annehmen; sie können aber auch wie die heilige germanische Weltachse Irminsul erscheinen. Von St. Trillo erzählt man sich, er habe seinen heiligen Brunnen am Ufer bei Llandrillo-yn-Rhos dadurch gefunden, daß er an der besagten Stelle einen aus dem Boden hervorkommenden Lichtstrahl ausmachen konnte. Sich ineinander windende Lichtbänder erinnern übrigens an die in manche Steine und Omphaloi eingeritzten keltischen Muster. Möglicherweise ist auch das in den Turoe Stein eingeritzte Muster eine Abbildung eines solchen Lichtmusters.

William Lethaby schreibt in seinem schöpferischen Werk *Architecture, Mysticism and Myth (Architektur, Mystizismus und Mythos)* von dem "alles umfassenden Weltenbaum, dessen Früchte die Sterne sind, die am dunklen Nachthimmel erstrahlen". Es ist dies der juwelentragende Baum, ein Baum, in dessen Laubwerk man Phantomlichter erspähen kann, die wie Diamanten blitzen und funkeln. Als ich selbst am ersten Mai 1993 einen solchen Baum in einem Wald in Deutschland erblickte, konnte ich kleine aufschimmernde Punkte roten, grünen und weißen Lichts erkennen. Diese an Bäumen erstrahlenden Phantomlichter erinnern sehr stark an die Lichter an den Weihnachtsbäumen, die man im Englischen bezeichnenderweise "fairy lights", also Märchen- oder Feenlichter, nennt.

In Teilen Irlands sagt man, die in Bodennähe auftretenden Phantomlichter seien Vorboten und Indikatoren für das Feenland; sie seien die nächtlichen Manifestationen der "Märchenclans des Erdenvolkes". Diese phosphoreszierenden Lichter erschienen über Gewässern, sumpfigem Gelände oder in Friedhöfen, und nähmen oftmals die Gestalt tanzender Flammen an. Man glaubte, daß Orte, an denen solche Lichter erschienen, in irgendeiner Weise etwas Besonderes seien. Man beobachtete Feuerzungen, beispielsweise über Loch Maree, wo man sie als eine Manifestation des Gottes Mhor-Ri, dem auf einer in dem "Loch" (d.h. also in dem See) befindlichen Insel gehuldigt wurde, ansah. Lichter, die über Gewässern sichtbar wurden, schrieb man den Geistern zu. Hingegen von Lichtern, die auf innerhalb eines schottischen Sees gelegenen Inseln, den mystischen "Inseln in der Insel", aufleuchteten, glaubte man, sie seien göttlichen Ursprungs. Man sah diese Lichter im Jahre 1912 in den Ruinen der Kirche auf Church Island im Lough Beg im County Londonderry. Augenzeugen gingen davon aus, daß sie ein Zeichen der Geister seien. Irischen Legenden zufolge jedoch kommen diese Lichter nicht vom Reich des Himmels, sondern sind eine Erscheinung des Wasser-"Sheerie", eines elementaren Geistes, der sich in ein Gewand aus Feuer kleidet und eine Hand voll brennenden Strohs mit sich trägt. Er kann in vielerlei verschiedenen Formen erscheinen: als Flammen, die auf einem Karren tanzen, als Geisterlichter auf dem Masten eines Segelschiffs oder als Feuerzungen auf dem Wasser. Es gibt nur eine einzige Methode, um diesen gefährlichen Feuerdämon zu verjagen; sie besteht darin, Gegenstände aus Eisen, am besten in der Form eines Messers oder eines Kreuzes mit sich zu tragen. Man sagt, daß die Feuergeister ebenso wie die Seelen der Verstorbenen erdverbundene Seelen seien, denen der Eintritt in die Über- oder die Unterwelt verwehrt worden war.

Phantomlichter werden manchmal auch auf der Begräbnisinsel Mun im Loch Leven beobachtet. Üblicherweise sieht man solche Lichter, die an Begräbnisstätten auftauchen, als Vorboten des Todes an. Es herrschte der Glaube, daß die Seele den Körper in Form einer hellen Flamme verließe. Adamnan berichtet zum Beispiel über den Tod von St. Columba. Im Augenblick des Todes des Heiligen sei dessen Kirche mit einem "engelhaften Licht" erfüllt gewesen. Ein weiterer Berichterstatter, Bede, erzählt vom Tod des Königs von Northumbria in einer Schlacht. Seinem Bericht zufolge stand eine Lichtsäule über den sterblichen Überresten von König Oswald, die von dem Wagen, auf den man ihn gebettet hatte, "bis hinauf in den Himmel reichte". In Wales glaubte man, daß in dem Augenblick, in dem an einem bestimmten Ort ein geisterhaftes Licht gesehen wird, der Tod ein Opfer fordere, wobei es sich dabei nicht notwendigerweise um den Augenzeugen selbst handeln muß. Wenn Phantomlichter in der Nähe eines Gebäudes gesehen werden, so bedeutet dies den baldigen Tod eines der Bewohner.

Es kann auch vorkommen, daß in dem Augenblick, in dem eines Menschen Tod bevorsteht, sogenannte "corpse candles", d.h. Totenlichter, gesehen werden. Es handelt sich dabei um eine Flamme oder eine Lichtkugel, die sich nahe dem Erdboden von einem Friedhof aus zu dem Haus des Sterbenden bewegt und dann wieder zu dem Friedhof zurückkehrt. Man sagt, diese Lichter nähmen immer den selben Weg, den der Trauerzug später beschreiten würde und verschwänden dann an dem Ort, an dem das Grab sein würde. Es herrschte der Glaube, daß es sich hierbei um die Seelen der Anverwandten handle, die sich in dem Friedhof aufhielten und nunmehr kämen, um ihre zurückgebliebenen Angehörigen zu holen. In Westengland sieht man das Auftauchen eines solchen Lichtes nur dann als Warnung an, wenn man selbst Anverwandte hat, die in dem jeweiligen Friedhof begraben liegen. Wenn ein Verstorbener keine Ruhe finden kann, so kann es sein, daß er mittels des Lichtes auf sich und seine Notlage aufmerksam machen will. Manchmal führen die Totenlichter auch zu der Stelle, an der die Leiche eines Menschen liegt. So schrieb John Aubrey in seinen *Miscellanies*: "Wann immer ein Christ in den Fluten des Flusses Dee ertrunken war, erschien an der Stelle, an der seine Leiche lag, ein helles Licht, das diejenigen, die nach dem Menschen suchten, zu der jeweiligen Stelle führte; deshalb nannte man den Fluß auch den ‚Holy Dee'". Man geht davon aus, daß Iona aufgrund von wiederholten Erscheinungen dieser Art als besonders heilig angesehen wurde.

LANDGEISTER

In den nordeuropäischen Legenden finden wir eine ganze Fülle von Erzählungen über die Geister des Landes und entsprechende Erscheinungen. In Irland wird jede Kategorie von Geistern genau beschrieben. Wenn auch die Banshees und die Leprechauns überall in der Welt bekannt sind, so gibt es doch außer ihnen noch eine Vielzahl anderer Geister für beinahe jeden Aspekt der Landschaft und des traditionellen Lebens. Wenn sie richtig behandelt werden, bringen sie den Bauern und deren Äckern Fruchtbarkeit und den Fischern und Jägern bescheren sie einen reichen Fang. Wenn man sie aber nicht beachtet oder gar beleidigt, so kann es sein, daß sie sich üble Scherze erlauben oder sogar Unheil anrichten. Das Märchenvolk Irlands sind bekanntlich die Daoine Sidh. Man sagt, sie seinen entweder die Überbleibsel der früheren Bewohner Irlands, der Tuatha da Danaan, die an die Grenzen der Anderswelt vertrieben wurden oder gefallene Engel, die zu böse waren, als daß sie gerettet werden könnten, aber dennoch zu gut, als daß sie der ewigen Verdammnis anheim fallen würden. Sie wohnen in alten Hügelfestungen, reisen auf ihren eigenen Straßen und manchmal greifen sie gar Menschen oder Rinder mit ihren kleinen Geisterpfeilen an. Am häufigsten treten sie an den hohen Festtagen des keltischen Kalenders in Erscheinung. So kommen sie beispielsweise an Beltane (am Vorabend des ersten Mai), an dem sie ihre Kämpfe austragen, hervor; oder am Vorabend der Sommersonnwende, ihrem Festtag; oder an Lá Samhna (dem Abend vor dem ersten November), an dem sie mit den Geistern tanzen und über den Einzug des Winters klagen. William Butler Yeats erläutert in seinen *Fairy and Folk Tales (Märchen und volkstümliche Erzählungen)*, daß die heidnischen Gottheiten Irlands, als sie allmählich der ihnen entgegengebrachten Verehrung und der Opfergaben beraubt wurden, in der Vorstellung der Bevölkerung immer mehr an Bedeutung verloren hätten und schließlich nur noch als Märchengestalten betrachtet wurden. Im Gegensatz dazu gewannen die heidnischen Helden immer mehr an Ansehen, bis sie zu regelrechten Giganten wurden. Dennoch können nicht alle übernatürlichen keltischen Wesen in diese Kategorie eingeordnet werden. Auch außerhalb Irlands kann man manchmal das freundliche Wesen, das in der Bretagne unter dem Namen Yann-An-Ôd bekannt ist, an Meeresstränden und in Sanddünen antreffen. Ebenso wie Proteus ist es ihm eigen, seine Form und Gestalt nach seinem Belieben zu verändern, so daß es manchmal klein ist wie ein Zwerg und dann wieder so groß wie ein Riese.

Auf der Isle of Man herrscht der Brauch, des Nachts Nahrungsmittel, Milch und Wasser für die Mooinjer-ny-gione-veggey, die Wesen des Märchenvolkes, bereitzustellen. Früher war dieser Brauch in allen keltischen Landen anzutreffen. Im allgemeinen sind die Mitglieder des Märchenvolkes gesellige Wesen, doch kennt die keltische Legende auch einzeln auftretende, unabhängige Geister, von denen einige freundlich und hilfsbereit, andere hingegen dämonisch und gefährlich sind. Die bekanntesten unter ihnen, die aber oftmals sehr verkannt und falsch dargestellt werden, sind die Leprechauns. Genau genommen sind sie Märchenschuster, doch mittlerweile wird der Name unterschiedslos zur Bezeichnung jeglichen irischen Märchenwesens benutzt. Die irischen Cluricaunes und die Lutins der Bretagne sind Hausgeister, die, wenn sie auch hin und wieder Nahrungsmittel stibitzen, ihre guten Sciten haben, da sie die Bewohner des Hauses vor möglichen Einbrechern warnen. Ein ähnlicher Plagegeist ist der auf der Isle of Man beheimatete Phynnodderee. In Irland erscheint auch hin und wieder der Fear Dearg, der "rote Mann", in Purpur gekleidet. Er ist dem deutschen Kobold und dem englischen *Hobgoblin* recht ähnlich, der vielmehr an einen Ort oder ein Haus gebunden ist, als an die in dem Haus wohnende Familie. Gemäß der Geschichten, die man sich in Irland erzählt, klingt seine Stimme etwa so wie das Rauschen der Wellen, das Gezwitscher und Geschnatter von Vögeln oder die Musik von Engelschören. Menschen, die im Märchenland gefangen sind, können ihn zu ihrer Befreiung herbeirufen. Im Norden Irlands und in Schottland kennt man auch den Gruagach, einen freundlichen Geist, der die Rinder bewacht, solange er durch Geschenke wie etwa Milch oder Essensgaben besänftigt wird, die an seinem "Dobbie"-Stein, einem steinernen Trog beim Eingang des Bauernhofes, bereitgestellt werden. Alle diese Geister sind freundlich und verursachen keinen Ärger, solange man ihnen nur Beachtung schenkt und sie richtig behandelt.

Dies kann jedoch nicht über den Fear Gorta, den "Mann des Hungers" gesagt werden. Er ist die Personifizierung des *Fear Gortach*, der in Irland sehr gefürchtet ist, da er in Zeiten der Not erscheint oder gar eine Hungersnot über das Land herein bringen kann. In Zeiten der Fülle hält er sich an Orten auf, an denen das "hungrige Gras" wächst. Ebenso wie die anderen Geister kann man auch ihn, gleich seinem auf der Isle of Man hausenden Genossen, Glashten, mit Essensgaben besänftigen. Gefürchtete Dämonen sind auch die Dublachan, die dunklen Phantomwesen, die sich an Orten zeigen, an denen bald ein Todesfall zu erwarten ist. Aus irgendeinem Grunde sind sie im County Sligo besonders stark vertreten. Bei Einbruch der Nacht kommt in der Bretagne ein ähnliches Wesen, nämlich der Bugul-Noz, hervor und ermahnt die Heimkehrer, sich einen Unterschlupf für die Nacht zu suchen. Für die unglückseligen Menschen, die beim Betreten eines Friedhofes in der Bretagne dem Ankou oder auf der Isle of Man dem Keimach begegnen, bedeutet dies eine Ankündigung ihres eigenen bevorstehenden Todes. Ein weiteres unheilvolles Wesen ist der Bean Si (Banshee), der sich bisweilen in der Gestalt eines in wehende Gewänder gehüllten, gräßlichen alten Weibes und bisweilen als wunderschönes, fein gekleidetes junges Mädchen zeigt und in gewisser Weise die Aspekte der dreifaltigen Göttin darstellt. Es herrscht der Glaube, es handle sich dabei um eine Erscheinungsform des Geistes eines Vorfahren, der als Vorbote für den bevorstehenden Tod eines seiner Nachfahren käme. Oft wird der jeweiligen Erscheinung der Name der Familie verliehen; "O'Neill's Banshee" erschien beispielsweise im Schloß Shane, dem nahe Lough Neagh gelegenen Wohnsitz der Nachkommen der O'Neills. Jede Familie hat ihren eigenen Bean Si, der auf seinem eigenen Territorium erscheint und somit die Natur der Wächtergeister als Familiengeister unterstreicht. Jede keltische Familie hat ihren eigenen Schutzgeist, bei dem es sich um den jeweiligen Bean Si handeln kann, der aber auch ein anderes Wesen sein kann. Möglicherweise ist er der Geist eines Vorfahren, der im Anwesen der Familie umherzieht, möglicherweise ist er aber auch ein andersweltlicher Wächter, der niemals zuvor als menschliches Wesen auf der Erde gewandelt ist. Auf der Isle of Man nennt man ein solches Wesen einen "Ihiannan-Shee".

Der irische Tash oder Thevshi kann entweder in Gestalt eines Menschen oder eines Tieres erscheinen und ist meistens an einen bestimmten Ort gebunden. Man sagt, er sei der Geist eines Menschen, der gewaltsam ums Leben gekommen ist, d.h. also entweder durch Selbstmord oder durch die Hand eines anderen Menschen. Die an einen Ort gebundenen Thevshi machen üblicherweise deshalb auf sich aufmerksam, weil sie anderen die Gelegenheit dazu geben wollen, aus ihrer mißlichen Lage zu lernen. An manchen Orten glaubte man, daß sich um die Zeit des Jahreswechsels die Leichen erst kürzlich verstorbener und begrabener Menschen wieder aus ihren Gräbern erheben und auf der Suche nach Blut durch die Lande streifen würden. Auf den Gräbern derer, von denen man annahm, sie wären ein Dearg-due, ein "roter Blutsauger", wurden Steinhügel errichtet. Der am meisten gefürchtete Dearg-due Irlands war der Schatten einer in der Nähe des Strongbow-Baumes von Waterford begrabenen Frau. Als man sie in Form eines schrecklich anzusehenden alten Weibes erblickte, sah man unweigerlich eine Verwandtschaft zu der fürchterlichen Morrigan und der Bean Nighe, des "Waschweibes an der Furt". Bei letzterer handelt es sich um die in der Form einer totenbleichen Geisterfrau auftauchenden Totengöttin. Wer ihrer ansichtig wird und sie dabei beobachtet, wie sie an einer Furt mit Blut befleckte Kleider wäscht, wird alsbald mit einem gewaltsamen Tod zu rechnen haben. Die allerschlimmste Erscheinungsform dieser Gottheit ist die Kriegsgöttin Badb, die oftmals in der Form eines Raben über Schlachtfeldern kreist und die Leichen der Gefallenen verstümmelt.

Durchaus faszinierend doch nichtsdestotrotz äußerst fatal ist Leanhaun Shee, die "märchenhafte Dame". Jeder Mann, der ihr begegnet, ist so betört von ihrer Schönheit, daß er in Liebe zu ihr vergeht. Diese Liebe inspiriert ihn zu den schönsten Liedern und Gedichten, da sie ihm die Gaben eines talentierten Barden verleiht. Dennoch ist sie eine trügerische Muse, da die jungen gälischen Dichter durch ihre Liebe einen frühen Tod finden. Sie ist ein sehr ruheloses Wesen und gestattet es den in ihren Bann geratenen Barden nicht, ihre Kunst allzu lange auf Erden auszuüben. Wenn ein Mann der Leanhaun Shee erst verfallen ist, gibt es kein Entrinnen mehr und die Lebenskraft wird ihm mehr und mehr entzogen. Er kann diesem Schicksal nur dann entgehen, wenn ein anderer Mann seinen Platz einnimmt, doch ist er dann auch seiner Kräfte beraubt und wird ins Exil verbannt. Wer den Geist seines Landes ablehnt, muß selbiges verlassen und ist dazu verurteilt, verloren und heimatlos durch die Welt zu ziehen. Manchmal kann es vorkommen, daß der dichterische Geist der Leanhaun Shee sich in einer real existierenden, auf der Erde lebenden Frau manifestiert, wie dies bei der Hofdichterin Eodain des Königs Eugene von Munster der Fall war. In diesem Falle hat die Dichterin keinen frühen Tod zu befürchten, sondern wird von der Muse mit reichen Gaben beschenkt.

Einige Wesen der Anderswelt stehen mit ganz bestimmten Gegenständen in Verbindung; so die Lunantishees, die in Schwarzdornbüschen wohnen und diese auch bewachen. Was man keinesfalls tun sollte, ist den Geist eines Vorfahren zu stören. Die Hogboy von Orkney bewohnten einst die Grabhügel, an denen man auch Nahrungsmittel u.ä. als Opfergaben für sie bereitstellte. Wurde die Ruhe eines dieser Grabhügel in irgendeiner Weise gestört, insbesondere dadurch, daß man ihn aufgrub, so waren die Hogboy derart erzürnt, daß sie die Rinder des Ortes sterben ließen. Es ist ein weitverbreiteter Glaube, daß Geister, die von einem Menschen entweder versehentlich oder gar absichtlich aus ihrer Wohnstatt vertrieben werden, sich an einen anderen geeigneten Ort begeben, jedoch nicht ohne zuvor an den Schuldigen Rache geübt zu haben. Sie erheben gewissermaßen einen mahnenden Zeigefinger und erinnern uns daran, daß wir mit bitteren Konsequenzen zu rechnen haben, wenn wir die Erde, auf der wir leben, nicht mit dem gebührenden Respekt behandeln.

Bilder und Tempel

Der perfekte Tempel
sollte im Mittelpunkt der Welt stehen,
er sollte ein Mikrokosmos des Universums sein,
und seine Wände sollten viereckig gebaut sein,
wie die Wände des Himmels.

William Lethaby,
Architecture, Mysticism and Myth (1891)

ie frühe keltische Religion war sowohl anikonisch, d.h. weder menschlich noch tierisch gestaltet, als auch atektonisch. Für die wenigen, in figurativen Abbildungen dargestellten Gottheiten wurden keine Häuser oder Tempel errichtet. Die etwa aus dem sechsten Jahrhundert vor christlicher Zeitrechnung stammenden keltischen Heiligtümer von Entremont, Mouriès und Roqueperteuse beinhalten Bauwerke aus Stein, die nicht überdacht waren. Noch im Jahre 278 vor christlicher Zeitrechnung waren die Kelten, die damals Delphi eroberten, erstaunt darüber, wie die Griechen es wagen konnten, Statuen anzufertigen, die ihre Götter darstellten. Später erst, zunächst unter griechischem und dann unter römischem Einfluß, übernahmen die Kelten den Brauch, Götterbildnisse zu schaffen und ihnen überdachte Stätten zu errichten. So entstanden die ersten keltischen Tempel, und zwar bei den Kelten des cisalpinen Gallien. Die Geschichtsschreiber Livius und Polybios erwähnten die Tempel von Boii und Insubres bei Mutina und Mailand. Die Eroberung Galliens, Westdeutschlands und der Bretagne durch die Römer führte zur Errichtung von vielerlei Tempeln in den Temenoi der heiligen keltischen Orte ebenso wie in bereits existierenden Friedhöfen. Letztere schienen später als eine Art Prototyp keltischer Kirchen gedient zu haben, die im Grunde genommen zumeist nichts anderes als die Heiligtümer des jeweiligen Gründerheiligen bzw. eines der alten Helden irgendeines Ahnen waren.

Wenngleich die meisten dieser Tempel mittels Ausgrabungsarbeiten zutage gefördert und uns auf diese Weise bekannt wurden, sind darüber hinaus doch auch einige zeitgenössische Abbildungen und Beschreibungen erhalten geblieben. Die typischen kelto-romanischen Tempel waren entweder rund, quadratisch oder polygonal. Ein Altar Nantosueltas von

Saarburg zeigt zwei Tempel. In den Händen der Göttin befinden sich zwei Zepter; auf dem oberen Ende des einen kann man einen kleinen, quadratischen Tempel mit einem Giebeldach erkennen, auf dem anderen ein rundes Gebäude mit einem konischen Dach. Im Freilichtmuseum von Homburg-Schwarzenacker im Saarland ist eine sehr gute Rekonstruktion eines gallo-romanischen Tempels zu bewundern. Es handelt sich dabei um einen Peripteros mit zwölf Säulen. Mancherorts, insbesondere im Rheinland und an der unteren Seine, wurden diese relativ schlichten Tempel durch größere, im klassischen Stil erbaute ersetzt. Dies kann auch in Augst der Fall gewesen sein, als man an der Schönbühl die neue Gottheit Cybele einsetzte und somit die früher dort verehrte keltische Gottheit verdrängte. Dasselbe geschah aufs Neue mit der Einführung des Christentums.

DER ENTWICKLUNGSPROZESS DER TEMPEL

Dinge, die für uns in unserem normalen Bewußtseinszustand vollkommen unsichtbar bleiben, können dennoch einen nicht zu unterschätzenden Einfluß auf die physische Welt ausüben. Wenn wir dieser unsichtbaren Welt Rechnung tragen wollen, müssen wir sie ehren und ihre Existenz anerkennen. Stätten, an denen wir mit der Anderswelt in Kontakt treten können, sind solche Orte, an denen sich die *anima loci* in die Welt der Naturphänomene und Erscheinungen überträgt, ohne dazu eines besonderen Mediums zu bedürfen. Beson-

Illustration eines typischen keltischen Heiligtums, Gournay-sur-Aronde, 2. Jh. v. Chr., Frankreich. (Illustration J.-M. Golvin)

ders sensible und speziell ausgebildete Menschen, Personen also, denen die traditionellen Gesellschaften die Fähigkeit des zweiten Gesichts zuschrieb, sind dazu in der Lage, solche besonderen Orte ausfindig zu machen. Die Gegenwart des Göttlichen jedoch ist den an dem jeweiligen Ort anwesenden Menschen nur dann vollständig zugänglich, wenn sie mittels sichtbarer Symbole, durch die ein Teil des Geheimnisses gesehen und verstanden werden kann, dargestellt wird. Indem wir einen heiligen Ort als solchen anerkennen, bringen wir der *anima loci* Respekt entgegen und konzentrieren das Bewußtsein auf sein göttliches Erbe und seine spirituelle Natur.

Es gibt einen durchaus etablierten Erkennungs- und Wachstumsprozeß, aufgrund dessen ein Heiligtum oder Tempel entsteht und sich entwickelt. Eine der wichtigsten Voraussetzungen dafür, daß der Erkennungsprozeß der *anima loci* überhaupt beginnen kann, ist die Verehrung des heiligen Baums des Lebens desjenigen Ortes, an dem der Gott oder die Göttin seine bzw. ihre Gegenwart manifestiert. Am Stamm des entsprechenden Baumes und in seinen Zweigen wurden Opfergaben befestigt. Sodann schützte man den Baum mittels einer heiligen Einfriedung, etwa eines Zaunes, der um ihn herum gezogen wurde. Im gleichen Zuge errichtete man einen Opfertisch und stellte andere geweihte Gegenstände, unter ihnen auch anikonische und ikonische Bildnisse, bereit. Man setzte Zeremonien ein, durch welche die Gegenwart der *anima loci* an dem Ort erhalten werden sollte. Die zeremoniellen Gegenstände ebenso wie die psychischen Elemente der Zeremonie verblieben an dem Ort und verliehen ihm somit eine noch größere heilige Kraft.

Rekonstruktion eines Teiles des kelto-ligurischen Heiligtums
von Entremont, Provence, Frankreich.
Der Torbogen, der menschliche Schädel und mumifizierte Köpfe enthielt,
ist ein Prototyp der später entstandenen Durchgänge
und aufgestellten Steine, in die "keltische Köpfe" eingemeißelt waren.

Gläubige brachten Votivgaben zu dem heiligen Ort und ließen sie dort zurück. Als geziemende Gaben erachtete man Tierhäute, Schädel, Knochen, Gegenstände aus Horn, Geweihe, Eier, Blumenkränze, Getreidegarben mit Blumen und Früchten, Seile, Netze, Werkzeuge, und Waffen. Die Verzierungen an den Tempeln bestehen genau aus diesen Votivgaben und Überresten dargebrachter Opfer. Beinahe jede Komponente einer an den klassischen Tempeln angebrachten Verzierung oder eines Musters entstammt einem dieser Elemente. Die in Stein gemeißelten Schädel sind ein Abbild der echten Schädel, die einst an den heiligen Stätten angebracht waren. In den am weitesten entwickelten Tempeln wurden die ursprünglichen geweihten Gegenstände nicht abgeschafft, sondern vielmehr bewahrt und verehrt. Die Felsen, an denen zuvor heilige Riten zelebriert worden waren, wurden in die neuen Gebäude integriert und bekamen einen gesonderten Platz. Die Tempel wurden also oftmals um Felsen mit besonderen Eigenschaften herum errichtet. Der bekannteste dieser Tempel im Mittelmeerraum ist das Aphroditeheiligtum von Paphos auf Zypern. Bei dem anikonischen Abbild der Aphrodite handelt es sich um ein metheoritisches *baetyl*, das noch immer im Museum von Nikosia auf Zypern bewundert werden kann. Als die Stätten des alten Glaubens von der christlichen Kirche übernommen wurden, ließ man viele der verehrten Dinge dort, doch gab man ihnen eine besser in die neue Doktrin passende Interpretation.

Abbilder von Gottheiten wurden an besonderen Plätzen errichtet, was den Prozeß der Umwandlung natürlicher heiliger Orte in künstlich konstruierte Stätten der Anbetung nur beschleunigte. Selbst wenn sich in einem Tempel kein Bildnis eines Gottes befindet, so beherbergt der Tempel selbst doch eine weltliche Manifestation eines göttlichen Prinzips. Im Tempel ist es ständig und nicht nur sporadisch gegenwärtig. Sobald das Gebäude existiert und einer bestimmten Gottheit geweiht ist, muß diese nicht mehr eigens darum gebeten werden zu kommen. Der Ort ist dann erfüllt von ihrer Gegenwart. Die Entwicklung eines natürlichen heiligen Ortes kann möglicherweise durch das Errichten eines heiligen Gebäudes, etwa eines Tempels, der die diesseitige Manifestation der Gottheit beherbergt, fortgesetzt werden. Die Struktur eines Tempels oder einer Kirche sollte die Natur der jeweiligen Gottheit zum Ausdruck bringen, so daß sie in ihrer Gesamtheit ein körperliches Abbild ihrer jeweiligen Schutzgottheit, die wiederum eine spezifische Interpretation des kosmischen Menschen ist, darstellt.

Der Brauch, an einem heiligen Ort Votivgaben niederzulegen, wurde auch an Tempeln fortgesetzt. Die Gaben gehörten der jeweils in dem Tempel herrschenden Gottheit. In den Tempeln der Kriegsgötter legte man Waffen nieder; landwirtschaftliche Geräte brachte man zu den Stätten der Schutzgötter von Wald und Flur. Kleine Nachbildungen von Messern, Äxten und anderen Symbolen der Gottheiten waren ebenso gebräuchlich wie Exvotos, die zur Danksagung für erhörte Gebete niedergelegt wurden. Wo aber keine Tempel errichtet wurden, warfen die Gläubigen weiterhin Münzen und Nadeln in heilige Brunnen, und schlugen Nägel in heilige Bäume oder Pfosten.

Keltische Handwerker bestanden darauf, daß heilige Artefakte solide gebaut und nur aus den ausgewähltesten Materialien und mit größter Sorgfalt gearbeitet sein sollten. Ihre Form brachte sowohl ihre Funktion auf materieller Ebene als auch ihre symbolische Bedeutung zum Ausdruck. Keltische Künstler hatten eine Vorliebe für mehrdeutige Kunstwerke, die aus einem bestimmten Blickwinkel als eine bestimmte Sache gesehen werden konnten, aus einem anderen wiederum als eine ganz andere Sache erschienen. Die Interpretation hängt dann ebenso vom Blickwinkel des Betrachters als auch von der Definition des Künstlers ab. Im Reich des Spirituellen kommt hierin das überall im europäischen Heidentum enthaltene Konzept der besonderen, auf den jeweiligen Aspekt bezogenen, Betrachtungsweise der Gottheiten in ihren vielen verschiedenen Formen zum Ausdruck. Keltische Gottheiten haben vielerlei verschiedene Erscheinungsformen und existieren in Abhängigkeit von dem Kontext, in dem sie vorgefunden bzw. in den sie gebracht werden, sowohl in anikonischer als auch in ikonischer Form. Sie können sich selbst in der Gestalt natürlicher Phänomene offenbaren; man kann sich ihnen aber auch durch die natürlichen Aspekte der Landschaft annähern.

Die westliche Front der romanischen Kirche von Belsen in der Nähe von Tübingen
weist sowohl heidnische als auch christliche Symbole auf.
Unter einem Kreuz befindet sich das Bildnis des Béél, des keltischen Gottes Belenos.
Darüber und zu beiden Seiten erkennt man die Köpfe von Schafen, Schweinen und
einem Stier. Dabei handelt es sich wahrscheinlich um eine Reproduktion
heidnischer Heiligtümer, an denen die echten Köpfe
der Opfertiere angebracht waren.

ASPEKTE DES GÖTTLICHEN UND DER GOTTHEITEN
IM KELTISCHEN GLAUBEN

Ein geweihter Ort kann durch die Anerkennung und Verehrung verschiedentlicher Aspekte einer Gottheit geheiligt werden. Im allgemeinen gibt es vier Kategorien des Göttlichen, die an einem Heiligtum verehrt werden können. Die grundlegendste ist die *anima loci*, die mit dem in der natürlichen Umgebung gegenwärtigen Geist gleichzusetzen ist. Es ist möglich, der *anima loci* als solcher die Ehre zu erweisen; man kann sie aber auch mittels anderer Archetypen verehren. Unter ihnen befinden sich die universellen Gottheiten, welche die elementaren Kräfte der Erde wie Wasser, Feuer und Luft einschließen, des weiteren die Personifizierungen von grundlegenden Konzepten wie Liebe und Vergebung, außerdem begriffliche Gottheiten. Gottheiten, die durch fremde Einflüsse in das jeweilige Land gebracht wurden, werden manchmal an Orten verehrt, die früher einmal anderen Göttern geweiht waren. Auch gibt es die Manifestationen der *animae* anderer Orte, die zu dem neuen Ort entweder durch das Verbringen geweihter Gegenstände oder durch Rituale gelangt sind. Diejenigen, die nicht mit der *anima loci* im Einklang stehen, sind übergestülpte Ideen und Manifestationen, die mehr oder weniger in Disharmonie mit dem Ort sind. Schließlich gibt es noch die Verehrung verstorbener Menschen, deren Leben im Einklang mit dem göttlichen Vorbild verlief, so daß sie später selbst als Götter, Heilige oder Helden gefeiert werden.

Ganz wesentlich für die Kelten waren sowohl menschliche als auch göttliche Vorfahren. Was sie anbelangt, gibt es keine genau bestimmbare Trennlinie zwischen Mythologie und Geschichte. Wie ich bereits in der Einleitung zu diesem Buch bemerkt habe, sind die keltischen Mythen weder die Erfindung archaischer und poetischer Vorstellungskraft, noch sind sie als verstandesmäßige Greifbarmachung unerklärlicher Phänomene durch primitive Kulturen zu verstehen. Sie stehen für uralte Wahrheiten, die so erzählt werden, daß sie für den Menschen leicht verständlich sind. Wir können nur versuchen, sie als das zu verstehen, was sie sind, frei von jeglichen ideologischen Rückführungsversuchen. Da man sie auf unterschiedlichste Art und Weise interpretieren kann und da jede dieser Interpretationen ihre Berechtigung hat, kann es keine abschließende Exegese geben. Seit uralten Zeiten sah man die Götter und Göttinnen als Ahnen und Vorfahren bestimmter Familien, Sippen, Stämme und Nationen. Die Stätten, an denen die Götter verehrt wurden, waren gerade für die Angehörigen dieser Stämme von besonderer Bedeutung. Weithin verehrt wurde die große Vorfahrin, die Mutter-Göttin, die man unter vielerlei jedoch immer sehr ähnlichen Namen kannte: Ana, Anu, Danu, Dana oder Don. Viele Flüsse wurden nach ihr benannt, deren größter und bekanntester wohl die Donau ist. Cormac schrieb in seinem aus dem neunten Jahrhundert stammenden *Glossary (Glossar)* über die Göttin seiner Vorfahren: "Ana ist die Mutter der Götter von Hibernia. Wie man weiß, nährte sie die Götter gut. Daher kommt auch ihr Name *anae*, was so viel heißt wie Überfluß. Auch der Name der "Two Paps of Ana" (die beiden Brüste der Ana) westlich von Luchair (im County Kerry) wurden nach ihr benannt, ebenso Buanann, die Schwester und Helferin der Helden ... wie Ana die Mutter der Götter war, so war Buanann die Mutter der Fiann". Ebenso wie die angelsächsischen Könige Woden als ihren Vorfahren ansahen, behaupteten die keltischen Monarchen, von der Göttin Ana und ihrem Gefährten Beli abzustammen.

Da Ana als die Mutter der Götter beschrieben wird, ist sie eindeutig ein Aspekt der ursprünglichen "Großen Göttin". In der christlichen Mythologie ist sie Anna, die Mutter der

Jungfrau Maria und im englischen Brauchtum taucht sie als Black Annis, die gräßliche alte Frau, die über das wilde Land herrscht, wieder auf. Welchen Namen sie auch tragen mag, sie erscheint zu unterschiedlichen Zeiten in Form einer der drei Aspekte des Lebens einer Frau, sei es als Jungfrau, als Mutter oder als altes Weib. Manchmal werden diese drei Aspekte in drei unterschiedlichen Gestalten dargestellt. Im keltischen Pantheon sind drei Schwester-Göttinnen vertreten, die Deae Matrones oder "Mutter-Göttinnen". In Wales kennt man die Feen, von welchen begeisterte Menschen esoterisches Wissen erlangten, noch immer unter dem selben Namen, Y Mamau. Keltische und kelto-romanische Darstellungen zeigen die Deae Matrones üblicherweise als drei Frauen mit Symbolen des Wachstums und der Fülle wie zum Beispiel mit Körben voller Äpfel oder Füllhörnern. Bildnisse von heidnischen keltischen Heiligtümern jener Zeit beinhalten die dreifaltigen Göttinnen in folgenden Formen: die Proximae (angehörige Frauen), die Dervonnae (Eichenelfen) und die Niskai (Wassernixen). Am häufigsten sind sie im Rheinland vertreten.

Die dreifaltige Göttin hat auch in der britischen Literatur ihren Platz. In Holinsheds *Chronicle* aus dem Jahre 1577, der Quelle für Shakespeares *Macbeth*, lesen wir über "drei Frauen in wilden Gewändern, die Gestalten aus einer vergangenen Welt gleichen". Später schreibt er dann, daß diese drei keine geringeren waren, als die "drei Schicksalsschwestern". In *Macbeth* degradiert Shakespeare die Göttinnen zu drei schrecklichen, furchterregenden Hexen. Im allgemeinen jedoch stehen alle dreifaltigen Gottheiten für die drei grundlegenden Phasen in der Entwicklung eines jeden Lebens. Jede Göttin kann als ein Aspekt der großen Göttin angesehen werden, eine von ihnen ist Brigid, die unter dem Aspekt der Jungfräulichkeit auch in die christliche Hagiographie einging.

In der irischen Mythologie kennt man auch einen Vater-Gott namens Daghda, dessen Beiname Eochaid Ollathair soviel bedeutet wie "Vater allen Seins". Sein Markenzeichen ist ein Kessel der Fülle, dessen Bedeutung die Erneuerung allen Lebens ist. Möglicherweise bezog sich Julius Caesar auf ihn, als er schrieb: "Die Gallier behaupten – und dabei berufen sie sich auf die Druiden – ihre gesamte Rasse stamme von Dis, dem Herrn der Unterwelt, ab". Der Kessel ist das bedeutsame Symbol für die Unterwelt. Andere Götter, die man überdies auch als Aspekte des Vater-Gottes ansehen kann, herrschen über das Wetter, den Krieg, die Reise, den Handel und das Handwerk. Unter dem Einfluß der Römer wurde jede keltische Gottheit mit einer oder mehreren mediterranen Gottheiten, die in etwa die gleichen Eigenschaften hatten wie sie selbst, gleichgesetzt. Bis aber die Legenden und Eigenheiten der keltischen Götter und Göttinnen nicht niedergeschrieben waren, blieben sie unbestimmt und nicht greifbar. Ab dem Moment, in dem Schriftstücke existierten, dokumentierten diese die Mythen über die Götter und so wurden ihre Geschichten und Eigenheiten unauslöschlich festgehalten und hielten gewissermaßen Einzug im Pantheon. Heutzutage haben die keltischen Gottheiten ihren eigenen Stand und es gibt über sie eine ganze Reihe von Werken, in denen sie beschrieben, diskutiert und gedeutet werden. Parallel dazu existiert auch die nicht schriftlich niedergelegte, d.h. also die mündliche Überlieferung, die sich auch heute noch immer fortsetzt und die in die schriftlichen Untersuchungen mit einfließt.

*Mit keltischen Motiven und Symbolik gestaltete Kirchentür,
Watts Mortuary Chapel, Compton, Surrey, England.*

VEREHRUNG DER VORFAHREN

Unseren Vorfahren verdanken wir unsere Existenz und von daher ist die Anerkennung der fundamentalen Bedeutung unserer Ahnen die Grundlage all jener Religionen, die sich nicht gänzlich von der körperlichen Realität abgewandt haben. Die Verehrung der Vorfahren schließt üblicherweise mit ein, daß man Dinge, die als Relikte oder Reliquien angesehen werden, bewahrt und verehrt. Unabhängig von Unterschieden in den jeweiligen religiösen Doktrinen, herrscht doch mehr oder weniger Einigkeit darüber, was eine Reliquie ausmacht. Zum ersten ist eine Reliquie ein Teil dessen, was an Materie von einem Heiligen nach seinem Tod übriggeblieben ist und deshalb sollte ihr Respekt entgegengebracht werden. Zum zweiten können Kleider und Gegenstände wie etwa Waffen, Werkzeuge und andere Dinge, die der oder die Heilige in seinem Gebrauch gehabt hatte, als Reliquien angesehen werden. Zum Dritten können auch andere Gegenstände, die mit den körperlichen Relikten in Kontakt gebracht werden, dadurch selbst besondere Kräfte gewinnen. In der Frühkirche war die offizielle Definition eines Altars eine Grabstätte, in sich Relikte befanden. In der Zeit vor der Reformation war die offizielle Bedingung zur Einweihung einer Kirche die, dort Reliquien niederzulegen. Auf nicht-protestantische Kirchen trifft dies noch immer zu. Hierin setzt sich der heidnische Brauch, entweder tierische oder menschliche Reliquien als Gründungsgabe niederzulegen, fort. In den alten Tagen wurden alle menschlichen Relikte von Vorfahren als heilig angesehen, da sie eine gewisse Essenz der Persönlichkeit des Verstorbenen in sich bargen. Dies kommt auch in dem Wort *relegou* zum Ausdruck, welches aus dem in der Bretagne gesprochenen Dialekt stammt und soviel bedeutet wie "die Überreste aller menschlichen Gebeine", also nicht nur derer der Heiligen. Da die Gebeine der Aufenthaltsort eines Teils des Geistes des Ahnen sind, ist auch das Grab, in dem sie ruhen, ein Ort der Anbetung.

Alle großen Weltreligionen nehmen verstorbene bedeutende Persönlichkeiten in der einen oder anderen Weise in das große Pantheon auf. Der Prozeß, durch den ein zunächst "normaler" Mensch zu einem anbetungswürdigen göttlichen Wesen wird, hat sich bis in heutige Tage fortgesetzt. Keltische und griechische Könige ebenso wie römische Kaiser wurden zu Göttern; später dann wurden christliche Priester und Helden zu Heiligen. Auch heute gibt es vielerlei Manifestationen des selben Prozesses, was der Beweis dafür ist, daß die menschliche Gesellschaft noch immer ihre Helden braucht. In der keltischen Landschaft ist das Wissen um die Ahnengötter und -göttinnen, um die Gräber der sterblichen Vorfahren, Helden und Priester erhalten geblieben. In der Gegenwart des Ahnen, von dem die Menschen eines Ortes abstammen oder des Helden bzw. des Gottes, auf den sie vertrauen, läßt sich eine ganz bestimmte Ausstrahlung wahrnehmen. Oftmals befindet sich ihre Ruhestätte oder ihr Denkmal an Orten der Zusammenkunft oder der Entscheidungsfindung, an denen auch Votivgaben niedergelegt werden. Um Namen und Lage eines heiligen Ortes besser im Gedächtnis behalten zu können gab man sie in dichterischer Form wieder, wie dies in dem *Black Book Of Carmarthen* (dem *Schwarzen Buch von Carmarthen*) der Fall war. Dieses Buch ist ein Beweis für eine der Hauptaufgaben eines Barden, nämlich der, Dinge unvergeßlich zu machen; so enthält es "The Verses of the Graves" (die Verse über die Gräber), in denen die Begräbnisstätten von rund zweihundert Kriegern, Königen und berühmten Persönlichkeiten des frühen Britanniens niedergeschrieben sind. Somit fiel in der keltischen Welt die körperliche Landschaft mit dem Land des Geistes zusammen; der innere Kosmos spiegelte also den äußeren wider.

In späteren Zeiten wurden die Vorfahren auf eine etwas offiziellere Weise verehrt. Bis zur französischen Revolution wurde alljährlich die Skulptur des Königs Gradlon bei der Kathedrale St. Corentin in Quimper in einer Zeremonie geehrt. Immer am Tag der St. Cecilia erhob man zu Ehren des Königs das Glas. Ein Mann kletterte außen an der Kathedrale hinauf bis zur Statue und bot dem König den Trunk an. Wenn dieser ihn ablehnte, trank er ihn schließlich selbst. Daraufhin wurde das Glas zu der versammelten Menge hinuntergeworfen. Wer es auffing, wurde mit einem Preis belohnt. Man erzählt sich, es sei niemals jemanden gelungen, es zu fangen. Im neunzehnten Jahrhundert ließ der Einfluß der Romantik die Ahnen- und Heldenverehrung neu aufleben. In Erinnerung an die Schlacht von Alesia, in deren Verlauf es Caesar gelang die keltische Allianz zu schlagen, ließen die örtlichen Behörden im Jahre 1865 Millets gigantische Statue des Vercingetorix auf einem Hügel, von dem aus man über Alise-Sainte-Reine blicken kann, errichten.

VOTIVGABEN

Es besteht eine nahe Verwandtschaft zwischen Votivgaben und den Reliquien bzw. Relikten von Vorfahren. Zu ersteren zählt man unter anderem natürliche Materialien, Ernteerträge, erlegte Jagdbeute, Vieh, Waffen und Werkzeuge. Der Brauch, Votivgaben an heiligen Orten niederzulegen, ist besonders durch die heidnischen Epigramme bekannt geworden, welche die Texte wiedergeben, die auf den Opfergaben an den alten griechischen Tempeln geschrieben standen, doch handelt es sich hierbei auch um einen keltischen Brauch. Philippus von Thessaloniki erzählt die Geschichte eines in den Ruhestand getretenen Handwerkers, der seine Werkzeuge an dem Tempel niederlegte, welcher der Gottheit seines Handwerks geweiht war. Ein anderer Handwerker, der Goldschmied Demophon, weihte seine Werkzeuge dem Hermes, als er im Alter langsam erblindete und deshalb sein Handwerk nicht länger ausüben konnte. Unter diesen Werkzeugen befand sich unter anderem sein Blasebalg, seine Feile, seine Feuerzangen und seine Pinsel und ähnliche Gerätschaften, mit denen er den kostbaren Goldstaub aufsammelte. Über viertausend Knochenstücke, von denen viele mit keltischen Mustern verziert waren und von denen man annahm, sie seien die Muster und Probestücke keltischer Handwerker, wurden in einer neolithischen Grabkammer bei Lochcrew gefunden. Wenn ein solcher Gegenstand erst einmal an einem heiligen Ort niedergelegt worden war, war er Eigentum der jeweiligen Gottheit und durfte nicht wieder benützt werden. Überbleibsel dieses Brauches finden wir auch heute noch, wenn zum Beispiel ausgediente militärische Fahnen und Flaggen in Kirchen niedergelegt werden.

Weitere Votivgaben, die bleibende Zeichen in der Landschaft hinterlassen haben, sind beispielsweise Jagd- oder Kriegstrophäen. Julius Caesar schrieb einst: "Die Gallier geloben üblicherweise vor jeder Schlacht, daß ihre gesamte Beute dem Mars gehören soll. Nach einem errungenen Sieg bringen sie die gefangenen Tiere als Opfer dar und sammeln alle weiteren erbeuteten Gegenstände zusammen. Vielerorts sieht man auf geweihtem Boden aus derartigen Gegenständen errichtete Trophäen. Kaum einer würde es wagen, die heiligen Gelübde zu ignorieren und erbeutete Dinge zu unterschlagen oder gar von einem Trophäenhaufen zu entfernen. Es wäre dies ein Sakrileg, daß mit grausigen Folterqualen und dem Tode bestraft würde".

Keltische Figur (Cernunnos?), Hirschlanden, Echterdingen bei Stuttgart.

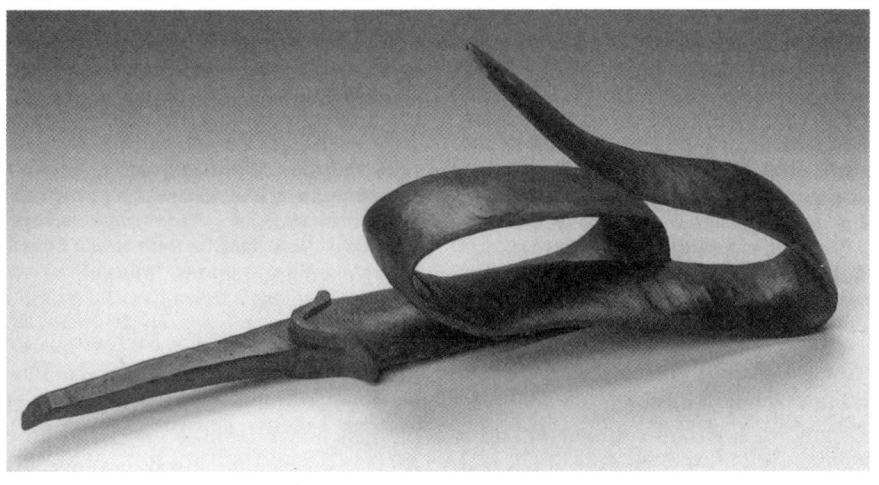

Eisenschwert, rituell verbogen und unbrauchbar gemacht, 3. Jh. v. Chr..
Aus dem Grabfund bei Gournay-sur-Aronde, Frankreich.

In den Tagen des Heidentums gab es an sich keinen Gegenstand, von dem man angenommen hätte, er würde sich nicht als Opfergabe eignen. Doch als später der christliche Glaube mehr und mehr in den Vordergrund trat, wurden gewisse Relikte, insbesondere diejenigen von denen man sagte, sie würden der Anderswelt entstammen, als unzulässig angesehen. Doch die Menschen, die über die heiligen Relikte ihrer Vorfahren wachten, achteten letztere niemals geringer, als die von der Kirche anerkannten Gegenstände. Sie werden an der jeweiligen Familie gehörenden Orten wie Schlössern oder Herrenhäusern aufbewahrt. Im Dunvegan Castle beispielsweise werden drei berühmte Relikte der Ahnen aufbewahrt: das aus dem zwölften Jahrhundert stammende Trinkhorn des Rory Mor, der aus dem fünfzehnten Jahrhundert stammende Dunvegan Humpen und, das kostbarste von allen, die aus dem elften Jahrhundert stammende Flagge (the "Fairy Flag") der MacLeods.

Auf mündlicher und schriftlicher Grundlage basierende Bilder

Für den modernen Betrachter ergeben sich deutliche Unterschiede zwischen den Bildern der christlichen Welt und denen der Welt des keltischen Heidentums. Die überwiegende Mehrheit der christlichen Bilder sind Veranschaulichungen geschriebener biblischer oder liturgischer Texte. Heidnische Bilder hingegen sind Ausdruck von Mythos und Glauben einer Gesellschaft, die ihre Geschichte und alle wesentlichen Dinge in mündlicher Form weitergab und in der es von daher auch keine festen Formen in den Erzählungen und Aufzeichnungen geben konnte. Der Suche nach einer festen, zuverlässigen, niedergeschriebenen Version der Geschichten und Mythen liegt der Versuch zu Grunde, die mündlichen Erzählungen in einer orthodoxen Form festzuhalten. Mündlich überlieferte Mythen bestehen jedoch aus Handlungen, Worten und Bildern. In einer Gesellschaft, die sich in ihrer Geschichts*schreibung* in erster Linie auf das gesprochene Wort stützt, konnte das Bild, durch das ein Mythos beschrieben wurde, weder ein literarisches Werk noch ein zur Festlegung des Ablaufs von gewissen Zeremonien dienendes Schriftstück sein, wie dies in der christlichen oder der ikonographischen Kultur der Fall war. In solch einer "mündlichen" Gesellschaft ist jedes Bild ein unabhängiges, individuelles Beispiel bzw. eine Variation des Mythos. Von daher stehen die heidnischen Bilder für die bildhafte Sprache der Mythen, während die christlichen Bilder den literarischen Strukturen entspringen.

Überdies gibt es dennoch keine klare Trennlinie zwischen heidnischen und christlichen Bildern. Überall in keltischen Landen finden wir ein Nebeneinander von Elementen, die aus den unterschiedlichsten Quellen stammen. Jedes dieser Elemente verstärkt den Archetyp von Heiligkeit, der jeweils mit einem bestimmten Merkmal der christlichen Mythologie gleichzusetzen ist. Die traditionellen keltischen Bilder mit ihren Vorläufern aus der La Tène Zeit flossen oftmals mit den Darstellungen christlicher Priester und den Themen aus der christlichen Mythologie zusammen. Unzählige alte Kirchen und Friedhöfe enthalten durchaus bemerkenswerte Beispiele hierfür, doch leider können nur wenige von ihnen hier erwähnt werden. Auf der Insel Inishkeen im Upper Lough Erne beispielsweise finden wir auf dem St. Fergus Friedhof den steinernen Kopf einer keltischen Gottheit, die eine Art Geweih trägt. Im Caldragh Friedhof steht eine Statue des Janus, zwischen dessen Köpfen ein Weihwasser-

Eine Sheila-na-Gig aus Seir Keiran im County Offlay, Irland.
Auf der Suche nach dem angeblich Heilkräfte in sich bergenden Steinstaub
bohrten Gläubige Löcher in die Statue, vor allem in den als besonders magisch
angesehenen Bereich der Genitalien.

kessel ruht. Ein Tau-Kreuz mit Gesichtern auf der oberen Seite finden wir bei Rougham im County Clare. Auf der Insel Boa steht eine aus dem zwölften Jahrhundert stammenden Kirche, die mittlerweile schon kein Dach mehr hat. In ihr befindet sich eine ganze Sammlung interessanter Bildnisse. Unter anderem stehen sieben steinerne Figuren in einer Reihe; eine von ihnen stellt eine Sheila-na-Gig, eine andere einen sitzenden Mann mit einem Buch in der Hand und eine weitere eine Äbtissin mit einer Glocke und einem Krummstab dar.

Hin und wieder tragen die Bilder ganz offensichtlich heidnische Namen. Beispielsweise auf der Isle of Man befindet sich in Kirk Conchan, der Kirche von Onchan in der Nähe von Douglas, ein Bildnis der Gottheit der Insel, nämlich des Conchem (den man auch mit St. Christopherus gleichsetzte), dargestellt als ein Mann mit dem Kopf eines Hundes. Die Bilder, die an der Westfront der aus dem zwölften Jahrhundert stammenden Kirche von Belsen in der Nähe von Tübingen zu sehen sind, tragen den Legenden des Ortes zufolge die Namen "Klein Béél" und "Groß Béél". Klein Béél befindet sich gleich über der auf der Westseite gelegenen Tür, währen sich Groß Béél weiter oben befindet und von Rinder- und Schafsköpfen und einem Kreuz umgeben ist. Die Kirche steht auf einem alten heiligen keltischen Hügel, nördlich von einer altehrwürdigen Linde und einer *Viereckschanze.*

Vielleicht ist die offensichtlichste Kontinuität der heidnischen Bräuche in der Sheila-na-Gig, jener weiblichen Figur, die auf solch drastische Weise ihre Genitalien zur Schau stellt, zu sehen. Wenngleich sich zahlreiche widersprüchliche Theorien um ihre Bedeutung ranken, kann dennoch nicht behauptet werden, Bildnisse der weiblichen Kräfte, der Fortpflanzung und Sexualität, seien Teil christlicher Ikonographie. Von daher scheint es plausibler, in besagten Darstellungen eine Fortsetzung heidnischer Bräuche zu sehen. In Frankreich fand man bis zur Revolution in vielen Kirchen keltischen Ursprungs phallische Bildnisse, welche die männliche Schöpfungs- und Zeugungskraft darstellten. Eines der größten solcher Abbildungen wurde in der Kathedrale von Toulouse verehrt. In der Kirche St. Eutro-

181

pe von Orange konnte man einen in Leder gehüllten hölzernen Phallus bewundern; an ihn wandten sich Frauen, die den Wunsch hegten, schwanger zu werden. In der Auvergne war der Stein von St. Foutin bei Chapaulieu de Clermont das Zentrum des Phallus-Kultes. Dieser Kult manifestierte sich in dem Brauch, aus Wachs gefertigte männliche und weibliche Genitalien zur Schau zu stellen. St. Foutin war ein sehr populärer Heiliger, der vielerorts in Varailles (Provence) verehrt wurde, und dessen phallische Exvoten von der Decke der Kapelle herabhingen; auf diese Weise wurde er auch in Verdre (Bourbonnais), in Viviers (Bas-Languedoc), in Bourgdun bei Bourges und in Brest verehrt. Doch aufgrund der damaligen Prüderie wurden viele der phallischen Darstellungen und etliche Sheila-na-Gigs zerstört, so daß uns heute nur noch ganz wenige Exemplare erhalten geblieben sind.

BELIEBTE HEILIGTÜMER

Die Kelten Großbritanniens pilgerten zur Anbetung der örtlichen Geister zu ihren Heiligtümern, bis diese Traditionen von den protestantischen Puritanern zerschlagen wurden. In Irland und in der Bretagne ebenso wie in Schottland und Wales wurden die alten Gottheiten oftmals weiterhin gemäß den alten Riten verehrt, indem sich die Menschen derjenigen keltischen Heiligen, die der Papst in Rom nicht offiziell als christliche Heilige anerkannt hatte, als Medium bedienten. Die meisten dieser Heiligen wurden kaum von der Kirche akzeptiert, da sie viele heidnische oder nicht-christliche Eigenschaften in sich bargen. Die Religionspraktiken an den alten Heiligtümern waren eine Abwandlung des traditionellen Heidentums, die gerade so viel von den christlichen Elementen assimiliert hatten, daß sie für örtliche Kirchenautoritäten tolerabel wurden. Oftmals war der theologische Status dieser Gottheiten sehr unklar. Pilgerfahrten und Verehrungen waren vielmehr tatsächliche zere-

St. Beino's Stone, Clynnog Fawr Church, Wales.

monielle Handlungen denn Gegenstand religiöser Theorien. In Llanderfel wurde das Bildnis des Gottes Darvel Gadarn sehr stark verehrt und "die Menschen legten so viel Vertrauen, Hoffnung in ihn, daß sie täglich herbeigeeilt kamen, mit Ochsen und Pferden, um ihm zu huldigen". Im Jahre 1538 wurde dieser Kult unterdrückt, das Bildnis konfisziert, nach London transportiert und in Smithfield öffentlich verbrannt. John Ansters berichtete 1589, daß im Gelände der Kirche von Clynnog Fawr auf der Halbinsel Lleyn "zur Hälfte Gott und zur Hälfte Beino" Ochsen geopfert wurden. Rinder, die mit dem "Zeichen des Beino" auf ihren Ohren geboren wurden, waren im wahrsten Sinne des Wortes "gebrandmarkt" und wurden der Gottheit in ihrem Heiligtum geopfert. Im neunzehnten Jahrhundert verlor dieser Brauch nach und nach immer mehr an Bedeutung. Doch war dies nicht das Ende der Hingabe und Anbetung, denn die alten heiligen Orte in der Landschaft, wie beispielsweise aufgestellte Steine, heilige Hügel und Brunnen galten noch immer unter weiten Teilen der Bevölkerung als die Heiligtümer bestimmter Göttinnen und Götter.

Nach dem Bruch mit der katholischen Kirche, florierte in Schottland die Hinwendung zu den Geistern des Landes wieder. Da die Hinwendung zu bekannten Heiligtümern unterdrückt wurde, wandte sich der Großteil der Bevölkerung an die älteren heiligen Stätten, die niemals von der christlichen Religion übernommen worden waren. In der Gegend von Gairloch wurden die "alten Riten" der Gottheit Mhor-Ri, des "großen Königs" (auch bekannt unter dem Namen St. Maree, Mourie oder Maelrubha), noch bis ins neunzehnte Jahrhundert gepflegt. Im Jahre 1656 unternahmen Vertreter der Presbyteriums von Dingwall den Versuch, die Verehrung des Mhor-Ri zu unterbinden. Sie trafen dort "unter anderem auf widerwärtige heidnische Praktiken; die Menschen brachten zu einer bestimmten Zeit des Jahres, nämlich am 25. August, der nach ihrer Meinung der Festtag von St. Mourie, wie sie ihn nennen, ist, an diesem Ort Stiere als Opfergaben dar ... ebenso verehrten sie Brunnen und andere Gegenstände des Aberglaubens wie etwa Monumente und Steine". Teil dieser Riten war unter anderem "das Darbringen von Opfern zu bestimmten Zeiten am *Loch of Mourie*, in welchem sich Monumente des Götzendienstes befinden" ebenso wie das "Ausgießen von Milch auf Hügeln als Opfergabe". Der Kult um Mhor-Ri war nicht nur für die in der Gegend von Gairloch ansässigen Menschen von Bedeutung, sondern auch für Fremde und "jene, die aus anderen Ländern herbeiströmen" und gleichfalls an den "alten Riten" teilnahmen. Trotz des großen Widerwillens in den Reihen der Kleriker waren diese nicht dazu in der Lage die Verehrung der Gottheit zu unterbinden. In einer Schrift von 1860 berichtete Sir Alexander Mitchell davon, daß die Menschen des Ortes oft von "dem Gott Mourie" sprechen. Ein zeitgenössischer Autor schrieb über den heiligen Gotteshügel Claodh Maree, des schottischen Gegenstücks zum isländischen Helgafell, dessen heilende Kräfte überall im Umkreis, so weit das Auge reichte, spürbar waren. "Es herrscht der Glaube, daß kein Mensch, der sich in Sichtweite dieses Ortes befindet, Selbstmord begehen oder sich in irgend einer anderen Weise selbst verletzten könne".

Auf der Insel Maelrubha im Loch Maree stand die heilige Eiche des Mhor-Ri, an die man Bänder, Knöpfe und Schnallen mit Nägeln befestigt hatte. Die Eiche wuchs in der Nähe eines Heilbrunnens, an den unter Irrsinn leidende Menschen von nah und fern herbeigebracht wurden. Wie zuvor bereits angesprochen wurde, hatte sich Thomas Pennant im Jahre 1774 zum Loch Maree begeben und war Zeuge einer Zeremonie geworden, in deren Verlauf die Derilans (die amtierenden heidnischen Priester der Insel) einigen Kranken das Wasser des

Brunnens zu trinken gaben und sie dann drei Mal in den See eintauchen ließen. Heute ist der Brunnen versiegt und die Insel befindet sich in Privatbesitz.

Während das Christentum bereits Einzug hielt, wurde die Verehrung der Mutter-Göttin unter verschiedenen Namen fortgesetzt. Bis ins siebzehnte Jahrhundert gab es in der Bretagne die Heiligtümer der Göttin, die von alten Frauen, den sogenannten Fatuae oder Fatidicae, bewahrt wurden. Diese Frauen gaben ihr Wissen jeweils an die jüngeren Frauen weiter. In Wales ist die Göttin des Himmels oder die Mutter aller Menschen als die Brenshines-ynef bekannt. Sie wurde zwar auf gewisse Weise mit der Jungfrau Maria gleichgesetzt, behielt aber dennoch all die besonderen Wesensmerkmale, die einer Göttin eigen sind. In dem Monumentalwerk von Baring-Gould und Fisher, in *The Lives of the British Saints (Das Leben der britischen Heiligen)*, wird berichtet, daß die Verehrung der St. Anne "die Verehrung einer der Bonae Deae, der Schutzgöttinnen der Erde, welche wiederum die keltische oder frühkeltische Ane und Mutter der Götter repräsentierte, ablöste".

In der Zeit, in welcher man der Frömmigkeit der Menschen des jeweiligen Ortes durch Verfolgungen ein Ende setzten wollte, wurden viele der Bildnisse vergraben. Die Verehrung derjenigen Bilder, die man nicht vergrub, wurden von den Vertretern der Kirche mit großem Argwohn betrachtet, wenngleich sie nicht als gänzlich häretisch angesehen werden konnten. Im Jahre 1640 befahl der Bischof von Tuam, daß man das hölzerne Bildnis von St. Macdara, von welchem man glaubte, es könne unglaubliche Magie bewirken, auf der am Rande des County Galway gelegenen Insel "aus gewichtigen Gründen vergraben solle". Gwen Teirbron, die mit drei Brüsten dargestellte Patronin der stillenden Mütter, die auch ein Sinnbild für die im Überfluß schenkende Mutter Erde war, wurde vor allem in der Bretagne verehrt. Stillende Mütter kamen zu ihren Heiligtümern und opferten Spindeln und Flachs, um damit die Göttin um ausreichend Milch für ihre Kinder zu bitten. Eines der bedeutendsten Heiligtümer der Göttin befand sich bei der Kapelle von St. Venec zwischen Qimper und Châteaulin. Leider wurden um 1870 beinahe alle ihre Bildnisse von Priestern entfernt, "die sie als etwas Anstößiges und der Verehrung Unwürdiges ansahen und deshalb vergruben". Die der St. Candida, St. White und St. Wita geweihten Kirchen Großbritanniens waren einstmals Orte, an denen die besagte Gottheit verehrt wurde.

Da man heilige Bildnisse üblicherweise vergrub und nicht etwa verbrannte oder zertrümmerte, besteht immer die Möglichkeit, daß sie eines Tages wieder auftauchen und aufs Neue verehrt werden können. Wieder ausgegrabene Bildnisse können für eine Reihe von wichtigen Aspekten der Wiedereinsetzung stehen. Wenn zum Beispiel ein heiliger Stein oder eine alte Skulptur aus der Erde zu Tage gefördert wird, so ist dies geradezu ein Symbol dafür, daß die Mutter Erde uns beschenkt und wir ihr dafür unsere Achtung entgegenbringen sollten. In der Bretagne kam es an einigen Orten zu einer Wiederentdeckung heidnischer Bildnisse der Bona Dea, die dann aufs neue in ihrer Heiligkeit erstarkten und als St. Anne, der christlichen Version der Ana, der Mutter aller keltischen Gottheiten, verehrt wurde. Im Jahre 1625 hatte ein Bauer namens Yves Nicolazic, der gerade auf einem Feld bei Keranna in der Gemeinde von Pluneret in Morbihan an der Arbeit war, eine ganze Reihe von Visionen von einer ganz in weiß gekleideten Dame oder einem strahlenden Licht. Er nahm diese Visionen als Zeichen und Auftrag dafür, an der Stelle, an der er sie gesehen hatte, zu graben. Tatsächlich fand er nach einigem Graben eine Statue, die dann von den Karmelitern des Ortes, die ausgesprochen eifrige Verfechter der Marienverehrung waren, als St. Anne identifiziert wurde. Sie errichteten sodann eine Kapelle für das Bildnis, nicht jedoch ohne selbiges noch einmal zu "überarbeiten", so daß es ein wenig besser in das Empfinden jener Zeit paßte. Von da an wurde jährlich eine Wallfahrt zu dem Ort abgehalten, welche ausgesprochen großen Zulauf hatte. Später wurde das Bildnis von den Revolutionären zerstört, doch konnte den alljährlichen Wallfahrten zu Sainte-Anne d' Auray, der im Jahre 1870 eine Basilika erbaut wurde, dadurch kein Ende gesetzt werden. Heute ist sie eines der größten Heiligtümer der Bretagne, zu dem jährlich bis zu zwanzigtausend Gläubige pilgern, die wiederum von circa achtzigtausend Zuschauern begleitet werden.

Das alte Marienbild in der Marienkapelle der Notre-Dame Kirche von Granville in der Normandie wurde am Ufer vom Kap Lihoo gefunden, von wo aus es in seine eigene Kapelle gebracht wurde. Bis zum heutigen Tage ist es der Mittelpunkt und das Ziel einer Buß- und Bittwallfahrt, der "Grand Pardon des Corporations et de la Mer", die jährlich jeweils am letzten Sonntag im Juli abgehalten wird. An so manchem anderen Ort war jedoch das Schicksal eines wiederentdeckten Bildnisses nicht so günstig. Aus Berichten geht hervor, daß im Jahre 1726 in Botriphine, Schottland, dem hölzernen Bildnis von St. Fuomac jährlich im Mai die Ehre erwiesen wurde, indem seine Hüterin, eine alte Frau, es einer zeremoniellen Waschung im Ortsbrunnen unterzog. Als um 1800 die Isla über ihre Ufer trat, wurde es vom Hochwasser mitgerissen. Bei Banff wurde es schließlich wieder an Land gespült, wo es vom presbyterianischen Priester des Ortes als "Symbol des Aberglaubens" bezeichnet und öffentlich verbrannt wurde.

Abbild der Göttin Gwen Teirbron mit den drei Brüsten, mit drei gesegneten Kindern.
In England ist sie als St. Candida oder St. White bekannt und stellt somit den
christlichen Aspekt der im Überfluß schenkenden dreifaltigen Erdmutter-Göttin dar.
Die hier abgebildete befindet sich in der Kirche St. Venec in der Bretagne.

Bisweilen kam es vor, daß Bildnisse des alten Glaubens weiterhin verehrt wurden, ohne daß man ihnen neue Interpretationen überstülpte. Eines von diesen, die "Vénus de Quinipily" aus der Gegend von Lorient in der Bretagne ist heute noch Gegenstand der Anbetung und Verehrung. Den Legenden des Ortes zufolge handelt es sich bei der 1,8 Meter hohen steinernen Statue um ein altes heidnisches Werk, welches einstmals auf einem nahegelegenen heiligen Hügel stand. Im siebzehnten Jahrhundert wurde die Figur von christlichen Priestern umgestoßen und in den Fluß Blavet geworfen. Ein ortsansässiger Edelmann holte sie wieder hervor und ließ sie 1695 bei einem Springbrunnen aufstellen. Um das Jahr 1700 wurde sie von Steinmetzen überarbeitet, die auch ihr etwas stark betontes, wenn nicht ausladendes Gesäß in seinen Ausmaßen reduzierten. Bis vor kurzem noch war es in Inishkea im County Mayo der Brauch, das "rude stone image" (das Bildnis aus rohem Stein) zu jedem Neujahrstag in Flanell zu kleiden. Das Bildnis hatte die magische Kraft, das Wetter zu beeinflussen und je nach Bedarf entweder einen Sturm oder eine Windstille hervorzurufen. Durch die Ehrerweisung nahm man an, man könne die abgebildete Gottheit günstig stimmen, um sich so gutes Wetter für das kommende Jahr zu sichern.

Kontinuität in der keltischen Kirche

Die Barden waren der Überzeugung,
alle Dinge würden nach Perfektion streben;
als sie sich nun dem Christentum anschlossen,
mußten sie auf der Grundlage ihrer Prinzipien
davon überzeugt gewesen sein,
daß dies nur ein neuer Schritt auf dem Weg
der Weiterentwicklung
ihres bisherigen Glaubens war.

Rev. J. Williams ab Ithel, Barddas *(1862)*

Nichts auf dieser Welt entspringt in vollkommener Form aus dem Nirgendwo; auch das keltische Mönchstum bildet hier keine Ausnahme. Trotz der scheinbaren Isolation der keltischen Kirche war sie dennoch sehr weltoffen und hatte Konzepte der Ägypter Antonius und Pachomios und der Griechen Basileios und Cassianus, ebenso wie Elemente des keltischen und des klassischen Heidentums übernommen. Überdies unternahmen keltische Mönche weite Reisen. Sie begaben sich regelmäßig in den Mittelmeerraum und gründeten viele der bekanntesten Klöster auf dem europäischen Festland und in den alten keltischen Landen. Sie folgten der heidnischen Tradition des Bardentums und sammelten einen großen Wissensschatz an. Im sechsten Jahrhundert, als das westliche Reich im Auseinanderfallen begriffen war, waren die irischen Schulen die berühmtesten Europas. Ihre pluralistischen Lehren unterschieden sich deutlich vom modernen Fundamentalismus, da sie das klassische Wissen oder die Weisheiten der Eingeborenen nicht als "heidnisch" abwerteten oder verwarfen. Columbanus, der von John of Tritheim der "Prinz der Druiden" genannt wurde, hatte eine große Vorliebe für die Werke Ovids und schrieb selbst Gedichte auf Griechisch. Ihre Kenntnisse der Geometrie waren meisterhaft, was auch in den Flecht- und Spiralmustern der Handschriften, Metallarbeiten und Steinmetzarbeiten zum Ausdruck kommt. Auf diesen Gebieten wurden die frühen heidnischen Elemente nicht durch die christliche Tradition verdrängt, sondern vielmehr fortgeführt und weiterentwickelt.

Manchmal wird angenommen, daß mit Einführung der christlichen Religion eine allumfassende, drastische Veränderung einherging, was jedoch nicht der Fall war. Viele der

Gründerheiligen des keltischen Christentums entstammten der Oberschicht und gehörten somit zu einer Gesellschaftsklasse, deren Angehörige in früheren Zeiten Druiden oder Tempelpriester geworden wären. Es schien selbstverständlich, daß die Führer der neuen Religion den selben Weg beschreiten würden, wie ihre heidnischen Vorgänger. Die keltische Wahrnehmung der Landschaft blieb unverändert; Gebiete, die von jeher gewissen Stämmen oder Sippen gehört hatten, blieben in ihrer Form erhalten. Die Gewohnheiten der Jagd, die Tierhaltung, die Landwirtschaft, das Transportwesen, die Bautechniken, die Bestrafung von Straftaten und die Kriegskunst änderten sich nicht.

Auch die traditionellen, uralten heiligen Stätten wurden kaum verändert. Sie waren in einem tatsächlichen Sinne Privatbesitz, und die ererbten Rechte der Familien, denen sie gehörten, waren unverletzlich. Heilige Männer, die zum christlichen Glauben überwechselten, behielten weiterhin ihre vererblichen Rechte an den ehrwürdigen Orten ihrer Ahnen. Gleich allen traditionellen Handwerken oder Künsten war auch die heidnische Priesterwürde vererblich und die keltische Kirche behielt die meisten der alten Gebräuche bei, wenngleich Frauen nach und nach aus den meisten ihrer traditionellen religiösen Rollen verdrängt wurden. Über die heiligen *loci* breitete sich allmählich eine Patina des neuen Glaubens aus, wobei sie jedoch die Essenz des alten Glaubens nicht verloren. So entstand ein synkretischer "dualer" Glaube, in welchem die christliche Liturgie durch die heidnischen Sitten und Gebräuche ergänzt wurde. An den jeweiligen Orten entstandene und erzählte Legenden der alten Götter und Helden wurden als Episoden im Leben des einen oder des anderen Heiligen uminterpretiert. Als sich das Christentum etablierte, führte man auch die Verehrung der Gründerpriester, die allgemein als Heilige angesehen wurden (wenngleich sie von der römischen Kirche niemals offiziell als solche anerkannt wurden), zusätzlich zu der alten Ahnen- und Heldenverehrung noch mit ein. Man gedachte ihrer Namen an Orten, an denen sie Kirchen gegründet, Wasser zum fließen gebracht, Urteile ausgesprochen und Drachen getötet hatten. Mit dem Einzug des Christentums in keltisch besiedelte Gebiete, durchliefen diese einen allmählichen Prozeß der Ansammlung neuer Aspekte und der Veränderung, der im Grunde genommen das ausmacht, was man mit "Geschichte" bezeichnet. Es fanden ein paar äußerliche Veränderungen statt, wie beispielsweise die Errichtung von steinernen Gebäude, Kreuzen und neuen Bildnissen oder die Umbenennung alter Heiligtümer. Gelder und andere Beiträge wurden nunmehr an die Kirche bezahlt und häuften sich dort, anstatt daß man sie, wie das zuvor der Fall war, in heilige Seen warf.

Die frühesten keltischen Kirchen waren wahrscheinlich aus Holz gebaut. Es ist anzunehmen, daß man an den Orten, an denen man es für angemessen erachtete, bereits existierende Tempel fortan dem neuen Glauben weihte. Alte irische Aufzeichnungen berichten von sehr kleinen Gebäuden, deren Länge und Breite im Verhältnis 2 zu 3, dem musikalischen Fünftel also, zueinander standen. Auf den Scilly Inseln und in Cornwall ist das doppelte Flächenmaß geläufiger. Die Quelle dieser Maße kann man in der heiligen Geometrie des Mittelmeerraumes finden. Eine *cella* des jüdischen Tempels von Jerusalem hatte genau diese Maße und auch Virtruvius schrieb, "die Länge eines Tempels muß doppelt so lange wie seine Breite sein". Da der Flächenplan einer Kirche den Körper Christi, d.h. den kosmischen Menschen versinnbildlichen muß, ist er eine symbolische Manifestation der magischen Maxime "wie im Himmel so auf Erden". In Irland gibt es ein paar steinerne Oratorien, die sich diesem Prinzip annähern. Im Westen des Landes gibt es etwa ein Dutzend dieser Oratorien, von denen das von Gallerus und das auf der Insel St. MacDaras noch am besten erhalten ist. Die ehemalige Kirche ist ein durch Kragsteine gestütztes, steinernes Gebäude, dessen Bauart auf das Zeitalter der Megalithen zurückgeht, während letzteres Elemente imitierter Holzfachwerkbauweise aufweist.

Das durch Kragsteine gestützte, ohne Mörtel errichtete Oratorium
von Gallerus im County Kerry, Irland, ist ein sichtbares Zeichen
für die archaischen Wurzeln des keltischen Christentums.

Das Material, aus dem diese alten Kirchen erbaut wurden, ist nicht von allzu großer Beständigkeit, was dazu führte, daß keine von ihnen erhalten geblieben ist. Daß sie jedoch existierten, ist unbestritten. Dem *Landnámabók*, dem isländischen "Buch der Siedler", ist zu entnehmen, daß einer der altnorwegischen Siedler, Örlygr Hrappson, ein von Patrick, Bischof der Sudereys (Hebriden), protegierter Christ war. Das *Landnámabók* gewährt uns einen Einblick in den Gründungsprozeß der keltischen Kirche. Als Örlygr als Siedler nach Island kam, gab Patrick ihm Bauholz für die Kirche, ein Meßbuch, eine eiserne Glocke und geweihte Erde, die unter die tragenden Pfeiler der Kirche gestreut werden sollte. Die Kirche, die wahrscheinlich ebenso wie alle anderen Fachwerkhäuser schon vorgefertigt war, wurde St. Columcille geweiht.

Das typische keltische Kloster bestand in einer kreisförmigen Einfriedung um eine bestimmte Anzahl (meist sieben) von Oratorien oder Kirchen herum. Diese Form von Kloster kann man heute unter anderem noch in Clonmacnois und Glendalough besichtigen. Neben den Orten, an denen die heiligen Sakramente gefeiert wurden, fand man in den keltischen Klöstern noch andere, zusätzliche Bauwerke, wie zum Beispiel die Clocháns (runde, aus Kragsteinen errichtete, an Bienenhäuser erinnernde Hütten), außerdem einen heiligen Brunnen, ein oder zwei Kreuze und möglicherweise auch ein Bullaun und einen Rundturm. Die Clocháns waren besonders für die frühen klösterlichen Siedlungen typisch. Die am besten erhaltenen findet man noch auf der Halbinsel Dingle und dem Scelig Mhichil. Später wurden die Clocháns und Kragsteinoratorien durch komplexere Gebäude ersetzt, doch damit ging die Bautechnik nicht verloren. Hühner- und Schweineställe, ebenso wie die irischen Bäder (saunaähnliche Schwitzhütten) baute man weiterhin nach dem gleichen Prinzip, bis auch sie von moderneren Konstruktionen abgelöst wurden. Rundtürme sind diejenigen Bauwerke, die für keltische Klöster am charakteristischsten sind. Die besten Beispiele hierfür finden wir noch in Antrim, Ardmore, Cashel, Devenish und Glendalough. Man geht davon aus,

Ruinen der keltischen Klosteranlage (6.-7. Jh. n. Chr.), Inishmurray, Irland.

daß ihr ursprünglicher Zweck der der Verteidigung war, doch haben sie auch die Funktion, als markante Punkte in der Landschaft und als geomantische Verbindung besonderer Orte auf der Erde mit dem Himmel zu dienen. Als die keltische Kirche ihren ungleichen Kampf mit Rom verlor, wurden die Kirchen in keltischer Bauweise durch die römischen Kirchen mit ihren am östlichen Ende gelegenen Apsiden ersetzt. Somit überholten die Konstruktionsprinzipien des europäischen Festlands diejenigen der keltischen Inseln, mit der Folge, daß die größeren Kirchen, die bestehen bleiben konnten, entweder das Ergebnis von einem Wiederaufbau an älteren Stätten oder einer von einem der Mönchsorden ausgewählten Neugründungen sind. Es ist also davon auszugehen, daß in jener Zeit die traditionelle keltische Art, Kirchen zu bauen und auszurichten, ein Ende fand. Dennoch konnte der Katholizismus die anderen alten Konstruktionen wie Kreuze, Brunnen und Rastplätze ebenso wie die damit verbundenen religiösen Praktiken nicht verdrängen.

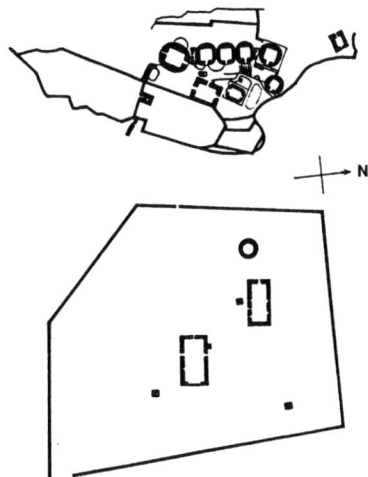

*Pläne von keltischen Klöstern, die im Maßstab und in der Ausrichtung
denen von Scelig Mhichil und Monasterboice gleichen.
Ersteres, welches auf einer felsigen Insel erbaut wurde, zeigt noch die Formen
der ohne Mörtel errichteten Clocháns (bienenhausähnliche Hütten),
während das zweite sich bereits mehr an der geradlinigen römischen Art
der Planung und Ausrichtung orientiert,
die letzten Endes die alte Bauweise verdrängte.*

GEOMANTIE IN DER KELTISCHEN KIRCHE

Jede traditionelle europäische Gesellschaft bediente sich zur Bestimmung heiliger Orte irgendeiner Form der Weissagung. Hierin bildeten auch die Angehörigen der keltischen Kirche keine Ausnahme. In Anlehnung an überlieferte, alte Bräuche bedienten auch sie sich der Magie und der Wahrsagerei. Auf mit Tieren im Zusammenhang stehende Vorhersagen wurde zum Beispiel bei dem Versuch, neue heilige Orte zu entdecken, zurückgegriffen; man bediente sich der Orakel, wandte Heilpraktiken an heiligen Brunnen an und erkannte das Feenland und die heiligen Pfade als solche an und verehrte sie. Selbst heidnische Bildnisse wurden herangezogen und gemäß dem christlichen Glauben neu interpretiert. Die keltischen Priester waren Erben einer synkretischen Tradition, die sowohl jüdische, ägyptische, griechisch-romanische als auch vorchristliche keltische Praktiken in sich vereinte. In den Lebensgeschichten vieler früherer keltischer Priester kann man einiges über die magischen Techniken lesen, welche diese zum Auffinden angemessener Orte zur Erbauung von Klöstern und Kirchen oder zum Bestimmen geeigneter Begräbnisstätten heranzogen. Gründung bedeutete im übertragenen Sinne das Aussähen oder neu Anpflanzen; von daher scheint es nicht wahrscheinlich, daß man keltische Kirchen an heidnischen heiligen Orten errichtete. Hätte es sich bereits um heilige Orte gehandelt, so wären weitere äußere Zeichen nicht nötig gewesen. Neue Orte, neue Zeichen. Auf der Suche nach dem geeigneten Ort für eine

Kirche oder eine Grabstätte war das wichtigste Zeichen das Verhalten oder Aussehen von bestimmten Tieren. Quellen aus dem sechsten Jahrhundert ist zu entnehmen, daß man Insekten, Vögel, Schweine, Rinder und Wild als Ausdruck unterschiedlichster Omen ansah. Einige der Legenden handeln völlig unverblümt von Wahrsagerei, während andere an Weissagung und Wahrsagerei grenzende Episoden enthalten oder direkt von göttlichem Eingreifen berichten.

In der bretonischen Legende von St. Samson wird erklärt, wie man die Botschaften der Natur lesen kann. Eines Tages wanderte St. Samson auf der Suche nach einem Ort, an dem er eine neue Siedlung gründen könnte, durch die Lande. Da kam er an einem Brombeerstrauch vorbei, unter dem sich eine große Schar von Wanderheuschrecken versammelt hatte. Wanderheuschrecke heißt auf lateinisch *locusta*, was wiederum den Heiligen an *locus sta*, d.h. "bleibe an diesem Ort", denken ließ und so gründete er an dem Ort bei Dol sein neues Kloster. Einerseits könnte man sagen, daß es sich hierbei nur um eine geistreiche Geschichte handelte, andererseits jedoch kann man sich auch auf den tieferen symbolischen Hintersinn der Erzählung einlassen, der darauf hinweisen könnte, daß eine derartige Begebenheit ebenso als eine Botschaft aus der Anderswelt verstanden und ernstgenommen werden könnte. Auf einer dritten Ebene spiegelt die Legende auch die alten griechischen Traditionen wider, denen zufolge Insekten als Symbol für Adel und Landbesitz angesehen wurden. Von den meisten Legenden gibt es mehr als nur eine Version. So erzählte beispielsweise Paulus Diaconus eine ganz ähnliche Geschichte über St. Gregor den Großen.

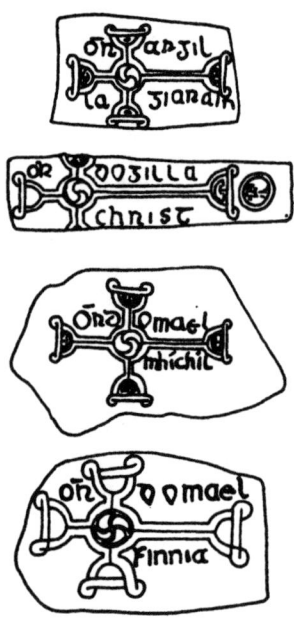

Aus dem achten Jahrhundert stammende, christliche Grabplatten
mit Inschriften, die den Leser dazu aufrufen,
für die Seele des Verstorbenen zu beten.

Viele der Gründungslegenden enthalten das Symbol des Aussäens. Als St. Carannog als Missionar in Carhampton in Somersetshire eintraf, lieh er sich von einem der Dorfbewohner einen Spaten aus und begann mit den ersten Grabarbeiten für die neue Kirche. Auch ging er in den nahegelegenen Wald und schnitzte sich einen Hirtenstab. Da kam eine Taube aus dem Wald geflogen, die sodann ein paar der Holzspäne aufpickte und mit ihnen davonflog. St. Carannog folgte dem Vogel und sah, daß er alle Holzspäne an einem bestimmten Ort hatte fallen lassen, um dort sein Nest zu bauen. Genau an diesem Ort, den man "City of Carrov" nannte, beschloß der Heilige seine Kirche zu bauen. Ein anderer Heiliger, St. Dyfrig, besaß im Süden von Wales ein Stück Land, das Inis Ebrdil genannt wurde. Dort wanderte er umher, auf der Suche nach dem richtigen Platz für sein neues Kloster. Auf einem von Dornen überwucherten Feld an einer Windung des Flusses Wye sah er plötzlich eine Bache mit ihren Frischlingen. Dies nahm er als Omen und erbaute sodann an der Stelle sein Kloster von Mochros (das "Schweinemoor").

Das Wildschwein ist ein Symbol für Fruchtbarkeit, da es im Herbst die Samen in den Boden hineintrampelt. Der Eber, der sich von der Herde absondert und meist alleine lebt, verkörpert die Rolle des Kriegers in der menschlichen Gesellschaft, der sich auf seine eigenen Kräfte verlassen kann. Doch dies ist nur ein sekundärer Aspekt des Wildschweins als heiliges Tier. Die Sau ist ein Symbol für Mutterschaft; sie schenkt vielen Jungen das Leben und lebt in wilden matriarchalischen Sippen, die von den ältesten, intelligentesten und erfahrensten weiblichen Tieren angeführt werden. Ebenso wie die Erde verschlingt auch die Sau hin und wieder eins der eigenen Jungen. Vor Einführung der christlichen Religion war die Sau als ehrwürdiges Tier der Göttin der Pflanzenwelt, Cerridwen, geweiht. Die Mönche, die dem St. Antonius von Ägypten nachfolgten, eiferten ihrem großen Vorbild nach und hielten mit Vorliebe Schweine. Die Gebräuche der keltischen Mönche knüpften somit an den alten heidnischen Schweinekult an. Die Mönche waren fest davon überzeugt, daß die "Schweine des St. Antonius" ganz besondere Tiere seien, da sie die Fähigkeit hätten, heilige Gegenstände aufzuspüren. Man setzte sie insbesondere dazu ein, vergrabene Glocken aufzustöbern, mit deren Hilfe böse Geister, die Feuersbrünste und schlechtes Wetter verursachten, abgewehrt werden konnten.

Hin und wieder kamen Weissagungen auch auf übersinnliche Weise zustande. So erhielt St. Ieuan Gwas Padrig, ein Jünger des St. Patrick, durch einen Engel die Anweisung, seine Kirche nicht auf seinem eigenen Land in Llwyn, Ceinmeirch, zu gründen, sondern gen Süden zu wandern, bis er einen Rehbock erblicken würde und seine Kirche an der Stelle zu errichten, von welcher sich das Tier erheben würde. Tatsächlich traf er dann in Cerrig y Drudion auf den vorausgesagten Rehbock und erbaute sodann seine Kirche an der Stelle. Ebenso wie die Sau war auch der Rehbock ein Symbol für eine keltische Gottheit, nämlich für Cernunnos, den Gott des Waldes, der später als Herne, Schutzpatron der Jäger, bekannt war. Manchmal sah man auch eine unübliche Verhaltensweise eines Tieres als Hinweis auf einen heiligen Ort an. Ein seltsames Ereignis bei einer Hirschjagd etwa konnte so manches Mal zu einer übernatürlichen Begegnung führen oder zu der Entdeckung eines heiligen Ortes, der dann verehrt wurde. Die altnorwegischen Heiden glaubten, daß Zwerge hin und wieder während des Tages die Gestalt eines Hirschen annehmen könnten; der selbe Glaube existierte höchstwahrscheinlich auch in der keltischen Welt. Eine walisische Legende erzählt davon, wie Pwyll, der Prinz der Powys, im Verlauf einer Jagd zu Arawn, dem Fürsten der Unterwelt (Annwn) geführt wurde. Oder Conmore, der Graf von Poher, war einmal

Cernunnos sitzt zwischen Apollo und Merkur,
Steinrelief, 1 Jh. n. Chr., Reims, Frankreich.

in der Gemeinde Desault bei Carhaix auf der Jagd, als der Hirsch, den er gerade verfolg-
te, plötzlich am Grab von St. Hoiernin Halt machte und die Jagdhunde sich weigerten, ihn
zu töten. Daraufhin befahl der Graf, man möge zur Erinnerung an dieses Wunder an genau dieser Stelle eine Kirche errichten, um allgemein anzuerkennen, daß es sich hierbei um
eine heilige Stätte des Cernunnos handelte. Eine ähnliche Legende erzählt von der Gründung der beiden wichtigsten Kirchen Zürichs, nämlich des Großmünsters und des Klosters
Fraumünster am Ufer der Limmat. Über dem Eingangsportal des Klosters befindet sich das
Bild eines Hirschen. Die Gründung der heutigen Hauptstadt der Schweiz, Bern, ist ebenfalls

auf ein ungewöhnliches Jagderlebnis zurückzuführen. Im zwölften Jahrhundert erblickte einst ein Ritter die wundersame Erscheinung eines Bären. Er sah es als die Manifestation einer Gottheit an, denn für die heidnischen Kelten war die Gottheit des Ortes die Bärengöttin Artio. Auf irgendeine Weise konnte für die Gründung der Stadt der Segen Roms eingeholt werden. Bis zum heutigen Tage hält man in Bern noch Bären, die als Glücksbringer der Stadt angesehen werden. Der Rinderkult von St. Cornely in der Bretagne und St. Beuno (oder Beino) in Wales steht für die wenigen Beispiele, die von der früheren allgemeinen Verehrung der Rinder in keltischen Landen noch übrig geblieben sind. St. Endelienta, eine Nonne aus Cornwall, schien eine große Verehrung für Rinder und insbesondere für Kühe zu empfinden, denn sie ernährte sich ausschließlich von deren Milch. In Nicholas Roscarrocks *Lives of the Saints (Das Leben der Heiligen)* liest man über die Bestimmung ihrer Begräbnisstätte: "Als sie den Tag ihres Todes herannahen fühlte, beschwor sie ihre Freunde, sie sollten ihren Leichnam auf eine Bahre legen und ihn an dem Ort bestatten, an den ihn ganz bestimmte junge Ochsen und einen Tag alte Kälber ohne fremdes Einwirken ziehen würden. So geschah es, und man begrub sie an einem Ort, der zur damaligen Zeit ein auf einem Hügel gelegenes, sumpfiges Ödland war. Später wurde an dieser Stelle eine der St. Endelienta geweihte Kirche errichtet".

In früheren Zeiten waren Ochsen die wichtigsten Zugtiere, die manchmal auch zur Bestimmung heiliger Orte herangezogen wurden. Die Heiligen Cadoc, Dunwyd und Tathan beschlossen einst, eine Kirche zu bauen; so spannten sie Ochsen vor den Wagen, auf dem sich ihr Baumaterial befand und ließen sie damit losgehen. An der Stelle, an der die Tie-

Die vier Seiten eines großartigen, aus dem zehnten Jahrhundert stammenden Kreuzes von Nevern im Westen von Wales. Die auf dem Kreuz angebrachten keltischen Muster stellen verschiedenste Aspekte der nicht-figurativen keltischen Kunst dar.
Da das Kreuz am oberen Ende an den Kopf und die Schultern einer Person erinnert, spiegelt es auch die anthropomorphischen Aspekte in der keltischen Kunst wider.

195

re schließlich von selbst anhielten, würde der richtige Ort zur Errichtung ihrer Kirche sein. Schließlich hielten die Ochsen an einer erhöhten Stelle zwischen zwei Wäldchen. Auch König Gwynllyw der Krieger hatte nach seiner Konvertierung den Entschluß gefaßt, eine Kirche zu erbauen und suchte nach einem Omen, das ihn leiten sollte. Als er einen weißen Ochsen mit einem schwarzen Fleck auf der Stirn erblickte, nahm er dies als Zeichen und errichtete die Kirche genau an dem erhöhten Ort, an dem der Ochse gestanden hatte. Man gab dem Ochsen den Namen Dutelich und die Kirche nannte man St. Wooloo (was die anglikanische Version von Gwynllyw ist).

Auch auf der Suche nach den angemessenen Begräbnisstätten für Prinzen und Kirchenfürsten wurde auf Tiere zurückgegriffen. Als König Clydog von einem mit ihm rivalisierenden Liebhaber ermordet worden war, legte man seinen Leichnam auf einen Karren, vor den zwei Ochsen gespannt waren. Man trieb die Tiere in Richtung des Flusses Monnow. Als aber der Karren das Flußufer erreicht hatte, rissen die Riemen des Ochsengeschirrs, woraufhin die Ochsen bewegungslos an der Stelle verharrten und nicht zum Weitergehen zu bewegen waren. Dies nahm man als Zeichen dafür, daß genau hier die richtige Stelle für das Grab des Königs wäre und so wurde die Begräbniskapelle von Clodock dort erbaut. Eine ähn-

Der sog. Trelleck Stone mit Einkerbungen und Ritzungen an drei stehenden Steinen,
Trelleck, Church, Wales.

lich wundersame Begebenheit trug sich zu, als Twedric, der als Eremit lebende, ehemalige König von Glamorgan (Morganwg), bei einer Schlacht gegen die Sachsen am Tintern Ford tödlich verwundet wurde. Obgleich seine Männer ihn an einen anderen Ort bringen wollten, gebot er ihnen, ihn nicht fortzubringen und äußerte den Wunsch, auf der Insel Echni (Flat Holm) in der Mündung des Flusses Severn begraben zu werden. Am nächsten Morgen tauchte ein wundersamer, von zwei Hirschen gezogener Wagen auf, der ihn genau bis zu den Ufern des Severn brachte und dort anhielt. Daraufhin erbaute sein Sohn, Meurig, seinem verstorbenen Vater genau an diesem Ort ein Mausoleum.

Nicht alle Kirchen wurden an vorher völlig unbekannten Orten erbaut. Tatsächlich kennt man viele Stätten, die vormals heidnische Heiligtümer gewesen waren und von den christlichen Priestern in leicht abgewandelter Form übernommen wurden. Zum Beispiel Patrick, der Bischof der Hebriden, ordnete an, überall dort eine Kirche zu errichten, wo sich aufgestellte Steine befanden, und in ganz Westeuropa wurden die Priester der heidnischen Tempel enteignet. Die großen Kaiserdome von Aachen und Speyer beispielsweise wurden auf zwei der bedeutsamsten heidnischen Heiligtümern errichtet. Das Aachener Münster steht über den heißen Quellen des Gottes Grannos, während der Dom zu Speyer, die Krönungskirche der Kaiser des Heiligen Römischen Reiches, über einem der Göttin Nantosuelta geweihten Tempel, an dem auch die dreifaltigen Göttinnen Einbeth, Wilbeth und Barbeth verehrt wurden, erbaut wurde. Beispiele wie diese sind keine Seltenheit. In seinem Werk *Corpus de folklore préhistorique en France* zählt Santyves allein in der Bretagne 134 Orte auf, an denen ähnliches geschehen ist. Unter ihnen befinden sich sogar einige Orte, an denen man noch umgewandelte megalithische Konstruktionen bestaunen kann. Der *Dolmen de la Chapelle* von Confolens ist heute noch ein christlicher Ort des Gebets, und bei der ebenfalls in der Bretagne befindlichen *Chapelle des Sept Saints* von Plouaret handelt es sich um ein christianisiertes Megalithgrab. Auf den Kanalinseln findet man einige von einem alten Grab stammende Megalithen, die mit in die Kirche von Catel, Guernsey, eingebaut sind, und auf dem aus mehreren Kammern bestehenden Megalithgrab von La Houghe Bie auf Jersey hat man zwei Kapellen errichtet.

GEISTIGE ESSENZEN

Da geistige Essenzen zu den archetypischen Eigenschaften zählen, gehören sie der Anderswelt an. Innerhalb der materiellen Welt sind sie eher von impliziter denn expliziter Natur. Dennoch sind sie von realer Existenz; Ereignisse, Gedanken, geistige Konzepte, körperliche Gegenstände ebenso wie Orte können durch diese Essenzen verstanden werden. Wenn ein einzelner Mensch sein Leben einem dieser Archetypen annähert, verkörpert er in einem tatsächlichen Sinne diese jeweilige Essenz. Ein solcher Mensch kann im Denken der Allgemeinheit in einem derartigen Maße mit der jeweiligen Essenz gleichgesetzt werden, daß die Essenz selbst mit jener historischen Person gleichgesetzt wird. Auf diese Weise entstehen Heilige bzw. göttliche Wesen. Die jeweilige Persönlichkeit überwindet die Begrenztheit des menschlichen Daseins und geht in das Reich des Zeitlosen ein. Im alten Gauben wurden auf diese Weise Namen, Glaubensinhalte und Rituale über große äußere Veränderungen hinweg im Gedächtnis der Menschen gehalten. In unserem heutigen Zeitalter des geschriebenen Wortes werden solche Persönlichkeiten oftmals als der tatsächliche Ursprung der jeweiligen Essenz mißverstanden oder man sieht den Mythos als eine verfälschte Darstellung bzw. als einen gut durchdachten Versuch der Kirche oder anderer Institutionen, eine Gottheit des alten Glaubens zu personifizieren. Keine diese Interpretationen kann wirklich zufriedenstellend sein.

Der Kult um St. Brigid von Kildare, der jeden Aspekt des keltischen Glaubens umfaßt, ist geradezu der Inbegriff dieses Prozesses. Brigid war die dreifaltige Göttin des Lichtes; ihr Festtag war Imbolc (1. Februar). In dem von Cormac verfaßten, aus dem neunzehnten Jahrhundert stammenden *Glossary* lesen wir: "Brigid war eine Göttin, die von den Dichtern verehrt wurde, denn edel und erhaben war sie in ihrer Vollkommenheit. Ihre Schwestern waren Brigid, die Frau der Heilung und Brigid, die Schmiedin". Als der Monotheismus eingeführt wurde, übertrug man ihre Wesensmerkmale auf die Heilige gleichen Namens. Es scheint, als wäre eine einzelne Priesterin der Brigid auf geheimnisvolle Weise mit der Göttin selbst gleichgesetzt worden. Diese hatte sich zum Christentum bekannt und wurde nun anstelle der abstrakten weiblichen Gottheit verehrt. Die geistigen Essenzen, die man einst der Göttin Brigid zuschrieb, wurden nun von der St. Brigid verkörpert, deren heilige Orte als christliche Heiligtümer beibehalten wurden. Die "Entstehung" der St. Brigid ist ein bemerkenswertes Beispiel dafür, wie der Polytheismus in einen monotheistischen Rahmen gebracht wurde, wobei auch die mystische Bedeutung der Frau unter der Vorgabe einer patriarchalischen Religion erhalten blieb.

Es gibt viele Brigids, die alle in gewisser Weise einen Aspekt der archetypischen Brigid verkörpern. Die christliche Hagiographie kennt zahlreiche heilige Brigids, deren nicht wenige Nachfolgerinnen der St. Brigid von Kildare und höchstwahrscheinlich auch konvertierte Anhängerinnen des alten Kultes der Göttin sind. Im Brauchtum wird Brigid an ihrem Festtag begrüßt, indem nach einem gründlichen Frühjahrsputz des Hauses das Herdfeuer neu entfacht wird. Im County Kildare brannte am Heiligtum der Brigid eine symbolische Flamme. Eine Gemeinschaft von Frauen, die den römischen Vestalinnen vergleichbar ist, hielt sie am Brennen. Die Flamme wurde bis in die Zeit der Geschichtsschreibung gehütet, bis sie schließlich mit der Auflösung der Klöster erlosch. In den neunziger Jahren gab es Versuche, sie neu zu entzünden.

ORTE DES AHNENKULTS UND GEWEIHTE GEGENSTÄNDE

In Anlehnung an die griechischen heidnischen Traditionen und die christliche Verehrung der Krippe zu Betlehem, wurden auch die bekannten Geburtsstätten von Heiligen zu verehrungswürdigen Orten. In Fouchart im County Kildare errichtete man am Geburtsort der St. Brigid ein Heiligtum, in dem die üblichen heiligen Stätten wie beispielsweise ein heiliger Brunnen, eine Kapelle, ein Kalvarium und ein Felsen, in welchem angeblich die Abdrücke der Knie St. Brigids zu sehen sind, enthalten sind. Im Jahre 1933 wurde der Tempelbezirk offengelegt, um in ihm einen Splitter vom Schädel der Heiligen aufzubewahren. Hierin setzt sich die alte keltische Tradition der Verehrung von Totenschädeln fort. Südwestlich der Ruinen der alten Kirche befindet sich der Ursprung von St. Brigids Bach, nämlich ein Brunnen, bei dem Gläubige an Pfählen und an dem ihn umgebenden Stacheldraht Stoffetzen als Votivgaben angebracht haben. Auch in der Nähe anderer Teile des Heiligtums von Fouchart befindliche Bäume und Büsche sind in ähnlicher Weise behängt.

Der Brauch, Schädel als Orakel aufzubewahren, war im gesamten Mittelmeerraum des Altertums weit verbreitet, doch am stärksten wird er mit den Kelten in Verbindung gebracht. In den keltischen Mythen spielen die Häupter vieler Götter und Helden eine große Rolle, da man davon ausging, daß der Schädel gleichsam das Behältnis der Persönlichkeit, der wesentlichen Aspekte des Verstorbenen, sei. Diodorus von Sizilien berichtet, daß unter den alten Kelten der Brauch herrschte, "solch unschöne Trophäen an die Türen der Häuser zu nageln und die Köpfe der berühmtesten ihrer Feinde zu mumifizieren". Auch bei Plinius ist zu lesen: "Sie verwendeten Zedernöl, um die Köpfe ihrer Feinde zu konservieren und bewahrten sie sorgsam auf. Sie zeigten sie vorbeikommenden Fremden und niemals, auch nicht für ein Vielfaches ihres Gewichts in Gold, gaben sie sie zurück. Doch die Römer beendeten diese Gebräuche ebenso wie alle anderen mit Opfern und Wahrsagerei in Zusammenhang stehenden Praktiken, die im Widerspruch mit unseren Gebräuchen stehen". Beispielsweise im Heiligtum von Saluvii in Entremont waren einbalsamierte, als Trophäen angenagelte Köpfe enthalten. Das Heiligtum wurde von den Römern zerstört. Doch in den Gebieten, die nicht von den Römern erobert worden waren, wie beispielsweise in Schottland und Irland, setzte sich der besagte Brauch bis ins Mittelalter fort. Giraldus Cambrensis erzählt von den Köpfen von zweihundert Anglo-Normannen, die vor dem irischen König Dermot aufgehäuft worden waren; über zwei Jahrzehnte später, im Jahre 1396, wurden sechs Köpfe von Mitgliedern einer geschlagenen anglo-irischen Streitmacht vor dem Herrscher O'Toole aufgehäuft. Im Jahre 1879 grub man einen Erdhügel auf und entdeckte, daß es sich eigentlich um einen mit Erde zugeschütteten Haufen von Schädeln handelte.

In dem walisischen *Mabinogi* von Branwen wird von Bendigaidvrân berichtet, dessen einbalsamierter Kopf einige Jahre lang aufbewahrt und durch ganz Britannien getragen wurde. Jeden Abend wurde er in einem Zelt aufgestellt, in dem er dann Weissagungen aussprach. Endlich wurde er dann in White Mount, dem Ort an dem der Londoner Tower steht, der Erde zurückgegeben, wo er England vor Invasoren schützen soll. Später wurde der mystische König von der Kirche als St. Brán Fendigaid, "dem ersten, der den christlichen Glauben zur walisischen Nation gebracht hat", verehrt. Wenngleich diese Aussage als "die dreisteste Fälschung in der ganzen walisischen Literatur" bezeichnet wurde, ist sie dennoch ein typisches Beispiel für den Wandel vom Polytheismus zum Monotheismus, im Zuge dessen die alten Götter und Helden an das neue Pantheon angeglichen wurden. Eine andere walisische Legende erzählt von dem Riesen Ysbaddaden, den man erschlagen und dessen Haupt man auf eine Stange gesteckt hatte.

Bis in die heutigen Tage hat sich in der keltischen Kirche, wenn auch in abgewandelter Form, der Kult um die Schädel fortgesetzt. Der Gedanke von der Gegenwart der beschützenden Seele eines Vorfahren in dessen Schädel, kommt noch heute in den westafrikanischen Traditionen ebenso wie in den keltischen zum tragen. Da man Heilige als Vorfahren sowohl in einem tatsächlichen als auch in einem spirituellen Sinne ansehen kann, schien es ganz natürlich, an dem Brauch, Köpfe von Vorfahren aufzubewahren, festzuhalten. In katholischen Kirchen befindliche Schreine, mit darin aufbewahrten Häuptern sind eine Fortsetzung der alten keltischen Tradition, Häupter von Vorfahren und Helden aufzubewahren und zu ehren. Ein frühes Beispiel dafür ist der Kopf von St. Piran, welcher in einer Kapelle bei Perranzabuloe in Cornwall aufbewahrt wurde. Im Einklang mit den Gebräuchen jener Zeit wurde St. Pirans Körper im Ganzen unter dem Altar seines Oratoriums bestattet. Später dann, im zehnten Jahrhundert, als das Oratorium bereits unter einer Schicht von Sand begraben war, baute man etwa eineinhalb Kilometer davon entfernt eine neue Kapelle. Man grub den Schädel des Heiligen wieder aus und verbrachte ihn an den neuen Ort, an welchem er in einem Reliquienschrein verwahrt wurde. Zur Zeit der Reformation wurde der Schädel wieder aus seinem Schrein genommen und erneut zusammen mit dem Körper vergraben. Im Jahre 1835 wurde das Oratorium ein weiteres Mal freigelegt und die Knochen wurden verstreut.

In keltischen Landen gab es viele berühmte Heiligtümer, an denen die Schädel von Vorfahren verehrt wurden, bevor sie im Zuge der Revolution aufgelöst wurden. Eines der verehrungswürdigsten dieser Heiligtümer in England war das von Chlad in Lichfield und das von St. William von York in Minster. Das Haupt von St. Elios wurde in der Kathedrale von Llandaff, Wales, aufbewahrt und das Haupt von Martin von Tours wurde in Cochem im Rheinland verehrt. Eines der eher schaurigen Beispiele diese Kulte findet man im Dom von Konstanz, in der Nähe der heiligen keltischen Insel Reichenau, in dem eine Gruppe von mumifizierten Schädeln aus mit Diamanten verzierten Augenlöchern von einem Barockaltar herunterstarren. In der Scottisch National Portrait Gallery ist ein weiteres Beispiel für die Verehrung der Häupter von Vorfahren in Form eines Abdrucks des Schädels von Robert the Bruce erhalten geblieben. Dieser entstand im Jahre 1819, als man das Familiengrab der Bruces in der Dunfermline Abbey öffnete. Ein anderer, aus noch jüngeren Tagen stammender mumifizierter Kopf, kann in einem vergoldeten, mit Glasscheiben versehenen Reliquienschrein in der St. Peter Kirche von Drogheda betrachtet werden. Es handelt sich um das Haupt von Oliver Plunkett, dem Erzbischof von Armagh, der im Jahre 1681 in Tyburn exekutiert und schließlich im Jahre 1975 von der katholischen Kirche heilig gesprochen worden war.

Ein weiterer typischer heiliger Gegenstand der Kelten war die Tisch- bzw. Handglocke. Wenngleich sie in den heidnischen Heiligtümern in Frankreich verwendet wurden, waren die typischen keltischen Glocken ursprünglich eine Kopie jener Glocken, die von den ersten Christen Ägyptens verwendet worden waren, welche diese ihrerseits wiederum von den Mönchen der Isis übernommen hatten. Die frühesten Exemplare waren nicht in der Form gegossen, die wir heute kennen, sondern bestanden aus zusammengefügten Metallblechstücken. Der aus dem dreizehnten Jahrhundert stammenden Erzählung *Perlesvaus* ist zu entnehmen, daß sie exotischen Ursprungs waren und in der Zeit König Artus nach England gebracht worden waren. Man liest auch über Artus Erstaunen, als er zum ersten Mal den Klang einer Glocke vernahm: "Zu jener Zeit gab es noch keine Glocken, weder in Britannien noch in Lesser; man rief die Menschen mit Hörnern zu Versammlungen; vielerorts gab es auch Metallplatten oder hölzerne Klöppel. König Artus war vom Klang der Glocken ganz verzückt, da er so hell und rein war. Es schien ihm als käme der Klang direkt von Gott und es war sein sehnlichster Wusch, einer Glocke ansichtig zu werden".

Die vorderste Aufgabe der Glocke war es, Geister zu vertreiben. Aubrey schreibt in seinen *Miscellanies*: "So mancher Mensch behauptet, daß der Klang einer Glocke die Geister aufs Äußerste beunruhigt". Dies kommt auch in einem anderen Abschnitt von *Perlesvaus* zum Ausdruck, in dem zu lesen ist, wie Artus, Gawain und Lanzelot mit ihrem Gefolge eine Nacht in einem verfallenen Haus, das von Geistern heimgesucht war, verbrachten. So sahen sich die Ritter gezwungen, gegen die bösen Geister zu kämpfen. "Mitten im Kampf hörten sie plötzlich den Klang einer Glocke und sofort ergriffen die Dämonen der Nacht hastig die Flucht". Keltische Glocken sind göttliche Gegenstände, denen heilige Kräfte innewohnen. Sie wurden von Priestern dazu verwendet, unliebsame Geister von heiligen Stätten zu vertreiben und statt dessen Gläubige herbeizurufen. Durch das Metall wird der böse Zauber gebrochen und durch den Klang werden die schädlichen Geister vertrieben. Die bösen Geister, die sich in der Nähe der Sterbenden und der Toten aufzuhalten belieben, werden durch das Leuten der "Totenglocke" im Zaum gehalten. Auch wurden heilige Eide auf Glocken geschworen, die außerdem die Eigenschaft besaßen, Heilungen zu verstärken und Teufelsaustreibungen zu ermöglichen.

Sämtliche heiligen keltischen Gegenstände verbleiben üblicherweise im Besitz derjenigen Familie, deren Ahne der ursprüngliche Eigentümer gewesen ist. Wenn eine Familie nicht ausgestorben ist oder sich von ihren heiligen Pflichten zurückgezogen hat, so wird in ihr das Amt des "Maer", des "Coarb" oder des "Dewar" (was jeweils ein vererbliches Priesteramt der Kelten war) weitergegeben. In den alten Tagen war es üblich, daß das Land gewissermaßen dem jeweils auf ihm befindlichen heiligen Gegenstand "gehörte", und daß der "Maer" die Erträge aus dem Land für seine treuen Dienste, etwa als Hüter der Glocke, erhielt. Leider gibt es heute kaum noch solche Hüter und die meisten der berühmten Glocken befinden sich mittlerweile in Museen. Immerhin ist die Glocke von Cumansnach noch immer im Besitz ihrer Hüter in Roscommon. Ein typischer Werdegang einer Glocke ist der von Clog-an-Eadbacta Phatraic, der "Glocke des Willens von St. Patrick". Am Anfang wurde sie zusammen mit dem Heiligen begraben, doch sechzig Jahre später bereits wieder ausgegraben. Ihre rechtmäßigen Hüter waren bis ins Jahr 1441 die O'Mellans. Heute wird die Glocke im Nationalmuseum von Dublin aufbewahrt. Eine weitere berühmte keltische Glocke ist die Skellat, die sich im Museum des Rathauses von Dumbarton befindet. Auch in Frankreich, Irland, Deutschland, Schottland und der Schweiz sind alte keltische Glocken erhalten geblieben. Die meisten von ihnen sind mittlerweile in Museen zu finden, doch gibt es auch die eine oder andere Ausnahme, wie etwa die Glocke der Kirche von St. Gwynhoedl von Llangwnnadl, die noch immer an ihrem ursprünglichen Ort aufbewahrt wird.

DER ZUSAMMENBRUCH DER HEILIGKEIT

Mag es auch paradox erscheinen, so ist die umfassende Zerstörung der heiligen keltischen Orte dennoch weder auf die keltische noch auf die christliche Kirche, sondern vielmehr auf die Reformation zurückzuführen. In der Zeit, in der in Großbritannien die römisch-katholische Kirche unterdrückt wurde, ging man dazu über, absichtlich die heiligen Orte zu zerstören, mit der Begründung, sie seinen Orte des praktizierten Aberglaubens. So wurden die katholischen und die heidnischen Stätten der Glaubensausübung gemeinsam ausgerottet. Aus einem schottischen Parlamentsgesetz aus dem Jahre 1581 geht in symptomatischer Form die Haltung der Puritaner hervor:

Noch immer sind in verschiedenen Teilen des Königreiches gewisse widerwärtige Überbleibsel des Götzendienstes, die sich in Wallfahrten zu bestimmten Kapellen, Brunnen, Kreuzen und anderen solchen

Monumenten der Götzenanbetung äußern, nicht ausgemerzt worden.
Ebenso verhält es sich mit der Beachtung gewisser Festtage, von de-
nen behauptet wird, sie seien die Patronatstage der Heiligen oben er-
wähnter Stätten, sowie mit dem Entzünden von Lagerfeuern zu be-
stimmten Zeiten des Jahres und dem Gesang von Hymnen in Kirchen
und in deren Umgebung.

Die Vorgehensweise der Puritaner war ein sich lange hinziehender, gut durchdachter Prozeß. Im Jahre 1802 beklagte der walisische Barde Edward Jones in *The Bardic Museum (Das Bardenmuseum)* die Auswirkungen jener evangelischen Religion auf die Gebräuche und Sitten des Volkes: "Der jähe Verfall des nationalen Musikantentums und der walisischen Bräuche ist zu einem Großteil den fanatischen Heuchlern oder ungebildeten plebejischen Predigern anzulasten, denen man zu oft schon gestattet hat, in unser Land einzufallen, die einfachen Menschen von ihrer gesetzmäßigen Kirche fortzutreiben und sie von ihren unschuldigen Vergnügungen wie Singen, Tanzen, Sport und Spiel abzubringen. Ich traf auf etliche Harfenspieler und Liedermacher, die sich tatsächlich von diesen umherziehenden Landstreichern davon überzeugen ließen, ihr Beruf sei sündig und deshalb von ihm ließen. Die Folge davon ist, daß Wales, welches einstmals eines der glücklichsten und fröhlichsten Länder war, nunmehr zu einem der geistlosesten geworden ist".

Glücklicherweise stellte sich der Zusammenhalt in der Tradition der alten Familien und der Barden als Bollwerk gegen einen endgültigen kulturellen Genozid heraus. Die tragenden Säulen der keltischen Gesellschaft waren und blieben die *aos dana*, die "Männer (und Frauen) der Künste" (Dichter, Musiker, Handwerker, Nautiker, Rechtsgelehrte und Heiler), die ihr Amt von Generation zu Generation weitervererbten und deren Wissen über Land und Gesetz essentiell war. Reliquien keltischer Heiliger und bestimmte heilige Orte standen oftmals in privatem Besitz; sie waren nur an die Kirche verliehen und fielen später wieder an den Erben des Heiligen, dem sie gehört hatten, zurück. Christliche Relikte wie etwa Krummstäbe, Glocken, Bücher und sogar Knochen fielen ebenfalls von der Kirche wieder zurück an die jeweilige Ahnenfamilie. Vielerorts gab es Wächterfamilien, die heidnische und nichtchristliche heilige Gegenstände oder Orte bewachten. Ihnen vertraute man auch die von der protestantischen Kirche verlassenen Orte und Relikte an. Und so entstand eine synkretische und einheimische Religion, die sich aus den verschiedensten Elementen zusammensetzte. Es ist dies die Religion ohne Namen, die noch heute in den örtlichen Traditionen und Gebräuchen in keltischen Landen fortlebt.

Nachwort

Der Weg aus dem Ödland

ie Entwertung und Zerstörung der heiligen Landschaft ist eins der weniger erfreulichen Dinge, welche die moderne Zeit mit sich gebracht hat. Unter dem Aspekt der Ästhetik ist dies beklagenswert, doch handelt es sich dabei an sich nur um die äußerliche Erscheinung eines wesentlich größeren Problems. In psychologischer Hinsicht sind heilige Landschaften von Menschen geprägte Orte, die der Unterstützung der menschlichen Psyche dienen. In dem Augenblick, in dem sie beschädigt oder zerstört werden, wird mit ihnen ein wichtiger Teil des menschlichen Lebens ausgelöscht. In der Symbolik der mittelalterlichen Artussage, *The Elucidation*, kommt sehr viel zu diesem Problem zur Sprache. An bestimmten heiligen Rastplätzen, an heiligen Brunnen und Hügeln, den sogenannten *puis*, lebten einst schöne Jungfrauen, die dem Wanderer zur Erfrischung Essen und Trinken anboten. Man brauchte weiter nichts zu tun, als sich an den Ort zu begeben und sogleich wurde einem die Speise in einer goldenen Schüssel gebracht. Doch eines Tages mißbrauchte ein König namens Amagons dieses Privileg. Er vergewaltigte eine der Jungfrauen und stahl ihre goldene Schüssel. Von dem Augenblick an war nichts mehr wie es gewesen war. Sämtliche Rastplätze wurden verlassen und all der Überfluß verebbte im Nichts. Doch das war noch nicht alles; das ganze Land wurde daraufhin zu Ödland, in dem nichts mehr wuchs und gedieh und alle menschlichen Bande zerstreuten sich im Wind. So machten es sich Artus und seine Ritter zur Aufgabe, die verschwundenen *puis* wiederzufinden und das Land in seiner alten Pracht wiederzubeleben. Sie beteten zu Gott, er möge alles wieder so machen, wie es vorher war. Doch vergebens; das Land blieb öd und leer und nichts wollte auf ihm wachsen oder gedeihen. Die Zerstörung war im Grunde spiritueller Natur und daher war der einzige Weg, die *puis* wieder herzustellen der, den heiligen Gral wiederzuentdecken, welcher, brachte man ihn an den richtigen Ort, durch seine göttliche Kraft die *puis* wiederbeleben und somit dem Land und seinen Bewohnern die alte Blüte aufs Neue verleihen könnte.

An sich hat diese Geschichte ihren Ursprung in der Erinnerung an den historischen "Ruin of Britain" (den Untergang Britanniens) in der Mitte des fünften Jahrhunderts, als nämlich innerhalb einer Generation das Land, das zunächst noch ein blühendes römisches Gebiet voller Frieden und Fülle gewesen war, durch Hungersnöte, Seuchen und einfallende Eroberer in eine Wüste verwandelt wurde. Somit kann der Archetyp des Ödlands auf einer tieferen symbolischen Ebene verstanden werden. Ödland entsteht, wenn das Geistige zugunsten des Materiellen aufgegeben wird. Die innere Natur wird abgelehnt und die ewigen Wahrheiten geraten in Vergessenheit. Wenn aber der Respekt für die alten Wege verloren geht, wird er kaum durch etwas neues von gleichem Wert ersetzt, vielmehr verzehrt die nun eingetretene Leere diejenigen wesentlichen Strukturen, die an sich das Leben erhalten. Der größte Teil der modernen Wissenschaft und Technik ignoriert unseren Platz innerhalb der natürlichen Ordnung; ständige Übergriffe in diese Ordnung drohen das empfindliche Gleichgewicht, von dem das Leben auf diesem Planeten abhängt, zu zerstören.

Dieser Entfremdung wird sich mittlerweile eine zunehmende Anzahl von Menschen bewußt, die versuchen, wieder eine harmonische Beziehung mit der Welt herzustellen. Dennoch wäre es ein Fehler, wegen einiger fruchtloser und kümmerlicher Versuche der modernen Welt, die verlorene Vergangenheit wiederzuerwecken, die Augen vor der gegebenen Realität zu verschließen. Versuche, das Ödland wiederzubeleben, indem man vergangene Zeiten neu entstehen lassen will, können nicht von Erfolg gekrönt sein, da sie im Grunde genommen nur ein weiterer Beweis dafür sind, wie sehr die Natur der gegenwärtigen Bedingungen verkannt wird. Wenn alte und traditionelle Wege erst einmal zerstört worden sind, können sie nicht von außen her wieder aufs Neue hergestellt werden, da die essentiellen Bedingungen, die einst ihre Grundlage bildeten, nicht mehr existieren. Wollte man die heiligen Landschaften an den Orten, an denen sie zerstört worden sind, zu neuem Leben erwecken, so müßte sich eine neue Tradition, deren innere Essenz sich als den gegebenen Bedingungen angemessen erweist, entwickeln. Die Spiritualität wohnt der Natur inne. Auch im Wandel der Zeit ist sie nicht verschwunden, sondern ist immer noch da, aber nur für denjenigen, der sich auf die Suche nach ihr begibt. Dort wo die heiligen keltischen Landschaften noch immer bestehen, erinnern sie uns daran, daß es lebbare Alternativen zum spirituellen Ödland gibt.

Aus dem elften Jahrhundert stammende heilige Glocke
von St. Cuilleann, die einst in einem hohlen Baum in der Gemeine Glenkeen
im County Tipperary, Irland, aufbewahrt und bis ins achtzehnte Jahrhundert
für Weissagungen und Orakel benutzt wurde.

Dieser Dolmen bei Pentre Ifan, Wales, wird auch Womb of Cerridwen genannt.
Hier sollen immer noch Initiationsrituale stattfinden und man erzählt sich, daß auch hin
und wieder Y Tylweth Teg, das Feenvolk, vorbeischaut.

Ortsverzeichnis
von sehenswerten keltischen heiligen Orten

Es ist weder möglich noch wünschenswert, sämtliche bekannten heiligen keltische Orte in einem Verzeichnis aufzuführen. Alle Versuche, dies ausführlicher zu tun, würden den Rahmen dieses Buches sprengen. Nichtsdestotrotz beinhaltet die vorliegende Aufzählung Plätze, die entweder in Ländern mit keltischer Tradition oder in Gegenden liegen, die ursprünglich von keltischen Völkern besiedelt waren. In diesem Buch habe ich versucht, dem Leser einen Überblick über die verschiedenen Merkmale keltischer Kultur und Religion zu geben. Die nachfolgende Liste soll jedoch nicht den Eindruck erwecken, daß allen diesen Stätten eine Art transzendentale, alles umfassende "Struktur" zugrunde liegt. Diese Schlußfolgerung mag wohl eher auf einer einseitigen Betrachtungsweise beruhen, entspricht jedoch keinesfalls der Realität. Vielmehr läßt sich sagen, daß keiner dieser Stätten mehr Bedeutung zukommt, als einer anderen, denn jede von ihnen ist jeweils ein Abbild des Paradieses.

Zwar ist es bestimmten nationalen und internationalen Organisationen eigen, Sachverhalte aufzulisten, Funde zu katalogisieren und dabei einige Plätze zu historischen Denkmälern zu erklären, doch ist der Versuch, die nicht meßbaren religiösen Manifestationen dieser Stätten miteinander zu vergleichen und sie dem Grad ihrer Heiligkeit nach hierarchisch ordnen zu wollen, an sich völlig bedeutungslos. Es ist nämlich nicht notwendigerweise so, daß große und beeindruckende sakrale Bauwerke spirituell gesehen wertvoller sind, als eine kleine Oase geistiger Kraft. Leider sind wir aber aufgrund unserer durch hierarchische Strukturen geprägten Weltreligionen versucht, besonders den großen Kultstätten mehr spirituelle Bedeutung beizumessen, als den kleineren, weniger bedeutsamen Stätten.

Manchmal stellt man bei dem Besuch einer keltischen Kultstätte fest, daß diese entweiht oder zerstört worden ist. Den Menschen der heutigen modernen Zeit scheint nichts mehr heilig zu sein, was zur Folge hat, daß es ihnen nicht mehr möglich ist, zwischen Heiligem und Profanem zu unterscheiden. Wenn heutzutage etwas Heiliges, sei es ein Objekt oder ein Ort, gewissen Interessen im Weg ist, dann wird es/er kurzerhand vom Erdboden vertilgt. Heilige Stätten, die schon Berühmtheit erlangt haben, entgehen in der Regel diesem Schicksal, wenngleich auch sie manchmal ein schweres Los zu tragen haben, da auch Berühmtheit zum Fluch werden kann. Die Art und Weise, auf die so mancher schwankende Stein einer heiligen Stätte zerstört wurde, ist hierfür typisch. Es besteht praktisch immer die Gefahr, daß sobald eine Stätte einmal berühmt geworden ist, der Andrang der Besucher zu groß wird. Ihre subtilen, im Verborgenen liegenden Qualitäten werden dann oft im wahrsten Sinne des Wortes "überrannt", und sie selbst wird zu einem bloßen Schaustück degradiert.

Man spricht dann von einem Schaustück, wenn die Menschen anfangen, ihre Wahrnehmung auf einen bestimmten Aspekt in der Realität zu konzentrieren und dabei alles andere außer Acht lassen. Der Betrachter richtet seine Aufmerksamkeit nur noch auf das, was er mit dem Auge erfassen kann. Sobald eine heilige Stätte nur noch als Schaustück gesehen wird, werden die Menschen, die sich zu ihr begeben, sie wie ein Objekt betrachten und nicht mehr tatsächlich erleben. Wie oft ist es der Fall, daß Touristen zu einem sogenannten historischen Denkmal kommen und umgehend zu den Informationstafeln am Eingang geschleust werden, ohne dabei vorher auch nur einen Blick auf den Ort geworfen zu haben. Ihre Wahrnehmung wird von dem beeinflußt, was sie lesen. Wenn Menschen beim Besuch eines Ortes unachtsam sind, können sie keine Beziehung zu seinem ganz besonderen Charakter aufbauen. Alles, was sie wahrnehmen, geht nicht tiefer und ist in erster Linie visueller Natur. Sie spüren den Geist des Ortes nicht mehr und haben folglich auch nicht Teil an seinem Mysterium.

Es liegt auf der Hand, daß bestimmte Stätten zu ihrem eigenen Schutz von Besuchern verschont bleiben und nur von ihren Hütern oder der einheimischen Bevölkerung betreten werden sollten. Durch einen großen Touristenandrang kann die heilige Atmosphäre einer Kultstätte sehr leicht für immer zunichte gemacht werden. Ein Beispiel hierfür sind die Scharen von Touristen, die fortwährend über Stonehenge hereinbrechen und diesen Ort nahezu zerstören. Wenn sich Menschen nicht aus spirituellen, sondern aus anderen Gründen zu einem heiligen Ort begeben, so ist mit großer Wahrscheinlichkeit damit zu rechnen, daß sie nicht den nötigen Respekt für diesen Ort aufbringen werden. Ihr Verhalten wird sich sehr stark vom Verhalten einer Person unterscheiden, welche der Heiligkeit des Ortes die gebührende Ehre erweist. Es ist wichtig, alle heiligen Stätten mit Respekt zu behandeln und mit einer ehrfurchtsvollen Haltung zu betreten, da es sich bei ihnen um Stätten handelt, an denen ein ganz besonderer Geist gegenwärtig ist. Wenn wir uns nun an einen heiligen Ort begeben, sollten wir versuchen, uns ihm nicht in aufdringlicher, sondern vielmehr in ehrfurchtsvoller Haltung und im Einklang mit der *anima loci* zu nähern.

Irland

Ahenny, County (Grafschaft) Kilkenny. In der Klosteranlage von Kilclispeen befinden sich zwei Hochkreuze aus dem 8. Jh. Das beschädigte North Cross besteht aus einem bemerkenswerten Sonnenrad mit fünf knaufartigen Wölbungen an den Kreuzenden. Auf der Kreuzspitze sitzt ein konisch zulaufender, omphalosartiger Deckstein.

Altadeven, südöstlich von Augher, County Tyrone. Im Favour Royal Forest befinden sich ein heiliger Brunnen und ein Felsen, die St. Brigid oder St. Patrick geweiht sind. Der Fels wurde zu einem Sitz geformt. Der Brunnen liegt direkt darunter. Bis vor kurzem fanden hier an Lammas (1. August) Feierlichkeiten statt.

Ardboe, County Tyrone. Hier steht ein Hochkreuz mit biblischen Darstellungen, nach allgemeiner Auffassung das schönste seiner Art im Norden von Irland.

Ardmore, County Waterford. Südöstlich von Ardmore liegt die Klosteranlage von St. Declan. Das Oratorium aus dem 6. Jh. ist immer noch vorhanden. Auf dem Gelände befinden sich ein heiliger Brunnen, das Grab des Heiligen, Reste der Kathedrale sowie ein Rundturm (29 m hoch) aus dem 12. Jh. Am südlichen Ende des Strandes steht der St. Declan's Stone, ein Findling, der einer Sage zufolge aus St. David's in Wales stammt.

Armagh, County Armagh. Sitz der katholischen und protestantischen Erzbischöfe von Irland. Die Stadt Armagh hat ihren Namen von der legendären Königin Macha, die ca. im 4. Jh. v. Chr. lebte. Ihre Festung Ard Macha (Macha's Height) soll hier gestanden haben. Das heidnische Heiligtum von Emania, das mehr als 600 Jahre lang Sitz der Könige von Ulster war, liegt bei Navan Fort, 3,2 km westlich der protestantischen Kathedrale in Armagh.

Athleague, County Roscommon. Nordwestlich von Athleague, 3,2 km entfernt, liegt der Castlegrange Stone, ein Findling mit Spiralmustern aus der La-Tène-Zeit.

Augher, County Tyrone. Königin Baine von Clogher soll in einem Hügelgrab bei Augher im Knockmany Forest begraben sein.

Ballineaning, bei Ballyferriter, County Kerry. Östlich der Ruinen des Oratoriums liegt der heilige Brunnen von St. Molaga.

Ballinskelligs, County Kerry. Killerelig, die Ruine eines Einsiedlerklosters, befindet sich innerhalb eines Ringwalls. Hier stehen die Überreste eines Oratoriums mit einem Dach in Kragsteintechnik, zwei Clocháns (Bienenkorbhütten), ein Souterrain sowie Kreuzfragmente.

Ballymoreagh, westlich von Dingle, County Kerry. In der Anlage befinden sich u. a. der heilige Brunnen von St. Manchán, ein Oratorium sowie das Grab des Heiligen.

Ballynacarriga, County Cork. In der Nähe von Dunmanway befindet sich eine Sheila-na-Gig auf einer Außenmauer der Burg in Ballynacarriga, die von Randal Og O'Hurley 1585 erbaut wurde.

Ballynana, County Kerry. Das Oratorium von Gallerus ist eines der vollkommensten Zeugnisse des keltischen Christentums. Das Gebäude wurde aus Bruchstein gebaut. Durch eine spezielle Schichttechnik der Steine (Kragsteintechnik) verjüngen sich die Wände ohne Übergang und bilden so das Dach. An der Westseite befindet sich eine Tür, und nach Osten hin zeigt ein kleines Fenster.

Ballyvourney, County Cork. Die heilige Stätte von St. Gobnat beherbergt einen heiligen Brunnen, St. Gobnat's Grave, eine Sheila-na-Gig, drei Ogham-Steine und die Ruinen eines vorchristlichen Gebäudes, St. Gobnat's House. Am Grab liegen Votivgaben, und es findet ein jährliches Patronatsfest statt. St. Gobnat ist die christliche Version des heidnischen Schmiedegottes Goibniu.

Banagher, Londonderry. Auf dem Kirchengelände liegt das Haus der Toten, das Grab von St. Muirdeach O'Heney, von dem der berühmte, heilkräftige Banagher Sand stammt.

Blarney, County Cork. Nordwestlich der Stadt Cork, 4,8 km entfernt, liegt Blarney Castle, in dem sich der Blarney Stone befindet. Wer ihn küßt, erhält die Gabe der Beredsamkeit.

Boa Island, Lower Lough Erne, County Fermanagh. Auf dem Friedhof von Caldragh an der

Westspitze der Insel steht eine heidnische Figur mit einem Januskopf und eine weitere Figur, genannt "The Lusty Man". In den Ruinen der Kirche aus dem 12. Jh. befindet sich eine Ansammlung von sieben Steinfiguren aus der Zeit um 900 n. Chr., darunter eine Sheila-na-Gig, ein sitzender Mann mit Buch und die Figur eines Abtes oder einer Äbtissin mit Glocke und Krummstab.

Brandon Mountain, nördlich von Dingle, County Kerry. Ein heiliger Berg (1025 m hoch), der St. Brendan geweiht ist. Das Oratorium und der Brunnen des Heiligen können über einen Fußweg von Tiduff aus erreicht werden. Steinkreise deuten auf die frühere Bedeutung des Berges als heidnische Kultstätte hin.

Brideswell, County Roscommon. Am letzten Sonntag im Juli findet am Bride's Well ein Patronatsfest mit einer Umgehung des Brunnens über mehrere Stationen statt. Der Brunnen befindet sich in der Ruine eines im Jahre 1625 für Sir Randall MacDonnell erbauten Badehauses. Seine Frau verlor durch die Heilkraft des Wassers ihre Unfruchtbarkeit.

Brugh na Boinne, County Meath. In einer Flußschleife des Boine liegt ein bedeutendes Gräberfeld. Hier befinden sich 15 prähistorische Ganggräber, darunter Dowth, Knowth und Newgrange. Diese Orte wurden von den späteren Kelten verehrt und waren Schauplatz zeremonieller Veranstaltungen an den Feiertagen des keltischen Kalenders.

Bullaun, County Galway. Westlich von Bullaun steht der mit La-Tène-Mustern verzierte Omphalos, der als Turoe Stone bekannt ist.

Burial Island, jenseits der Ards Peninsula, County Down. Burial Island darf sich von den zahlreichen keltischen Begräbnisstätten rühmen, gleichzeitig der östlichste Landesteil Irlands zu sein.

Burt, County Donegal. Unweit von Bridge End an der N13 liegt die Kirche von St. Regnus at Burt. Sie wurde 1967 geweiht und liegt in unmittelbarer Nähe zu dem Ringfort Grianán of Aileach. Die Türgriffe sind zum Teil mit labyrinthartigen Mustern verziert, und an einer freistehenden Mauer befinden sich Tafeln mit der Abbildung eines Labyrinths sowie spirituellen Darstellungen.

Cardonagh, Inishowen, County Donegal. Westlich von Cardonagh steht Donagh Cross, auch St. Patrick's Cross genannt, vermutlich das älteste noch intakte Flachrelief-Kreuz in Irland.

Castlebaldwin, County Sligo. Der gewaltige Dolmen Heapstown Cairn unweit von Castlebaldwin soll die Begräbnisstätte eines heidnischen Königs gewesen sein.

Castledermot, County Kildare. In Castledermot, benannt nach St. Diarmuid, die um 800 das Kloster gründete, stehen zwei interessante Hochkreuze, von denen das nördlich stehende Kreuz schöne Spiralmuster an seinem an einen heiligen Berg erinnernden Sockel hat.

Castlekieran, County Meath. Der heilige Brunnen von St. Ciarán wird am ersten Sonntag im August um Mitternacht aufgesucht. Pilger versuchen im Schein von Lampen einen Blick auf die heilige Forelle zu werfen, die nur um diese Zeit zu sehen ist.

Churchtown, County Antrim. Am Ufer des Lough Neagh, östlich der Ruinen von Cranfield Church, liegt der heilige Brunnen von St. Colman. Von hier stammen die hochgeschätzten, bernsteinartigen Cranfield Pebbles, denen man nachsagt, daß sie Frauen bei der Geburt vor Komplikationen schützen und Männer vor dem Ertrinken bewahren.

Clogher, County Tyrone. Dieser Ort leitet seinen Namen vom Clogh-Oir oder "Gold Stone", einem heidnischen, vergoldeten Bildnis, das hier aufbewahrt wird, ab. Im 6. Jh. war hier das Zentrum des Königreiches von Oriel. Hinter der Kathedrale liegt die Hügelfestung von Rathmore, die Krönungsstätte der Herrscher von Oriel war.

Clonmacnois, County Offaly. Der bedeutendste Ort der keltischen Kirche in Irland. St. Kieran gründete ihn im Jahre 548 auf einem Land, das ein Geschenk König Dermots war. Innerhalb des Temenos (heiliger Tempelbezirk) befinden sich zwei Rundtürme, einige Kirchen, mehrere interessante keltische Hochkreuze und eine Kathedrale. Ein heiliger Brunnen steht neben einem dornenlosen Weißdornbusch, an den Pilger ihre Votivgaben hängen. Am ersten Sonntag im September findet ein Patronatsfest statt.

Cloughballybeg, County Cavan. Östlich von Virginia liegt St. Kilian's Well, die Geburtsstätte des irischen Heiligen aus dem 7. Jh., der Gründer der bayerischen Stadt Würzburg ist.

Coolineagh, bei Coachford, County Cork. Ein keltischer Brunnenkomplex, nordöstlich der Ruine der Kirche von Aghabulloge, in dem sich der heilige Brunnen von St. Ólann befindet. Das Brunnenhaus steht im Schatten eines Weißdornbusches. In der Nähe steht ein Stein mit dem Namen St. Ólann's Cap und ein Felsblock mit eingeritzten Fußabdrücken. Das Patronatsfest findet hier immer am 5. September statt.

Craggaunowen, County Clare. Die Burg von Craggaunowen liegt 4,8 km östlich von Quin. Auf ihrem Gelände befindet sich die Rekonstruktion eines typisch keltischen Crannogs (künstlich angelegte Insel) und einer Siedlung hinter einem Ringwall.

Creeslough Church, bei Letterkenny, County Donegal. Ein Beispiel für die Imitation der Umgebung in einem Bauwerk: Das Dach der Kirche ist der Form des Hügels, der sie überragt, nachempfunden.

Croagh Patrick, County Mayo. Abzweigend von der R335, westlich von Westport, liegt Cruach Phádraig (765 m), Irlands wichtigster heiliger Berg. Auf seinem Gipfel steht eine Kapelle. Er ist das Ziel von Pilgern am St. Patrick's Day, die ihre Wallfahrt von der Kirche von Leckanvy oder von Murrisk Abbey aus beginnen.

Cushendall, County Antrim. Tieveragh Hill, ein Hügel vulkanischen Ursprungs, der im Volksmund ein machtvoller, "guter Ort" ist, der Feenhügel dieser Gegend. Westlich der A2 liegt Ossian's Grave, wo man die Begräbnisstätte des keltischen Helden vermutet.

Devenish, County Fermanagh. Daimh Inish, Insel der Ochsen, im Lower Lough Erne ist eine heilige Insel, auf der St. Molaise lebte. Zu den interessanten Klosterruinen gehören das Haus von St. Molaise und Teampull Mór, ein vollständig erhaltener Rundturm. Außerdem befinden sich auf der Insel ein ungewöhnliches Kreuz und ein Museum.

Downpatrick, County Down. Das Grab von St. Patrick ist auf dem Friedhof durch einen Monolithen aus Granit von den Mourne Mountains gekennzeichnet. Die Wells of Struell, ein bedeutender Brunnenkomplex 2,5 km östlich von Downpatrick, sind eine Ansammlung von vier Heilbrunnen. Heute gibt es hier noch einen Trinkbrunnen mit kreisförmigem Becken, einen viereckig gefaßten Brunnen,

dessen Wasser bei Augenleiden hilft, die Ruine einer Kirche und getrennte Badehäuser für Männer und Frauen. Hier finden am Abend der Sommersonnenwende und am Abend von Lammas (1. August) Wallfahrten statt.

Drumcliff, County Sligo. Auf dem Friedhof befindet sich das Grab des irischen Dichters William Butler Yeats.

Dungiven, Londonderry. Südlich von Dungiven steht eine Kirche, in deren Nähe Wart Well, ein Bullaun (Wasserbecken) unter einem mit Tüchern und Weihegaben behängten Weißdornbusch, liegt.

Durrow, südlich von Kilbeggan, County Offaly. In nordöstlicher Richtung von Durrow Abbey stehen ein Hochkreuz aus dem 10. Jh. und der heilige Brunnen von St. Columba. Das Patronatsfest findet am 9. Juni statt.

Dysert O'Dea, nördlich von Ennis, County Clare. Eine Kirche mit einem Hochkreuz mit ineinander verschlungenen Ornamenten und Darstellungen von Tieren. Ein Stein stellt St. Tola, den Gründer aus dem 8. Jh., dar.

Fahan, Buncrana, County Donegal. Sieben km südlich von Buncrana steht in Fahan St. Mura's Cross, eine Stele mit auffallend verschlungenen Ornamenten und Darstellungen von Menschen. In einer Wegmauer befindet sich eine Kreuzplatte.

Fallmore, County Mayo. Am südlichen Ende der Mullet Peninsula liegt die klösterliche Anlage von St. Derivla mit einer Kirche, einem heiligen Brunnen, St. Derivla's Vat, und St. Derivla's Bed.

Faughart, County Louth. Hier befindet sich ein Heiligtum, das 1933 errichtet wurde, um an die Geburtsstätte der hl. Brigid im 5. Jh. zu erinnern.

Fenagh, County Leitrim. In Fenagh, 4,8 km südlich von Ballinamore, liegt das Kloster von St. Caillín. Hier wurde *The Book of Fenagh*, das sich jetzt in der Bibliothek von Armagh befindet, von Tadg O Roddy zusammengestellt, dessen Familie über Generationen hinweg aufgrund ihrer Position in der keltischen Kirche St. Caillín's Glocke bewahrte und schützte.

Ferns, County Wexford. Hier befindet sich eine klösterliche Anlage. Außerhalb des Kirchhofs steht das Brunnenhaus aus dem 19. Jh. über dem heiligen Brunnen von St. Mogue. In das Mauerwerk wurden ältere Darstellungen von keltischen Köpfen aus Clone mit eingearbeitet und kennzeichen so den Ort, an dem sich der Kopf-Brunnen befindet.

Finglass, im Norden von Dublin. Das Wasser der stark eisenhaltigen Quelle von Fionn-Ghlais hilft bei Augenleiden. Im 18. Jh. war hier ein bedeutendes Heilbad.

Fore, County Westmeath. Neben der Kirche befindet sich ein heiliger Brunnen, Tobhar Féichin. Sein Wasser entstammt einem unterirdischen Fluß, der aus dem Lough Lene fließt.

Glendalough, südlich von Dublin. Das Tal von Glendalough ist eine klassische keltische heilige Landschaft, das "Tal der zwei Seen". Um die Seen herum stehen viele klösterliche Gebäude aus der Zeit des St. Kevin (6. Jh.), u.a. ein Rundturm (33 m hoch), Ruinen einer Kathedrale und einige Kirchen, St. Kevin's Cross (um 1150) sowie ein zweistöckiges Oratorium mit einer nur in Irland zu findenden Dachkonstruktion, genannt St. Kevin's Kitchen. Dort, wo östlich des Lower Lake zwei Flüsse zusammenlaufen, liegt ein Bullaun (Wasserbecken). Um von Krankheiten geheilt zu werden, muß man am Sonntag, Dienstag und Donnerstag einer Woche den Deer Stone aufsuchen und ihn dabei jedesmal siebenmal auf unbedeckten Knien im Uhrzeigersinn umrunden. Wie auch bei einigen heiligen Inseln des Christentums, auf denen Klöster standen, war Frauen der Zugang zu diesem Ort untersagt. St. Kevin's Road (ursprünglich gekennzeichnet durch den auffällig gemusterten Hollywood Stone) verläuft von Hollywood nach Glendalough über eine Strecke von 22,5 km quer durch die Wicklow Mountains. Ein Teil davon verläuft entlang der L107.

Glen of Aherlow, County Tipperary. Auf der südlichen Seite des Glen of Aherlow liegt in Ardane die klösterliche Anlage St. Berechert's Kyle mit zwei Kreuzen, einem Bullaun (Wasserbecken), einem heiligen Brunnen und mehr als fünfzig in die Bruchsteinmauer eingelassenen Kreuzplatten.

Gortahork, County Donegal. Der heilige Fels Cloch Cheannfaoladh liegt auf dem Grundstück von Ballyconnell House bei Gortahork. Wie bei dem Stein von Beuno bei Clynnog Fawr läuft in ihm eine rote Ader, die der Sage nach das Blut von Faoladh ist, der hier von Balor of the Evil Eye enthauptet wurde.

Grianán of Aileach, Londonderry. Ein Ringfort mit dreifach terrassierten konzentrischen Ringmauern auf dem Gipfel eines Hügels (244 m hoch). Hier war der Sitz der O'Neills, der Könige von Ulster.

Holywell, Belcoo, County Fermanagh. Holywell (Temple Rushin) liegt 1,6 km nördlich von Belcoo. Es ist ein Pilgertreffpunkt an Lammas (1. August). Hier befinden sich etliche heilige Stationen, ein Bullaun (Wasserbecken), ein heiliger Brunnen des St. Patrick und ein altes Kreuz.

Inishcealtra (Holy Island), im Lough Derg, County Clare. Eine weitere "heilige Insel", die von St. Caimin im 7. Jh. besiedelt wurde. Sie ist ein schönes Beispiel für eine alte keltische Klosteranlage. In der kreisförmigen Anlage befinden sich die Ruinen von vier Kirchen sowie das Cross of Cathasach (um 1094), außerdem ein Rundturm und zwei geheimnisvolle Gebäude, genannt Temple of the Wounded Man und Anchorite's Cell, die wohl heidnischen Ursprungs sind. Mit dem Boot von Mountshannon aus zu erreichen.

Inishkeen, im Upper Lough Erne, County Fermanagh. Die Insel liegt 4,8 km südöstlich von Enniskillen im Upper Lough Erne. Auf dem Friedhof von St. Fergus befindet sich der geweihtragende Steinkopf einer heidnischen keltischen Gottheit.

Inishmurray, County Sligo. Die seit 1948 unbewohnte Insel ist nach St. Molaise benannt und ein Ort mit vielen Zeugnissen keltischer Kultur und Religion. Anhand eines 41 x 53 m großen heidnischen Cashel (Befestigungsanlage) wird verdeutlicht, wie eine keltische Klosteranlage auf einer älteren Stätte entstanden ist. Es gibt ein Clochán (Bienenkorbhütte) und drei Oratorien, Teach Molaise (9. Jh.), Teampull Molaise und Teampull-na-Teinidh (Tempel des Feuers), drei Stelen, zwei heilige Brunnen und zwei Bullauns (Wasserbecken).

Inishtooskert, Blasket Islands, County Kerry. Auf der unbewohnten Insel stehen die Überreste einer Kirche, die St. Brendan dem Seefahrer geweiht ist, außerdem vier Clocháns (Bienenkorbhütten) und drei Steinkreuze.

Kells (Ceanannas Mór), County Meath. Hier stehen die Überreste eines berühmten Klosters, das um 550 von St. Columba gegründet wurde. Von Plünderern sechsmal heimgesucht, wurde es schließlich im Jahre 1551 aufgelöst. Auf dem Marktplatz steht ein Hochkreuz, dessen Sockel noch intakt ist. Es ist ein schönes Beispiel für die genaue Positionierung eines Kreuzes am Omphalos des Ortes. Auf dem Friedhof befinden sich eine Steinplatte mit einer uralten Sonnenuhr, die die acht Zeiten des Tages anzeigt, und ein Rundturm, in dessen Nähe ein keltisches Kreuz mit lateinischer Inschrift steht. Neben der Kirche befindet sich ein weiteres interessantes keltisches Kreuz. Es wurde nicht vollendet, und man kann sich deshalb ein Bild von der Arbeitsweise des damaligen Steinmetz machen. Auf einem Hügel liegt St. Columba's House (um 807), dessen bemerkenswerte, nur in Irland vorkommende Dachkonstruktion in Kragsteintechnik ein führendes Beispiel dieser Art ist.

Kilcolumb, County Kilkenny. Nahe der Ruinen von Kilcolumb Church, 10 km nordöstlich von Waterford, liegt Cloch Cholaim, ein Felsblock mit Bullauns (Wasserbecken), von denen man sagt, daß sie die Abdrücke von Kopf und Knien des betenden St. Colm seien. Das Wasser aus diesen Vertiefungen soll bei Kopfschmerzen helfen.

Kildare, County Kildare. Hier befindet sich das Heiligtum von St. Brigid of Kildare (Cill-Dara, "the Church of the Oak-Grove"). Das Feuer der Heiligen wurde hier mit wenigen Unterbrechungen bis zur Reformation von Nonnen gehütet. Die Grundmauern des "Feuerhauses" sind nordwestlich der Kathedrale noch zu sehen.

Kilfenora, County Clare. Ein Kreuz aus dem 11. Jh., das zusammen mit dem Kreuz in Dysert O'Dea ein führendes Beispiel für den Kreuztyp ist, bei dem eine vollständige Christusfigur auf das Kreuz gemeißelt ist und somit aus dem keltischen Kreuz ein Kruzifix wird.

Killabuonia, County Kerry. Der heilige Brunnen von St. Buonia gehört zu einer heiligen Stätte und liegt neben einem Hügelgrab und dem Priest's Grave. Es findet ein Patronatsfest statt, bei dem der Brunnen neunmal umgangen wird.

Killaloe, County Limerick. Das Oratorium von St. Flannan in Killaloe hat die nur in Irland anzutreffende Dachkonstruktion in Kragsteintechnik. Auf dem Friedhof steht Thorgrim's Stone (um 1000 n. Chr.), eine Kreuzstele mit Oghaminschriften und Runen. Neben der katholischen Kirche steht das rekonstruierte Oratorium von St. Moluaig, das 1925 von der Friar's Island entfernt wurde, nachdem sich der Wasserpegel wegen einer künstlichen Anstauung des Sees erhöht hatte.

Killeany, Inishmore, Aran Islands. Auf Inishmore (auch Aranmore genannt), südlich von Killeany, liegt Teampull Bheanáin (Benen – St. Benignus), eine Kirche aus dem 6. Jh. In der Kirche befinden sich viele große Steine, die darauf hinweisen, daß das Gotteshaus auf aus früheren Zeiten stammenden Megalithen erbaut wurde. Auf den Aran Islands gibt es über vierzig Zeugnisse aus heidnischer und frühchristlicher Zeit.

Killinagh, bei Blacklion, County Cavan. Die Klosteranlage am Lough Macnean Upper ist ein schönes Beispiel für eine keltische heilige Landschaft, die Elemente und Einflüsse heidnischer, christlicher und einheimischer Religion in sich vereinigt. Bei Killinagh liegt ein Megalithgrab, genannt St. Brigid's House, der heilige Brunnen St. Brigid's Well (Toberbride) und die St. Brigid's Stones, sogenannte Steine des Verfluchens, die sich in Bullauns (Wasserbecken) befinden.

Killycluggin, County Cavan. Südlich von Ballyconnell befindet sich in 4,8 km Entfernung ein Steinkreis mit den Überresten eines phallusförmigen, mit La-Tène-Mustern verzierten Steins. Möglicherweise lag hier die heidnische Kultstätte von Crom Crúaich, die von St. Patrick entweiht wurde.

Kilmacduagh, County Galway. Hier stehen die Überreste eines der vormals bedeutendsten Klöster von Connaught, das von St. Colman MacDuagh um 600 gegründet wurde, mit einer Kathedrale, einigen Kirchen sowie einem Rundturm.

Kilmacrenan, County Donegal. Der Felsen The Rock of Doon war die Krönungsstätte der O'Donnels. Südlich von ihm liegt Doon Well, ein heiliger Brunnen, der St. Columba geweiht ist. Er gründete die Kirche in Kilmacrenan. An dem Brunnen befindet sich eine Reihe von Votivgaben in Form von Gehstöcken und Krücken.

Kilmanagh, County Kilkenny. In der Ruine der Klosteranlage befindet sich der heilige Brunnen von St. Nadán. Das sehr alte Holzbild des Heiligen wird im St. Kieran's College in Kilkenny aufbewahrt.

Kilronan, County Roscommon. Westlich von Drumshambo, an der Ostseite des Lough Meelagh, liegt in der Nähe der Ruine der Kirche die heilige Quelle von Lassair. Neben dem Wasser, das aus der

Quelle fließt, liegt St. Ronan's Holy Font, wo sich die Pilger waschen, bevor sie das Wasser aus der Quelle trinken. Der blinde Barde Turlogh O'Carolan (1670-1738), der die Melodie komponierte, zu der später dann der Text von "The Star-Spangled Banner" hinzugefügt wurde, liegt auf dem Friedhof in Kilronan begraben.

Knock, County Mayo. Eine große Basilika aus Beton nimmt die Pilger auf, die zu dem Ort strömen, der im August 1879 Schauplatz mehrerer Erscheinungen war. Die Gläubigen erwarten sich hier Eingebungen und Heilung bei Krankheit.

Knockainy, County Limerick. Cnoc Áine, der heilige Berg der Göttin Aine, überragt Knockainy. Bis 1879 trugen Männer sogenannte *cliara*, brennende Heu- und Strohballen auf langen Stangen, und gingen im Uhrzeigersinn um die drei Gipfelhügelgräber, Mullach an Triúir, herum. Das Aoinach Áine, ein Fest zu Beginn der Erntezeit, wurde ebenfalls hier abgehalten.

Knockgraffon, County Tipperary. In der Nähe von Cahir liegt der "Throne of Majesty", ein heiliger Hügel, der die Krönungsstätte der Könige von Munster war.

Knocknarea, County Sligo. Das Hügelgrab auf dem Gipfel dieses heiligen Berges wird als das Grab der Königin Maeve of Connacht bezeichnet. In der Nähe davon liegt ein Steinlabyrinth, das 1988 errichtet wurde.

Lemanaghan, County Offaly. Östlich der Kirche von Lemanaghan, nordöstlich von Ferbane, liegt der heilige Brunnen von St. Manchán, den man von den Ruinen der "Abtei" aus über einen uralten Weg oder Damm erreicht.

Limerick, County Limerick. In der Stadt befindet sich der Treaty Stone, ein uralter Stein, an dem der Vertrag von Limerick unterzeichnet wurde.

Lough Gur, County Limerick. Eine rituelle Landschaft mit einer Reihe von Dolmen, Menhiren, Hügelgräbern, Ganggräbern, Steinkreisen und anderen Steinmonumenten in der Umgebung. Im See befinden sich mehrere Crannogs (künstliche Inseln). Hier steht der größte Steinkreis Irlands, der Lios.

Loughrea, County Galway. Knappe 6,5 km nordöstlich von Loughrea liegt der Turoe Stone, ein phallischer Stein mit Mustern aus der La-Tène-Zeit.

Mám Eám, County Galway. Hier befinden sich der heilige Brunnen des Gebirgspasses, der an Lughnasa aufgesucht wird, und das aus dem Fels gehauene St. Patrick's Bed.

Monasterboice, County Louth. Ein keltisches Kloster, gegründet von St. Buithe (Boethius), mit zwei Kirchen, drei Hochkreuzen und einem Rundturm. Muirdach's Cross ist eines der berühmtesten Hochkreuze Irlands (um 923). Das Kruzifix ist von einem Sonnenrad umgeben, der Sockel symbolisiert die Erde und das Haus auf der Kreuzspitze steht für den Himmel. Auch das Nord- und Westkreuz sind sehenswert.

Moone, County Kildare. In der Klosteranlage von Moon Abbey steht das Moone Cross, das mehr als 5 m hoch ist. An seinem Sockel ist eine Kreuzigungsszene zu sehen, während das Sonnenrad am Kopf des Kreuzes mit einem vierfachen Spiralmuster verziert ist.

Naas, County Kildare. Nás na Riogh, "The Meeting Place of the Kings", war ursprünglich die Hauptstadt der Könige von Leinster in einer Festung unweit der heutigen Stadt.

Navan Fort, abzweigend von der Straße von Caledon nach Killylea, in der Nähe von Armagh, County Armagh. Von ca. 700 v. Chr. bis 332 n. Chr. herrschten hier die Könige von Ulster. Emain Macha, der Palast der Königin Macha, stand auf dem Gipfel des Hügels, wo sich ein größerer heidnischer Tempel (39 x 13 m) befand.

Nendrum, Strangford Lough, County Down. Die Ruinen der Klosteranlage von St. Mochua (aus dem 7. Jh.), die auf einem Cashel (Befestigungsanlage) errichtet wurde, beinhalten noch Reste eines Rundturms und einer Kirche aus dem 8. Jh. mit einer Sonnenuhr.

Omey Island, bei Claddaghduff, County Galway. Auf Omey Island steht auf der Westseite der Insel, am nördlichen Ufer der Bucht, der heilige Brunnen von St. Fechín. Er ist mit Weihegaben in Form von Holzkreuzen und Kieseln geschmückt.

Pallas Green, County Limerick. Die Dorfnamen Old und New Pallas Green enthalten noch den Namen der Sonnengöttin Grían, der viele heilige Berge geweiht wurden. Einer von ihnen ist der nahegelegene Cnoc Gréine.

Peakaun, County Tipperary. Am Fuße des Gaulty Mountain liegt die Klosterruine St. Béagán of Peakaun mit zwei Bullauns (Wasserbecken), vier Steinkreuzen, 30 sehr alten Grabsteinen und einem heiligen Brunnen.

Rathcroghan, County Roscommon. Viele Monumente aus alter Zeit erinnern noch an die Bedeutung dieses Ortes als heilige Stätte. Die Höhle in Oweynagat (The Cave of the Cats) hat zwei Ogham-Inschriften und ist nach keltischem Glauben ein Eingang zur Anderswelt.

Rathmore, County Meath. Innerhalb der Südmauer der Kirchenruine von St. Lawrence ist ein Steinlabyrinth eingemeißelt, das wahrscheinlich aus dem 15. Jh. stammt.

Rossinver, County Leitrim. Nahe der Kirchenruine (St. Tigernach) am Südufer des Lough Melvin steht der heilige Brunnen von St. Mogue. Ganz in der Nähe liegt der Black Pig's Race, ein Grenz-Erdwall, der von den Männern von Ulster im 3. Jh. errichtet wurde.

Saul, nordöstlich von Downpatrick, County Down. Neben der Straße bei Saul, 300 m westlich der Kirche, steht Mearing Well mit einem Bullaun (Wasserbecken), das aus dem Felsen geschnitten wurde.

St. MacDara's Island, bei Roundstone, County Galway. Die frühchristliche Kirche hier ist bemerkenswert wegen ihrer meisterlichen Steinbauweise, die in vollendeter Form die Holzbauweise imitiert.

St. Mullins, County Carlow. Zwölf km nördlich von New Ross liegt die heilige Stätte von St. Moling (gest. 696), mit dem heiligen Brunnen von St. Moling, einem Hochkreuz aus dem 9. Jh. und den Ruinen eines Rundturms.

Scattery Island, County Clare. Auf Scattery Island, an der Flußmündung des Shannon, befinden sich die Ruinen der Klosteranlage von St. Senan, Temple Senan, sein heiliger Brunnen und der mit einer Inschrift versehene (Moenach) Stein. In der Nähe stehen die Überreste von vier Kirchen, darunter die Kathedrale aus dem 9./10. Jh., ein Oratorium und der älteste Rundturm Irlands (38 m hoch). Der Zutritt zu dieser Insel war Frauen nicht gestattet (wie auch bei Iona, Caldey und dem Kloster von Glendalough auf dem Festland). Der Zugang erfolgt per Boot von Cappagh Pier bei Kilrush.

Scelig Mhichil (Skellig Michael), County Kerry. Ein frühes keltisches Kloster auf einer schroffen Felseninsel im Atlantik. Die Insel kann mit dem Boot von Portmagee oder Waterville aus erreicht werden.

Shillelagh, County Wicklow. Reste des großen Waldes von Shillelagh, dessen Eichenbestand im Mittelalter für bauliche Zwecke in Dublin und London fast völlig vernichtet wurde, umgeben das Dorf. Die Knüppel, die in der irischen Kriegsführung verwendet wurden, stammten aus diesem Wald.

Sliabh na Caillighe. Drei Gipfel, auf denen sich eine Gruppe von mehr als dreißig Hügelgräbern befindet. The Witch's Chair, ein riesiger Felsensitz, gehört zu einem der Hügelgräber.

Station Island, Lough Derg, County Donegal. In der Nähe des Südufers des Lough Derg liegt Station Island, Ziel von Wallfahrten zu St. Patrick's Purgatory, einer sagenumwobenen Höhle und Schauplatz mehrerer Erscheinungen, deren Eingang vergittert ist. Eine achteckige Kirche im byzantinischen Stil und ein Hospiz nehmen reumütige Pilger auf, vor allem in der Zeit vom 20. Juli bis zum 15. August.

Stepaside, Dublin. Am Fuße des Three Rocks Mountain, nördlich der Stepaside Farm, befinden sich der Jamestown Holy Well und ein Kreuz.

Tallaght, Dublin. Das Kloster von St. Máel-Rúain, dem Gründer von Culdee, wird durch die Kirche St. Maelruan auf dem Gelände ihres mittelalterlichen Vorläufers dargestellt. Ein antikes Steinbecken, genannt St. Mulroon's Losset, und das Kreuz des Gründers befinden sich jedoch immer noch auf dem Friedhof.

Tara, County Meath. Tara of the Kings (Teamhir na Riogh), einstmals Sitz der Könige von Meath, wurde später Hauptstadt von Irland mit Sitz des *Ard Rí* (des High King, des Hochkönigs also). Von St. Ruadhan im Jahre 563 verflucht, war Tara dennoch bis zum Jahre 1022 besiedelt. Das einstmals geomantische Zentrum, das auch heute noch Akzente in der Landschaft setzt, weist neben anderen Besonderheiten, Lia Fáil, den sagenumwobenen Schicksalsstein auf, der Krönungsstein der Hochkönige gewesen sein soll. Von Tara ausgehend verlaufen fünf alte Wege. Nach Norden lief Slige Midluachra, der den Reisenden über Navan, Drogheda und Dundalk nach Emain Macha bei Armagh führte. Nach Süden lief Slige Cualann, der Tara mit der Herberge von Da Derga bei Bohernabreena, südlich von Dublin, verband. Slige Dála war die südwestlich verlaufende Hauptstraße nach Tipperary, während der nach Nordwesten laufende Weg Slige Asal genannt wurde und Tara mit dem Shannon verband. Slige Mór, der Weg nach Mittelwesten, verband Tara mit Uisnech, dem Mittelpunkt Irlands, und ging dann weiter zur Westküste von Galway.

Teltown, County Meath. Ca. 2,5 km westlich der Kirche von Donaghpatrick liegt Ráth Dubh, ein befestigter Ringwall, wo an Lammas (1. August) das Aonach Tailteann Festival zu Ehren der Verstorbenen stattfand. Hier wurden auch die Teltown Marriages genannten Hochzeitsrituale, die ein Jahr und einen Tag dauerten, abgehalten.

Temple Cronán, nördlich von Killinaboy, County Clare. Südlich der Kirchenruine liegen in den Feldern zwei heilige Brunnen, genannt St. Cronán's Well und Eye Well.

Tory Island, County Donegal. In der Klosterruine befinden sich eine Reihe von Kreuz- und Kreuzplattenfragmenten und die berühmten Steine des Verfluchens.

Tullylease, County Cork. In den Ruinen der Klosteranlage befindet sich St. Berchert's Well, ein Bullaun (Wasserbecken) und der Berechtuine Stone, eine Kreuzplatte aus dem 8. Jh. mit typischen, spiralförmigen keltischen Mustern.

Tulsk, County Roscommon. Am letzten Sonntag im Juni findet am Brunnen Tobar Ogulla, in dem St. Patrick den irischen Adel getauft haben soll, ein Patronatsfest statt.

Tynan, County Armagh. Auf dem Gelände der Tynan Abbey, westlich von Armagh, stehen vier alte Hochkreuze, vermutlich aus dem 8. Jh. Sowohl das Village Cross als auch das Terrace Cross wurden 1844 vom Friedhof von Egish hierher gebracht, während das Well Cross und das Island Cross aus Glenarb stammen. Somit stehen die Kreuze trotz ihrer bestechenden künstlerischen Gestaltung und Ausstrahlung an einem fremdem Ort.

Uisnech, County Westmeath. Hier liegt der 183 m hohe Hügel von Uisnech (Ushnagh), ein Treffpunkt der Druiden. Südlich hiervon liegt der Hügel von Knockcosgrey (169 m hoch), der geographischer Mittelpunkt Irlands ist.

Valencia Island (Oiléan Dairbhre), County Kerry. Mit dem Festland über eine Brücke verbunden, befindet sich auf dieser heiligen Insel eine Ansammlung von interessanten Ruinen, u. a. die Klosteranlagen von Kilmore und Feaghmaan West. Bei Coarhabeg liegt Tobar Ula Bhréanainn, der heilige Brunnen von St. Brendan.

White Island, Lower Lough Erne, County Fermanagh. In der Ruine der Kirche befinden sich sieben bemerkenswerte Steinfiguren, die die Verschmelzung von keltischem und christlichem Glauben veranschaulichen, darunter auch eine Sheila-na-Gig.

Wales

Abbey Cwmhir, County (Grafschaft) Powys. In den Ruinen von Abbey Cwmhir steht ein Weißdornbusch über dem Grab von Llewelyn ap Gruffydd, dem letzten walisischen Prince of Wales. Er fiel 1281 in der Schlacht bei Cilmeri, 21 km weiter südlich. Sein Megalith wird unter **Cilmeri** erwähnt. Die Ruinen der Abtei liegen in einem Feld neben dem Fluß Clywedog.

Bardsey Island (Ynys Enlli), County Gwynedd. Vor der Landspitze der Lleyn Peninsula befindet sich eine ehemalige keltische Siedlung, bei der 20.000 Heilige begraben liegen sollen. Hier endete eine Wallfahrtsroute, die in Clynnog Fawr am Heiligtum des St. Beuno begann. Bardsey ist einer der sagenumwobenen Orte, wo der Zauberer Merlin in einer Höhle oder einem unsichtbaren Glashaus schlafen soll.

Bridell, County Dyfed. Auf dem Friedhof steht ein Stein mit einer Ogham-Inschrift, die übersetzt lautet: "Nettasagrus, Sohn des Nachkommen von Brecus". Auf einer Seite des Steins befindet sich ein Kreuz in einem Kreis, das im 9. Jh. hinzugefügt wurde. Viele spätere Grabsteine ähneln Türen, die ins Jenseits führen.

Bristol Channel. Irgendwo zwischen den Counties Devon und Dyfed liegen im Bristol Channel die überirdischen Green Meadows of Enchantment, die Feeninseln, die manchmal von Auserwählten gesehen werden können. Das "gute Volk" der Inseln soll von Zeit zu Zeit den Markt im südwalisischen Laugharne aufsuchen. Dieser Ort inspirierte auch den Dichter Dylan Thomas.

Cader Idris, südlich von Dolgellau, County Gwynedd. Ein heiliger Berg, der seinen Namen "Stuhl des Idris" von einem Riesen hat, der von diesem Aussichtspunkt den Himmel betrachtete. Wer eine Nacht auf dem Craig Lwyd, dem Gipfel, verbringt, ist am darauffolgenden Morgen entweder tot, verrückt oder ein Dichter.

Caerwys, County Clwyd. Gegenüber der Stelle, wo früher Sänger- und Dichterwettkämpfe der Barden stattfanden, wurde das Symbol der Barden, ein Ahornbaum, gepflanzt.

Cardigan Bay. In der Cardigan Bay gibt es vier Dämme, die früher einmal die alten Wege des versunkenen Landes Cantref y Gwaelod gewesen sein sollen: Sarn Ddewi, "St. David's Causeway", der mit der Kirche bei Llan Ddewi Aberarth (St. David's) an der Mündung des Arth verbunden ist; Sarn Bwch, der "Goat's Causeway", der sich 2,4 km von Aberdysini aus erstreckt; Sarn Cyngelyn, "Cymbeline's Causeway", der von Gwallawg aus 11 km ins Meer hineinläuft, und Sarn Cadwgan, "Cadogan's Causeway", der 800 m südlich von Sarn Ddewi verläuft. Der Damm, der ursprünglich Sarn Badrig (St. Patrick's Causeway) gewesen sein soll, ist 35 km lang und verläuft zwischen Harlech und Barmouth parallel zur Küste. Teile davon sind bei Ebbe sichtbar.

Carew, County Dyfed. Hier steht an der A4075 nahe dem Eingang zum Castle ein Kreuz aus dem 6. Jh., das wieder aufgerichtet worden ist. Es soll König Maredudd ap Edwin gedenken, der von 1033 bis 1035 Herrscher von Deheubarth (ehemaliges Königreich von Südwestwales) war.

Carn Ingli, bei Nevern, County Dyfed. Der Berg, wo St. Brynach mit himmlischen Boten Zwiesprache hielt. Er kann vom Friedhof in Nevern aus gesehen werden.

Carn March Arthur, County Gwynedd. Ein Fels, der auf einem Hügel oberhalb der A493 steht und Aussicht auf die Mündung des Dovey gewährt. Auf ihm ist der Hufabdruck von König Artus' Pferd zu sehen.

Carreg Cennen, County Dyfed. Südöstlich von Ffairfach, östlich von Trapp und von der A483 abzweigend beschildert liegt die Ruine eines Castle. Ein heiliger Brunnen befindet sich am Ende eines unterirdischen Weges.

Cilmeri, County Powys. Am westlichen Ende von Cilmeri, südlich der A438, steht ein 4,6 m hoher Granmegalith, der als Denkmal für Llewelyn ap Gruffydd, den letzten walisischen Prince of Wales (gest. 1282), an seinem Sterbeort errichtet wurde.

Clynnog Fawr, County Gwynedd. In Clynnog Fawr, 14,5 km südwestlich von Caernarfon, das Heiligtum des St. Beuno (auch Beino). Die Kirche und die Grabkapelle von St. Beuno liegen auf Felsen, von denen einer aus dem Boden des Kirchenschiffes ragt. In der Kirche kann man die "Cyff Beuno", die Geldtruhe von St. Beuno, sehen, die aus einem einzigen Eichenstück gearbeitet ist. Der Dichter Eben Fardd (gest. 1863) liegt hier auf dem Friedhof begraben. Südlich der Kirche auf der anderen Straßenseite liegt Ffynnon Feuno. Dieser heilige Brunnen spielte eine Rolle bei den Heilschlafbehandlungen gegen Epilepsie. Die Patienten badeten erst im Brunnen und schliefen dann auf dem Grabstein von St. Beuno.

Conwy, County Gwynedd. Auf dem Lancaster Square steht eine keltische Heldensäule, die Llywelyn dem Großen (1167-1240) gedenken soll. Der Künstler E. O. Griffiths schuf sie im Jahre 1898.

Craig-y-Aderyn, County Gwynedd. Der sogenannte "Vogelfelsen" erhebt sich über der Ebene des Dysynni Valley, 6,4 km von Tywyn landeinwärts. Dies war ein besonderer Ort, weil hier die einzige Stelle im Inland war, wo Kormorane, die ja Seevögel sind, brüteten.

Craig-y-Dinas, County Mid Glamorgan. Im Tal von Neath, dort, wo zwei Flüsse zusammentreffen und den Neath bilden, erhebt sich ein Felsen, genannt The Rock of the Fortress. Einer Sage nach ist hier eine Höhle, in der König Artus mit seinen Rittern wartet.

Cwm Bychan, County Gwynedd. Ein Bergweg läuft von der Küste bei Llanbedr parallel zum Antro, der in den Bergsee von Llyn Cwm Bychan mündet. Jenseits des Sees ist eine alte steinerne Treppe, die Roman Steps, zu sehen. Die Stufen führen hinauf zu den Rhinogs. Einer Legende nach sind sie über einen Tunnel mit Harlech Castle verbunden.

Devil's Bridge, County Dyfed. Die unterste von drei Brücken über die Schlucht des Flusses Mynach, an der Kreuzung der A120, B4343 und B4574. Einer Sage nach wurde sie vom Teufel in der Hoffnung erbaut, als Belohnung dafür eine menschliche Seele zu erhalten.

Dinas Emrys, nördlich von Beddgelert, County Gwynedd. Hier liegt die Hügelfestung, auf der Zauberer Merlin König Vortigern die Vision von kämpfenden Drachen übermittelte.

Ffestiniog, County Gwynedd. Im Tal des Cynfal unterhalb Ffestiniog liegt eine Felseninsel, die an eine Kanzel erinnert. Sie wird nach einem sagenumwobenen Barden, der hier im 17. Jh. mit der *anima loci* in Verbindung getreten sein soll, Huw Lloyd's Pulpit-Stone genannt. Der Weg dorthin ist beschildert und beginnt links von der Kapelle südlich der Stadt.

Ffon y Cawr, südlich von Penmaenmawr, County Gwynedd. Hier befindet sich eine Stele, die Giant's Staff oder auch Picell Arthur (Speer des Artus) genannt wird. Einer Sage nach schleuderte sie ein Riese im Zorn auf einen unfähigen Schäferhund.

Holywell, County Clwyd, westlich von Chester. Hier befindet sich der heilige Brunnen von St. Winefride, der wohl beeindruckendste Brunnen aus dem Mittelalter in ganz Großbritannien. Diese Stätte hat als eine von wenigen eine ungebrochene religiöse Tradition, die bis ins 7. Jh. zurückreicht. Der Brunnen befindet sich an einer Kirche, neben der B5121. Für die Besichtigung muß man Eintritt zahlen.

The Landsker, County Dyfed. Eine Grenzlinie, die das walisisch sprechende nördliche Pembrokeshire von dem englisch geprägten Teil im Süden trennt. Sie verläuft von Amroth, östlich von Tenby, Richtung Newgale an der Westküste. Die Landschaft südlich der Grenze mit ihren kleinen Feldern, Heckenreihen und Kirchenbauten hat einen ganz anderen Charakter als der walisisch geprägte Norden.

Llanafan, County Dyfed. Hier liegt Maen Arthur (Artus' Stein) im Maen Arthur Wood.

Llandanwg, County Clwyd. Diese mittelalterliche Kirche ist eine Station auf der Wallfahrtsroute nach Bardsey. Da sie am Meeresufer liegt, besteht die Gefahr, daß sie von Sanddünen zugedeckt wird.

Llandegla, County Clwyd. Der heilige Brunnen von St. Tegla war hier einstmals ein Heilbrunnen für Epileptiker. Die Schutzheilige ist das walisische Pendant zu St. Thecla, die vor allem in Seleukeia in Isaurien verehrt wurde. Dort heilte sie als christianisierte griechische Göttin der Unterwelt die Menschen durch Tempelschlaf.

Llandeilo Graban, County Powys, nördlich der B4595, südöstlich von Builth Wells. Einer Sage nach war der Kirchturm die Behausung eines Drachen, der dann vom Hufschmied des Ortes getötet wurde.

Llandough, im Süden der County Glamorgan. Auf dem Friedhof von St. Dochdwy steht eine Kreuzstele, genannt Stone of Irbic. An ihrem Sockel befindet sich das Bildnis eines Reiters. Bauarbeiten im Norden der Kirche haben vor kurzem einen römisch-britischen Friedhof zu Tage gefördert.

Llandrillo-yn-Rhos, County Clwyd. Am Strand steht die Kapelle von St. Trillo mit seinem heiligen Brunnen. Bis vor kurzem waren hier noch die Reste einer klösterlichen Fischfangreuse zu sehen. Die Kapelle ist ein Ort, wo die Menschen ihre Bitt- und Dankesgebete sprechen. Auf der steinernen Altarplatte der Kapelle über dem heiligen Brunnen hinterlassen die Gläubigen ihre Votivgaben.

Llandrindod Wells, County Powys. Einstmals sprudelten hier neun mineralienhaltige Quellen. Im 19. Jh. nahm die spirituelle Bedeutung des Wassers und damit auch das Wasserschöpfen aus den Brunnen ab. Ein moderner Bade- und Kurort trat an die Stelle der alten Anlage.

Llandudno, County Gwynedd. Am Great Orme, einem Kalkstein-Vorgebirge nördlich von Llandudno liegt eine Reihe von heiligen Stätten, die mit St. Tudno in Zusammenhang stehen. Nach ihm ist auch die Stadt benannt. Auf dem Great Orme steht eine Kirche, die in der Nähe von Heilquellen liegt. Ein vormals schwankender Stein, Maen Sigl (St. Tudnos Kanzel oder Wiege), wurde jetzt festzementiert, um nicht umgestürzt zu werden! Das Great-Orme-Gebirge erreicht man am besten per Tram von Victoria Station aus. Die Beschilderung beginnt ab der östlichen Promenade.

Llanfair Caerinion, County Powys. Hier liegt Ffynnon Fair, der heilige Brunnen von St. Mary, zwischen der Kirche und dem Fluß in einem eigenen, von einer Mauer umgebenen Temenos. Früher badete man bei Rheumatismus im Brunnen, und das Wasser wurde vorbeugend gegen bösen Zauber eingenommen.

Llangammarch, County Powys. Über dem Kirchenportal befindet sich das Fragment eines Kreuzes mit Sonnenrad aus dem 9. oder 10. Jh. Im unteren Teil ist eine menschliche Figur und eine Spirale, möglicherweise eine Schlange, zu sehen.

Llangelynin, bei Henryd, County Gwynedd. Der heilige Brunnen von St. Celynin, Ffynnon Gelynin, liegt bei der Kirche Llangelynin Old Church. Man erreicht ihn von Henryd aus über einen engen, teilweise steil aufsteigenden Weg, der am Schluß über felsige Felder führt. Ffynnon Gelynin liegt unter einem Baum in der südwestlichen Ecke des Friedhofs.

Llangollen, County Clwyd. Eine steinerne Kreuzstele, genannt Pillar of Eliseg, steht in einer Umzäunung nahe der Zisterzienserabtei von Valle Crucis. Sie wurde zum Gedenken an Eliseg, den Prinzen von Powys, der im 9. Jh. in der Schlacht von Bangor fiel, errichtet und zeigt eine Genealogie des Edelmannes. Im 16. Jh. wurde die Stele von Puritanern niedergerissen, doch 1779 wieder aufgerichtet.

Llangorse Lake, County Powys. Der größte natürliche See in Südwales. In ihm wurden einst Wasserströmungen unterschiedlicher Farbe beobachtet, die dann gedeutet wurden. Heutzutage wimmelt es hier von Motorbooten. Der Zugang erfolgt über Parkplätze und eine Freizeitanlage. Auf dem See befindet sich ein bewaldeter Crannog, eine aus dem 9. oder 10. Jh. stammende künstliche Insel. Die Insel stand mit Klöstern und Königshäusern in Verbindung.

Llangybi, County Gwynedd. In Llangybi, acht km nordöstlich von Pwllheli, liegt der heilige Brunnen von St. Cybi, Ffynnon Gybi. Er wurde bei unterschiedlichen Krankheiten und Beschwerden aufgesucht, u. a. Warzen, Blindheit, Skorbut, Rheuma und Lähmungserscheinungen.

Llangynhafal, County Clwyd. Elf km westlich von Mold liegt im Obstgarten von Plas Dolben, einer Farm abseits der nach Norden aus dem Dorf führenden Straße, der heilige Brunnen Ffynnon Gynhafal. Er hilft bei Warzen. Der Kranke sollte die Warze mit einer Nadel aufstechen und diese dann in den Brunnen werfen.

Llangynog, County Dyfed. Diese Kirche ist ein vollkommenes Beispiel für eine kreisförmige *llan* an einer Kreuzung von mehreren Wegen. Hier wurde die heidnische Tradition weitergeführt, nach der heilige Orte an Wegkreuzungen errichtet werden.

Llanidloes, County Powys. Diese Stadt ist nach dem Plan der "heiligen Stadt" angelegt. Den Mittelpunkt von Llanidloes bildet die mit Fachwerk verkleidete Old Market Hall. Von hier aus laufen vier Wege in die vier Himmelsrichtungen. Bei einigen Häusern findet man Bodenbeläge mit Kieselmustern. Sie sollen böse Geister und Unheil fernhalten.

Llanlawer, südöstlich von Fishguard, County Dyfed. Auf einem Feld in der Nähe der Llanlawer Church steht ein heiliger Brunnen, dessen Wasser bei Augenleiden hilft. Das Brunnenhaus wurde in den achtziger Jahren dieses Jahrhunderts restauriert.

Llanrhaeadr, County Clwyd. Etwas mehr als drei km südöstlich von Denbigh liegt hinter der Kirche von Llanrhaeadr ein Becken, das sich ursprünglich in einem Gebäude befand. Es wurde zur Heilung von Krätze aufgesucht.

Llanrwst, County Gwynedd. In der Gwydir Chapel, die abseits der Hauptstraße am Flußufer steht, befindet sich der leere Sarkophag von Llewelyn ab Iorwerth, der 1240 starb.

Llansannan, County Clwyd. Auf der Dorfstraße steht eine vergoldete Bronzestatue, genannt "The Girl", die an fünf walisische Barden erinnern soll: Tudor Aled (gest. 1526), William Salesbury (1520-1584), Henry Rees (1797-1867), Gwilym Hiraethiog (1802-1883) und Iorwerth Glan Aled (1819-1867). Nordöstlich von Llansannan, von der B5382 abzweigend, befindet sich Bwrdd Arthur, "Artus' Tafelrunde". Es handelt sich um einen Kreis mit 24 Felsfiguren.

Llansteffan, County Dyfed. Elf km südwestlich von Carmarthen liegt Llansteffan, wo sich St. Mary's Well in einer gewölbten Nische in der Gartenmauer von Well House befindet. St. Anthony's Bay ist der Ort, an dem der heilige Brunnen von St. Anthony steht.

Llanthony Abbey, County Powys. Von der Ruine der Abtei aus führen einige Wege in verschiedene Richtungen. Drei rätselhafte, genau parallel verlaufende gerade Pfade führen über einen Hang Richtung Süden, während andere, durch Einkerbungen auf dem Hügelkamm gekennzeichnete Wege die Klosteranlage mit monastischen Stätten in den angrenzenden Tälern verbinden.

Llantrisant, County Mid Glamorgan. Im sogenannten Bull Ring steht die von Bildhauer Peter Nicholas geschaffene Statue des Dichters William Price (1800-1893), der sich zum Druidentum bekannte und die moderne Kremation einführte.

Llantwit Major, zwischen Bridgend und Barry, County South Glamorgan. Llantwit, an der B4265, ist der Ort, der von St. Illtyd im Jahre 500 gegründet wurde und an dem früher, wie auch in Glastonbury und Amesbury, fortwährend Lobpreisungen stattfanden. Dabei sangen die Mönche abwechselnd ohne Unterlaß zu Ehren Gottes. Inmitten eines Chorgestühls stehen einige alte keltische Kreuze, u. a. das Kreuz von Hywel ap Rhys, König von Glywysing, der im Jahr 886 starb, und die bemerkenswerte Nachbildung eines Schlangenkopfes. Auf dem Friedhof befinden sich ein stufenartiger Sockel und der "Burial Lane", ein Begräbnisweg.

Llanwrtyd Wells, County Powys. Y Ffynnon Ddrewllyd, der "stinkende Brunnen", hat bläuliches, übelriechendes Wasser. Dieser Schwefelbrunnen wurde zu Heilungszwecken aufgesucht.

Llowes, County Powys, an der A438 westlich von Hay-on-Wye. Das St. Meilig's Cross in der Kirche ist besser bekannt unter dem Namen Malwalbee Pebble, der heilige Stein der Dämonin Malwalbee, die Hay-on-Wye Castle durch Zauber erbaut haben soll. Der Stein wurde von den Christen übernommen und schließlich 1956 vom Friedhof in die Kirche gebracht.

Llyn Cynwch, östlich von Llandelltyd, County Gwynedd. Ein See, in dem ein furchterregendes Ungeheuer hauste, das alles und jeden mit seinem Basiliskenblick verbrennen konnte. Die Stelle, an der es von einem Schäfer getötet wurde, ist durch den Carnedd-y-Wiber, den "Fels des Ungeheuers", gekennzeichnet.

Llyn Dywarchen, im Nantlle Valley, abzweigend von der B4418 von Rhyd Ddu aus, County Gwynedd. Auf diesem heiligen See schwamm Giraldus Cambrensis zufolge eine Insel, die "weder zur Erde noch zum Wasser gehörte", sondern eine Insel der Anderswelt war, die vom Wind umhergetrieben wurde.

Llyn-y-fan Fach, County Dyfed. Dies ist ein Feensee, aus dem eine "Dame vom See" stammt. Durch ihre Heirat mit einem Bauern aus der Gegend gründete sie eine Dynastie von Heilkundigen, die Ärzte von Myddfai, die im Wales des Mittelalters berühmt waren. Der See kann über Llanddeusant, südlich von Llandovery, über einen Fußweg, der an eine asphaltierte Straße angrenzt, erreicht werden.

Maenclochog, County Dyfed. Sechzehn km südöstlich von Fishguard, auf dem Weg westlich von Maenclochog, liegt Ffynnon Fair (der heilige Brunnen von St. Mary). Einst hatte er den Ruf, bei Rheumaerkrankungen zu helfen. In der Nähe liegen einige Felsen eines verfallenen Hünengrabes.

Maesyronnen Chapel, County Powys. Gleichgültig, ob es sich um Anhänger des alten Glaubens oder die Mitglieder von neuen, ketzerischen Sekten handelte, verbotene Anbetungen wurden in der Regel immer an geheimen Orten abgehalten. Die entlegene Kapelle bei Maesyronnen, gegründet 1696, zwischen Llowes und Glasbury, 1,6 km von der A438 entfernt, war ein geheimer Ort von Dissidenten zu der Zeit, als Nonkonformismus von der Church of England verboten wurde.

Margam Stones Museum, The Old School House, Margam, County West Glamorgan. Hier befindet sich eine wertvolle Sammlung alter keltischer Kreuze und Kreuzplatten aus den Anfängen des Christentums in Wales. Dazu gehört auch der Bodvocus-Stein aus dem 6. Jh. Im 9. und 10. Jh. gab es hier eine Schule für Steinbildhauer, und das Conbelin-Kreuz mit dem Sonnenrad ist ein schönes Beispiel ihres Schaffens.

Mathern, bei Chepstow, County Gwent. In der Nähe der Kirche steht der heilige Brunnen von St. Tewdric, benannt nach dem König von Glamorgan, dessen tödliche Wunden nach der Schlacht bei Tintern Ford im Jahre 470 im Brunnen gesäubert wurden. Die Kirche wurde ihm zu Gedenken errichtet und enthält sein Grab.

Mold (Yr Wyddgrug), County Clwyd. In Maesgarmon Field, abzweigend von Gwernaffield Road, steht der Alleluia Stone, eine Säule, die 1736 von Nehemiah Griffith errichtet wurde, um des Sieges von St. Germanus' Armee über die Streitkräfte der Sachsen und Pikten im Jahre 429 zu gedenken. An der A494 liegt auch Maen Arthur, ein Fels, der einen Hufabdruck von König Artus' Pferd trägt.

Nevern, östlich von Newport, County Dyfed. Auf dem Friedhof stehen ein phallischer Stein und ein keltisches Kreuz (3,7 m hoch) aus dem 10. oder 11. Jh.. Im Inneren der Kirche befinden sich einige sehr alte Kreuz- und Ogham-Steine. Auf dem Gelände stehen außerdem "blutende" Eiben. Der Barde Tegid (Pfarrer John Jones) liegt hier begraben. Sein Grab ist das einzige auf dem Friedhof, von wo aus man den Berg Carn Ingli sehen kann.

Newton Nottage, Porthcawl, County Mid Glamorgan. Hier stehen zwei Brunnen, der heilige Brunnen von St. David und St. John. Letzterer liegt auf der Südseite von Newton Church. Ca. 1,5 km in Richtung Westen steht ein Kreuz, genannt The Cross at Nottage. Der heilige Brunnen von St. David befindet sich in der nahegelegenen Moor Lane.

Ogof Arthur, westlich von Llangwyfan, Anglesey, County Gwynedd. An der Küste liegt eine Höhle. Man gelangt zu ihr, wenn man zwischen Aberffraw und Llanfaelog von der A4080 abbiegt. Die Höhle kann bei Ebbe betreten werden. Dies ist eine der Höhlen, die mit der Legende vom schlafenden König Artus und seinen Rittern in Verbindung steht.

Ogof Myrddin, nordwestlich von Brechfa, County Dyfed, östlich von Alltwalis. Hinter einem Wasserfall liegt eine Höhle, die der Sage nach ein Gefängnis Merlins des Zauberers war.

Partrishowe, nordöstlich von Crickhowell, County Powys. Am Fuße des Berges, wo der Weg den Fluß unterhalb der Kirche kreuzt, steht der heilige Brunnen von St. Ishow.

Penegoes, County Powys. Neben der A489, 1,6 km westlich von Machynlleth, befinden sich in einem Feld zwei Heilquellen. Erstaunlicherweise ist das Wasser der einen Quelle wärmer als das der anderen.

Penmaenmawr, County Gwynedd. Auf dem Moor oberhalb von Penmaenmawr steht ein Steinkreis, Y Meini Hirion, der "Druidenkreis". Neugeborene wurden zu einem Fels in der Mitte des Kreises wurden Neugeborene gebracht. Das sollte ihnen Glück im Leben bringen. Man kann den Kreis über einen Trampelpfad (3,2 km lang) erreichen. Die Ausschilderung dorthin ist aber irreführend.

Penmon, Anglesey, County Gwynedd. In der Nähe von Penmon Priory, wo sich in der Kirche Kreuzreste und eine Sheila-na-Gig befinden, liegt der heilige Brunnen von St. Seiriol. Er steht am Fuße beeindruckender Felsen und kann über einen Fußweg neben dem Teich gegenüber eines sehenswerten Taubenschlags erreicht werden.

Pennard, Gower Peninsula, West-Glamorgan. Das Steinlabyrinth, genannt The Fairy Ring, wurde 1972 errichtet und knüpft damit an die alte walisische Tradition des *Caerdroia* an. Es ist 9,4 x 8,8 m groß.

Pentre Ifan, östlich von Fishguard, County Dyfed. Ein Dolmen, der auch Womb of Cerridwen genannt wird. Hier sollen Initiationsrituale stattgefunden haben. Heute erscheint hier manchmal Y Tylweth Teg, das Feenvolk.

Pistyll Rhaeadr, nordwestlich von Llanrhaeadr-ym-Mochnant, County Powys, westlich der B4396. Der höchste Wasserfall in Wales, wo ein Ungeheuer sein Unwesen trieb. Es wurde von den Bewohnern der Gegend mit einer eisenbestückten Stele besiegt.

Porth Oer, County Gwynedd. Strand auf der Lleyn Peninsula, der für seinen Sand berühmt ist, weil dieser leise zu pfeifen scheint, wenn man darüber geht.

Rudbaxton, nördlich von Haverfordwest, County Dyfed. Auf einem Hügel, genannt The Rath, liegt Fons Leonardis, der "heilige Brunnen von St. Leonard". Sein Wasser hilft bei Augenkrankheiten. Ursprünglich stand hier auch das Hospiz von St. Leonard, das jetzt aber zerstört ist. Ca. 1,5 km nördlich von hier liegt vor den Mauern der Great Rud-baxton Church der heilige Brunnen von St. Madoc.

Ruthin, County Clywd. Maen Heuil, der "Stein von Hueil", steht auf dem Marktplatz unweit der Exmew Hall. Er soll eines Kriegers gedenken, der gegen König Artus kämpfte und angeblich an dieser Stelle enthauptet wurde.

St. David's (Menevia), County Dyfed. Die Stadt, die auch als einer der "Three Tribal Thrones of Britain" bezeichnet wird, ist die heilige Stadt von Wales, weil in ihr das Heiligtum des Gründers der walisischen Kirche, St. David, aufbewahrt wird. Der ältere Teil der Anlage ist wohl der heilige Brunnen von St. Non, der Mutter von St. David. Ihm folgten später dann die Kathedrale und der Bischofspalast. Der Weg zu dem Brunnen ist oberhalb von St. Non's

Bay, 1,6 km südlich von St. David, beschildert. Am Brunnen befindet sich eine Nische mit einer Darstellung der Heiligen. In den umliegenden Feldern stehen zahlreiche Megalithen. In der Nähe des Brunnens steht eine katholische Kapelle, die 1934 erbaut wurde. Sie gehört zu St. Non's Retreat, wo Votivgaben hinterlassen werden.

St. Govan's, südlich von Bosherston, County Dyfed. Eine Kapelle, die auf einer Felsklippe westlich von St. Govan's Head steht. Der Pfad von der Spitze der Klippe bis zum Strand hinunter läuft quer durch die Kirche und ist ein typischer Feenpfad. Links vom Altar ist eine Felsnische, aus der manchmal überirdische Geräusche zu vernehmen sind. Weiter unten am Strand steht ein ausgetrockneter heiliger Brunnen, der durch einen Felsblock abgedeckt ist. Der Weg dorthin ist südlich der B4319 ausgeschildert. Manchmal verbietet jedoch das Militär den Zugang zum Strand.

St. Tudwal's Island East, 1,6 km östlich der Lleyn Peninsula. Hier steht die aus dem 13. Jh. stammende Kapelle von St. Tudwal und die Ruinen einer Klosteranlage des Augustinerordens aus dem Jahre 1410. Außerdem steht hier auch die Ruine eines von Balie Hughes im Jahre 1887 gegründeten Klosters. Es wurde mangels geistlichen Nachwuchses aufgegeben und verlassen. Die Royal Air Force bombardierte die Gebäude schließlich im Zweiten Weltkrieg zu Übungszwecken.

Skenfrith, County Gwent. Über dem Südportal der Kirche befindet sich ein keltischer Steinkopf, der vermutlich St. Bridget darstellen soll.

Strata Florida Abbey, County Dyfed. Die Ruine einer Zisterzienserabtei, in der ursprünglich der sogenannte Cwpan, ein hölzerner Kelch, aufbewahrt wurde. Das Holz, aus dem der Kelch geschnitzt ist, soll von einem Stück des Heiligen Kreuzes stammen. Eine alte Eibe auf dem Friedhof kennzeichnet das Grab des mittelalterlichen walisischen Dichters Dafydd ap Gwilym. Der Weg zur Abtei ist südlich von Devil's Bridge, von der B4343 in Richtung Osten, beschildert.

Sudbrook, County Gwent. Auf einer kleinen Felsinsel, die bei Ebbe betreten werden kann, stehen die Ruinen von St. Tegla's Chapel und des heiligen Brunnens. Das Eiland liegt nahe des Severn-Eisenbahntunnels und der Anschlußstelle 23 an der Autobahn M4.

Swansea (Abertawe), County West Glamorgan. Am Dylan Thomas Square, South Dock Marina, steht ein Denkmal zu Ehren des Dichters Dylan Thomas (1914-1953).

Tinkinswood, County Gwent. Südlich der A48 bei St. Nicholas steht ein Hünengrab mit dem größten Deckstein auf den Britischen Inseln (4,3 x 3 m). Einer Sage nach dreht sich der Stein am Abend der Sommersonnenwende dreimal.

Trelleck, County Gwent. Eine heilige Stätte der Kelten mit einer Reihe aus drei Menhiren, genannt Harold's Stones. Am Rand des Dorfes befindet sich der heilige Brunnen Virtuous Well, welcher der Erdmutter, St. Anne, geweiht ist. Vor der Kirche steht ein keltisches Kreuz, das einen stufenförmigen Sockel hat. Es wurde von einem frühmittelalterlichen König aus Wales errichtet.

Tremeirchion, County Clwyd. Ca. 5 km östlich von St. Asaph und 800 m südlich von Tremeirchion liegt an der B5429 der heilige Brunnen Ffynnon Beuno, ein Wasserbecken, das von einer Steinmauer umgeben ist.

Waun-y-Pound, Ebbw Vale, County Gwent. Auf Sirhowy Top stehen vier Kalksteinfelsen mit Inschrift als Denkmal für die Politikerin Aneurin Bevan (1897-1960). Man erreicht den Ort über die A4047.

Whitford, County Clwyd. Maen Achwyfan, "The Stone of Lamentations" (Stein der Klagelieder), ist eine Kreuzplatte mit Sonnenrad aus dem späten 10. Jh. Die Verzierungen des Kreuzes ähneln Mustern, die auch in Northumberland zu finden sind.

Worm's Head, südwestlich von Rhossili, County West Glamorgan. Ein kleines Vorgebirge, das ins Meer hinausragt und ein Felsloch hat. Die Wellen erzeugen in diesem Loch eigenartige Geräusche. Man sagt, daß es die Schreie eines Ungeheuers oder des Teufels seien.

Schottland

Aberlemno, Region Tayside. An der B9134 in Aberlemno stehen drei piktische "Symbolsteine". Auf dem Friedhof östlich dieser Straße befindet sich der Aberlemno Stone, ein Stein aus dem 8. Jh. In diesen Stein ist ein Kreuz mit Tierdarstellungen sowie Jagd- oder Kampfszenen eingraviert.

Alves, Region Grampian. Der Südhang des Knock of Alves soll die Stelle sein, wo Macbeth die Schicksalsschwestern traf.

Auchencrow, Region Borders. Hier gibt es zwei sogenannte "Hexensteine". Einer von ihnen ist in die Mauer eines Cottage an der Kreuzung der B6438 und der Hauptstraße eingebaut. Der andere, genannt Peg Tode Stone, steht an der Hauptstraße in der Nähe eines nach Süden führenden Fußwegs. Es heißt, daß Hexen die Steine getragen haben und sie beim nächtlichen Flug fallen ließen. Wahrscheinlich stammen sie aber von einer ehemaligen heidnischen Kultstätte.

Auchenmaig, Region Dumfries und Galloway. Auf der A747, 6,4 km südöstlich von Auchenmaig, steht Chapel Finian. In den Ruinen der Kapelle befindet sich ein heiliger Brunnen, der früher immer an einem der Sonntage aufgesucht wurde, die den vier keltischen Mond- bzw. Feuerfesten (im Februar, Mai, August und November) am nächsten lagen.

Avoch, Region Highland. Am nördlichen Ufer von Munlochy Bay steht der Craigie Well. Dieser heilige Brunnen befindet sich an einer bewaldeten Stelle und ist durch Stoffetzen markiert, die an den benachbarten Büschen hängen. Sein Wasser soll gegen Unheil und bösen Zauber helfen. Zu diesem Zwecke muß man ihn am ersten Sonntag im Mai aufsuchen.

Balbeggie, bei Abernyte, Region Tayside. Südlich von hier liegen die Sidlaws of Shian Hill. Es handelt sich um einen Feenhügel, der in dieser Gegend eine machtvolle Hochburg der Bewohner der Anderswelt sein soll.

Borthwick Mains, Region Borders. Einer hiesigen Sage zufolge stand der piktische Stein auf dem Privatgrund einer Farm an der B711, 6,4 km westlich von Hawick, früher einmal im Fluß Teviot. In den Stein ist ein Fisch eingraviert, dessen Schwanz den Wasserstand anzeigte, bei dem man sicher die Furt überqueren konnte.

Burghead, Region Highland. Die Mauer des alten Friedhofs oberhalb von Burghead hat eine tief ausgehöhlte Steinplatte, genannt Cradle Stone, die früher bei geheimnisvollen Zeremonien verwendet wurde. Am Ende der King Street liegt der Roman Well (auch Pictish oder Bailey's Well genannt). Dieser heilige Brunnen wurde 1809 wiederentdeckt. In einer unterirdischen, aus dem Fels geschlagenen Kammer steht eine Zisterne, die von Quellen gespeist wird. Man kann um sie herumgehen.

Burwick, Ronaldsay, Orkney Islands. In St. Mary's Church befindet sich der Ladykirk Stone, ein Felsblock mit eingemeißelten Fußabdrücken, die von St. Magnus stammen sollen, der den Pentland Firth auf dem Stein überquerte.

Campbeltown, Kintyre, Region Strathclyde. Die Höhle, die mit Votivszenen, u. a. Szenen von der Kreuzigung Christi, bemalt ist, liegt auf der dem Meer zugewandten Seite von Davaar Island in Campbeltown Loch und kann bei Ebbe über einen felsigen Dammweg erreicht werden.

Chapel of Garioch, Region Grampian. Hier steht 800 m nach dem Ortsausgang der Maiden Stone, ein keltisches Hochkreuz (3,7 m hoch).

Clackmannan, Region Central. Auf dem Friedhof steht ein phallischer Stein, der den piktischen Herrschern als Krönungsstein diente. In der Nähe befindet sich ein Sockel mit Stufen.

Clickhimin, bei Lerwick, Shetland Inseln. Auf dem Damm, der zu diesem bekannten Broch (wehrhafter Wohnturm) führt, steht ein Stein, auf dem zwei Fußabdrücke zu sehen sind.

Coldstream, Region Borders. Ein typisches Beispiel für einen Weg, der gleichzeitig eine Grenze markiert, ist die Brücke über den Tweed bei Coldstream. In der Mitte verläuft die Grenze zwischen Schottland und England. Auf der schottischen Seite steht ein altes Zollhaus, in dem bis 1856 die Ehen von Ausreißerpaaren aus England geschlossen wurden.

Coll, Region Strathclyde. Der Bach, der in den Loch Breachacha auf der Insel Coll fließt, heißt Struathan nan Ceann, der "Strom der Köpfe". Hier erinnert der Ortsname an eine grausame Begebenheit, nämlich die Schlacht zwischen den MacLeans of Coll und den eindringenden Duarts im Jahre 1593. Letztere wurden besiegt und niedergemetzelt. Ihre abgeschlagenen Köpfe füllten den Fluß, so daß die Enten in deren Blut schwammen.

Comrie, westlich von Crieff, Region Tayside. Auf Dunfillan, dem Berg oberhalb von Comrie, liegt ein Fels, genannt St. Fillan's Chair. Kranke suchten ihn bei Rheumabeschwerden und Rückenproblemen auf. Ganz in der Nähe liegt auch der heilige Brunnen von St. Fillan, der an jedem Lammas (1. August) aufgesucht wird.

Craigmillar Castle, in der Nähe von Edinburgh. Hier befindet sich das einzige in Schottland bekannte eingemeißelte Steinlabyrinth aus alter Zeit.

Cromarty, Region Highland. Der Fiddler's Well liegt an der Küste, 3,2 km östlich von Cromarty. Er wurde auf einen Traum hin entdeckt.

Crosskirk Bay, Region Highland. Nahe der Ruine von St. Mary's Chapel mündet ein Fluß in die Bay. An seiner Mündung liegt der heilige Brunnen von St. Mary. In Crosskirk befindet sich ein piktischer Stein.

Culloden, Region Highland. Clootie Well (St. Mary's Well) befindet sich im Culloden Wood. Der heilige Brunnen ist umgeben von Bäumen, an die Tücher und Stoffetzen gebunden sind. In der Nähe liegt Well of the Dead, wo gefallene Clanmitglieder der Schlacht von 1746 in den sogenannten Mounds of the Clans beerdigt liegen.

Drumelzier, Region Borders. Der Ort, wo der Powsail Burn und der Tweed zusammenfließen, ist eine der Stätten, wo man das Grab des Zauberers Merlin vermutet. Er starb hier als Gejagter einen dreifachen Tod durch Hängen, Pfählen und Ertränken.

Dunadd, Mid-Argyll. Vormals Hauptstadt des früheren sagenumwobenen Reiches von Dalriada. Hier befindet sich ein Fußabdruck (28 x 11,5 cm), mit der Gravur eines wilden Ebers, der auf den Fuß blickt. Im Jahr 736 brachte Fergus den Stone of Destiny hierher.

Dunfermline, Region Fife. Im Kirchenschiff der Abteikirche von Dunfermline steht (wie auch in der Glasgow Cathedral) ein heiliger Brunnen.

Dunning, südwestlich von Perth, Region Tayside. Auf dem Weg nach Milhaugh, westlich von Dunning, steht ein Kreuz auf einem treppenförmigen Sockel. Es soll Maggie Wall gedenken, die hier 1657 als Hexe verbrannt wurde.

Dunvegan, Isle of Skye, Region Highland. Im Dunvegan Castle befindet sich die Fairy Flag, ein seidenes Banner, das der vierten Lady MacLeod von einer grün gekleideten Feenfrau gegeben wurde. Ca. 3 km östlich von Dunvegan liegt Fairy Bridge.

Durness, Region Highland. Östlich von Durness liegt an der Küste Smoo Cave, eine Höhle mit drei Kammern, die ein Eingang zur Anderswelt sein soll. Viele Sagen ranken sich um sie. So soll hier der Zauberer Donald dämonischen Kräften begegnet sein.

Edinburgh, Region Lothian. Im Holyrood Park liegt neben den Ruinen von St. Anthony's Chapel der heilige Brunnen von St. Anthony. An Beltane (1. Mai) ist es Brauch, sich im Tau am Felsen Arthur's Seat in Edinburgh zu waschen und dann für einen Wunsch den Brunnen aufzusuchen. In der Nähe liegt ein weiterer Brunnen, der Well of the Holy Rood. Um ihn wurde ein Brunnenhaus gebaut, das ursprünglich St. Margaret's Well in Restalrig umgab. In Restalrig liegt auch St. Triduana's Well in einem sechseckigen Brunnenhaus neben der Pfarrkirche. In Liberton befindet sich gegenüber von Mortonhall Crematorium auf dem Privatgrund von St. Katherine's House St. Katherine's Well, dessen ölig erscheinendes Wasser Heilkraft besitzt.

Ednam, nördlich von Kelso, Region Borders. Westlich des Dorfes liegt Piper's Grave, ein Grabhügel aus der Zeit der Pikten, auch als Feenhügel bekannt. Einer Legende zufolge betrat von hier aus ein zukünftiger Dudelsackspieler das Feenkönigreich, um die Kunst des Dudelsackspielens zu erlernen und kehrte nie zurück.

Eilean na hUamhaidh (The Isle of the Cave), im Loch Caolisport, Region Strathclyde. Ca. 5 km von Achahoish entfernt, dort, wo man die erste Bucht am Ufer von Loch Caolisport sieht, liegt eine sagenumwobene Feenhöhle.

Findhorn, Region Grampian. Die Findhorn Foundation am Ende der B9011 ist eine der berühmtesten Stätten der New-Age-Bewegung. Sie trägt mit ihren Studien über die Anderswelt maßgeblich zur Bewahrung des Feenglaubens der keltischen Völker bei.

Fingal's Cave, Insel Staffa, Region Strathclyde. Auf der Insel Staffa liegt die "Melodious Cave". Sie ist nach dem keltischen Sagenhelden Fingal benannt, der in der Gestalt eines Riesen die Höhle aus dem Fels schlug. Sie gilt als eines der Naturwunder Schottlands, denn sie reicht 76 Meter weit in das Basaltgestein hinein und hat eine Höhe von 30 Metern. Am besten erreicht man die Insel per Boot von Iona aus, doch das Anlegen ist nicht ganz ungefährlich.

Forres, Region Grampian. In die südliche Stützmauer an der A96, gegenüber der Polizeistation, ist ein sogenannter Hexenstein eingebaut. Der Stein an diesem Rastplatz erzählt die Geschichte einer Person, die im Zuge des Hexenwahns hier ermordet wurde. Es gibt viele Orte in Schottland, an denen ähnliche Steine zu finden sind. Jeder von ihnen markiert eine Stelle, an der mutmaßliche Hexen verbrannt worden sind (siehe auch **Spott**). Der mehr als 6 m hohe Sueno's Stone aus dem 10. Jh. ist mit Jagd- und Kampfszenen geschmückt.

Fortingall, Region Tayside. Der Iron Well, der an der Straße nach Glen Lyon, 2,4 km westlich von Fortingall liegt, ist ein Wunschbrunnen, dessen eisenhaltiges Wasser Heilkraft besitzt.

Glamis, Region Tayside. In einer Waldung nahe der Kirche liegt der Lady Well (Marienbrunnen). Er ist eigentlich zwei Heiligen geweiht, da auch St. Fergus an ihm verehrt wird.

Glasgow, Region Strathclyde. In der Krypta der Kathedrale liegt in der südöstlichen Ecke St. Mungo's Well (siehe auch: **Dunfermline**). Auch in Selkirk gibt es einen ihm geweihten Brunnen.

Glasserton, Region Dumfries und Galloway. Im Land von St. Ninian, südwestlich von Whithorn, nordwestlich der alten Kirche, liegt der heilige Brunnen von St. Medan. Sein Wasser wurde früher zur Heilung von Keuchhusten angewendet. Die Höhle St. Ninian's Cave liegt 6,4 km von Whithorn entfernt im County Cumbria. Ein Schild an der A747 weist auf die Ausfahrt hin.

Glenkiln, Region Dumfries und Galloway. Auf einigen Hügeln im Gemeindegebiet von Glenkiln, nordwestlich des Dorfes Shawhead, stehen Skulpturen von Rodin, Epstein und Moore. Hier kann man moderne Ästhetik mit den traditionellen Elementen einer Landschaft vergleichen.

Glen Moriston, Region Highland. Der Gedenkstein am Eingang des Tals wurde zu Ehren Roderick Mackenzies errichtet, der 1746 von Regierungssoldaten getötet wurde. Sie hielten ihn irrtümlich für Bonnie Prince Charlie. Ein anderer Stein weiter hinten im Tal erinnert an ein "Wunder" aus dem Jahre 1827, als ein Wanderprediger zu einer bestimmten Gelegenheit schwor, daß die Erde sein Zeuge sei. Seine Fußabdrücke, die er an jenem Tag hinterließ, sind heute noch neben dem Fels sichtbar.

Handa, Region Highland. Bis ins späte 19. Jh. wurden die zwölf Familienclans von Handa matriarchalisch regiert. Die älteste Witwe, die den Ratsvorsitz innehatte, war gleichzeitig die Königin von Handa. Heute ist die Insel ein Vogelschutzgebiet. Man kann sie per Boot von Tarbet, nördlich von Scourie, aus erreichen.

Innerleithen, Region Borders. Der schottische Nationaldichter Robert Burns beschrieb Innerleithen als berühmten Kurort. Seinen Ruhm erlangte der Ort durch Dow Well, einen heiligen Brunnen, der jetzt St. Ronan geweiht ist. Er wird in der sogenannten "Cleikum Ceremony" gefeiert. Das schwefelhaltige Wasser der Quelle hat heilende Wirkung bei Augenleiden.

Invergarry, Region Highland. Neben der A82 bei Loch Oich liegt Tobar-nan-Ceann, die "Quelle der Köpfe". Der Name bezieht sich auf ein Ereignis in der Mitte des 16. Jh., als sieben Männer wegen Mordes enthauptet wurden und man ihre Köpfe anschließend im Brunnen wusch, bevor man sie dem Clanchef MacDonell of Glengarry präsentierte. Im Jahr 1812 wurde hier ein Denkmal mit Darstellungen von keltischen Köpfen errichtet.

Inverness, Region Highland. Im Süden von Inverness erhebt sich über einem neueren Friedhof der bewaldete heilige Hügel von Tomnahurich. Einer hiesigen Sage zufolge hält hier die Feenkönigin Nicniven Hof. Der berühmte Barde Thomas the Rhymer soll ebenfalls hier begraben liegen.

Iona, Innere Hebriden, Region Strathclyde. St. Mary's Abbey, die von St. Columba 563 gegründet wurde, ist eines der wichtigsten Heiligtümer der keltischen Kirche. Iona wurde im Gälischen auch Innis na Druineach (Die Insel der Druiden) genannt. Vor der Reformation standen auf der Insel 350 bis 365 keltische Kreuze. Nur das Maclean's Cross aus dem 15. Jh. und das St. Martin's Cross aus dem 10. Jh. neben der Abtei stehen noch. Auf der Insel sind 48 schottische, acht nordische und vier irische Könige beerdigt. Es gibt noch viele andere Spuren religiöser Kulte. Dazu gehören auch die beiden Quellen Well of Age und Well of the South Wind. Es soll Glück bringen, wenn man den Dun-I (91 m hoch), die einzige Erhebung auf Iona, siebenmal besteigt. Auf seinem Gipfel liegt der Well of Healing (der Brunnen der Heilung), von dem man sagt, daß er noch nie ausgetrocknet sei, nicht einmal in Zeiten größter Dürre. Aus den grünen (schlangenförmigen) Steinen von Iona werden machtvolle Amulette hergestellt. Man erreicht die Insel mit dem Boot von Fionnphort auf der Isle of Mull aus.

Islay, Region Strathclyde. Auf Ardnave Point steht ein Steinlabyrinth, das 1986 erbaut wurde.

Keil, Kintyre, Region Strathclyde. In Keil, 1,6 km südwestlich von Southend, findet man eine Verbindung von drei heiligen Dingen: Im Kliff nordwestlich der alten Keil Chapel liegt der Holy Well, und auf einem Felsen gleich daneben sind zwei eingravierte Fußabdrücke zu sehen, St. Columba's Footsteps.

Kempock, Region Strathclyde. Der Granny Kempock Stone (The Longstone) steht auf der Landspitze westlich von Greenock neben der A770, nördlich der St. John's Church. Er ist 1,80 m hoch und soll Seefahrern und Verlobten Glück bringen, wenn sie ihm Ehre erweisen.

Kilbarchan, westlich von Paisley, Region Strathclyde. Die keltische Tradition, Barden zu ehren, wird hier auf der Nordseite des Steeple Tower offenbar, wo eine Bronzestatue von dem Pfeifer Habbie Simpson (1550-1620) steht.

Kildalton, Islay. Das keltische Kreuz aus dem 10. Jh. auf dem Friedhof von Kildalton, 6,4 km von Ardbeg entfernt, ist das schönste seiner Art in ganz Schottland.

Kilmacolm, Region Strathclyde. Neben der Ruine einer Kirche, 1,6 km auf dem Weg von Kilmacolm nach Houston, liegt der heilige Brunnen von St. Fillan. Früher wurden hier Kinder, um sie von

Rachitis zu heilen, im Wasser gebadet. Gleichzeitig hing man Stoffetzen als Votivgaben an die daneben stehenden Dornenbüsche.

Ladykirk, Region Borders. Hier befinden sich fünf heilige Brunnen. Einigen von ihnen werden orakelhafte Eigenschaften zugeschrieben. Fairie's Well liegt neben dem Fußweg am Fluß. St. Mary's Well liegt 198 m östlich von Nun's Well, der durch einen Obelisken gekennzeichnet ist. Von hier aus nach Westen liegt bei Home Farm auf einem Hügel Monk's Well. Sybil's Well, der auf dem Grundstück von Ladykirk House liegt, ist ausgetrocknet.

Lindores, Region Fife. Fünfzig Meter von der A913 entfernt liegt am Pow Burn, der vom Loch of Lindores in den Tay östlich von Newburgh bei Parkhill fließt, noch eines von insgesamt drei keltischen Aalhäusern in Britannien. (Das zweite steht auf dem Grundstück eines Herrenhauses bei Elie, im südlichen Teil von Fife, und das dritte am Lannan Burn in Angus). Es ist aus Stein und Torf gebaut und hat die Maße 3,7 x 3,2 m. Das mit Torf gedeckte Dach ist am höchsten Punkt 1,80 m hoch. Am Türsturz ist ein Hochzeitsdatum eingraviert: "LA 1787 AIB". Zum Aalfang wird ein spezielles Netz verwendet. Es bleibt solange im Wasser, bis ein Aal hineinschwimmt. Der Fischfang spielt in der keltischen Mythologie eine wichtige Rolle, u.a. bei der Entdeckung des Babys Taliesin, das später zum berühmten Barden und Magier heranwuchs.

Linlithgow, Region Lothian. Auf dem Platz südlich des Schlosses steht ein Brunnenhaus aus dem Jahr 1807, das den Cross Well umgibt.

Linton, Region Borders. Die Linton Kirk steht auf einem seltsam geformten Sandhügel, genannt Wormiston. Einer Legende zufolge wurde er vom Linton Worm, einer Nwyvre, aufgehäuft, indem er den Sand mit heftigen Bewegungen seines echsenartigen Körpers aufwarf.

Lochan Uaine, Region Highland. Auf dem Pass of Ryvoan liegt ein Feensee, "Little Green Loch". Er kann über einen Pfad vom Informationspunkt im Glenmore Forest Park aus erreicht werden.

Loch Maree, östlich von Gairloch, Region Highland. Der See und seine Insel, Eilean Maree, waren Zentrum des einheimischen religiösen Kultes von Maree (Maelrubha). Auf der heiligen Insel (die in Privatbesitz ist) befindet sich ein heiliger Brunnen, der von den Derilans, nichtchristlichen Priestern, gehütet wurde, die Heilungszeremonien bei Besessenheit ausübten. Die umliegenden Hügel und die Rastplätze von Maree sind ebenfalls interessant.

Loch na Beiste, Region Highland. Einer von vielen schottischen Seen, um die sich Legenden eines Wasserungeheuers ranken. In der ersten Hälfte des 18. Jh. versuchte ein einheimischer Gutsherr, das Wasser aus dem See zu lassen, um "die Bestie" zu fangen. Als dies nicht funktionierte, ließ er viele Karren mit Kalksteinen kommen und sie in den See werfen, um das Monster zu töten.

Munlochy, Region Highland. An der A832, nördlich von Munlochy, liegt Cloutie Well, der St. Bonifazius geweiht ist. Es ist ein sehenswerter Brunnen, da an die umstehenden Büsche unzählige Stoffetzen als Votivgaben gebunden wurden. Die Leute des Ortes, die mitzählen, sagen, es würden dort mehr als fünfzigtausend Tücher hängen.

Orton, Region Highland. An einer Mauer der Kapelle östlich der B9015 liegt St. Mary's Well. Das Wasser des heiligen Brunnens half bei Augenleiden, Keuchhusten und Gelenkentzündungen. Früher fanden hierher Wallfahrten statt.

Pittenweem, Region Fife. Pittenweem bedeutet "Ort der Höhle". In Cove Wynd liegt der Eingang zu einem Höhlensystem der Einsiedelei von St. Fillan aus dem 17. Jh. In der Höhle befindet sich ein heiliger Brunnen und ein Altar, der von dem keltischen Mönch St. Fillan benutzt wurde. Im Jahre 1935 wurde die Höhle nach Jahren der Vernachlässigung wieder geöffnet, und heute finden in ihr sogar gelegentlich Gottesdienste statt.

Rannoch Moor, Region Tayside. An den Hängen des Schiehallion, des "Feenhügels der Kaledonier", am östlichen Ende von Rannoch Moor, liegen die Reste eines heiligen Brunnens. Früher wurde er an Beltane (1. Mai) von weißgekleideten Mädchen aufgesucht, die Girlanden als Geschenk für die *anima loci* brachten.

Rhum, Region Highland. Die Insel gehört dem Nature Conservancy Council (Ausschuß zur Erhaltung der Natur). Bei Harris, an der Westküste 6,4 km südlich von Kinloch, liegt das Mausoleum der Familie Bullough. Die Anlage ist von einer doppelten Umzäunung umgeben, wobei die äußere aus Pfosten und die innere aus Säulen besteht. Innerhalb dieser Umzäunung liegt das eigentliche Mausoleum in der Form eines klassizistischen Tempels.

St. Andrews, Region Fife. Die Stadt, die 1144 vom königlichen *Stadtplaner* Mainard angelegt wurde, hat drei Straßen, die sternförmig von der Kathedrale weggehen. Früher befand sich hier eine Klosteranlage. Blue Stane, der Omphalos, der im Zentrum des Ortes steht, wurde schon zweimal versetzt. Ursprünglich stand er bei Magus Muir, dann kam er nach West Point und steht nun innerhalb des Grundstücks der Kate Kennedy Bar, gegenüber der Hope Park Church.

Scotlandwell, Region Tayside. Ganz in der Nähe von Loch Leven liegt in einem schönen viktorianischen Brunnenhaus im Dorfzentrum der heilige Brunnen von Scotlandwell. Er wurde schon von königlichen Gästen aufgesucht: Robert the Bruce heilte hier seine Lepraerkrankung, Mary Queen of Scots und König Charles II suchten ihn ebenfalls auf. Er ist von der A911 westlich von Kinross aus beschildert.

Selkirk, Region Borders. Südlich von Selkirk liegt der heilige Brunnen von St. Mungo westlich der Kreuzung der A699 und der A7 im Deer Park.

Silverwells, nördlich von Arbroath, Region Tayside. Der Silver Well, nach dem das Dorf benannt ist, liegt auf dem Grundstück einer Gärtnerei. Seinen Namen hat er von silbrigem Material, das an seiner Wasseroberfläche schwimmt. In alten Zeiten wurden hier Opfergaben aus Silber zurückgelassen.

Skye, Region Highland. Der Dunscaith ist der höchste Punkt einer felsigen Landspitze an der nördlichen Seite der Ob-Gauscavaig-Bucht und überragt den Eingang zum Loch Eishort. Er erhebt sich mehr als 12 m über dem Meer und ist die Stelle, wo die sagenumwobene Festung von Scáthach nVanaind, Tochter der Airdgeme, Lehrmeisterin und Liebhaberin von Cú Chulainn, dem Helden aus Ulster, stand. Früher war die Festung mit der Insel über eine natürliche Felsenbrücke verbunden. Am Ufer unterhalb der Festung liegt Clach Luach, ein grasbewachsener Fels, wo Cú Chulainn seinen Jagdhund Luath bei der Rückkehr von der Jagd anband. Auf Skye befinden sich drei bemerkenswerte heilige Berge: Südwestlich von Dunvegan stehen zwei typische heilige Berge mit Plateaugipfel, Healabhal Mhor (großer heiliger Berg), 468 m hoch, und Healabhal Bheag (kleiner heiliger Berg), 488 m hoch. Südwestlich von Portree liegt Beinn-na-Gréine (Der Sonnenberg).

Spott, Region Lothian. Südlich des Dorfes, auf dem Weg nach Chesters Fort, liegt Spott Loan, wo ein sogenannter "Hexenstein" die Stelle markiert, an der Hexenfänger Menschen töteten. Marion Lille, die letzte Frau, die südlich des Fort als Hexe verbrannt wurde, kam hier zu Tode. Westlich des Friedhofs liegt ein heiliger Brunnen, der früher an jedem Johannis-Fest (Sommersonnenwende) in einer Prozession über den Friedhof und durch die Kirche aufgesucht wurde.

Storr, Isle of Skye. Die freistehende Felsstele, genannt The Old Man of Storr, die man westlich der A855 auf der Ostseite von Skye sehen kann, soll ein Riese sein, der durch den Zauberblick von Balor of the Evil Eye in Stein verwandelt wurde.

Thurso, Region Highland. Im Museum von Thurso befindet sich eine beachtliche Sammlung piktischer Steine, darunter auch die beiden Steine aus dem 8. Jh., genannt Ulbser und Skinner Stone, mit Kreuzabbildungen und mythologischen Darstellungen.

Traquair, Region Borders. Im Minch Moor, 3,2 km auf dem Fußpfad südöstlich von Traquair, liegt der Cheese Well. Hier war früher eine Raststätte für Viehtreiber, wo man als Bittgabe ein Stück Käse im Wasser hinterließ.

Troqueer, südlich von Dumfries, Region Dumfries und Galloway. Südlich von Islesteps liegt der heilige Brunnen von St. Queran. Der Brunnen ist mit Tüchern und Stoffetzen geschmückt. In der Hoffnung auf Genesung warf man Münzen ins Wasser.

Whitehills, Region Grampian. In einem schönen Brunnenhaus liegt der Red Well, eine mineralienhaltige Heilquelle.

Whitekirk, Region Lothian. Our Lady's Well (Marienbrunnen) liegt nordöstlich von Whitekirk. Die Kapelle wurde im Jahre 1297 auf Geheiß von Black Agnes, Gräfin von Dunbar, zum Dank für ihre Genesung durch das Wasser errichtet. Im Jahre 1309 wurde ein Marienaltar errichtet und eine jährliche Wallfahrt eingeführt.

England

Ashburton, County (Grafschaft) Devon. In einem Park bei der Totnes Road liegt der heilige Brunnen von St. Gudula, der Schutzheiligen der Kathedrale von Brüssel. Das Wasser wird bei Augenleiden angewendet.

Bath, County Avon. Die römischen Bäder (Roman Baths) sind die Reste einer kelto-romanischen Kultstätte. Diese war ursprünglich der Gottheit Sul geweiht und beinhaltet u.a. einen Tempel und mehrere Badeanlagen. Einer Legende nach wurde die Heilquelle vom keltischen Herrscher Bladud entdeckt, der hier seine Lepraerkrankung kurierte. Im Museum können verschiedene Fundstücke besichtigt werden, so z. B. das Haupt der Gorgo und Abbildungen des Mondes, die ursprünglich den Tempel schmückten. Man geht davon aus, daß die Bath Abbey über einer vormals kelto-romanischen Kultstätte errichtet worden ist.

Beetham, nördlich von Carnforth, County Cumbria. Westlich der Kirche liegt ein Fußweg, der zu den Fairy Steps führt. Die Stufen der Treppe sind in eine Felsspalte gehauen. Wenn man es schafft, den Aufstieg ohne eine Berührung der Felswände zu machen, gewährt das Feenvolk einen Wunsch.

Breamore, County Hampshire. Hier liegt ein aus dem Torfboden gestochenes Labyrinth, genannt Mizmaze, welches die typische mittelalterliche Version eines *Caerdroia* ist. Sein Durchmesser beträgt 26,5 m. Das Labyrinth befindet sich an einer abgeschiedenen Stelle in der Nähe von Breamore.

Buckland St. Mary, County Somerset. Das Dorf soll der letzte Ort gewesen sein, wo man in Somerset die purpurgekleideten Feen und Geister sah, nachdem sie von den Piskies besiegt worden waren und aus der Gegend vertrieben wurden. Letztere herrschen nun westlich des Flusses Parret. Viele der rotgekleideten Geister flohen nach Irland, einige gingen aber auch nach Dorset und Devon.

Carrawbrough, County Northumberland. Auf dem Gelände des ehemaligen Römerforts Brocolitia befindet sich ein Tempel des Mithras und der heilige Brunnen der *anima loci*, Coventina. Er wurde im Jahre 1876 wiederentdeckt. Ursprünglich lag die Quelle in einem kelto-romanischen Tempel. Hier wurden ein Bildnis der auf einem Blatt ruhenden Gottheit sowie Opfergaben gefunden, darunter 13.487 Münzen. Letztere können im Chesters Fort Museum in Humshaugh, 4,8 km in Richtung Osten, besichtigt werden.

Cerne Abbas, County Dorset. Der Cerne Abbas Giant ist eine der am besten erhaltenen, in Kalk geritzten Hügelzeichnungen. Die Darstellung eines Riesen, der einen Knüppel schwingt, fällt durch ihren enormen Phallus auf. Oberhalb des Riesen befindet sich "The Trendle", eine rechteckige irdene Einfriedung. Hier wurde früher immer ein Maibaum errichtet. Auf dem Gelände der Kirche befindet sich ein Wunschbrunnen.

Cinderford, Forest of Dean, County Gloustershire. Nördlich von Cinderford liegt in einer Waldung der heilige Brunnen von St. Anthony. Er wird im Mai bei Sonnenaufgang aufgesucht. Man erreicht ihn über Fußwege von Jubilee Road in der Stadt aus.

Compton, County Surrey. Die Watts Mortuary Chapel ist eine interessante Kapelle, die ein Meisterwerk keltischen Kunsthandwerks ist. Sie wurde von der schottischen Künstlerin Mary Tytler Watts entworfen und von Handwerkern aus der Gegend im Jahre 1896 erbaut. Sie besteht ausschließlich aus Materialien der Umgebung und ist ein herausragendes Beispiel für einen nach keltischer Tradition gewählten Standort für ein Bauwerk. Man findet hier symbolische Elemente wie zum Beispiel Labyrinthe und Lebensbäume.

Dalby, County North Yorkshire. Hier befindet sich ein klassisches Labyrinth aus Torf, genannt "The City of Troy". Es wurde an der B1363 am Straßenrand aus dem Boden gestochen. Seine Maße betragen 8 x 6,7 m. Im Jahre 1900 wurde es neu aus dem Boden geformt, um ein älteres zu ersetzen, das sich in der Nähe befand.

Dartmoor, County Devon. Der uralte monastische Pfad zwischen Tavistock und Buckfast ist ein typischer Prozessionsweg, der immer noch begehbar ist. Seine Stationen sind durch Kreuze gekennzeichnet: Tavistock Abbey, Green Lane Cross, Pixies' Cross, Warren's Cross, Huckworthy Cross, Walkhampton Church House Cross, Yannandon Cross, Lower Lowery Cross, Lowery Cross, Lether Tor Bridge, Clazywell Cross, Newleycombe Cross, Siward's Cross, Nun's Cross, Goldsmith's Cross, Childe's Tomb Cross, Mount Misery Cross, West Ter Hill Cross, East Ter Hill Cross, Skaur Ford Cross, Horse Ford Cross, Horn's Cross, Two Thorns Cross, Play Cross, Hawson Cross, Buckfast Abbey.

Dinedor, County Hereford and Worcester, westlich der B4399. Hier liegt eine uralte Erdschanze, die von Alfred Watkins entdeckt wurde. Von hier aus sieht man Hereford Cathedral und den Kirchturm der All Saints' Church. Die Schanze liegt an einem Pfad südlich des Dorfes.

Donington, County Shropshire. In einem Park unweit der Kirche liegt der bei Augenleiden aufgesuchte heilige Brunnen von St. Cuthbert.

Dunmail Raise, County Cumbria. Der Felsen liegt an der A591 zwischen Ambleside und Keswick, auf der Paßhöhe zwischen Steel Fell im Westen und Seat Sandal im Osten (256 m über N.N.). Er hat schon unterschiedliche Funktionen wahrgenommen. Einmal war er Gedenkstein für eine Schlacht im Jahre 945, dann fungierte er als Grenzstein zwischen Schottland und England und zwischen Westmorland und Cumberland.

Durham, County Durham. Der Platz für die Kathedrale wurde auf das Omen einer schwarzen Kuh hin bestimmt. Eine Abbildung von ihr ist außen am Gebäude eingemeißelt.

Fernyhalgh, County Lancashire. Nördlich von Preston, zwischen Grimsargh und Broughton, liegt ein heiliger Brunnen, dessen Standort im Jahre 1471 durch eine Vision und die anschließende Entdeckung eines verlorengegangenen Marienbildes bestimmt wurde. Der Brunnen liegt auf einem Privatgrundstück, kann aber von der Straße aus gesehen werden.

Frensham, County Surrey. Die St. Mary's Church in Frensham beherbergt einen Gegenstand aus dem Feenreich, einen Kessel mit einem Meter Durchmesser, genannt "The Fairies' Kettle". Er wurde einer Sage nach von den Feen des nahegelegenen Borough Hill geliehen, ihnen aber nie zurückgegeben.

Glastonbury, County Somerset. Da Glastonbury den Ruf hat, Standort der ersten christlichen

Kirche in Britannien zu sein, ist es ein Zentrum der "Mysterien Britanniens" und deshalb für die New-Age-Bewegung und die Esoterik-Szene von großer Bedeutung. Das Tor ist der heilige Berg von Gwynn ap Nudd, Herrscher über den Eingang zur Unterwelt. Am Fuße des Tor liegt der Chalice Well, dessen Gärten ein Ort des Friedens sind. Der heilige Dornbusch auf dem Wearyall Hill, *Crataegus oxycantha*, ist ein Verwandter des Weißdornbusches, der zur Wintermitte blüht. Von einem anderen Busch, der auf dem Gelände der Kirche St. John's in der Stadt steht, wird nach alter Tradition an Weihnachten ein blühender Zweig an den regierenden Monarchen geschickt.

Great Asby, südlich von Appleby, County Cumbria. Ca. 6,5 km südlich von Appleby liegt eine Quelle, die in ein Becken fließt. Ihr Wasser soll große Heilkraft besitzen.

Hardknott, County Cumbria. Unterhalb von Sca Fell, nordöstlich von Ravenglass, liegen die Ruinen einer Römerfestung, dem cumbrischen Pendant einer irischen Feenfestung. Hier hält der Feenkönig Eveling Hof.

Hartland Point, Devon. Der ursprüngliche Name für diese Gegend war Headland of Hercules. Er führt auf eine Sage zurück, nach welcher der Held Herkules an dieser Stelle landete, die Riesen des Landes im Kampf bezwang und über das Land herrschte. Hier befand sich auch die Klause von St. Nectan mit einer sogenannten Kopfquelle, die immer am 17. Juni aufgesucht wurde. Gleichzeitig wurde für die *anima loci* Fingerhut gepflückt und zum Brunnen gebracht.

Hempsted, County Gloucestershire. Westlich von Gloucester kann man von St. Swithun's Church aus den Lady's Well (Marienbrunnen) in Hempsted erreichen. Das Brunnenhaus steht auf einer Erhöhung in der Mitte eines Feldes, zu dem man über einen Pfad, der rechts vom Haupteingang der Kirche beginnt, gelangt.

Hereford, County Hereford and Worcester. In einer Mauer nahe der Kathedrale soll sich die Stelle befinden, wo der heilige Brunnen von St. Ethelbert lag. Er spielte in der Legende um den letzten König des unabhängigen East Anglia, Ethelbert, eine Rolle, der hier 792 enthauptet wurde. Nach klassischer keltischer Überlieferung entsprang an der Stelle, wo sein Kopf niederfiel, eine Quelle.

Higher Penwortham, County Lancashire. Durch den Penwortham Wood läuft ein Feenpfad, vergleichbar mit denjenigen in der Bretagne und in Irland. Es soll ein Omen des Todes sein, wenn man hier dem Feengefolge begegnet.

Holybourne, nordöstlich von Alton, County Hampshire. Die Kirche hier liegt über der Quelle des Holy Bourne, eines heiligen Flusses, der aus einem Teich neben der Kirche entspringt. Dieser Ort ist ein gutes Beispiel für die Christianisierung eines keltischen Quellenheiligtums.

Holy Island (Lindisfarne), County Northumberland. Im Jahre 634 kam Bischof Aidan nach Northumbria und gründete das Kloster Lindisfarne. Von hier aus machte sich St. Cuthbert im Jahre 664 auf und gründete eine neue Siedlung auf Hobthrush Island (St. Cuthbert's Isle) und schließlich eine weitere im Jahre 676 auf Farne Island in südöstlicher Richtung. Lindisfarne erreicht man über den Sandstrand von Holy Island auf einem Dammweg, der durch Pfosten markiert ist. Er trägt den Namen Pilgrims' Way, beginnt auf dem Festland bei Beal und erreicht die Insel bei Chare End. Bei Ebbe, wenn die Ruinen von St. Cuthbert's Chapel sichtbar sind, kann man von Holy Island nach Hobthrush gehen.

Ilton Circle, Masham, nördlich von Ripon, County North Yorkshire. Im Jahre 1820 wurde dieser Steinkreis nach spirituellen Prinzipien von William Danby als sogenannter "Druidenkreis" errichtet. Man erreicht ihn über die Straße von Masham nach Ilton.

Kirkby Lonsdale, County Cumbria. Die Devil's Bridge auf der A65 über den Fluß Lune ist eine von mehreren Stellen, wo die Sage geht, daß der Teufel die Brücke unter der Bedingung baute, sich als Entschädigung die erste Seele, die über die Brücke gehen würde, nehmen zu dürfen. Um seine Pläne zu durchkreuzen, wurde zuerst ein Hund über die Brücke geschickt.

Kirkoswald, nördlich von Penrith, County Cumbria. Auf der Westseite der Kirkoswald Church liegt der heilige Brunnen von St. Oswald.

Lichfield, County Staffordshire. St. Chad's Well liegt auf dem Gelände der Kirche in Stowe, im Norden der Stadt. Früher wurde der heilige Brunnen immer am Himmelfahrtstag geschmückt.

Marden, County Hereford and Worcester. Im Inneren der Kirche von Marden, 6,4 km nördlich von Hereford, liegt der heilige Brunnen von St. Ethelbert. Wie auch der Brunnen in Hereford ist dies ein Ort, der eine besondere Rolle in der Legende von St. Ethelbert spielt. Dieser war König von East Anglia, dessen Gefangenschaft und Hinrichtung in Hereford einige Wunder und schließlich seine Heiligsprechung folgten. Hier wurde über der Quelle, neben der er begraben liegt, ein Heiligtum errichtet.

Meriden, County West Midlands. Einer der traditionellen Orte des Mittelpunkts Englands (oder Britanniens). Er wird durch ein Kreuz markiert, das sich hier seit 1952 befindet. Die Ruinen des heiligen Brunnens von St. Lawrence liegen im Westen des Dorfes. Er soll zwei Abflüsse haben, von denen einer die Quelle des Humber ist. Ein zweiter fließt Richtung Westen, wo er in den Bristol Channel mündet.

Nine Standards Rigg, County Cumbria. Auf einem Hügel, der das Vale of Eden, nahe der Grenze zwischen Cumbria und North Yorkshire, überragt, liegt der Nine Standards Rigg, so genannt nach einer Anordnung von neun Felsblöcken auf dem Gipfel. Früher lief die Grenze zwischen ihnen hindurch.

North Brentor, County Devon. Eine Ortslegende besagt, daß man beabsichtigte, eine Kirche am Fuße des Berges zu bauen, die Baumaterialien jedoch jede Nacht auf geheimnisvolle Weise zum Gipfel gebracht wurden. Schließlich wurde die Kirche auf dem Gipfel des heiligen Hügels gebaut. North Brentor ist von der A386 aus in Richtung Westen ausgeschildert.

Okehampton, County Devon. Südlich von Okehampton liegt Fitz's Well, eine Station auf einem Pilgerweg am Rand von Dartmoor. Früher wurde der Brunnen für Prophezeiungen am Ostersonntag aufgesucht.

Patterdale, Ullswater, County Cumbria. Wenn man sich von Patterdale kommend der Bootsanlegestelle Glenridding nähert, liegt neben der Hauptstraße am südlichen Ende von Ullswater (ein See, der dem nordischen Gott des Winters geweiht ist) der Brunnen von St. Patrick.

Penrith, County Cumbria. Auf dem Gelände der Kirche von St. Andrews befindet sich eine eigenartige Ansammlung von Steinen, genannt Giant's Grave.

Hier soll das Grab des Riesen Isir liegen, der in einer Höhle bei Eamonth Bridge hauste.

Rothbury, County Northumberland. Bei Holystone, Rothbury, liegt der Lady's Well (Marienbrunnen), der auf eine Marienerscheinung hin entdeckt wurde. Die Missionare Ninian und Paulinus verwendeten sein Wasser für die Taufe von Heiden, die sich zum Christentum bekehren ließen.

Rudston, County Yorkshire. Eine Felssäule aus Mühlensandstein, der größte Megalith in Großbritannien, der zu einer Kirche gehört, steht hier auf dem Kirchengrund.

St. Briavel's, nördlich von Chepstow, County Gloustershire. Der heilige Brunnen des Forest of Dean, St. Bride's Well, liegt auf der Lower Road nahe der Kirche. Im Mittelalter war St. Briavel's Castle ein Zentrum der Waffenherstellung.

St. Herbert's Island, südlich von Keswick, County Cumbria. Die bewaldete Insel von St. Herbert war der Zufluchtsort eines sagenumwobenen Volkes, über das in Irland noch mehr Wissen existiert.

Southam, County Warwickshire. Der heilige Brunnen hier hat ein halbmondförmiges Becken. Das Wasser fließt aus den Mündern dreier "keltischer Köpfe" in einen Trog, der über Stufen von zwei Seiten her zugänglich ist.

Stoke, bei Hartland, County Devon. Einer von mehreren Brunnen, der St. Nectan – ein passender Name für einen Wasserheiligen – geweiht ist. Der Brunnen liegt in einem kleinen Brunnenhaus hügelabwärts der Hauptstraße von Stoke.

Stoke Edith, County Hereford and Worcester. Der heilige Brunnen von St. Edith ist eine sprudelnde heilige Quelle nahe der Kirche. Sie soll entstanden sein, als Edith, die eine Kirche baute, um Wasser betete.

Sutton Coldfield, County West Midlands. Im Park, der Sitz des Archdruid gewesen sein soll und später zum königlichen bzw. bischöflichen Park ernannt wurde, befinden sich drei heilige Brunnen: Druid's Well, Keeper's Well und Rowton Well.

Todmorden, County West Yorkshire. Die Bridestones im Moor bei Todmorden erinnern mit ihrem Namen an eine christianisierte keltische Göttin. Die Steine werden zur Anwendung der Magie des alten

Glaubens aufgesucht. Ein Stein, der Balancing Stone, hat einen eingeritzten Kopf mit Hörnern, der manchmal als Teufel, manchmal als gehörnter Gott Cernunnos bezeichnet wird.

Uffington, County Oxfordshire. The Vale of the White Horse (Das Tal des Weißen Pferdes) hat seinen Namen vom weißen Pferd von Uffington, einer keltischen Hügelzeichnung, die aus dem 1. Jh. stammt. Ganz in der Nähe liegt ein *locus terribilis,* der Dragon Hill, an welchem Drachenblut den Boden karg werden ließ. Ursprünglich stand hier eine Kapelle, die wahrscheinlich St. Georg geweiht war, weshalb man auch sagt, daß die Hügelzeichnung kein Pferd, sondern ein Drache sei.

Wells, County Somerset. Die Stadt hat ihren Namen von sieben heiligen unterirdischen Wasserläufen, die im Garten des Bishop's Palace gemeinsam aus der Erde kommen.

Whitchurch Canonicorum, bei Lyme Regis, County Dorset. Das nördliche Querschiff der Kirche von St. Candida and the Holy Cross enthält den Schrein von St. Candida (englisch: St. White), die die dreibrüstige keltische Gottheit Gwen Teirbron ersetzt hat. Votivgaben werden in die Nischen ihres Schreines geschoben.

Winwick, nördlich von Warrington, County Cheshire. Der Ort für die Kirche wurde einer Legende nach durch ein Schwein bestimmt, welches Mauerwerk einer früheren Stätte zu der Stelle schaffte, wo die Kirche stehen sollte. An dieser Stelle soll St. Oswald im Jahre 642 verschieden sein.

Woolston, County Shropshire. Der heilige Brunnen von St. Winefride in Woolston ist von einem mit Fachwerk verkleideten Gebäude umgeben, das früher als Gerichtsgebäude diente. Der keltische Brauch, die Wassergeister um Beistand bei einer Urteilsfällung anzurufen, spiegelt sich in den Legenden von Enthauptungen an heiligen Brunnen wieder.

Cornwall

Altarnun. Die Kirche und der heilige Brunnen sind St. Non, der Mutter von St. David, die wahrscheinlich wiederum eine Version der keltischen Erdmutter Ana ist, geweiht. Der eigentliche Brunnen von St. Non befindet sich in St. Non's in Westwales, ein weiterer ist noch in Pelynt in Cornwall zu finden. Geisteskranke wurden, um ihre Krankheit zu heilen, in das Wasser des Brunnens von Altarnun getaucht. Anschließend brachte man sie in die Kirche, wo eine Messe für sie gelesen wurde.

Blisland. Die Ruine von Treganna Chapel liegt in einem bewaldeten Tal in Blisland. Hier befindet sich ein heiliger Brunnen. Gemäß eines uralten Erlasses darf das Feld oberhalb dieser Stelle nicht gepflügt werden.

Bodmin. Der St. Guron's Well, der früher bei Augenkrankheiten aufgesucht wurde, liegt westlich von St. Petroc's Church.

Boleigh. Acht km westlich von Penzance liegt Rosmerryn House, auf dessen Grundstück sich der Boleigh Fogou (Höhle) befindet. Er ist 12 m lang und hat gleich nach dem Eingang eine kleine Abzweigung. In einen Stein ist die Abbildung eines Menschen eingeritzt, der einen Speer und einen diamantförmigen Gegenstand hält, den manche für den Kopf einer Schlange halten.

Boscastle. Das Witchcraft Museum enthält eine Reihe von Ausstellungsstücken, die in der keltischen Überlieferung eine Rolle spielen. Das bedeutendste von ihnen ist der Troy Stone, eine Schieferplatte mit eingeritztem Labyrinthmuster.

Callington. Dupath Well liegt auf einem Hof 1,6 km östlich von Callington. Das Brunnenhaus stammt aus dem frühen 16. Jh. und ist das größte seiner Art in Cornwall. Es wird von einer Art Fiale gekrönt.

Cardinham. Die Kirche hat ein schönes keltisches Kreuz. Etwas weiter nördlich der Kirche liegt inmitten der Ruinen eines früheren Brunnenhauses und eines Oratoriums der in Stein eingefaßte Trezance Well.

Carn Euny. Ca. 3 km westlich von Sancreed liegt in der Mitte des Dorfes der Fogou (Höhle) von Carn Euny. Er ist 20 m lang und hat eine kreisförmige Kammer.

Cheesewring, Bodmin Moor. The Devil's Cheesewring ist eine interessante natürliche Felsformation, die ein schönes Beispiel für einen heiligen Ort inmitten einer Landschaft ist. Man erreicht die Felsen über einen Pfad nördlich von Minions, das von der B3254 in Richtung Westen ausgeschildert ist. Ganz in der Nähe befinden sich die Ruinen der Behausung von Daniel Gumb. Er war ein Steinmetz im 18. Jh., der in bardischer Tradition geometrische Muster in die Felsen meißelte.

Chysauster. Der Fogou (Höhle) in dieser alten Dorfruine hat fast keine Decke mehr. Es sind nur noch zwei Stürze vorhanden.

Dozmary Pool, Bolventor, Bodmin Moor. Von einigen Seen geht die Sage, die letzte Ruhestätte von Artus' sagenumwobenen Schwert Excalibur zu sein. Dozmary Pool ist der wohl bekannteste von ihnen. Hier soll die Dame vom See erscheinen. Bis zum Jahre 1869, in dem der See austrocknete, ging man davon aus, daß er keinen Grund hat. 1994 wurden im *Old Moore's Almanack* Talismane angepriesen, die besondere Kräfte durch ein "Bad im Dozmary's Pool" erhalten hatten.

Duloe. Unweit des Steinkreises von Duloe liegt das Brunnenhaus von St. Cuby's Well neben der B3254, südöstlich von Dunloe, 6,4 km südwestlich von Liskeard. Das Becken des Brunnens befindet sich jetzt in der Kirche von Duloe.

Fowey. Der Tristan Stone ist ein Steinsockel, auf dem sich ein Stein aus dem 6. Jh. mit einer Inschrift befindet, die einen Drustanus, vermutlich Tristan, Isoldes Geliebten, erwähnt. Er liegt kurz vor Fowey an der A3082. Der Stein befindet sich nicht an seinem ursprünglichen Platz. Er wurde 1971 von der Four Turnings-Kreuzung bei Menabilly hierher versetzt.

Germoe. Ein mittelalterliches Heiligtum auf dem Kirchengelände soll St. Germoe's Chair, den Predigtstuhl des Heiligen, enthalten.

Golant, nördlich von Fowey. Neben der Kirchenpforte liegt St. Samson's Well. Der heilige Brunnen wurde 1938 wieder hergerichtet und stammt ver- mutlich aus dem 6. Jh. An dem Brunnen befindet sich eine schwarze Darstellung des Heiligen.

Halligye. Auf dem Grundstück des Trelowarren-Anwesens in Halligye befindet sich ein Fogou (Höhle).

Helston. Neben einem Wasserlauf bei der Trelil Farm liegt das Brunnenhaus von St. Wendrona.

Holywell Bay. Hier gibt es zwei heilige Brunnen, die St. Cubert geweiht sind. Einer von ihnen befindet sich in einem Brunnenhaus aus dem 14. Jh., während der andere ein Felsenbecken in einer Höhle am östlichen Ende des Strandes ist und nur bei Ebbe erreicht werden kann.

Lewannick. Die Kirche hat einen Ogham-Stein. Noch bekannter ist die Kirche allerdings für ihr Taufbecken, das neben anderen symbolischen Darstellungen auch mit Labyrinthmustern, in denen sich ein Kreuz befindet, verziert ist.

Liskeard. In Liskeard befindet sich St. Martin's Well, der auch als Pipewell bekannt ist. Früher war er ein Heilbrunnen, heute ist das Wasser verunreinigt und nicht mehr als Trinkwasser geeignet.

Maresk. Hier gibt es in der Gemeinde von St. Clement bei Truro noch Reste des kornischen Waldgebietes von Morrois.

Morvah. Ganz in der Nähe von Morvah liegt das frühgeschichtliche Monument von Men-an-Tol. Was auch immer seine ursprüngliche Funktion war – und Theorien hierzu gibt es viele – Tatsache ist, daß an diesem Stein einmal Heilungsrituale durchgeführt wurden. Man mußte entweder selbständig – oder mit Unterstützung – durch ein Loch kriechen. Dies sollte bei Unfruchtbarkeit helfen oder einfach nur Glück bringen.

Mount Edgecumbe. Neben dem Cremyll-Weg liegt das Brunnenhaus von St. Julian.

Mylor. Auf dem Gelände der Kirche befinden sich der heilige Brunnen von St. Mylor und das mit eingemeißelten Sonnensymbolen geschmückte größte Kreuz Cornwalls.

Pelynt. Der heilige Brunnen von St. Nun (oder Non) liegt in einem Hain aus Dornenbüschen und Eichen. Das Wasser wird in einem Steinbecken aufgefangen und von den Piskies beschützt, die jeden bestrafen, der keine Gabe hinterläßt.

Pendeen Vau. Auf dem Gelände von Pendeen Manor Farm, abzweigend von der B3306 zwischen Morvah und St. Just, liegt ein Fogou (Höhle) innerhalb einer "großen Mauer". Der Höhlengang ist Y-förmig. Da die Höhle auf Privatgrund liegt, muß für das Betreten um Erlaubnis gebeten werden.

Penzance. Vor dem Penlee Museum steht ein bemerkenswertes keltisches Kreuz, das sich ursprünglich woanders befand und dort als Marktkreuz diente. Der Kreuzschaft ist in Flächen aufgeteilt, von denen einige eine Art Lochmuster haben.

Perranzabuloe. Ein heiliger Ort des kornischen Schutzpatrons St. Piran mit einem heiligen Brunnen.

Polperro. Eine Höhle, die Willy Wilcock's Hole genannt wird, liegt auf der westlichen Seite des Hafens unterhalb von Chapel Hill. Hier spukt der Geist eines Fischers, der ins Feenreich entführt wurde und immer noch versucht, zurückzukehren.

Porthcurno, bei Treen. Auf der Landspitze in östlicher Richtung liegt der schwankende Stein Logan Stone, der im Jahre 1824 von randalierenden Matrosen einfach heruntergeworfen wurde. Später hob man ihn aber wieder auf seinen ursprünglichen Platz zurück.

Porthmeor. Hier kann man die Reste eines Fogou (Höhle) sehen. Er liegt oberirdisch und hat keine Decke mehr.

Roche. Ein Kapelle aus dem 15. Jh., die St. Michael geweiht ist. Diesem Heiligen wurden bestimmte heilige Sonnenberge zugesprochen. Die Kapelle scheint mit dem Granitfelsen verwachsen zu sein. Sie liegt südlich des Dorfes an der Straße nach Bugle. In der Nähe liegt auch St. Gundred's Well, ein heiliger Brunnen, der am Gründonnerstag und die zwei darauffolgenden Donnerstage bei Sonnenaufgang aufgesucht wird, um Augenleiden zu heilen.

St. Buryan. In Boskenna steht an der B3315, südöstlich von St. Buryan, ein keltisches Kreuz mit auffälligem Kreuzschaft auf einem Sockel, der aus einem Stein besteht, welcher von einer Apfelpresse stammt. Ein weiteres interessantes Kreuz steht nördlich von dieser Stelle in Vellansagia. Nordwestlich von St. Buryan liegt Crows-an-Wra, das "Kreuz der Hexe", nach dem der Weiler benannt ist.

St. Cleer, nördlich von Liskeard. Das aus dem 15. Jh. stammende Brunnenhaus von St. Cleer befindet sich in der Nähe der Kirche, daneben steht ein lateinisches Steinkreuz. Ca. 1,5 km außerhalb des Dorfes auf dem Weg nach Redgate stehen die Reste eines mit einer Inschrift versehenen Gedenksteins aus dem 10. Jh. Er erinnert an den kornischen König Doniert, der 875 im Fowey ertrank.

St. Clether. Der heilige Brunnen und die Kapelle von St. Clederus, 13 km westlich von Launceston, liegen nordwestlich der Kirche. Das Wasser des Brunnens fließt unter der Kapelle durch, die 1895 von Reverend Sabine Baring-Gould restauriert wurde.

St. Levan's, bei Land's End. Der heilige Brunnen von St. Levan, der auf einer Klippe liegt, kann über einen Fußweg erreicht werden. Dieser beginnt gegenüber der St. Levan's Church. Früher unterzogen sich hier Kranke auf dem Bett des Heiligen neben dem Brunnen dem Ritual des Tempelschlafes. Auf der Südseite der Kirche befindet sich ein beschädigter Stein, genannt St. Levan's Seat, auf dem eine Weltuntergangsprophe-zeihung steht: "Wenn ein Reiter, vollbepackt, mit seinem treuen Tier es schafft, zu durchreiten diesen Stein, das Weltenend' wird nahe sein."

St. Michael's Mount, bei Marazion. Ein heiliger Berg, der vom Riesen Cormoran erbaut worden sein soll. Da er früher im Inland lag, ist sein kornischer Name *Carreck los en cos*, der "graue Fels im Wald". Dieser Berg, der ursprünglich einer Sonnengottheit geweiht war, wurde nach einer Erscheinung, die die Christen als den heiligen Michael ansahen, diesem Heiligen zugesprochen.

Sancreed, südöstlich von St. Just. Auf dem Gelände der Kirche in Sancreed stehen zwei interessante keltische Kreuze. Westlich der Kirche liegt ein heiliger Brunnen, den man über eine Treppe erreicht. Diese führt in eine Höhle, wo sich das Wasser befindet.

Tintagel. Viele Elemente einer keltischen heiligen Landschaft sind hier zu finden. Das Castle auf der Klippe westlich der Stadt, das mit der mittelalterlichen Sage um die Geburt König Artus in Verbindung gebracht wird, ist der Standort einer früheren keltischen Klosteranlage. Der Klostergarten ist so ausgerichtet, daß an Beltane (1. Mai) der erste Sonnenstrahl darauf fällt. Einer von drei heiligen Brunnen auf diesem Felsen ist St. Julitta's Well. Unterhalb des Felsens liegt Merlin's Cave, die Höhle des Zauberers Merlin. In der Stadt liegt King Arthur's Hall, die in den zwanziger Jahren erbaut wurde, um dem Rittertum und der Suche nach dem Gral zu gedenken. Ca. 1,5 km von hier gibt es im Rock Valley zwei eingemeißelte Abbildungen von Labyrinthen, die vielleicht Stationen auf dem Weg zu keltischen Kultstätten weiter hinten im Tal waren. Weitere Stationen sind St. Piran's Well und St. Nectan's Kieve. Letzterer ist ein Wasserfall unterhalb der Einsiedelei des Heiligen.

Whitstone. Einer von vielen heiligen Brunnen, die St. Anne geweiht sind, liegt auf dem Gelände der Kirche von Whitstone. Hier handelt es sich um ein kleines Brunnenhaus an der Seite eines Walls. Über dem Eingang befindet sich ein archaisch anmutender keltischer Kopf der Erdmutter Ana.

Isle of Man

Die Isle of Man ist eine heilige Insel, die der keltischen Meeresgottheit Manannan Mac Lir geweiht ist.

Millennium Way. Der Weg, der früher "Raad mooar ree Goree" (der Königsweg der Insel Man) hieß und 1988 seinen jetzigen Namen erhielt, verbindet Crosby und Churchtown. Er spielt in der Geschichte um den sagenumwobenen König Orry eine Rolle und verbindet verschiedene Stationen alter Kultstätten.

Onchan, bei Douglas. Die Onchan Church (Kirk Onchan) hat eine Darstellung von einer Gottheit der Isle of Man, ein Mann mit Hundekopf, genannt Conchem. Conchem wurde später mit St. Christopher gleichgesetzt, und sein Fest findet am St. Christopher's Day statt.

St. Maughold's Head. Der heilige Brunnen von St. Maughold liegt östlich der Kirche in St. Maughold, im Norden der Landspitze. Er soll entstanden sein, als der Heilige mit einem Pferd über die Irische

See flog, und dieses dabei mit den Knien den Boden berührte. Das Wasser des Brunnens hilft bei Augenleiden und Unfruchtbarkeit. Auf dem Gelände der Kirche befinden sich außerdem mehrere interessante keltische Kreuze.

Tynwald Hill, St. John's. Dies ist der letzte traditionelle Versammlungshügel, der immer noch aufgesucht wird. An jedem 5. Juli kommt das Parlament der Isle of Man hier zusammen, um seine alten Zeremonien durchzuführen und neue Gesetze zu erlassen.

Frankreich

Aix-en-Provence, Provence. Vier km nördlich von Aix-en-Provence befinden sich die Ruinen des Oppidums (keltische Siedlung) von Entremont, dem wichtigsten Heiligtum des kelto-ligurischen Volkes der Saluvii. Im Musée Granet kann man Skulpturen, keltische Köpfe und rituelle Gegenstände besichtigen.

Bourbon l'Archambault, Allier. Die Quellen des Heilbades waren früher Zentrum eines keltischen Heiligtums des Gottes Burmanus (Borvo).

Cléry-Saint-André, Loire. In der Basilika Notre-Dame-de-Cléry befinden sich die Gräber von König Louis XI (1461-1483) und Königin Charlotte von Savoyen. Während ihre Körper im Grab liegen, werden ihre mumifizierten Köpfe gemäß einer keltischen Tradition separat in einem Glasschrein aufbewahrt.

Dax, Landes. Eines der wichtigsten Heilbäder in Frankreich. Die Fontaine Chaude im Zentrum der Stadt ist eine heiße Quelle, die früher das Zentrum eines lokalen Kultes einer keltischen Gottheit war, welche später den gallischen Namen Néhé erhielt.

Douvres-la-Délivrande, Normandie. Hier befindet sich angeblich die älteste Pilgerstätte der keltischen Göttin La Delle Yv-Rande. Ihr Bildnis soll im 4. Jh. durch eine Darstellung der Madonna ersetzt worden sein. Das gegenwärtige Bild zeigt eine schwarze Madonna und stammt vermutlich aus dem 16. Jh. In der jetzigen Kirche aus dem 19. Jh. werden immer noch Votivgaben hinterlassen.

Groseau, Vaucluse. Zum Mont Ventoux gehört die heilige Quelle der keltischen Gottheit Groselos, die Source du Groseau, die aus einer Felswand an der D974 hervorsprudelt. Die Straße verbindet diese Stelle mit dem Gipfel des heiligen Berges.

Les Andelys, Eure, Normandie. In dem heiligen Brunnen von St. Clothilde in Le Grand Andely an der D125 wurden früher, als das Wasser offiziell als heilkräftig galt, Reliquien gewaschen. Heute ist es ein Wunschbrunnen.

Les Fontaines Salées, unweit des Flusses Cure, Burgund. Hier liegt ein uraltes keltisches Quellenheiligtum, wo Mineralquellen aus dem Boden sprudeln.

Les-Saintes-Maries-de-la-Mer, Bouches-du-Rhône. Das bedeutendste Heiligtum in der Provence ist diese über einer Quelle erbaute Kirche in der Camargue, in der früher einer keltischen Götterdreiheit des Wassers gehuldigt wurde. Der Ort hieß damals Oppidum Priscum Ra. In der Kirche, die an die Stelle eines kelto-römischen Tempels trat, befindet sich ein Stein des Mithras, der dann aber der christlichen Version der Götterdreiheit zugesprochen wurde – den beiden Marias und der heiligen Sarah. Heute ist dies das wichtigste Heiligtum der Roma, die hier zusammenkommen, um ihre Heilige, Sarah-la-Kâli, bei der Zigeunerwallfahrt am 24. und 25. Mai zu ehren.

Lyon, Rhône. Das Musée Gallo-Romaine de Fourvière (Rue Cléberg) in der Stadt, die zur Zeit der Kelten Lugdunum hieß, beherbergt den Coligny-Kalender, der als wertvollstes Zeugnis des keltischen Druidentums gilt.

Mont Blanc, zwischen Chamonix (Frankreich) und Cormayeur (ital. Cormaggiore). Wie auch der Mont Pilatus in der Schweiz ist der Mont Blanc einer der heiligen Berge, die früher tabu waren. Sein ursprünglicher Name war "la Montagne Maudite", "der verfluchte Berg".

Mont-Saint-Michel, Manche, Normandie. Mont-Saint-Michel, der angeblich der meistbesuchteste Ort in ganz Frankreich sein soll, steht auf der Grenzlinie zwischen der Bretagne und der Normandie. Ein nach keltischem Glauben heiliger

Sonnenberg wie sein Pendant in der Nähe von Penzance in Cornwall, der von christlichen Priestern St. Michael zugesprochen wurde. Man erreicht Mont-Saint-Michel über einen erhöhten Fußweg, der bei Flut unter Wasser liegt (wie auch der Parkplatz!). Zum Kloster gelangt man über die Grande Rue, an der sich links und rechts die Souvenirläden aneinanderreihen, in denen allerlei Kitsch verkauft wird. Wieder einmal wird die Aura eines heiligen Ortes durch Geschäftemacherei gestört.

Mont-Sainte-Odile, bei Otrott, Niederrhein. Um den Gipfel des heiligen Berges des Elsaß (763 m hoch) liegt die sogenannte Heidenmauer, eine keltische Steinmauer, die 10 km lang und durch Verbindungsstücke aus Bronze verbunden ist. Dieses Bauwerk ist in seiner Machart einzigartig. Die Kapelle der Engel im Kloster von Hohenbourg befindet sich über einem heidnischen Heiligtum. Das Wasser des heiligen Brunnens von St. Odile hilft bei Augenkrankheiten und fließt aus einem Felsen, der an der Straße unterhalb der Anlage liegt.

Mont Ventoux, Vaucluse. Unweit von Carpentras, an der nördlichen Grenze der Provence, liegt der keltische heilige Berg der Winde (1890 m hoch). Der Gipfel, das "Haus der Winde", kann über die D974 erreicht werden. Bei Ausgrabungen wurden hier Hunderte von Opfergaben in Form von kleinen Terracotta-Trompeten gefunden.

Nîmes, Gard. Die Stadt Nîmes leitet ihren Namen vom keltischen Gott Nemausus ab, dessen heilige Quelle am Fuße des Mont Cavalier Zentrum eines kelto-romanischen Quellenheiligtums war. Man sieht noch die Reste eines Tempels, der Diana, der römischen Jagdgöttin, geweiht war. Die Quelle liegt jetzt im Jardin de la Fontaine, einem Nymphäum aus dem 18. Jh. Am Place d'Assas befindet sich ein weiterer heiliger Brunnen, mit modernen Darstellungen des Gottes Nemausus und seines Gefolges.

Saint-Honorat, auf den Îles de Lérins, Côte d'Azur. Saint-Honorat spiegelt die keltische Tradition einer heiligen Insel wieder. Die Klosteranlage des Heiligen (ca. 375) soll auch St. Patrick beherbergt haben. Seit 1869 befindet sich hier eine Zisterzienser-Abtei, zu der nur Männer Zutritt haben. Getreu dem Vorbild von Saint-Honorat zur Schwesterinsel Sainte-Marguerite, wo ein Frauenkloster liegt, sind auch in Wales zwei Inseln miteinander verbunden, die Klosterinsel Caldey und St. Margret's Island.

Saint-Maure-de-Touraine, Indre-et-Loire. Der keltische heilige Ort von Ariacum, wo in der Mitte des 5. Jh. die "Gräber" der heiligen Frauen (oder keltischen Göttinnen) St. Maure und St. Brigid auf wundersame Weise entdeckt wurden. Die Kirche aus dem 12. Jh. innerhalb der Burgmauern ist ihr Heiligtum.

Saint-Rémy-de-Provence, Bouches-du-Rhône. Auf dem Plateau des Antiques, südlich des Stadtzentrums, liegen kelto-ligurische und kelto-romanische Ruinen. Das Nymphäum markiert die Stelle des ursprünglichen heiligen Brunnens, um den herum sich der sakrale Komplex ausbreitete.

Vienne, Isère. Im Musée Lapidaire in der ehemaligen Kirche von Saint-Pierre befindet sich in der früheren Hauptstadt des keltischen Allobroger-Stammes die Skulptur der Schutzgottheit Tutela, die in der Nähe in einem Teich des Wasserheiligtums von St. Colombe gefunden wurde. Die Kultstätte umfaßt u. a. den Tempel von Augustus und Livia, den Tempel von Cybele, Badeanlagen sowie Kirchen.

Bretagne

Wald von Brocéliande. Reste davon sind der Forêt de Huelgoat in den Montagnes d'Arrée östlich von Brest, der Forêt de Paimpont 20 km westlich von Rennes und die zwei heiligen Wälder Coat-an-Hay (Tagwald) und Coat-an-Noz (Nachtwald) 10 km westlich von Guingamp.

Carnac, Morbihan. Carnac bedeutet soviel wie "Steinhaufen, Ansammlung von Steinen". Der Ort ist zu Recht berühmt für seine zahlreichen Megalithmonumente. Insgesamt befinden sich hier etwa dreitausend Steine. Die meisten von ihnen sind noch nie von christlichen Priestern berührt worden. Der Tumulus von Saint-Michel bildet hier eine der wenigen Ausnahmen.

Châteaubriant, Loire-Atlantique. Auf der N171 nach Pouancé, 1,6 km von der Kirche von St.-Jean-de-Béré entfernt, liegt Carrière des Fusillés. Das Denkmal erinnert an die Gefangenen, die 1941 von den Nazis ermordet wurden. Der Betonsockel dieses Kriegerdenkmals enthält gemäß einer keltischen Tradition, nach der heiliger Boden gesammelt und zusammengetragen wird, Erde von dem Ort, an dem die Greueltat verübt wurde.

Folle-Pensée, Morbihan. Hier befindet sich La Fontaine de Barenton: Gemäß einer Sage dieser Gegend bewirkt das rituelle Schöpfen vom Wasser des heiligen Brunnens, welches dann auf einen Fels, genannt Merlins Stufe, geschüttet wird, daß ein Sturm losbricht. Das letzte aufgezeichnete Ereignis dieser Art fand in den dreißiger Jahren während einer Dürre statt.

Forêt de Paimpont, zwischen Rennes und Ploërmel. Abzweigend von der N24 befindet sich hier ein Restbestand des großen bretonischen Waldes von Brocéliande, der jetzt nach jahrhundertelanger Zerstörung langsam wieder wächst. Am Château de Comper, 6,4 km nördlich von Paimpont liegt ein See, wo die Dame vom See aus der Artussage erschienen sein soll.

Hameau de Rungleo, Finistère, bei Daoulas, 45 km südwestlich von Morlais, 18 km von Brest in Richtung Ostsüdost, befindet sich ein Kreuz, bekannt als Croix des Douze Apôtres (Kreuz der zwölf Apostel).

Huelgoat, Finistère. Hier befindet sich Roche Tremblante, ein schwankender Granitstein.

Herm, Kanalinseln. Auf einem Riff bei Jethou zwischen Herm und dem Crevichon-Felsen liegt die Kapelle von St. Magloire, eine nach keltischer Tradition typische Kapelle am Meeresufer. Im 11. Jh. gehörte sie zur Abtei von Mont-Saint-Michel.

Île de Sein, jenseits der südlichen Küste von Finistère. Sie kann per Boot von Audierne aus erreicht werden. Diese einstmals heidnische heilige Insel könnte die berühmte "Fraueninsel" einiger klassischer Autoren sein.

Josselin, Ost-Morbihan. Notre-Dame-du-Roncier, die an der N24 liegt, ist die Stelle der wundersamen Entdeckung eines Marienbildes in einem Brombeerstrauch. Am zweiten Sonntag im September wird hier ein Bittgang abgehalten.

Kerégard-Vraz, Plumeur, Finistère, 23 km südwestlich von Quimper, 6,4 km westlich von Pont l'Abbé. Hier steht ein schlankes Steinkreuz aus Granit.

Lampaul-Guimiliau, Finistère, hat einen Kalvarienberg aus dem 17. Jh. sowie ein Beinhaus.

Lanrivoaré, Finistère. In der Nähe der Kirche liegt der Platz des Wehklagens mit acht Felsblöcken und einem Steinkreuz, die einem Massaker im 5. Jh. gedenken sollen. Dieser Ort ist ohne Zweifel eine Ahnengedenkstätte.

La Roche aux Fées, südöstlich von Rennes, Ille-et-Vilaine. Reste von Megalithmonumenten kennzeichnen einen alten Treffpunkt von Liebespaaren.

La Roche-Maurice, Finistère. Diese Kirche auf dem Gipfel hat ein Beinhaus aus dem 17. Jh. mit der Darstellung von Ankou, dem Totenkönig.

Le Folgoët, 2 km von Lesneven entfernt, Finistère. Jedes Jahr wird hier am 8. September ein Bittgang abgehalten. Er erinnert an die wundersame Lilie mit der Inschrift "Ave Maria", die auf dem Grab von Salaün ar Foll wuchs.

Locronan, Finistère. St. Ronanskirche. La Tröménie, zweiter Sonntag im Juli. Zu den 44 Heiligtümern der Umgebung, die während des Bittgangs mit Blumen geschmückt sind, gehört auch die Fontaine Saint-Eutrope. Die jährliche Tröménie (Prozession) ist 6,4 km lang, während die Grande Tröménie alle sechs Jahre stattfindet (die nächste im Jahr 2007) und über eine Strecke von 14 km geht. Auf dem Gipfel des Berges Locronan (290 m hoch), 2 km Wegstrecke von der Stadt entfernt, liegt der Wallfahrtsort Chapelle Plach-Ar mit dem Felsen Kador St-Ronan (St. Ronans Stuhl).

Menez-Bré, westlich von Guingamp, Côtes d'Armor. Nördlich der N12 liegt der heilige Berg von Menez-Bré, der von Anhängern verschiedener Naturreligionen aufgesucht wird. Er ist der modernen Gemeinschaft der Odinsanhänger in der Bretagne heilig.

Menez-Hom, Rumengol, westlich von Châteaulin, Finistère. Abzweigend von der D887 liegt der heilige Berg der Bretagne, wo außer einem Bittgang von Notre-Dame-de-Tout-Remède, der am Dreifaltigkeitsfest gehalten wird, jedes Jahr das Fest der Sommersonnenwende gefeiert wird.

Moëlan-sur-Mer, Finistère. An der nordöstlichen Ecke der Kirche befindet sich ein Menhir.

Néant-sur-Yvel, Porhoët, zwischen Mauron und Ploërmel, Ost-Morbihan. Ein bretonisches Nemeton befindet sich im Forêt de Lanouée bei Pont-Aven. Der Bittgang und das Ginsterfest finden am ersten Sonntag im August statt.

Penvern, Côte-du-Nord, 9 km nordwestlich von Lannion, 3,2 km von Trébeurden in Richtung Nordnordosten. Hier steht das Kreuz von St. Duzec (8,1 m hoch).

Plozévet, bei Quimper. Hier steht die Kirche von St. Démet (christianisierte Form der Göttin Demeter), die über einer heiligen Quelle errichtet wurde, deren Wasser an jeder Seite des Südeingangs aus dem Boden sprudelt.

Pluvigner, Morbihan. Die Kapelle von St. Mériadek, 5 km östlich von Pluvigner, ist Schauplatz von Bittgängen im März und im August. Hier befindet sich ein heiliger Brunnen, der gerne aufgesucht wird, wenn das eigene Vieh erkrankt ist. In Pluvigner steht auch der heilige Brunnen von St. Guignér, dessen Entdeckung in Zusammenhang mit einer Hirschlegende steht. Am dritten Sonntag im Mai findet hier ein Bittgang statt.

Rochefort-en-Terre, Ost-Morbihan. An der D774 liegt Notre-Dame-de-la-Tronchaye, wo im 12. Jh. eine schwarze Madonna in einem hohlen Baum entdeckt wurde. Am dritten Sonntag im August findet hier ein Bittgang statt.

Sainte-Anne d'Auray, Morbihan. Die wichtigste heilige Stätte der Bretagne ist ein vollkommenes Beispiel für die Entstehung von Heiligtümern. An der Stelle, wo Yves Nicolazic das heidnische Bildnis von Bona Dea fand, die für St. Anna erklärt wurde, hat sich eine größere Wallfahrt entwickelt. Hier liegt die Wunderquelle, ein Reliquienschatz mit Reliquien von St. Anna, eine Basilika aus dem 19. Jh., ein Kalvarienberg-Weg, und ein großes Denkmal für die Gefallenen des Zweiten Weltkrieges. Das Haus von Nicolazic wurde als Museum erhalten. Der große Bittgang wird hier jedes Jahr am 25. und 26. Juli abgehalten.

Sainte-Anne-la-Palud, das Heiligtum liegt oberhalb der Bucht von Douarnanez und wird von Fischern aufgesucht, da er seinen Ursprung in dem Fund eines Bildes von St. Anna hat, das mit einem Fischernetz aus dem Meer gezogen wurde. Eine Bittwallfahrt findet am letzten Sonntag im August statt.

Saint-Cado, nördlich von Erdeven, Morbihan. Auf der früheren Insel in der Rivière d'Etel, die nun mit dem Festland durch einen Damm verbunden ist, liegen die Kirche und der heilige Brunnen von Saint-Cado. Der heilige Brunnen liegt 100 Meter von der Kirche entfernt. Man erreicht ihn über Stufen. Das kleine Brunnenhaus aus Stein wird von einer Art Kreuzblume in Form eines irischen Keltenkreuzes gekrönt.

Saint-Jean-du-Doigt, nördlich von Morlaix. Hier wird der Bittgang des Feuers abgehalten und eine Fingerreliquie von St. John aufbewahrt.

Stival, Morbihan. St. Mériadeks Heiligtum enthält eine Glocke, die Haube von St. Mériadek, die beim Bittgang (am Tag vor dem Dreifaltigkeitstag) herausgeholt wird. Südwestlich der Kirche liegt in einer Entfernung von 91 Meter der heilige Brunnen von St. Mériadek in einem bewaldeten Tal.

Trédaniel, östlich von Moncontour, Côtes d'Armour. Auf einem Hügel bei Trédaniel liegt die aus dem 17. Jh. stammende Kapelle Notre Dame du Haut, die das Heiligtum der Sept Saints Guérisseurs ist. Die sieben Heiligen helfen bei Krankheit: St. Yvertin bei chronischen Kopfschmerzen, St. Hervé (Houarniaule) bei Angstzuständen, St. Eugénie bei Geburtswehen, St. Lubin bei Rheumatismus und Augenleiden, St. Hubert bei Wunden und St. Mamert bei Verdauungsbeschwerden. Die Identität des letzten Heiligen wird manchmal auch mit St. Corentin oder mit St. Samson gleichgesetzt, manchmal auch mit anderen Heiligen. Dies scheint von Ort zu Ort zu variieren. Ihr Bittgang wird am 15. August abgehalten.

Tréguier, westlich von Paimpol, 24 km nördlich von Guincamp. Das Patronatsfest von St. Yves, Schutzpatron der Bretagne, wird hier in der Kathedrale von St. Tugdual an dem Sonntag abgehalten, der dem 19. Mai am nächsten liegt.

Deutschland

Aachen, Rheinland-Pfalz. Der Dom und die Pfalzkapelle stehen über einem keltischen Wasserheiligtum, das von den Römern Aquis Granum genannt wurde. Beim Eingang befindet sich die kelto-romanische Bronzefigur einer Wölfin von ca. 160, die das Tier der keltischen *anima loci* gewesen sein soll. Der Quellenhof in Aachen steht auf einem weiteren Quellenheiligtum.

Altheim-Heiligkreuztal, Baden-Württemberg. In dieser Gegend gibt es zwei rituelle Einfriedungen und ein Reihe von keltischen Begräbnisstätten, u. a. das Hügelgrab von Hohmichele, das größte seiner Art in Mitteleuropa. Auf ihm steht ein modernes Denkmal.

Amöneburg, Niedersachsen. Eine keltische Hügelfestung mit einem heidnischen Tempel, bei der 721 eine Kirche zu Ehren von St. Michael erbaut wurde.

Belsen, Tübingen, Baden-Württemberg. Ein Ort, an dem der Sonnenkult praktiziert wurde. An der Westfront der erhöht stehenden romanischen Kirche befinden sich zwei Darstellungen des keltischen Gottes Béél (Belenos), die von verschiedenen Tierköpfen und einem Kreuz umgeben sind. Das Tympanon des Südportals ist mit Sonnensymbolen verziert. Früher wurde durch einen "Lichtschacht" zu bestimmten Zeiten ein Sonnenstrahl in die Kirche gelenkt. Südlich der Kirche steht eine ehrwürdige Linde und noch etwas weiter in diese Richtung befindet sich eine *Viereckschanze*.

Blaubeuren-Asch, Baden-Württemberg. Im Waldgebiet Attenlauh, 2,4 km von Asch in Richtung Ostsüdosten, befindet sich eine Gruppe von 62 keltischen Hügelgräbern.

Bopfingen, Baden-Württemberg. Der Ipf ist eine größere keltische Hügelfestung mit Überresten früherer Kultstätten, zu der man auf einer serpentinenartig verlaufenden Lindenallee gelangt.

Büdingen, Hessen. Der Glauberg hat einen "archäologischen Lehrpfad", der zu heiligen Quellen, Steinmauern und anderen interessanten Plätzen führt.

Konstanz, Baden-Württemberg. In der Kirche befinden sich Schädel, die nach keltischer Tradition konserviert worden sind. Sie liegen hinter Glas auf dem vergoldeten Barock-Hochaltar.

Dornburg, Hessen. Ein konischer Basaltfelsen in der Nähe einer frühen La-Tène-Siedlung, der 396 m hoch ist. An dieser Stelle würde eine Kompaßnadel aufgrund des starken Magnetfeldes in hohem Maße abgelenkt werden. Auf dem Osthang ist eine galerieartige Felsaushöhlung. Auf einer Art Miniaturgletscher liegt hier Schnee, genannt Ewiges Eis. Einstmals ein heiliger Ort der Kelten, wurde er im 19. Jh. entweiht, als ein Brauer aus der Umgebung das Eis als natürlichen Kühlschrank für die Lagerung von Bier nutzte.

Eberdingen-Hochdorf, Baden-Württemberg. In Hochdorf liegt das rekonstruierte Grabmal des *Keltenfürsten*, von dem die Grabbeigaben entfernt und ins Württembergische Landesmuseum in Stuttgart verbracht wurden. Das Grab ist eingezäunt und wird von einem modernen, aufgestellten Stein überragt. In der Nähe befindet sich das Keltenmuseum Hochdorf/Enz mit Modellen und Erläuterungen zu dem Fundort.

Externsteine, bei Horn, Nordrhein-Westfalen. Hier befindet sich eine aus dem 11. Jh. stammende Gravur des Weltbaumes Irminsul auf einer interessanten Felsnase, die von jeder Religion und spirituellen Gruppierung von der Antike bis heute als heiliger Ort angesehen wurde.

Göppingen-Bartenbach, Baden-Württemberg. Im Waldgebiet Oberholz südöstlich von Bartenbach befinden sich 33 keltische Begräbnisstätten.

Heckenmünster, Rheinland-Pfalz. Die Victoria-Quelle und der Wallenborn sind zwei heilige Quellen, die noch nicht versiegt sind. Sie werden immer noch aufgesucht und liegen auf dem Gelände eines keltischen Wasserheiligtums. Die Victoria-Quelle liegt auf dem Weg nach Erlenbach, während sich der Wallenborn in einem einen Meter hohen Brunnenhaus befindet. In kelto-romanischer Zeit gab es hier einen Tempel, Bäder, Unterkünfte für die Pilger und ein Theater.

Heidelberg, Baden-Württemberg. Der bewaldete Heiligenberg, am besten zu erreichen über den Philosophenweg, ist ein heiliger keltischer Berg, auf dem im 11. Jh. ein Kloster und eine Kirche gebaut wurden, die St. Michael geweiht sind. Hier standen einst römische Tempel des Gottes Merkur und des Mithras. Das Schloß beherbergt den heiligen Brunnen der weisen Frau – oder auch *anima loci* – Jutta.

Heidenheim-Grosskuchen, Baden-Württemberg. Im Waldgebiet Badhäule, östlich von Grosskuchen, befindet sich ein keltisches Gräberfeld mit 68 Hügelgräbern.

Hirschlanden (Stadt Dinzingen), Baden-Württemberg. Ein Grabhügel aus der Hallstatt-Zeit, auf dem früher die Statue eines keltischen Kriegshelden stand. Sie befindet sich nun im Württembergischen Landesmuseum in Stuttgart.

Holzgerlingen, Baden-Württemberg. Darstellung einer jansköpfigen Gottheit aus der La-Tène-Zeit, die jetzt im Württembergischen Landesmuseum zu sehen ist.

Homburg-Schwarzenacker, Saarland. Im Freilichtmuseum befindet sich die originalgetreue Nachbildung eines gallo-romanischen Tempels, eine der Göttin Epona geweihte Stätte.

Hörselberg, Thüringen. Der heilige Berg, der im Mittelalter als "Venusberg" bekannt war. Er war Sitz der "Dame Venus" und wurde von Barden aufgesucht.

Karlsruhe, Baden-Württemberg. Hier steht die sogenannte Jupitersäule (eine weitere befindet sich vor dem ehemaligen Lapidarium in Stuttgart).

Kempten, Bayern. Der "Archäologische Park Cambodunum" enthält die Ruinen einer keltischen Stadt, die schon der griechische Geograph Strabon erwähnte, des weiteren ein Straßennetz und mehr als ein Dutzend Tempel.

Kilchberg, Tübingen, Baden-Württemberg. Originalgetreue Rekonstruktion eines Grabes aus der späten Hallstatt-Zeit mit aufgestellten Steinen und einem heiligen Steinbildnis.

Lauingen-Faimingen, Baden-Württemberg. Eine *Viereckschanze*, die hier westlich von Dillingen an der Donau liegt, enthält die Ruinen eines Tempels des Gottes Apollo Grannos.

Leinfeld-Echterdingen, Baden-Württemberg. Im Waldgebiet Federlesmahd, in der Flugschneise des Stuttgarter Flughafens, liegen eine *Viereckschanze* und ein Gräberfeld. Bei einem Grabhügel befinden sich Steinrepliken von keltischen Denkmälern.

Münsingen-Dottingen, Baden-Württemberg. Auf dem Weg nach Glendwald, südlich von Dottingen, liegen keltische Hügelgräber. Ursprünglich waren es 24, aber wegen Ausgrabungsarbeiten und landwirtschaftlicher Nutzung des Geländes sind sie nicht mehr komplett erhalten.

Mürrhardt, Baden-Württemberg. Die Kirche ist auf einer Erhöhung gebaut, auf der früher einmal ein römischer Tempel des Mithras stand. Dieser war wiederum auf einem vormals keltischen heiligen Ort errichtet worden.

Nagold, Calw, Baden-Württemberg. Das keltische Hügelgrab, bekannt als "Krautbühl" oder "Heidenbühl", liegt nordwestlich von Schlossberg, südwestlich der Stelle, wo Waldach und Nagold zusammenfließen. Aus dem 7. Jh. v. Chr. stammend, wurde es im Mittelalter als Gerichtshügel genutzt.

Nettersheim-Pesch, südlich von Euskirchen, Rheinland-Pfalz. Im Hornbachtal Richtung Gilsdorf-Nothen liegt ausgeschildert der "Heidentempel" auf der Addis, der Ruine eines kelto-romanischen Tempels, der den Matronae geweiht ist. Die lokalen Gottheiten von Pesch sind die Matronae Vocallinehae.

Obermarchtal, Baden-Württemberg. Südwestlich von Obermarchtal liegt 1,6 km entfernt eine *Viereckschanze* mit mehreren keltischen Begräbnisstätten in ihrer Nähe.

Reichenau, Bodensee, Baden-Württemberg. Auf dieser vormals heiligen Insel, die ein erstaunlich mildes Klima hat, befinden sich uralte Kirchen keltischen Ursprungs und viele Obstgärten. Die Insel kann jetzt über einen Dammweg mit dem Auto erreicht werden.

Römerstein-Zainingen, Baden-Württemberg. Knappe 2 km nordöstlich von Zainingen und nördlich von Breiter Weg liegt ein keltisches "Gräberfeld" mit 62 Hügelgräbern.

Schwäbisch Hall, Baden-Württemberg. Der alte keltische Salzbrunnen ist noch sichtbar und von einer achteckigen Überdachung bedeckt. Leider ist der Ort ziemlich vernachlässigt. Die Reste der keltischen Salzsiedlung wurden 1939 unter der Kreissparkasse entdeckt. Die Funde sind im Museum ausgestellt.

Speyer, Rheinland-Pfalz. Der Dom wurde auf einer früheren Tempelanlage von Nantosuelta und der dreifaltigen Göttin errichtet.

Teck, bei Owen, Baden-Württemberg. Der heilige Berg Teck ist durch einen kleineren Hügel, genannt Bölle, gekennzeichnet. Sein aus Nadelbäumen bestehender Hain erinnert an jene, die Alfred Watkins in Hereford aufgefallen sind. Hier befindet sich das Sybillenloch, eine keltische Orakelhöhle. Eine parallele Linie verläuft durch das Tal, die nur aus der Luft durch Vegetationsmerkmale zu erkennen und die nach dem Hain und der Höhle ausgerichtet ist.

Werbach, Baden-Württemberg. Eine katholische Kapelle Unserer lieben Frau, die 1902 über einem Wasserlauf erbaut wurde und einen keltischen heiligen Brunnen beinhaltet, wird zur Heilung von Krankheiten aufgesucht, wie man an den Votivtafeln an der Innenseite des Portals zur Rechten sehen kann. In der Nähe wurde 1977 ein Friedhof aus der Hallstatt-Zeit ausgegraben.

Würzburg, Bayern. Von den irischen Mönchen Kilian, Kolonat und Totnan im 7. Jh. gegründet, ist die romanische Kirche Neumünster das Heiligtum des St. Kilian, dem der Dom geweiht ist.

Österreich

Bregenz, Voralberg. Der obere Stadtteil von Bregenz wurde über dem Oppidum (keltische Siedlung) Brigantium errichtet. Die Stadt liegt im Rheindelta am östlichen Ende des heiligen Sees Brigantinus Lacus (Bodensee). Das Voralberger Landesmuseum in Kornmarkt beherbergt viele keltische Funde aus Brigantium.

Georgenberg, bei Kirchdorf an der Krems, Oberösterreich. Auf dem Georgenberg (Kalvarienberg) steht die Wallfahrtskirche von St. Georg. Sie wurde auf einem kelto-romanischen Tempel errichtet.

Hallein, Salzburg. 17 km südlich von Salzburg lag zur Zeit der Kelten ein großes Salzabbaugebiet. Das Keltenmuseum in den ehemaligen Verwaltungsgebäuden der Saline am Fluß hat eine der bedeutendsten Ausstellungen keltischer Artefakte in Europa.

Hallstatt, Salzkammergut. Hallstatt liegt südlich von Bad Ischl an der B166 am Hallstätter See. Archäologische Funde, die hier gemacht wurden, gaben der Hallstatt-Zeit (ca. 1000 - 600 v. Chr.) ihren Namen.

Karnburg, Kärnten. An der B94 nahe dem Ulrichsberg liegt der frühere keltische heilige Berg Mons Carantanus, auf dem zur Zeit der Römer ein der Göttin Isis Noraia geweihter Tempel stand. In Karnburg befand sich einst der Krönungsstein der Herzöge von Carinthia, der jetzt im Klagenfurter Museum zu sehen ist.

Klagenfurt, Kärnten. Der Name Klagenfurt deutet auf die keltische Tradition eines "Wäschers" an der Furt hin. Das altbayrische Wort *Klaga* bezeichnet eine Totenwächterin, die an einer Furt die Totenwäsche vollzog. Die Kirche von St. Peter am Bichl hat keltische Bandmuster-Verzierungen aus dem späten 9. Jh.

Leibnitz, Steiermark. Südwestlich von Graz auf dem Weg nach Maribor, nahe Leibniz, liegt der Frauenberg, der früher ein keltischer heiliger Berg war. Neben der barocken Wallfahrtskirche befindet sich die Stelle, wo früher ein römischer Isis-Tempel stand.

Magdalensberg, bei Klagenfurt, Kärnten. Die Filialkirche St. Helena und Magdalena steht auf dem Gipfel dieses heiligen keltischen Berges (1059 m hoch). Sie ist die Nachfolgerin einer romanischen Kirche, die wiederum auf den Grundmauern des Tempels des kelto-römischen Gottes Mars Katobius errichtet wurde. Ein vorchristlicher Stein mit drei Köpfen befindet sich im Kirchenschiff. Der *Vierbergelauf*, eine Veranstaltung heidnischen Ursprungs, findet jedes Jahr nach Ostern statt und beginnt hier auf dem Gipfel.

Sonntagberg, Rosenau, Niederösterreich. Die Wallfahrtskirche von Sonntagberg wurde an der Stelle errichtet, an der sich ein Wunder zugetragen haben soll: Ein Hirtenjunge fand auf dem früheren keltischen Sonnenberg einen Laib auf einem geheim-

nisvollen, mit Inschriften versehenen heidnischen Stein. Im Jahr 1614 wurde ein Bild der göttlichen Dreifaltigkeit auf den Stein gesetzt, um protestantische Beschuldigungen wegen Heidentums zurückzuweisen.

Wien. Die Hauptstadt von Österreich ist die Nachfolgerin einer keltischen Siedlung mit Namen Vindobona. Südlich des Stephansdoms, an der Kreuzung von Kärntnerstraße und Graben, ist der Stock-im-Eisen-Platz, wo der Stock im Eisen, ein von wandernden Schmiede- und Schlossergesellen mit Nägeln beschlagener Fichtenstumpf, steht. Wie auch in Zürich gibt es in Wien eine Straße, die Rennweg heißt und an eine alte zeremonielle Wegstrecke erinnert.

Schweiz

Baden, 20 km nordwestlich von Zürich. Der Kursaal in Baden (von 1875) setzt die Tradition fort, die schon von den Kelten verehrten und von den Römern Aquae Helveticae genannten heißen Quellen zu nutzen. In verschiedenen Legenden werden die Wunder von St. Verena, die christliche Version der Wasser- oder Seegöttin Verena, erwähnt.

Beatenberg. Am Thuner See bei Interlaken unterhalb von Beatenberg liegen auf einer geologischen Verwerfung die Beatushöhlen, die einstmals die Einsiedelei des irischen Mönches Beatus waren. Er vertrieb von hier den Drachen. Aus einer nahegelegenen Felswand entspringt der Beatenbach.

Bern. Die Schweizer Hauptstadt wurde 1191 von Berchthold V., Herzog von Zähringen gegründet, nachdem der Ort durch das Erscheinen eines Bären als für den Bau einer Stadt geeignet angesehen wurde. Seit 1480 werden auf Gemeindekosten Bären im Bärengraben gehalten. Somit wird indirekt auch weiterhin der keltischen Bärengöttin Artio gedacht, deren heiliges Land dies ist.

Genf. Genf war das letzte Oppidum (keltische Siedlung) des Allobroger-Stammes. Eine lebensgroße hölzerne Statue, die "Hafenfigur", ein Götterstandbild ungefähr aus der Zeit um 80 v. Chr., wurde hier im See gefunden. Die Figur wird jetzt im Schweizerischen Landesmuseum in Zürich ausgestellt.

Bodensee. Der Bodensee, auf dem sich die heilige Insel Reichenau befindet, war ein heiliger See der Kelten und wurde von den Römern Brigantinus Lacus genannt.

La Tène, Neuenburgersee. Hinter Saint Blaise auf dem Weg von Neuenburg (Neu-châtel) liegt der Weiler von La Tène, ein eisenzeitliches Votivdepot im seichten Wasser, wo der La-Tène-Stil durch Funde im See 1856 definiert wurde.

Luzern. Früher war der Pilatusberg nahe bei Luzern ähnlich wie der Mont Blanc in Frankreich einer der heiligen Berge Europas, die tabu waren. Bis zum 15. Jh. wurde er Frackimünd genannt. Der Name soll anscheinend als Verbindung zu Pontius Pilatus seinen früheren Tabustatus erklären.

St. Bernhard-Paß. Der Große St. Bernhard-Paß liegt auf dem Weg zwischen Martigny und Aosta. Der Paß, der in der heutigen Zeit durch einen Tunnel überwunden wird, war früher ein keltischer heiliger Ort der Besinnung und Andacht, der Poeninus geweiht war. Sein Name zur Zeit der Römer war Mons Jovis. Ein Tempel des Jupiter Poeninus stand früher auf der Plan de Jupiter. Erst im 12. Jh. wurde dieser Ort christianisiert und in St. Bernhard von Menthon umbenannt. Dieser war der Gründer des nahegelegenen Hospizes des Col du Grand St. Bernhard, das vermutlich auch auf heidnischen Fundamenten errichtet wurde.

St. Gallen. Die Stadt wurde nach einem Kloster benannt, das von dem "gallischen" (irischen) Mönch St. Gall seinen Namen erhielt. Dieses Kloster war ein bedeutendes geistiges Zentrum des keltischen Christentums. Die Dombibliothek beherbergt viele Kostbarkeiten, u. a. irische Kirchenlieder aus dem 8. Jh., die Abschrift eines Vergil-Textes aus dem 8. Jh. und einen Bauplan der Abtei von ca. 820.

St. Maurice. Südlich von Monthey auf dem Weg nach Martigny liegt die Abtei von St. Maurice im Norden der Stadt gleichen Namens. Zum Kirchenschatz zählt u. a. der Schädel von St. Candidus in einem schönen Reliquienschrein.

St. Petersinsel, Bieler See, zwischen Neuenburg (Neuchâtel) und Biel. Der Bieler See, der mit dem Neuenburger See über den Fluß Zihl verbunden ist, hat eine bewaldete, vormals keltische heilige Insel, die St. Peter geweiht ist. Die Cluniac-Abtei auf der Insel ist mit dem Ufer über einen Dammweg verbunden, der Heidenweg genannt wird.

Italien

Cervo, östlich von Imperia, Ligurien. In der Umgebung von Cervo und weiter im Inland befindet sich das heilige Land, genannt *Lucus Burmani*, des keltischen Gottes Burmanus (Borvo). Zwei Kirchen in Cervo haben noch Hinweise auf die frühere Präsenz dieses Gottes. Die Fassade der Barockkirche von St. Johannes dem Täufer zeigt Bilder mit Geweih und Hirsch, dem heiligen Tier von Burmanus. Eine andere Kirche, die St. Georg geweiht ist, steht über einem kelto-romanischen Tempel des Gottes. Eine Kirche in einem Olivenhain unweit von Rovereto, die Unserer lieben Frau geweiht ist, hat auf der Westseite unter einem Bild der Madonna die Darstellung eines Baumes und des Kopfes von Burmanus.

St. Pierre, westlich von Aosta, Piemont. In der Burg des Ortes gibt es zahlreiche Funde von der heiligen Stätte des Jupiter Poeninus am St. Bernhard-Paß. Dazu gehört auch der silberne Kopf des Gottes und zahlreiche Votivgaben, die von Reisenden, die den gefährlichen Paß überqueren, hinterlassen wurden.

Varallo, Piemont. Der Sacro Monte bei Varallo, das Heiligtum des New Jerusalem, gegründet von Bernardo Caimi, ist das Modell, von dem alle anderen Kalvarienberge kopiert wurden.

Hausfassade mit Gedenkstein für Epona und der Abbildung des Forums von Cambodunum, Kempten.

Bibliografie

Alle Bücher sind in London erschienen, außer es ist anders vermerkt.

Adamnan: *The Life of Saint Columba*. Trans. Wentworth Huyshe.n.d.
Andrews, E.: *Ulster Folklore*. Belfast, 1913
Anwyl, Edward: *Celtic Religion*. 1906
Arkinson, Robert: *The Book of Ballymote*. Dublin, 1887
Ayres, James: *British Folk*. Art.1977
Bächtold-Stäubli, Hans (ed.): *Handwörterbuch des deutschen Aberglaubens*. 9 vols. Berlin, 1927-42
Bain, Robert: *The Clans and Tartans of Scotland*. Glasgow, 1990
Bamford, Christopher, and William Price Marsh: *Celtic Christianity*, Edinburgh, 1986
Barin-Gould, Sabine, and John Fisher: *The Lives of the British Saints*. 4 vols. 1908
Benoit, F.: *Le Symbolisme dans les sanctuaires de la Gaule, Coll Latomus 105* (1970)
Bernheimer, Richard: *Wild Men in the Middle Ages*. Cambridge, MA, 1952
Berresford-Ellis, Peter: *The Celtic Empire: The First Millennium of Celtic History, 1000 BC-51 D*,1990
Berresford-Ellis, Peter: *Dictionary of Celtic Mythology*. 1992
Best, R.I.: *The Settling of the Manor of Tara*, Eriu 4 (1910)
Bieler, L.: *The Life and Legend of St Patrick*. Dublin, 1949.
Bittel, Kurt, Wolfgang Kimmig, and Siegwalt Schiek (eds): *Die Kelten in Baden-Württemberg*. Stuttgart, 1981
Bonwick, James: *Irish Druids and the Old Religions*. New York, NY, 1986
Bowen, Dewi: *Ancient Siluria, its Old Stones and Ceremonial Sites*, Felinfach, 1992
Bowen, E.G.: *The Settlements of the Celtic Saints in Wales*, Cardiff, 1956
Brand, J.: *Observations on the Popular Antiquities of Great Britain*. 3 vols.1890
Briggs, K.M.: *The Personnel of Fairyland*. Oxford, 1969
Bromwich, R.: *Rioedd Ynys Prydein*. Cardiff, 1979
Burgstaller,E.: *Felsbilder in Österreich*. Linz, 1972
Bush, J.: *Hibernia Curiosa*. 1769
Campbell, D.F.: *The Celtic Dragon Myth*. 1911
Campbell, J.G.: *Superstitions of the Highlands and Islands of Scotland*. Edinb., 1900
Chadwick, H.M.: *The Heroic Age*. 1912
Chadwick, Nora K.: *The Age of the Saints in the Early Celtic Church*. 1963
Clemen, Carl: *Die Reste der primitiven Religion im ältesten Christentum*. Giess., 1916
Coleman, J.C.: *The Caces of Ireland*. Tralee, 1965
Cornish,V.: *Historic Thorn Trees of the British Isles*. n.d.
Crocker, T. Crofton: *Fairy Legends and Traditions of the South of Ireland*. 1825
Crossing, William: *The Ancient Stone Crosses of Dartmoor and its Borderland*. Exeter, 1902
Cubbon, M.: *The Art of Manx Crosses*, Douglas, 1971
De Vries, Jan: *Keltische Religion*. Stuttgart, 1961

Dexter, T.H.: *Old Cornish Crosses*. 1896
Dickins, B.: *Runic and Heroic Poems of the Old Teutonic Peoples*, 1915
Dillon, M.(ed.): *Irish Sagas*. Dublin, 1959
Edwards, N., and A. Lane: *Early Medieval Settlements in Wales, A.D. 400-1100*. Cardiff, 1988
Ellis-Davidson, H.R.; *Myths and Symbols in Pagan Europe*. Manchester, 1988
Éluère, Christiane: *The Celts: First Masters of Europe*. 1993
Evans, E. Estyn: *Irish Folk Ways*. 1957
Evans-Wentz, W.Y.: *The Fairy Faith in Celtic Countries*. Oxford, 1911
Filip,J.: *Die Keltische Zivilisation und ihr Erbe*. Prague,1961
Fillipetti, Hervé, and Janine Trotereau: *Symboles et pratiques rituelles dans la maison paysanne traditionelle*. Paris, 1978
Fitzpatrick, Jim: *Érinsaga*. Dublin, 1985
Priers, Rowel: *Ulster Folklore*. Belfast, 1951
Gantz, J.: *Early Irish Myths and Sagas*. Harmondsworth, 1981
Göttner-Abendroth, H.: *Die Göttin und ihr Heros*. Munich, 1982
Green, Miranda J.: *The Gods of the Celts*. Gloucester, 1986
Green, Miranda J.: *Dictionary of Celtic Myth and Legend*. 1992
Halliday, W.R.: *The Pagan Background of Early Christianity*. Liverpool, 1925
Hanson, R.P.C.: *Life and Writings of the Historical Saint Patrick*. New York, NY,1983
Hardings, Leslie: *The Celtic Church in Britain*. 1972
Hélias, Per Jakez: *Dictionnaire des saints bretons*. Paris, 1985
Hemery, Eric: *Walking Dartmoor's Ancient Tracks*. 1986
Henderson, G.: *Survivals in Belief among the Celts*. Glasgow, 1911
Henken, Elissa R.: *Tradition of the Welsh Saints*. Cambridge, 1987
Henry, Francoise: *Irish High Crosses*. Dublin, 1964
Herrmann, Paul: *Das altgermanische Priesterwesen*. Jena, 1929
Houston, J.M.: *The Scottish Burgh*, Town Planning Review 25 (1954-55), pp.114-47
Jackson, K.H.: *Language and History in Early Britain*. Edinburgh, 1953
Jacobsthal, P.: *Early Celtic Art*. Oxford, 1944
Johnson, Walter: *Byways in British Archaeology*. Cambridge, 1912
Jones, David: *Epoch and Artist*. 1959
Jones, Edward: *The Bardic Museum*. Cardiff, 1802
Jones, Francis: *The Holy Wells of Wales*. Cardiff, 1954
Jones, O. (ed.): *The Myvyrian Archaeology of Wales*. Denbigh, 1870
Jones, Prudence: *Eight and Nine: Sacred Numbers of Sun and Moon in the Pagan North*. Bar Hill, 1982
Jones, Prudence: *Sundial and Compass Rose: Eight-fold Time Division in Northern Europe*. Bar Hill, 1982
Jones, Prudence, Nigel Pennick: *A History of Pagan Europe*. 1995 (*Heidnisches Europa*. Engerda, 1997)
Jung, Erich: *Germanische Götter und Helden in Christlicher Zeit*. Munich, 1922
Kaul, Flemming, Ivan Marazov, Jan Best, and Nanny De Vries: *Thracian Tales on the Gundestrup Cauldron*. Amsterdam, 1991
Kennedy, Patrick: *Legendary Fictions of the Irish Celts*. 1866
Kermode, P.M.C., and W.A. Herdmanns: *Manks Antiquities*. Liverpool, 1914
Keysler, J.G.: *Antiquitates Selectae Septentrionales et Celticae*. 1720
Krahe, H.: *Unsere ältesten Flussnamen*. Wiesbaden, 1964
Kruta, V.(ed): *The Celts*, 1983
Laing, Gordon J.: *Survivals of Roman Religion*. 1931
Langdon, A.G.: *Old Cornish Crosses*. Truro, 1896
Leask, H.G.: *Irish Churches and Monastic Buildings*. Dundalk, 1955
Le Fanu, W.R.: *Seventy Years of Irish Life*. 1893

Le Roux, Francoise, and Christian-J. Guyonvarc´h: *Les druides*. Rennes, 1978; (*Die Druiden*. Engerda 1998)

Lewis, F.R.: *Gwerin Ffristal a Thawlburdd*. Y Cymmrodotion, 1941

Levis, Howard C.: *Bladud of Bath*. Bath, 1973

Lindenschmit, L.: *Die Altherthümer unserer heidnischen Vorzeit*. Mainz, 1874-77

Logan, Patrick: *The Holy Wells of Ireland*. Gerrard's Cross, 1980

MacAlister, R.A.S.: *The Archaeology of Ireland*. 1928

MacAlister, R.A.S.: *Tara: A Pagan Sanctuary of Ancient Ireland*. 1931

MacAlister, R.A.S.: *Corpus Inscriptionum Insularum Celticarum*. Dublin, 1945

McAnally, D.R.: *Irish Wonders*. 1888

MacCana, Proinsias: *Celtic Mythology* 1970

MacCulloch, J.A.: *Celtic Mythology*. 1992

Mackenzie, W.M.: *The Burgh of Scotland*. Edinburgh, 1948

Mackey, James P.(ed.): *An Introduction to Celtic Christianity*, Edinburgh, 1989

MacManus, Dermot: *The Middle Kingdom*. Gerrard's Cross, 1959

McNeill, F.Marian: Iona: *A History of the Island*. Glasgow, 1920

MacNeill, Maire: *The Festival of Lughnasa*. Oxford, 1962

MacParlane, J.: *Statistical Survey of the County of Donegal*. Dublin, 1802

MacWhite, E.: *Early Irish Board Games*, Eisge 5 (1945)

Mahé, Canon: *Essai sur les antiquiteés du département du Morbihan*. Vannes, 1825

Maringer, J.: *Priests and Priestesses in Prehistoric Europe*, History of Religions 1 7,2 (1977), p. 101-20

Marstrander, C.: *Thor en Irlande*, Revue celtique 36 (1915-16)

Martin, Martin: *A Description of the Western Isles of Scotland*, 1703

Marwick, E.W.: *The Folklore of Orkney and Shetland*. 1975

Matthews, Caitlin: *The Elements of the Celtic Tradition*. Shaftesbury, 1989

Mauny, Raymond: *The Exhibition on The World of Souterrains at Vezley* (Burgundy, France) (1977), Suberranea Britannica Bulletin 7 (1978), pp. 12-15

Megaw, Ruth and Vincent Megaw; *Celtic Art*. 1990

Meirion-Jones, Gwyn I.: *The Vernacular Architecture of Brittany*. Edinburgh, 1982.

Michell, John: *The Old Stones of Land´s End*. 1974

Michell, John: *At the Centre of the World: Polar Symbolism discovered in Celtic, Norse and Other Ritualized Landscapes*. 1994

Mould, D.D.C. Pochin: *The Mountains of Ireland*. 1955

Mould, D.D.C. Pochin: *Irish Pilgrimage*. Dublin, 1955

Munro, R.: *Ancient Scottish Lake-Dwellings*. Edinburgh, 1882

Murray, Liz and Colin: *The Celtic Tree Oracle*. 1988

Nance, R.M.: *The Plen an Gwary*, Journal of the Royal Institute of Cornwal 24 (1935), pp. 190-211

Nash-Williams, V.E.: *The Early Christian Monuments of Wales*, Cardiff, 1950

Nichols, Ross: *The Book of Druidery*. 1990

Owen, Refor: *Welsh Folk Customs*. Llandysul, 1987

O hUginn, Tadg Dall: *The Bardic Poems*. Trans. E. Knott, 1926

O'Rahilly, T.F.: *Early Irish History and Mythology*. Institute for Advanced Studies. Dublin, 1946

O'Rirdain, S.P.: *The Genesis of the Celtic Cross*, in W:Penders (ed.) Reilscribhinn Torna. Cork, 1947

Pauli, L.: *Keltischer Volksglaube: Amulette und Sonderbestattungen am Dürrnberg*. München, 1975

Pennick, Nigel: *The Ancient Science of Geomancy*. 1979

Pennick, Nigel: *The Subterranean kingdom: A Survey of Man-Made Structures beneath the Earth*. Wellingborough, 1981

Pennick, Nigel: *Einst war uns die Erde heilig*. Waldeck-Dehringhausen, 1987

Pennick, Nigel: *Earth Harmony*. 1987

Pennick, Nigel: *Mazes and Labyrinths*. 1990

Pennick, Nigel: *Secret Games of the Gods*. York Beach, 1992

Pennick, Nigel: *Anima Loci*. Bar Hill, 1993

Piggott, Stuart: *The Druids*. 1968

Powell, T.G.E.: *The Celts*. 1980

Radford, C.A.R.: *Margam Stones Museum*. 1949

Redknap, Mark: *The Christian Celts Heritage*. 1967

Rees, Alwyn, and Brinley Rees: *Celtic Heritage*. 1967

Rhys, John: *Lectures on Religion as Illustrated by Celtic Heathendom*. 1888

Rhys, John: *Celtic Folklore*. Oxford, 1901

Rochholz, E.L.: *Drei Gaugöttinen: Walburg, Verena und Gertrud als deutsche Kirchenheilige*. Leipzig, 1870

Ross, Anne: *Pagan Celtic Britain*. 1992

Rowe, Samuel: *A Perambulation of the Ancient and Royal Forest of Dartmoor and the Venville Precincts*. Plymouth, 1848

Rowlands, Henry: *Mona Antiqua Restaurata*. 1723

Rutherford, Ward: *The Druids*. Wellingborough, 1985

Rutherford, Ward: *Celtic Mythology*. Wellingborough, 1987

Ryan, J.: *Irish Monasticism*. Dublin, 1931

Sammes, Aylett: *Britannia Antiqua Illustrata*. 1673

Schwarzfischer, Karl: *A Study of Erdställe in the Danubian Area of Germany*, Suberranea Britannica Bulletin 2 (1975).

Sharkery, John: *Celtic Mysteries*. 1975

Sikes, Wirt: British Goblins: *Welsh Folk-lore, Fairy Mythology, Legend and Traditions*, 1880

Simpson, W. Douglas: *The Ancient Stones of Scotland*. 1973

Spence, Lewis: *The Mysteries of Britain*. 1928

Stokes, W.: *Three Irish Glossaries*, 1862

Thevenot, E.: *Divinités et sanctuaires de la Gaule*. Paris. 1968

Thomas, Patrick: *The Opended Door: A Celtic Spirituality*. Brechfa, 1990

Thomas, Patrick: *A Candle in the Darkness: Celtic Spirituality from Wales*. Llandysul, 1993

Trede,T.: *Das Heidentum in der römischen Kirche*. Gotha, 1901

Tuke, J.H.: *A Visit to Donegal and Vconnaught in the Spring* og 1880,1888

Twiss, R.: *A Tour in Ireland in 1755.*1776

Vernaliken, Theodor: *Volksüberlieferungen aus der Schweiz*, Vienna, 1858

Watkins, Alfred: *Aerly British Trackways, Moats, Mounds, Camps and Sites*. Hereford, 1922

Wellvome, Henry s.: *Hen Feddegyaetz Cymric (Ancient Cymric Medicine)*. Swansea, 1903

Wilde, Lady Jane Francesca Speranza: *Ancient Legends, Mystic Charms and Superstitions of Ireland*. 1888

Wilks, J.H.: *Trees of the British Isles in History and Legend*. 1972

Williams, Edward (ed.): *Barddas*. Llandovery, 29+3

Wood-Martin. W.G.: *Pagan Ireland*. 1895

Wood-Martin. W.G.: *Traces of the Elder Faiths of Ireland*. 1902

Wright, Dudley: *Druidism: The Ancient Faith of Britain*, 1924